새로운 교육학개론

김준권 · 정경은

Introduction to Education

태영출판사

머리말

교육활동은 실용적이면서도 감동을 주는 활동이다. 교육활동은 교육이론을 현장에 적용함으로써 그 효과성, 효율성 그리고 매력성을 증진시킨다는 점에서 실용적이지만 인간의 내면세계를 이해하여 그에 적절한 상황을 마련해 줌으로써 인간의 정신적 · 정서적 성장과 발달을 촉진시킨다는 점에서 감동적 활동이다. 우리 사회는 지금 학교에서 배운 것을 사회에서 곧바로 활용할 수 있는 능력을 갖춘 실용적 기능인을 길러 주길 요구하고 있다. 물론 학교가 학생들에게 학교에서 배운 것을 통해서 사회에 적응할 수 능력을 길러 주는 것도 중요하다. 하지만 그것만으로는 충분한 교육이 될 수 없는 것이며 그것을 잘 할 수 있는 기초능력을 마련해 주는 것이 중요하다. 그 기초능력이란 바로 다른 사람과의 관계에서 감동을 주고받을 수 있는 정신력이다. 실용적 능력이 우수한 사람일지라도 정신력이 밑바탕이 되어 있지 않은 사람은 목적달성에 실패할 수밖에 없으며 정신력이 무장되어 있어도 실용적 능력이 없으면 또한 목적달성에 실패할 것이다. 교육은 이 두 가지가 조화를 이루는 방향으로 나가야 할 것이다.

본서는 교육의 본질에 관심을 갖기 시작한 예비교사와 교육학을 처음 접하는 사람들을 위한 교육의 개론서이다. 저자들은 이들이 이 책을 통해서 교육에 대한 실용적, 정신적 능력을 기르는데 필요한 교육방향, 교육내용, 교육방법의 이론과 실제에 대해서 기초적 접근을 하기 바라는 마음으로 저술했다. 이 책은 교육자가 피교육자에게 제1장 교육에 대한 기초적 이해, 제2장 교육의 역사적 탐구, 제3장 교육의 철학적 탐구, 제4장 교육의 심리학적 탐구를 통해서 교육의 방향을 정립하는데 도움을 줄 수 있는 계기를 마련했으며, 제5장 교육의 사회학적 탐구, 제6장 교육과정의 탐구를 통해서 교육내용으로 추구해야 할 바를 제시했다. 또한 제7장 교수방법의 탐구, 제8장 교육평가의 탐구, 제9장 교육행정의 탐구, 제10장 교직과 교사를 통해서 교육방법을 정립하도록 시도했다.

그러나 이 책을 정리하는 과정에서 내용이 저자들의 독특하고 풍부한 학문적 관점에서 기인한 것이라기보다는 기존의 교육관련 저서들을 인용하고 참고하여 엮다보니 필자들의 안목과 식견의 부족으로 인해서 핵심과 주변의 구분이 충분하지 못하며 그 계열성이나 범위의 타당성이 충분하지 못함을 인정하지 않을 수 없다. 앞으로 계속 독자들의 요구에 부응할 수 있는 실용성과 정신력을 기르는데 도움이 될 수 있는 방향으로 수정 · 보완해 나갈 것을 다짐한다.

끝으로 어려운 여건에도 불구하고 이 책을 출판할 수 있도록 배려해 주신 김현태 사장님을 비롯해서 태영출판사 가족 여러분에게 감사의 말씀을 드린다.

2013. 3

저자일동

차 례

제1장

교육에 대한 기초적 이해

제1절 교육의 개념

1. 교육의 개념

교육(敎育)이란 동양의 한자 어의상 가르치다(敎)와 기르다(育)의 합성어다. '교(敎)'란 지니고 있지 않은 것, 혹은 잘못되어 있는 것을 바로잡는다는 뜻을 지니고 있어 주로 지식과 기능을 습득시키는 일에 관련된다면, '육(育)'은 이미 어떤 형태로든지 지니고 있는 마음의 상태를 세련시키는 일에 관련된다. 즉 '교(敎)'가 가르치고자 하는 대상인 학습자에게 전통적으로 유지·보존되어 온 문화유산, 풍습과 각종 기술과 기능 등을 누군가가 전달하고 깨닫도록 하며 보다 발전된 방향으로 확대 재생산하도록 하는 일임에 반하여, '육(育)'은 타고난 성질, 소질, 취미 등을 기초로 이러한 인간특성들이 바르고 순조롭게 자라나도록 기르는 것을 뜻한다. 전자가 주로 지식과 기능의 전달과 습득에 관련되고, 후자가 도덕성이나 인성 등의 정신적 훈련에 관련되는 것으로 이해하는 것은 편의상의 구분일 뿐 '교(敎)'와 '육(育)'은 엄밀하게 의미가 구분되는 것은 아니다.

한편, 서양에 있어서 '교육'을 의미하는 education(영)의 어원을 살펴보면 education은 라틴어 educo인데 이것은 e(ex : 밖으로)와 duco(draw : 꺼내다, 이끌어 내다)의 합성어로서(김재복 외, 1995 ; 김정환, 1984) 학습자가 지니고 있는 잠재가능성을 환경적 작용을 가함으로써 발현되거나 발달하도록 한다는 의미를 지닌다. 결국 교육이란 말의 어원은 인간이 내재적으로 가지고 태어나는 선천적인 소질이나 능력을 최대한 발휘할 수 있도록 신장, 발전시킨다는 의미를 가진다.

한편, 교육의 개념을 명백히 하고자 한 논의 중에서 이돈희(1988)는 교육이라는 개념은 누구에게나 분명하도록 정의하려는 노력을 기울이기보다는 교육의 몇 가지 전제조건(혹은 성립조건)을 파악하는 것이 도움이 된다고 지적한다. 그래서 그는 교육이 어떤 조건하에서 성립되는가에 관하여 생각하는 데 필요한 범주로 개념적 조건, 규범적 조건, 가능성의 조건 등이 있다고 했다.

첫째, 교육의 개념적 조건은 '무엇이 교육인가?'에 대한 타당한 대답이며, 교육을 '교육 아닌 것'과 구별지어 설명할 수 있는 요소가 무엇인가 하는 것이다. 이 요소는 교육은 그 자체의 개념상 어떤 기준 혹은 준거에 의해서 선택 · 결정된 가치추구를 포함한다. 가치를 추구하는 의도가 겨냥하는 대상은 무엇인가? 그것은 인간의 변화, 지적 변화에 한정되는 것이 아니라 다양한 형태의 전인간적 변화를 대상으로 한다.

둘째, 교육의 규범적 조건은 '어떤 것이 좋은 교육인가?' 라는 물음에 적절한 대답을 찾음으로써 좋은 교육의 조건에 부합할 때 그 행위를 비로소 '교육'이라고 이름 부를 수 있다는 것이다. 이 물음에 대한 해답은 적어도 자유민주주의를 추구하는 사회에서는 획일적으로 주어지는 것이 아니다. 어떤 사람의 교육적 행위를 두고 '그것도 교육이냐?'라고 지적할 때 이에 대한 복잡한 논쟁이 끊임없이 제기되는 것은 바로 교육, 특히 좋은 교육에 대한 합의도출이 그 만큼 어려움을 지적하는 것이기도 하다. 좋은 교육에 대한 합의도출의 자원은 그 사회를 구성하고 있는 사람들이 대체로 공유하는 세계관, 사회관, 인간관 등 가치관이다. 그러므로 인간들이 지니는 가치관의 다양성만큼 다양한 교육의 의미가 존재한다고 할 수 있으며, '좋은 교육'의 조건은 끊임없는 탐구와 논쟁의 대상으로 남아 있는 셈이다.

셋째, 가능성의 조건이란 개념적 조건과 규범적 조건을 갖추고 있는 계획이나 실천의 항목들 가운데 어떤 것이 실제로 실현될 수 있으며 '어떤 방식으로 실현될 수 있는가?'에 대한 답이라고 할 수 있다. 교육은 개념적 조건이나 규범적 조건을 갖추었다고 해서 성립되는 것은 아니며, 교육행위의 가능성이 보장되는 상황(조건)이 전제되어야 비로소 성립되는 인간기업이라는 것이다. 교육행위의 가능성은 논리적 가능성, 인과 법칙적 가능성, 기술적 가능성 등이다.

그러면 이와 같은 의미를 지니는 교육은 어떤 특성을 지니고 있는 개념인가? 여기에서 교육의 개념적 특성을 논의할 때 대체로 형식적 교육을 전제하려고 한다. 형식적 교육은 대체로 학교교육에 관련된다면, 비형식적 교육은 주로 가정교육, 사회교육 등에서와 같이 학교교육에 비하여 제도, 조직, 절차, 환경 등이 덜 구조화되었거나 이들이 덜 분명한 상태에서의 교육을 지칭하는 것으로 이해할 수 있다. 이와 같은 형식적 교육은 의도성(혹은 목적성), 계획성(혹은 체계성), 가치지향성, 계속성의 특성을 지닌다.

첫째, 교육의 의도성이란, 교육이라는 개념에는 학습자로 하여금 무엇인가를 성취하거나 습득하거나 행동의 변화를 기하고자 하는 목적과 목표가 함의되어 있다는 것이다. 그러므로 우연히 어떤 결과가 나타났다든지, 학습자에게 의도하지도 않은 어떤 변화가 발생한 경우라면 엄밀한 의미에서 교육은 아니라는 것이다. 이러한 경우 보통 학습이라는 용어를 사용한다. 물론 교육의 과정에서 보면 의도하지 않은 결과가 나타나는 경우가 허다하다. 체력을 증진시키려는 의도로 뜀틀운동을 시킨 결과 체육과목을 싫어하는 학생이 나타날 수 있으며, 소집단 협동학습을 통하여 사회성을 기르고 문제해결력을 육성하려고 의도했으나 오히려 부정적인 자아개념을 기르고 마는 결과가 빚어지기도 한다. 그러나 이러한 현상은 교사나 교육환경이 그와 같은 결과를 충분히 방지할 수 있는 힘이 부족한 것이지 의도가 없었던 것은 아니다. 의미 있는 의도 없이는 교육은 성립되지 않는다. 따라서 흔히 의도하지 않은 어떤 결과가 학습자에게 나타난 경우 '무의도적 교육'이라는 말을 사용하는 사람이나 경우가 있다. 그러나 '무의도적 교육'은 성립되지 않는 것이며, 그것은 학습이나 교육의 '부수적 결과' 정도의 표현이 적절하다.

둘째, 교육의 계획성이란, 교육의 의도성을 충족시키는 절차적 특성으로 넓은 의미에서는 의도성 속에 포함시킬 수도 있다. 이는 학습자에게 의도한 바를 성취하고 달성시키기 위하여 무엇을 어떤 과정을 따를 것인가를 준비하고 구상한다는 성질이 교육이라는 개념에 포함되어 있다는 것이다. 우리는 한 인간에게 원하는 모든 것을 갖추고 습득하도록 의도할 수는 있으나, 실제상의 제약 때문에 어떤 의도는 포기하고, 어떤 의도는 다른 것에 비하여 보다 우선적으로 달성하려는 계획을 지니기 마련이다. 계획을 세운다는 말은 주먹구구식이 아니라 일의 전후관계를 따져 단계와, 각 단계에서 해야 할 일을 결정하고 조직한다는 의미다. 학교교육의 경우 이와 같은 교육의 계획성은 협의의 교육과정의 구성 및 수업계획의 수립에 관련된다.

셋째, 교육의 가치지향성이란, 교육이라는 개념 자체는 무엇인가 가치 있는 인간특성을 겨냥한다는 성격이 있다는 의미다. 이러한 교육의 성격은 교육의 의도성이라는 특성보다 구체적인 표현이라고 해도 좋다. 교육, 적어도 학교교육이 목적으로 하는 바는 항상 가치 있는 무엇인가를 겨냥할 것이기 때문이다. 그러나 여기에서의 가치지향성이란, 교육의 의도 혹은 목적의 가치지향성 뿐만 아니라 그와 같은 목적을 달성해 나가는 과정, 방법의 적절성과 온당성에도 관련된다. 좋은 의도를 지닌 활동이라고 하더라도 기만적인 방법, 건전하지 못한 절차가 동원되어서는 교육이라고 할 수 없다는 것이다. 좋은 의도라도 부정한 방법이 동원되어서는 안 될 뿐만 아니라, 결과가 좋으면 모든 것이 정당화된다고 생각할 수 없는 것이 교육이다.

넷째, 교육의 계속성은 역사성을 지니고 있는 교육의 특성을 지칭하는 것이다. 교육은 어느 한순간의 활동으로 끝나는 것도 아니며, 한순간의 교육은 계속하여 개인과 집단과 사회와 국가에 영향을 미친다는 의미다. 교육은 어느 한 순간의 활동으로 끝나는 경우 그 힘이 미약할 수밖에 없기 때문에 계속하여 이루어져야 하며, 이러한 교육의 성격에서 평생교육이라는 개념이 출현한다. 교육은 한순간 한순간의 과정과 결과가 한 개인과 집단에 계속적으로 영향을 미치기 때문에 매순간마다 기울일 수 있는 최대한의 노력을 기울여야 한다는 성격이 내포되어 있다.

2. 교육의 구성요소

일반적으로 교육을 가르치고 배우는 활동이라고 한다. 이 말은 누가, 무엇을, 누구에게라는 기본적인 교육활동이 명시되어 있다. 누가는 교육을 하는 사람을 의미하고 무엇을은 교육 내용을 의미하고 누구에게는 교육을 받는 사람을 의미한다. 즉, 교육을 구성하는 중요한 요소로는 가르치고 길러 주는 주체인 교육자와 교육 작용에서 실천 대상인 객체 바로 피교육자가 존재한다. 교육의 주체와 객체는 그들 상호간의 실천적인 교습, 경험의 전달, 수용을 통하여 피교육자의 성장 · 발달을 실현한다. 이러한 교육적 가치실현의 전 과정을 교육과정이라고 한다. 교육과정에는 가르치는 작용과 가르침을 받는 활동과를 매개하는 내용이 있으므로 상호작용이 가능해진다. 이와 같이 교육의 과정에서 가르치는 주체의 역할을 하는 교사와 가르침을 받는 객체인 학습자, 이 둘 사이의 매개 역할을 하는 교육내용을 교육을 구성하는 기본적 3요소라고 한다. 또한 교육의 3요소가 서로 마주치고 교육기술이 제대로 발휘되어 교육 가치를 구현시킬 수 있도록 조건지워 주는 장면을 교육의 장이라고 한다. 교육적 가치란 교육의 주체와 객체가 상호 실천적으로 교섭하여, 즉 경험의 전달과 수용을 통해서 얻어진 피교육자의 성장과 발달을 의미한다. 그리고 교육과정이란 피교육자의 성장과 발달을 이끌어 내는 과정을 의미한다.

3. 교육의 기능

교육은 인간을 변화시키는 기능을 수행할 뿐 아니라 정치, 경제, 사회문화를 변화시키기도 한다. 그러나 정치와 경제, 혹은 사회문화를 직접적으로 변화시키는 것은 아니며 거기에 관여하는 '인간'을 변화시키는 기능을 갖는다. 그러므로 한 국가나 사회조직의 발전은 일찍이 수행된 교육의 결과라고 할 수도 있다. 현재의 정치나 경제가 발전하지 못한 것은 정치와 경제에 관여한 사람들의 과거 교육이 잘못되어 나타나는 현상이라고 모든 것을 교육의 책임으로 돌릴 수는 없으나 책임의 일부를 교육은 회피할 수도 없다. 이러한 의미에서 '인간'을 변화시키는 본질적 기능을 중심으로 교육의 기능을 좀 더 세분하여 검토해 보자.

신용일(1995)은, 교육의 기능을 개인의 발전조성, 인간이 지니고 있는 다양한 특성의(기억, 추리, 의지, 상상, 감정 등과 같은) 훈련, 인간의 미래생활의 준비, 습관형성, 문제해결력 육성(적응), 개인과 주변 환경의 변화유발, 성장, 청소년에게 자극을 주고 격려하며 향도하는 기능, 문화유산의 전달과 창조, 그리고 사회의 존속과 혁신의 기반을 조성하는 기능 등으로 세분하여 제시하였다. 이와 같은 교육의 기능에 대한 관점은 인간의 '발전적인 변화'의 종류를 구체화한 것으로 볼 수 있다.

임창재(1991)는 교육의 기능을 (1) 개인신장의 기능, (2) 경험습득의 기능, (3) 문화창달의 기능, (4) 사회화와 사회통제 기능 등으로 구분하여 제시하였다. 앞의 두 가지 기능이 개인의 성장 · 발달과 관련된 교육의 기능이라면, 후자 두 가지 기능은 사회적 적응과 사회문화의 발전과 관련한 기능이라고 할 수 있다.

교육의 기능을 교육의 과정이 결과적으로 산출하게 되는 모든 것으로 규정하고, 본질적 기능(혹은 내재적 기능)과 비본질적 기능(혹은 외재적 · 수단적 기능)으로 구별할 수도 있다(서울대학교교육연구소 편, 1994). 본질적 기능은 교육의 고유한 기능이며, 교육의 개념자체에 정의되는 기능이다. 이에 비하여 비본질적 기능은 교육의 개념에 내포된 기능은 아니지만 교육의 결과로 나타나는 것, 혹은 교육을 수단으로 하여 나타나는 모든 것과 관련된다. 이 양자의 교육의 기능은 어디까지나 논리적 구분일 뿐 가치개입적인 것은 아니므로 어느 기능이 더 가치 있고 다른 기능이 덜 가치 있다는 가치판단은 곤란하다. 단지 본질적인 것이 논리적으로 우선적 관심의 대상이 될 수 있을 뿐이다.

이처럼 교육이 수행하는 기능은 얼핏 생각하면 개인의 각양각색의 특성(지적, 정의적, 신체기능적 특성들)을 변화시킴으로써 자아실현을 가능케 함과 동시에, 정치 · 경제 · 사회 · 문화 등의 사회발전에 기여하는 기능을 수행하는 2원적 기능으로 규정할 수 있다. 즉, 개인과 사회를 변화시키는 기능을 생각할 수 있다. 그러나 엄밀한 의미에서 교육은 사회를 변화시키는 것은 아니며 한 인간을 변화시키는 것을 본질적 기능으로 삼는다. 사회가 유지되고 발전적으로 변화되는 것은 결국 개개인의 사고와 능력의 발현과 발휘에 의하여 가능한 것이기 때문이다.

제2절 교육의 유형

현대사회가 다원화를 추구하면서 교육이라는 용어가 여러 가지 방식과 형태를 취하면서 등장하고 있다. 제도권 교육과 제도권 외 교육이라는 말이 있는가 하면, 형식적 교육과 비형식적 교육이라는 용어도 사용되고 있다. 개인교육과 집체(혹은 집단)교육이라는 용어도 사용되는가 하면, 지식교육과 정의교육이라는 용어도 사용된다. 가정교육, 직장교육, 사회교육, 학교교육, 평생교육과 같은 용어가 사용되기도 하고, 아동교육, 성인교육, 청소년교육, 일반교육, 종교교육, 특수교육, 초등교육, 중등교육, 고등교육 등의 용어도 일반적으로 사용되고 있다.

이러한 여러 가지 교육의 명칭은 국가나 대소의 조직이 정해 놓은 제도나 규칙의 범주 내에서 이루어지는 것인가의 여부에 따라서, 그것이 지향하는 목적과 그와 같은 목적을 추구하기 위한 내용과 활동의 성격에 따라서, 교육이 이루어지는 장에 따라서, 대상으로 하는 연령층, 혹은 방법에 따라서 붙여진 이름이며, 그와 같은 여러 명칭의 교육은 무엇인가 가치 있는 인간특성을 의도적으로 변화시키고자 하는 체계적 활동이라는 앞의 교육의 정의에 부합할 때 비로소 올바른 용례가 된다고 말할 수 있다. 이처럼 교육이라는 용어가 다양한 이름으로 불리는 것은 현대사회의 복잡성을 반영함과 동시에 교육현상을 기술하고 설명하며 통제하고 예언하려는 우리의 사고체계에 많은 혼란을 불러일으키기도 한다. 또 다양한 교육의 명칭들 간에는 상호 중첩과 상치와 갈등을 일으키기도 한다. 이와 같은 문제를 적절히 해결하고 교육의 유형들 간의 관계를 보다 분명하게 이해하기 위하여 일반적인 유형 몇 가지를 살펴보고자 한다.

1. 형식적 교육과 비형식적 교육

교육을 광의로 규정하면, 교육은 크게 의도적 교육과 무의도적 교육으로 분류할 수 있다. 의도적 교육이란 가르치는 측과 배우는 측이 사전에 의도와 계획을 가지고 활동을 전개했다는 뜻이다. 교육 작용을 가하는 학교와 이를 받아들이는 학습자가 효과적인 상호작용을 위해 잘 조직되고 계획된 상황에서 이루어지는 학교교육은 의도적 교육의 대표적 예이다. 특정한 지도자와 조직된 학습자집단이 일정한 장소에서 사전에 잘 조직된 교육목표와 내용을 매개로 하여 의도하는 방향으로 전개하는 과정이 바로 의도적 교육이다. 이러한 의도적 교육은 일정한 형식요건을 필요로 하기 때문에 형식적 교육(Formal Education)이라고 하며, 일정한 교육활동을 전개하는 분명한 형식 없이 이루어지는 교육을 비형식적 교육(Informal Education)이라고 한다.

'형식적', '비형식적'이라고 할 때 형식의 구성요소는 매우 다양하게 제시될 수 있으나, 유형(有形)의 것으로 구조화된 시설과 설비, 교사, 교재, 학습자가 있고, 무형(無形)의 것으로는 교육목적, 학습활동, 교사와 학습자간 인간관계와 교호작용이 있다(신용일, 1995). 이와 같은 기준 외에 계획적인 교육활동 기간이 길고 짧음이라는 것을 고려할 수 있다. 형식적 교육은 비교적 긴 기간 동안을 염두에 둔다면, 비형식적 교육은 비교적 짧은 기간에 이루어지는 교육이다. 이러한 기준으로 볼 때 형식적 교육의 대표적인 것이 학교교육이며, 비형식적 교육이란 대체로 학교교육을 제외한 넓은 의미의 교육을 일컫는다. 그러나 어떤 교육의 모습이 형식적 교육인가, 비형식적 교육인가의 구분은 학교교육과 학교 외 교육으로 양분되는 것은 아니며, 교육이 앞에서 기술한 형식들 혹은 조건들을 갖추었느냐의 여부에 따라서 구분하는 것이 타당하다.

형식적 교육은 제도화된 교육이라고 할 수 있다. 전통적인 사회에서는 주로 비형식적 교육으로 진행되다가, 인구증가와 산업화의 진전에 따라 교육을 조직적이고 계획적으로 실시하기 위하여 제도화된 형식적 교육의 필요성이 대두된 것이다. 일정한 형식을 갖추고 교육받은 일 자체를 국가와 사회가 공인하는 제도와 법규가 보장함으로써 교육받았음을 인정할 필요가 있는 것이다. 또 많은 학생들을 일정한 장소에 모아서 그들에게 정해진 기간 내에 의미 있는 교육내용과 경험을 습득시키고 제공하기 위해서는 교육이 제도화되지 않을 수 없다. 이와 같은 형식적 교육은 개인과 국가사회의 발전에 기여한 절대적인 힘을 행사한 것은 의심할 여지가 없다.

그러나 형식적 교육이 가지는 문제점도 있다. 교육이 제도화되어 있기 때문에 개인의 특성이나 창의성이 무시되어 교육의 비인간화 현상이 나타나기 쉽다. 학교교육은 한 인간의 잠재가능성을 계발해 주고 자아실현을 최대로 발휘하도록 하는 기능보다는 상급학교의 진학을 위한 수단으로 인식하도록 하며, 졸업장 발급 공장처럼 생각하도록 만든 것이다. 또 형식적 교육은 경쟁과 우열을 가리는 것을 속성으로 하기 때문에 사회적으로 바람직한 인성과 덕성을 육성하는 것을 어렵게 하기도 한다. 또한 미리 정해진 내용과 학습경험에 따라서 진행되는 관계로 교육에서의 부익부 빈익빈 현상이 초래됨으로써 사회적 불평등을 확대 재생산한다는 비판이 끊임없이 제기되기도 한다. 나아가 형식적 교육만으로 인간적 성장과 발달을 도모할 수 없을 뿐만 아니라 사회적 적응을 비롯한 사회화에 제한이 있을 수밖에 없기 때문에 비형식적 교육의 필요성이 제기되는 것이다. 비형식적 교육의 대표적인 장은 가정과 사회이다. 교육을 광의로 파악할 때 학교에서만 이루어지는 것은 아니며 가정, 지역사회, 신문이나 라디오, 텔레비전 등 각종 매체에 의해서도 인간형성에 영향을 받는다. 이 같은 일련의 사회적 영향은 사회가 인간에게 미치는 자연적 기능임과 동시에 의도적 기능도 포함한다. 이와 같은 비형식적 교육은 형식교육과 마찬가지로 긍정적 측면과 부정적 측면을 동시에 갖는다. 학생들은 가정에서 인성을 포함한 다양한 인간변화의 과정을 거치지만, 여기에서 항상 긍정적인 변화만 경험하는 것은 아니다. 더욱이 사회의 각종 요소들이 학생들에게 미치는 영향은 부정적인 요소가 더 많을 수도 있다. 이러한 점에서 형식적 교육과 비형식적 교육이 상보적으로 조화를 이루어야 하는 것이다.

2. 가정교육 · 학교교육 · 사회교육

주로 교육이 이루어지는 장에 따라서 교육의 유형을 가정교육, 학교교육, 사회교육으로 구분할 수 있다. 보통 교육이란 학교에서만 이루어지는 것으로 생각하는 것은 적절하지 못하며, 교육이 이루어지는 가정, 학교, 사회의 중요성의 비중을 가리려는 시도도 적절하지 못하다. 이 3자는 서로 보충 · 보완의 성격을 지니고 있으며, 교육상의 경중을 가릴 수 없는 문제이다. 여기서는 가정, 학교, 사회에서 이루어지는 교육의 특징과 교육상의 문제점을 생각해 보고 서로 어떤 관련성을 지니는가를 검토해 보고자 한다.

1) 가정교육

가정교육의 본질은 모든 교육의 기초가 되며 인간교육의 기본적인 터전을 제공해 준다는 데 있다. 교육을 협의로 규정하는 경우 의도적 · 계획적 제도화된 상태에서 시사되는 학교교육이 중요하기는 하지만, 광의로 생각하여 교육을 사회화, 인격의 완성, 인간형성, 성격과 정서의 발달 등을 돕는데 있다고 규정하는 경우, 가정이야 말로 가장 중요한 기초적인 인간화와 사회화가 이루어지는 교육의 장인 것이다. 또 가정교육은 학교교육보다도 훨씬 긴 평생 동안 다양하고 강력한 교육이 이루어지는 교육환경이기도 하다.

가정이 갖는 교육적 역할과 의의는 학교교육이 주로 지적 발달에 영향력을 행사하는 반면에, 인격적 · 성격적 · 정서적인 면에서 더 중요시되며, 연령이 낮을수록 더욱 강력한 영향력을 갖는다는 점에서 찾을 수 있다. 이러한 의의를 갖는 가정교육의 특징은 다음과 같다(정인석, 1991).

첫째, 가정교육의 특징은 '자연성', 즉 '무의도적'이라는 점이다. 가정에서도 어느 정도까지는 자녀의 교육을 위한 계획을 세우고 조직적으로 지도를 하기도 하지만, 학교교육처럼 체계적이고 조직적으로 수행하지는 않는다. 그러나 교육적 영향은 학교교육에 비하여 결코 과소평가될 수 없으며, 학교교육의 기초가 가정교육으로부터 마련된다는 점에서 가장 중요한 교육인 셈이다.

둘째, 가정교육의 특징은 강한 '애정'으로 결속된, 연령이 다른 가족 사이에서 실시되고 있다는 점이다. 학교가 같은 연령의 집단이며 공통의 목적을 지닌 동년배집단인데 반하여, 가정은 부모, 조부모, 형제 자매와 같이 성이 다르고 연령이 다름에 따라 각각 다른 지위와 역할을 갖는 가족에 의해서 구성된 집단이다. 이와 같은 가정은 다른 어떤 사회적 조직보다도 강한 애정으로 결속되어 있으며, 이러한 애정이 강력한 교육적 힘을 발휘하는 것이다. 따라서 애정이 결핍된 가정환경은 교육상 많은 문제점을 지니게 된다. 여기에서 모성실조(maternal deprivation) · 부성실조(fathering deprivation)가 자녀들의 지적 발달, 정서 성격적 발달, 사회성의 발달, 신체적 성장에 커다란 장애를 주게 되며, 애정에 기초한 건전한 아버지상과 어머니상을 갖는 것은 교육적으로 매우 중요하다.

셋째, 가정교육의 특징은 그 기능상으로 보아 학교와 같이 일정하게 정해진 프로그램에 의한 훈련에 중점을 두고 있는 것과는 달리 항상 자녀의 심신의 보호와 배려가 배경이 되고 있다는 점이다. 과보호와 방임이 아닌 가정이 갖는 적절한 보호적 기능은 교육의 근원적인 형태이며, 어린이의 건전한 심신발달을 도모하고 안정된 생활을 영위하는 데 있어서 매우 중요한 교육적 의의를 갖는다.

이러한 특징을 갖는 가정교육은 사회의 변화에 따라서 긍정적인 면만을 갖는 것은 아니며 많은 문제점도 지니게 되었다. 우선 현대사회적 상황을 통하여 산업화와 도시화에 따른 현대가정의 특징은 첫째, 가족 기능상에 변화가 왔다. 전통적인 사회에서의 가정은 생식과 애정, 생산과 교육기능을 대부분 수행해 왔으나, 생식과 자녀보호 기능을 제외한 대부분의 기능은 다른 사회기관에 이양하게 됨으로써 가정의 교육적 사회화 기능이 변질 약화되게 되었다. 경제적 기능의 변화에 따라서 취업모가 증가하게 되었으며, 가정 내에서의 부모-자녀 간의 대화의 부족과 공동경험의 폭이 좁아짐으로써 사회화의 장으로서 가정의 성격을 크게 변화시켰다.

또 하나의 변화는 가족구성상의 변화로, 3세대가 한 가족을 이루어 자연스럽게 교육적 경험을 할 수 있는 기회가 줄어들었다는 점이다. 한국사회, 특히 도시 지역의 경우 부부가족의 비율이 늘어나고 자녀수가 줄어들고 있어서 조부모의 자연스런 교육적 경험이나 형제 자매 간의 상호작용 기회 등이 줄어들고, 가정보다는 밖에서 보내는 일이 증가하여 가정의 교육적 기능약화가 나타나고 있다. 또한 가족이동이 빈번해지고 이에 따른 심리적 불안정성을 들 수 있다. 현대사회에 있어서 가족의 이주가 더욱 빈번해지고, 가족의 직업과 계층이 자주 변함으로써 자녀의 성장에 대한 가족의 하위 문화적 영향의 이관성이 줄어들고 있다. 또한 빈번한 가족의 이주는 자녀들로 하여금 익명의 유리함을 이용하여 비행을 저지르는 기회를 증가시키기도 하는 요인이 되고 있다.

이러한 현대가정의 특징은 가정교육에 커다란 문제점을 제기하고 있다(김종서 외, 1996). 첫째, 가족규모의 축소는 자녀들로 하여금 다양한 인간관계를 형성할 기회를 감소시킬 뿐 아니라 문화적 전통의 계승 · 발전에도 문제점을 던져 주고 있다. 가정이란 사회에서의 인간관계의 축도라고 할 수 있으며, 가장 기본적인 인간관계를 형성하는 교육적 경험을 갖는 곳이다. 대가족제도하에서는 연령이 다르고 역할이 서로 다른 가족구성원들과 접촉이 가능하기 때문에 이와 같은 교육적 체험을 자연스럽게 가질 수 있었다. 웃어른을 대하는 인사법과 태도, 사용해야 하는 언어양식, 동생이나 조카를 대하는 방법, 인간관계의 기본적인 규범 등을 가정에서 자연스럽게 배우게 된다. 그러나 축소가족 핵가족에서는 자녀들이 접촉하는 인간관계의 범위가 줄어들기 때문에 제한된 소수의 가족성원만이 접촉대상이 된다. 이것은 사회적 예의범절과 질서에 대한 문제점을 던져주는 것이기도 하다. 또한 대가족제도 밑에서는 노인층으로부터 문화적인 전통, 미풍양속의 내용과 필요성, 방법 등을 이어받을 수 있는 기회가 많다. 그러나 핵가족하의 상황에서는 과거의 생활과 사회상에 대한 생동감 있는 이야기, 상례와 제사지내는 방법, 때와 장소에 맞는 인사법, 어른을 대하는 방법 등을 배울 수 있는 기회가 없어지게 되었다.

둘째, 산업화에 따른 높은 취업률은 가정에서 밀도 높은 심리적 유대감을 감소시키고 있다. 산업화가 진전됨에 따라서 부부 모두가 취업하는 경향이 높아 가고 있다. 부의 취업을 통한 생계유지와 모의 자녀양육과 교육기능 수행의 책임의 양분은 점차 사라지고 부부 모두가 취업하는 비율이 증가함에 따라서 가정의 교육적 기능이 크게 약화되게 되었다. 자녀들이 의지할 대상, 함께 놀아 줄 대상이 사라졌으며, 스트레스를 해결할 시간적 · 공간적 동반자를 상실하게 된 것이다. 부부뿐만 아니라 자녀들도 가정 밖에서 생활하는 시간이 늘어남으로써 대화와 공동적인 경험기회가 줄어들게 되었으며, 이에 따라서 가족 간의 심리적 유대관계도 약화되고 있다. 가정으로부터 내몰리는 어린이와 청소년들은 또래 친구들과 유대관계를 맺게 됨으로써 자칫 비행을 저지를 가능성이 커지게 되었다.

셋째, 물질적인 윤택과 가부장적 권위의 상실은 가족해체 현상을 증가시키고 있으며, 이는 자녀교육에 지대한 악영향을 미치고 있다. 산업화에 의하여 취업의 기회가 늘어나고 교육의 보급으로 주체의식이 신장됨에 따라 전통사회에서 강력한 통제권을 지니고 있던 가부장적 권위가 무너지고 새로운 가족관계가 성립된다. 특히 남녀평등에 입각한 가족관계는 이혼율을 증가시키고 있다. 비록 이혼에까지 이르지 않는다 하더라도 가족 간의 갈등 · 불화는 자녀교육에 직접적인 영향을 미치게 된다.

넷째, 사회의 급진적인 변화는 부모와 자녀간의 가치관의 격차가 커지고 있으며 이로 인하여 부모와 자녀간의 갈등이 나타나기 쉽다. 이른바 세대차가 심화될 가능성이 커진 것이다. 부모와 자녀의 가치관 · 인생관의 격차로 인한 갈등이 자주 나타나는 것이 현대 가정의 교육상의 문제점의 하나이다. 부모와 자녀는 자라난 가정, 사회적 배경이 다르고 교육받은 내용과 방법이 다르기 때문에 서로의 주장만 무성할 뿐 대화가 통하지 않게 되었다.

다섯째, 도시화 현상은 가정의 고립화 현상을 초래하고 있으며 이는 어린이들의 개인주의적 성향, 경우에 따라서는 이기주의 성향을 조장시키고 있다.

산업화 · 도시화의 진전에 따라서 가정생활 자체가 도시생활적인 성격을 띠게 되었다. 도시는 익명의 사회이기 때문에 바로 옆집에 누가 사는지도 모르며, 특히 아파트 지역에서는 밀폐된 공간에서 오직 가족끼리 만의 인간관계를 맺으며 생활하고 있다. 이와 같은 생활환경 속에서 성장하는 아동들은 자칫 협동심, 봉사심, 예절, 질서의식 등이 결여되고 개인주의적 성향, 경우에 따라서는 이기주의적인 성향까지 함양되기 쉽다.

이상의 현대가정교육의 문제점이 심화되는 것은 그 만큼 학교교육의 어려움을 가중시키는 요인으로 작용하기 마련이다.

2) 학교교육

우리가 교육이라고 하면 '학교교육'을 연상할 정도로 학교는 중요하며 강력한 힘을 행사하는 사회화기관이다. 학교란, 바람직한 인간형성을 위한 교육의 장소이다. 즉, 일정한 교육목표를 세워 놓고, 그것을 실천해 가는 인격도야의 장이다. 학교가 그처럼 중요한 사회화기관으로 등장한 몇 가지 중요한 이유는 다음과 같다.

첫째, 현대사회 특히 산업화 이후의 사회에 있어서 지식이 급증하고 고도화하였으며 사회의 제반 기능이 점차 분화되고 전문화됨에 따라 학교와 같은 전문적인 사회화기관이 필요하게 되었다는 점이다.

둘째, 사회가 발달함에 따라 계층의 분화가 이루어짐으로써 어른들의 생활에 직접 참여할 필요가 없는 자녀들이 생기게 되었다는 점이다. 즉, 생산적인 일에 종사하는 서민계층의 자녀들은 오랜 기간을 성인생활에 직접 참여할 수 있었으나, 상류계층의 자녀들은 직접 참여할 필요가 없게 되어 한가한 생활을 하게 되었다. 그리하여, 이들 한가로운 자녀들을 한데 모아 장차 성인생활을 준비시키는 교육기관이 필요해지게 되었다.

셋째, 모든 국민들이 최소한의 교육은 균등하게 받아야 한다는 평등주의의 이념이 보급되어 그것을 실현시킬 수 있는 공식적인 국민교육체제가 필요하게 되었다는 점이다.

넷째, 교육이 국가발전이나 국력신장의 기초가 된다는 사실이 인식됨으로써 국민을 보다 조직적으로 교육시킬 수 있는 기관이 필요하게 되었다는 점 등이다.

그리하여 현대사회가 요구하는 학교교육의 특징을 기술하면 다음과 같다(정인석, 1991 ; 신용일, 1995).

첫째, 학교교육은 개인의 성장과 발달을 최대한으로 신장시키려는 환경을 조성하려고 한다. 교육의 대상은 인간이라는 점과 인간의 가소성(可塑性)에는 개인차가 있다는 점에서, 학교는 피교육자 개개인을 교육의 출발점으로 삼으며, 교육의 목적 또한 개인의 전인적인 성장과 발달을 돕는데 두고 있다. 개인의 천부의 소질과 능력을 신장 · 계발하기 위해서는 학교는 선택된 환경과 방법을 필요로 한다. 그리하여 특수한 환경으로서의 학교는 학습자들이 발전시키려고 하는 소질적 성향의 요인을 단순화함과 동시에 순서화하고, 현재의 사회적 습관을 정화함과 동시에 이상화하며, 그리고 자연적인 조건 속에서 방임적으로 감화 · 순화되기를 기대하기보다는 개인적 · 집단적으로 적합한 균형잡힌 환경을 조성 · 창조하는 데 노력을 기울인다.

둘째, 학교교육은 사회의 유지 · 발전에 기여하려고 노력하며, 그와 같은 책무성을 부여받고 있다. 즉, 학교를 주관적인 관점에서 보지 않고 객관적인 실체로서 볼 때 학교라고 하는 교육기관은 하나의 가장 잘 세련된 사회제도의 성격을 갖는다. 학교는 사회에 축적된 문화를 자라나는 세대에게 전달하여 그 결과 사회를 존속시켜 간다. 이 기능이 없다면 한 사회는 그들의 문화를 다음 세대에까지 존속시킬 수가 없게 되며, 그렇게 될 때 한 사회의 운명은 끝나고 마는 것이다. 뒤르켐이 '학교의 기능은 가족집단으로부터 개인을 해방시켜 보다 큰 사회에의 적응을 준비시키는 데 있다.'라고 주장한 것은 사회의 건전한 존속과 유지에 학교교육이 절대적인 영향을 미친다는 점을 강조한 것이다.

그러나 학교는 이와 같은 사회문화의 보존 · 유지의 역할만을 수행하는 것은 아니다. 사회문화와 문명을 창조 · 개조 · 혁신하는 기능을 동시에 수행한다. 과학기술 문명의 발전, 산업화의 촉진, 물질문명의 발달 등은 모두 학교교육이 사회문화의 창조와 개선기능 수행의 결과이다. 이러한 점에서 학교는 지적 특성으로 보아, 과거와 현재의 불합리성을 인식하고 보다 훌륭한 미래를 지향하는 탐구와 창조의 의식을 키우는 곳이라고 할 수 있다.

이러한 개인적인 성장 · 발달과 사회문화의 유지와 창조의 기능을 수행하기 위하여 제도화된 틀 속에서 집단적 활동을 특징으로 하는 학교교육은 어떤 문제점과 한계를 지니고 있는가? 그러므로 학교교육이 지니고 있는 문제점을 살펴보면 첫째, 교육의 제도화의 대표적인 기관인 학교교육은 교육받는 대상자를 일정한 틀에 획일적으로 맞추어 넣는 경향을 가져올 위험이 있을 수 있다. 이를 획일주의의 위험이라고 한다. 이 획일주의가 심하게 나타나게 되는 경우, 기계화된 공업사회에서의 생산품과 마찬가지로 교육받은 인간의 가치나 교육적 성패 여부는 규격품에 얼마나 접근하느냐의 여부로 판단하게 되기 마련이다.

이러한 틀에 박힌 공정을 거쳐서 똑같은 규격의 상품이 대량으로 생산되어 나오는 생산 공정 과정과 같이 학교교육을 받고 사회로 진출하는 사람들이 규격화되는 경우 가치관의 획일화, 사고방식과 행동양식의 획일화, 사회적 성공준거의 획일화가 불가피해지게 되며, 이러한 사람들이 모여 사는 사회는 비민주적이요 창의성이 발휘되지 못하는 미개한 사회가 될 수밖에 없는 것이다.

둘째, 제도화된 학교교육은 교육받은 사람들의 취업과 소득분배의 과정에 따르는 문제점들을 수반하게 된다. 예컨대, 학력에 따르는 취업기회의 차이라든가 소득수준의 차이가 나타나게 되고, 이에 따른 왜곡된 국민의 교육열, 과열 입시경쟁, 균형적인 교육활동의 곤란, 그래서 균형적인 사회문화 발전의 저해와 같은 문제가 발생하게 된다. 이러한 현상은 우리가 직접 겪고 있는 것이기도 하다. 교육을 통한 사회상층부로의 이동이 발전적인 요소를 지니고 있는 것이 사실이지만, 지나친 상승욕구 때문에 교육이 본래 해야 할 역할을 못하게 된다면, 국가사회의 발전은 그만큼 뒤떨어질 수밖에 없는 것이다.

이러한 학교교육의 문제점은 학교교육 자체의 고유한 것이라기보다는 가정과 사회성원들의 의식, 가치관, 산업구조와 경제체제 등과 밀접하게 관련되어 있는 것이다. 따라서 이와 같은 학교육의 문제는 학교교육 자체의 노력보다는 전사회적인 개선과 개혁 없이는 해결이 불가능하다.

3) 사회교육

넓은 의미로는 학교교육을 제외한 모든 교육을 사회교육이라 하고, 좁은 의미로는, 특히 학교를 졸업한 사람들을 대상으로 하는 성인교육을 말한다. 보다 구체적으로는 '사회교육이란 사회라는 여러 생활환경을 교육적으로 조직하여 학교 밖의 대중을 대상으로, 대중의 인간적 · 국민적 · 경제적 성장을 촉구하는, 자주적 · 자발적 참여를 전제로 하는 교육을 말한다(김정환, 1984). 또 넓은 의미로서의 사회교육은 학교 밖에서 일어나는 모든 형태의 교육을 의미하고, 이는 취학전의 가정교육까지도 포함하게 된다. 그러나 일반적으로 통용되고 있는 의미의 사회교육은 가정과 학교의 밖에서 일어나는 교육이라고 할 수 있다. 이러한 사회교육은 학교교육의 보충이며 확장이다(김재복 외 3인, 1995).

김종서 등(1988)은 사회교육을 보다 엄격히 규정할 필요성에서 '학교교육에 의한 교육활동을 제외한 청소년 및 성인에 대한 모든 형태의 조직적인 교육활동' 이라고 정의하고 있다.

사회교육이라는 용어는 서구에서는 주로 성인교육(adult education) 또는 평생교육(life-long education)이라는 말로 대체되고 있다. 따라서 사회교육은 그 방법 면에서 학교교육과 몇 가지 차이점이 있다(김정환, 1984).

첫째, 학교교육과는 달리 피교육자가 시간과 정력의 일부만을 바친다.

둘째, 대개 자발적으로 참여하며 교육활동에의 참여가 의무조건이 아니다.

셋째, 대개 무료로 개방된다. 넷째, 주로 성인을 대상으로 한다.

다섯째, 생활을 중심으로 전개된다. 여섯째, 지역사회를 중심으로 이루어진다. 이 외에도 학교교육이 사회적 계층상승의 기회를 갖기 위한 필요성이 강함에 비하여 사회교육은 개인적 성장과 필요에 의해 이루어지는 것이 보통이다.

최근에 이르러 사회교육의 필요성과 중요성이 요구되는 것은 대략 다음과 같은 이유에서이다(김경식, 1996). 즉, ① 국민의 복지향상을 위한 교육과 교육의 기회균등에 대한 국민적 요구, ② 학교교육의 근본적인 반성에 수반하여 일어난 학교교육의 보완과 확충의 필요성, ③ 산업화에 따른 인간의 적응문제와 인간화 교육에 대한 교육적 관심의 증가, ④ 현대산업사회에서 있어서 가치관과 인간소

외현상 등에 따른 문제에 대하여 학교교육만으로는 해결하기 어려운 상황의 도래 등 때문이라고 할 수 있다. 이 외에도 여가의 선용을 위한 사회교육의 필요성, 건강증진의 필요성 등도 사회교육에 대한 사회인의 욕구를 불러일으키는 요인이 되고 있다.

이와 같은 의미와 중요성을 갖는 사회교육의 특성은 다음과 같다(김종서 외, 1988).

첫째, 사회교육은 그 뜻하는 바가 평생교육체제 속의 통합된 부분으로서 일생을 통하여 계속 학습할 수 있도록 조직화된 교육활동이다.

둘째, 사회교육의 대상은 학교 외 청소년과 성인이 중심이 되지만, 학교학생도 포함될 수 있다.

셋째, 사회교육은 지속적인 자아실현과 직업적 자질의 향상과 사회적 활동에의 적극적인 참여를 목적으로 하고 있으며 이는 학습하는 사회의 구현, 교육기회의 확대, 전인교육의 내실화, 국민정신교육의 강화, 학교교육 한계의 보완과 지원, 그리고 사회변동에의 적응 및 대처 등을 이룩할 수 있을 것으로 기대하게 된다.

넷째, 사회교육의 내용에는 기초 · 보충교육, 기술 · 직업 · 전문교육, 건강증진교육, 가족생활교육, 종교생활교육, 여가선용교육, 민주시민교육 등 개인과 사회적 필요성에 의한 프로그램들로 구성된다.

다섯째, 사회교육 실제를 위한 접근방법에는 자유로운 참여, 자발적인 학습, 다양성과 융통성, 가르치는 자와 배우는 자의 수직 · 수평관계, 그리고 지역사회의 인적 · 물적 자원을 최대한 활용하는 방향에서 전개되고 있다. 오늘날 각 대학들에서 사회교육기관을 설립하여 다양한 프로그램을 개발 · 운영하는 것은 이러한 사회교육의 특성을 설명하는 하나의 예가 될 것이다.

3. 일반교육과 특수교육

교육의 형태를 일반교육과 특수교육으로 구분할 수도 있으며, 이러한 교육형태의 구분은 주로 형식적인 학교교육을 염두에 둔 것이다. 일반교육(general education)이란 모든 사람에게 공통되는 경험을 내용으로 하는 교육을 일컫는다. 모든 사람이 당면하는 개인적 · 사회적인 문제에 적절하게 대처하고 균등한 교육기회를 받도록 하는데 특징이 있다. 그것은 전문분야가 무엇이건 간에 교육받는 사람에 공통되는 특징을 나타내는 것이다.

일반교육 목적이나 내용에 대하여 그 철학적 기반을 어디에 두느냐에 따라서 각각 다르게 생각할 수 있다. 즉 합리주의, 신인문주의 및 자연주의 또는 도구주의는 각각 일반교육의 성격을 다르게 규정짓고 있다(서울대학교교육연구소 편, 1994).

일반교육은 '교양교육(liberal education)'이라고 부를 수 있으며 전통적인 자유교육과 유사한 의미를 갖는다. 우리나라의 초등학교에서부터 고등학교까지 학생들이 누구나 공통적으로 이수할 교과목을 중심으로 한 교육과정 편제에 의한 교육은 일반교육이라고 할 수 있으며, 특수교육은 신체적 · 정신적으로 '특별한 사람'(아동, 학생, 성인)에게 행하는 교육을 일컫는다. 여기에서 '특별한 사람'이라는 말은 장애로 인하여, 혹은 특수한 재능을 지닌 것으로 판명되어 다른 사람과는 달리 특수한 교육적 조치와 서비스를 필요로 하는 사람을 일컫는다. 장애를 지닌 사람은 정신지체, 학습장애, 정서장애, 시각적 혹은 청각적 장애, 지체장애 등을 지니고 있는 사람을 말한다. 특수교육은 대체로 특수학교 및 특수학급에서 실시된다. 특수학교에는 현재 정신지체, 청각장애, 시각장애, 지체장애, 정서장애 학교와 예 · 체능분야 및 외국어분야, 과학분야의 특수학교가 있다. 특수학급은 초등학교와 중학교에 학교당 1~2개씩 개설되어 운영되고 있다. 이외에 특수학교에 부설된 유치원이 있으며 공식적으로 인가받지 않은 조기교육센터 등에서도 특수교육이 이루어지고 있다.

이상에서 살펴본 바와 같이 일반교육과 특수교육은 교육기관에 의한 구별이기보다는 교육받을 대상, 교육프로그램 혹은 교육과정의 특징에 의한 구별이며, 특수교육의 범주를 벗어난 일체의 교육은 일반교육이라고 할 수 있다.

제3절 평생교육

1. 평생교육의 의미

평생교육이라는 용어는 1965년 UNESCO의 성인교육추진국제위원회에서 Lengrand이 평생교육이라는 연구보고서를 제출하면서부터 등장하게 된 것이다. 이러한 평생교육이라는 용어가 국제적 용어로 알려진 것은 1972년 동경에서 개최된 세계성인 교육회의부터이다.

우리나라에서도 1973년 춘천에서 평생교육 발전세미나를 개최하여 평생교육 발전에 대하여 논의하게 되었다. 그 후 1982년에는 사회교육법이 공포되어 평생교육의 중요성 인식되었으며 마침내 1999년에는 평생교육법이 제정되었고 2000년 3월에 시행령이 공포되어 시행에 들어갔다.

평생교육은 헌법에서도 물론 그 중요성이 뒷받침되어 왔다. 헌법 제31조 5항에는 "국가는 평생교육을 진흥하여야 한다." 항에는 "학교교육 및 평생교육을 포함한 교육제도와 그 운영, 교육재정 및 교원의 지위에 관한 기본적인 사항은 법률로 정한다."라고 평생교육의 중요성을 강조하고 있다

새로 개정한 교육기본법은 교육관련 법체계를 구조화하였다는데 큰 의의가 있다. 교육기본법을 위에 놓고 그 아래 초 · 중등교육법, 고등교육법, 평생교육법을 병렬시킴으로써 법구조상으로 초 · 중등교육 및 대학교육과 평생교육을 대등한 위치로 만들었다.

지금까지 학교교육이 교육제도를 지배해 왔으나 새 법이 제정됨으로써 학교교육과 학교 외 교육을 대등한 위치에 놓게 된 것이다. 그리고 또한 획기적인 개혁은 사회교육법을 폐지하고 평생교육법을 새로 제정한 것이다(교육부, 2000). 이로서 우리나라의 평생교육은 실질적인 도약기를 맞이했다고 볼 수 있다. 평생

교육이란 말은 처음에는 야간과정과 유사한, 비교적 과거에 실천되어 오던 것에 새로운 용어를 적용한 것이나 다름없었다. 그 후 점진적으로 그 아이디어가 전문직 훈련에 적용되었으며 교육활동의 통합적 절망 속에 지적 · 정신적 · 심미적 · 사회적 그리고 정치적인 복합적 측면을 포괄하게 되었다.

지금까지 평생교육에 관해 학자들에 따라 다양한 관점에서 제시되고 있으며, 평생교육의 개념 및 그 특징을 살펴보면 다음과 같다(Dave, 1976).

① 평생교육이라는 개념의 기초가 되고 있는 용어는 생(life), 평생(lifelong) 그리고 교육이라는 세 가지다. 이러한 용어에 포함된 의미와 그 해석 여하에 따라서 평생교육의 의미와 범위가 결정된다.

② 교육이란 형식적인 학교교육만으로 끝나는 것이 아니라 전 생애에 걸쳐 이루어지는 과정이다. 따라서 평생교육은 개인의 전 생애를 모두 포함하는 것이다.

③ 평생교육은 성인교육(adult education)에만 국한되는 것이 아니라 취학전, 초 · 중등교육을 전체(totality)적인 관점에서 보려는 것이다.

④ 평생교육은 형식적, 비형식적 교육을 모두 포함하고 있다.

⑤ 가정은 평생학습의 과정을 시작하는데 있어 최초이면서 가장 민감하고도 결정적인 역할을 수행하고 있다. 이러한 평생학습의 과정은 가정에서의 학습을 통해 개인의 전생을 걸쳐 지속되는 것이다.

⑥ 평생교육체제에서는 지역사회 또한 중요한 역할을 한다. 지역사회는 어린이들이 지역사회와 상호작용하는 순간부터 시작하여 전 생애 동안 전문적, 일반적 영역에서 교육적 기능을 다해 나간다.

⑦ 학교, 대학, 훈련소 등과 같은 교육기관은 평생교육기관의 일부이긴 하지만 중요한 교육기관인 것이다. 오늘날에 있어서는 그러한 교육기관들이 사람들을 교육시키는데 있어 더 이상 독점적 위치에 머물 수 없고 사회 안의 다른 교육기관과 격리되어 존재할 수도 없다.

⑧ 평생교육을 종단적 또는 수직적 측면에 있어서의 계속성을 추구한다.

⑨ 평생교육은 또한 생의 모든 단계에서의 수평적, 심층적 측면의 통합을

추구한다.

⑩ 평생교육은 엘리트주의적 교육 형태와는 반대로 성격상 보편성을 지닌다. 평생교육은 교육의 민주화를 도모한다.

⑪ 평생교육의 특징은 학습내용, 학습도구, 학습방법, 그리고 학습시간 등이 유연하고 다양하다는 점이다.

⑫ 평생교육은 새로운 학습 자료와 학습매체 등이 개발될 때마다 그것을 교육의 현장에 활용할 수 있게 해 주는 교육에 대한 역동적 접근방식이다.

⑬ 평생교육은 교육을 함에 있어 다양한 대안적 형태와 형식을 취한다.

⑭ 평생교육은 대체로 일반 교양적 요소와 전문적 요소라는 두 가지 요소를 갖고 있다. 이 두 요소는 서로가 완전히 분리된 별개의 것이 아니라 성격상 상호 관련되어 있고 상호작용적인 것이다.

⑮ 개인과 사회의 적응적, 혁신적 기능은 평생교육을 통해서 수행될 수 있다.

⑯ 평생교육은 현존하는 교육제도의 결점을 보완한다는 측면에서 교정적 기능을 수행한다.

⑰ 평생교육의 궁극적인 목적은 삶의 질을 향상시키는데 있다.

⑱ 평생교육에는 세 가지 주요 선행요건들이 있는데 그것은 기회, 동기, 교육가능성(educability)이다.

⑲ 평생교육은 모든 교육에 대한 하나의 조직 원리이다.

⑳ 조작적 차원(operational level)에서 말하면, 평생교육은 모든 교육에 대한 전체적 체계를 제공하는 것이다.

평생교육은 교육개념의 광역성과 통합성, 교육시기의 계속성과 향상성, 교육대상의 평등성과 전체성, 교육접근방식의 다양성과 상대성 그리고 교육체제의 개방성과 탈정형성을 개념적 특성으로 하는 교육이념으로서, 이는 기존의 교육개념과 체제에 대한 새로운 교육의 패러다임이다. 따라서 평생교육은 교육형태상으로는 형식, 비형식교육을 포괄하는 총체적 이념이며, 궁극적으로는 학습자의 자율적 학습수행과 교육적 선택의 자유를 통한 학습권이 보장되는 학습사회를 지향하는 개념이다(최운실, 1998).

평생교육법 제2조에는 평생교육이란 학교교육을 제외한 모든 형태의 조직적인 교육활동이라고 정의하고 있다. 동법 제4조의 평생교육의 이념을 보면 다음과 같다.

① 모든 국민은 평생교육의 기회를 균등하게 받는다.
② 평생교육은 학습자의 자유로운 참여와 자발적인 학습을 기초로 이루어져야 한다.
③ 평생교육은 정치적 · 개인적 편견의 선전을 위한 방편으로 이용되어서는 안 된다.

이상에서 제시된 내용을 토대로 보면 평생교육이란 일생에 걸쳐 시대 변화에 적응하고 삶의 질 향상을 위한 끊임없는 교육이라고 이해할 수 있다. 따라서 평생교육이란 학교교육을 제외한 모든 형태의 조직적인 교육활동으로서 개인 및 집단의 생활의 질을 향상시키기 위하여 개인적 · 사회적 그리고 전문적 발달을 도모하는 과정이라고 볼 수 있다. 즉, 평생교육은 인간의 최대한 발전을 이룩하기 위해 행하는 조직적 교육활동이다.

2. 평생교육의 필요성

우리가 살고 있는 사회는 변혁의 세기이다. 경제체제는 토지 · 자본 · 노동에 기초한 자원기반 경제에서 지식이 생산과 성장의 기본이 되는 지식기반 경제로 급속히 전환하고 있다. 기술적으로는 아날로그체제에서 디지털체제로 변화고 있으며, 국제적으로는 단위국가 체제에서 국경이 무의미한 세계체제로 전환하고 있다. 또한 교육은 학교교육중심, 공급자중심에서 평생교육중심, 수요자중심으로 변화고 있다. 이와 같은 총체적 변화는 생애에 걸친 체계적인 인적 자원개발 · 관리라는 평생교육에 대한 정책 접근을 요구한다(교육부, 2000).

따라서 평생교육의 필요성을 몇몇 선행연구를 중심으로 살펴보고자 한다. 먼저 포레(Faure, 1972)는 사회변화로 인한 교육의 변화를 다음과 같이 설명하고 있다.

첫째, 수세기 동안 교육발전은 일반적으로 경제발전을 뒤따랐다. 이제는 교육발전이 경제발전을 앞지르고 있다.

둘째, 오늘날의 교육은 아직 존재하지도 않는 사회유형을 위하여 사람들을 준비시키고 있는 것이다. 이것은 전통적인 교육의 기능이 대체로 현대사회와 현존하는 사회관계를 재생산하는 것이었다는 점에서 이것은 교육체제의 더 새로운 변화를 제시하는 것이다.

셋째, 교육의 산출과 사회의 요구 사이에서 일어나는 모순이 있다는 점이다. 과거에는 사회가 서서히 변화하고 또 교육의 결과를 쉽게 기꺼이 수용한 반면에 오늘날은 그렇지가 않다는 것이다.

넷째, 교육은 사회 · 경제적 발전을 위해서 과거보다 오늘날 더 많은 개혁을 필요로 한다. 왜냐하면 교육의 개혁 없이는 사회발전을 기대할 수 없게 되었기 때문이다.

한편 권이종(2001)은 평생교육의 필요성을 다음과 같이 제시하였다.

① 현대사회의 급격한 변동에 따른 산업구조의 변화와 인간의 가치갈등, 인간소외, 기술의 변화와 혁신, 청소년 문제 등은 학교교육만으로 대처하기 어렵다.

② 산업구조가 1차에서 2차, 3차, 4차 산업으로 이동해 가면서 지식산업이라 부르는 4차 산업의 비중이 증대되고 있다. 지식산업이란 새로운 지식을 생산하며 그러한 지식을 생산할 줄 아는 삶을 기르며 그런 지식의 소유자를 많이 길러 낸다는 것을 전제로 한다.

③ 인간이 주체적 존재로 살아가기 위해서 끊임없는 자기성장과 자아실현이 필요하다. 이러한 자아실현의 과정은 필연적으로 계속적인 자기 개발과 성취를 위한 평생학습을 필요로 한다.

④ 과학기술의 가속적인 발전과 그로 인한 직업세계의 변화는 필연적으로 평생에 걸친 전문직업인으로서의 계속교육과 평생학습을 요청하고 있다.

⑤ 사회구성원의 삶의 기본권으로서 교육권과 학습권을 보장하고 교육기회

불균등 현상을 해소하기 위해서는 대안적인 교육체제로서의 새로운 평생교육체계가 필요하다.

⑥ 학교교육의 한계성과 문제를 극복하기 위한 평생교육의 필요성이 대두된다.

⑦ 지금까지 교육은 학교가 거의 독점해 왔다. 그러나 현대사회에 있어 학교는 평생에 걸친 교육의 보장과 지원에 한계가 있다.

⑧ 여가시간의 증대로 평생교육이 필요하다. 과거와는 달리 근무시간의 단축과 생활수준 향상 등의 여가시간을 선용하려는 새로운 요구가 증대되면서 이 또한 평생교육을 촉발시키는 요인으로 등장하고 있다.

⑨ 평균수명 연장에 따른 노인인구 증가와 노령화 사회로의 진입, 정년제도의 변화, 가족구조의 변화, 노인 여가시간의 증대 등의 새로운 사회현상이 대두되면서 이에 따른 실버교육으로서의 평생교육의 필요성이 부각되고 있다.

이와 같이 오늘날 평생교육이라는 말이 급속도로 파급된 것은 사회변동의 급속화, 과학기술의 발달, 여가의 증대, 평균수명의 연장, 매스미디어의 발달, 학교교육의 한계성 등을 들 수 있다. 특히 오늘날의 학교교육은 사회의 다양한 요구에 부응하지 못하며 획일적이고 지식위주의 교육에 머물고 있다는 비판도 받고 있다. 이러한 것은 학교교육이 시간적, 공간적으로 제한을 받을 뿐만 아니라 교육내용도 제한을 받기 때문에 평생교육의 필요성이 강조되고 있다.

3. 평생교육의 과제

교육인적자원부(2000)는 새로운 평생교육체제를 구축하기 위한 8대 과제를 다음과 같이 제시하여 실질적인 평생교육의 과제를 구체화시켰다.

① 평생학습 진흥을 위한 제도적 기반조성

② 방송정보통신 매체를 활용한 원격교육 활성화

③ 고령화 사회를 대비한 노인교육 활성화
④ 성인학습자를 위한 학점은행제 운영
⑤ 자율학습자를 위한 독학학위제 운영
⑥ 전통문화의 계승 · 발전을 위한 문하생 학력인정제 도입
⑦ 학교시설을 이용한 평생교육 기회확대
⑧ 학원설립 · 운영제도 개선

세계 주요국의 평생교육체제 연구를 통해서 제안한 평생교육에 대한 정책적 제언을 보면 다음과 같다(한국교육개발원, 2003).

① 평생교육 추진체제의 재설정이다. 평생교육 지원체제는 장애인, 빈곤층, 저임금 노동자 등 낮은 사회경제적 집단, 여성, 중 · 고령자, 비진학 · 미취업청소년, 기초 기능 미소지자 등을 포함하여 가급적 많은 사람이 교육기회 및 혜택을 받도록 해야 한다.
② 중앙차원에서의 지원체제 역할강화이다. 중앙에서는 부처별 지원사업의 중복과 낭비를 줄이고 비효율적인 행정이 발생하지 않도록 하기 위하여 국가차원의 정책을 결정 및 조정하는 협의회적 기구의 설치가 요구된다.
③ 지역차원에서의 지방정부와 지역교육청의 역할강화이다. 우리도 지역교육청이 자율적으로 지역의 배경과 특성에 맞는 평생교육을 추진해 나가야 한다. 우리나라의 경우 지방정부나 지방교육청에서는 초 · 중학교에 대한 지원과 관리만 주로 이루어짐으로 인해, 성인학습자에 대한 지원은 거의 전무한 실정이다. 지방정부와 지방교육청이 평생교육에 관심을 갖고 지원을 활발히 할 수 있는 방안을 모색하여 지역중심의 다양한 평생교육이 발전할 수 있도록 되어야 할 것이다.
④ 평생교육 사업수행을 위한 비용지원체제 구축이다. 주요국의 교육부 예산 대비 평생교육 관련 예산에 비하면 우리나라는 상당히 부족한 편이다. 따라서 다양한 프로젝트를 수행하는데 필요한 기금을 마련해 두고 공모를 통해 지원해 주는 제도를 마련해 주어야 할 것이다.

⑤ 평가인정체제 확립이다. OECD에서는 평생학습을 촉진하기 위한 중요한 제도로 다양한 학습결과를 인증할 것을 권고하고 있다. 학교교육과 평생교육의 이분법적인 구분방식에서 벗어나 학교를 포함하는 평생교육으로 가기 위해서는 학교교육과 연계하는 질 관리 체제 확립이 필요하다. 우리나라의 경우는 현재 학점은행제에 의하여 학사학위를 수여하고 있으나, 이를 확대할 필요가 있다.

⑥ 파트너십과 연계체제 강화이다. 평생교육 업무는 넓게는 모든 생활수준 향상과 관련되는 바, 교육인적자원부 및 기타 관련 부처와의 연계협력을 위한 실질적인 제도 마련이 시급하다.

⑦ 학습 정보시스템 활성화 및 강화이다. 일본을 비롯한 많은 국가들이 전국 평생교육 관련 기관의 모든 정보가 데이터베이스화되어 있는데 비해 우리나라는 일부 기관의 평생교육 정보만을 제공하고 있다. 따라서 기관간의 연계협력 체제를 구축하여 전국 단위의 데이터베이스 구축과 정보제공 체제를 구축하는 것이 필요하다.

앞으로 평생교육의 정착과 발전을 위하여 고려해야 할 점은 다음과 같다.

첫째, 평생교육 체제는 학교, 사회, 그리고 가정이 공동으로 교육목적을 달성할 수 있도록 그 연계성이 구축되어야 한다.

둘째, 평생교육 · 평생학습 사회에 적합한 학교교육 과정의 개혁이다. 학교교육은 평생학습 사회를 대비한 적응능력과 기초 지식 및 태도함양에 초점을 두고, 나아가 여러 상황을 고려한 후 심화과정을 나아가는 형태로 진행되어야 할 것이다. 특히, 자기 주도적 학습능력과 학습자 중심적 사고를 강화함으로써 자발적으로 활동하고 시대변화에 적응할 수 있는 힘을 길러 주어야 할 것이다.

셋째, 평생학습 사회에 대한 인식의 변화이다. 과거 평생교육이 학교교육에 부수적인 것으로 생각하는 단계에서 이제는 학교교육과 대등한 차원에서 그 중요성을 인식해야 할 것이다.

넷째, 평생교육의 기회균등 문제이다. 최근 다양한 평생교육 관련 기관들이 생겨나고 있지만 실제로 여기에 참여할 수 있는 사람은 소수라 생각된다. 이유가 여러 가지 있겠지만 상당수의 평생교육프로그램이 경제적 뒷받침이 없이는 참여하기 어려운 것도 사실이다.

다섯째, 교육과정 및 프로그램의 개발문제, 학습능률 향상을 위한 교육방법의 문제, 교육할 수 있는 인적자원의 보급문제, 시설 및 행정지원의 문제 등이 고려되어야 한다.

여섯째, 특히 아동 및 청소년의 경우 효율적인 방과 후 지도 방안을 마련하고, 학교교육과 연계하여 청소년수련원 등을 유용하게 활용할 수 있는 방안을 모색해야 할 것이다. 특히, 앞으로의 주 5일제 수업과 평생교육의 연계성을 충분히 연구하여야 할 것이다.

마지막으로 중앙정부 뿐만 아니라 지방정부 차원에서도 국민의 삶의 질 향상을 위하여 평생교육 지원을 더 강화하여야 할 것이다.

제2장

교육의 역사적 탐구

제1절 교육사 연구의 목적
제2절 서양교육의 역사적 탐구
제3절 한국교육의 역사적 탐구

제1절 교육사 연구의 목적

1. 교육사의 연구

오늘날 우리의 역사는 변화를 전제로 하지만 그 변화 속에 어떤 질서를 구하며 하나의 계통적인 진화 발전의 발자취를 지속하려고 한다. 광의의 역사는 인간 외 자연도 연구의 대상으로 삼고 협의의 역사는 인간 생활의 변화를 연구하는 것으로 되어 있으며 보통 역사라고 하는 것은 후자를 말한다.

역사란 바로 탐구하고 생성된 사실에 대한 인간의 경험이며 하나의 생명이다. 역사는 바로 인간 생활이며 인생의 경험이기 때문에 반드시 지속성이 있다. 따라서 역사에 속하는 사건들도 모두 일종의 지속성을 가지고 있는 사건들이다. 그런 사건들은 과거에서부터 현재에 이르기까지 오래 계속되어 왔을 뿐만 아니라 미래에도 끊임없이 지속되어 나갈 것이다.

우리는 흔히 현재는 과거의 소산이라고 한다. 카(E. H. Carr)는 '역사란 무엇인가'라는 물음에 '역사란 역사가와 사실 간의 상호작용의 과정이며 현재와 과거와의 끊임없는 대화'라고 결론짓고 있다. 그러므로 역사란 오늘의 의미에서 해석하는 어제의 사건이라고 한다. 오늘의 의미에서 역사를 해석함은 두말 할 것 없이 내일을 위해서다.

만일 과거가 지나가서 현재에 이르지 못한다면 이것은 생명이 없는 과거이고 역사의 뜻과 가치도 없는 것이다. 또 오늘만 있고 내일이 없다고 한다면 이런 오늘이란 것도 역사로서의 의의와 가치가 없는 것이다. 우리가 역사에 깊은 관심을 갖게 되는 것은 우리들의 현재와 미래교육에 대한 실천적 관심이다.

교육사에 대한 연구는 역사의식을 토대로 교육의 역사적 사실을 시대별로 목적, 관찰, 사상을 복합적으로 서술하여 교육이념, 목적, 내용, 방법, 정책, 제도,

운영 등 교육 내지 교육학의 전 분야에 관한 역사적 고찰이다. 예컨대, 교육사상의 변천 및 발전에 중점을 두고 위대한 교육가와 사상가들이 물려준 주장과 학설에 대한 고찰, 교육사실 변천의 자취를 기술, 관찰을 통한 이론을 규명, 교육 현상을 분석하여 잠재된 법칙을 찾아 내는 것 등이 바로 교육사인 것이다.

역사적 인식에 바탕을 두지 못한 교육이론이나 교육 실천에 관한 이해는 내용이 결여된 단순한 이해에 불과하기 때문이다. 뿐만 아니라 모든 교육이론이나 교육실천도 결국은 역사적 발전의 산물이라고 할 때 교육의 역사를 제외하고 교육 내지 교육학을 파악한다는 것은 '생명 없는 추상적 이해'에 그치기 때문이다. 따라서 교육학에서 교육사 연구는 곧 교육 연구 내지 교육학의 기초가 되는 것이다. 다시 말해서 교육사 연구는 교육의 여러 현상이나 존재 방식이 역사적 조건에 따라 어떻게 규정되었는가를 추구하면서 교육이란 무엇인가라는 물음에 대해서 교육의 본질을 탐구하고 교육의 이념을 밝히기 위한 연구이다. 따라서 교육사 연구는 교육에 관한 과학적 연구의 모든 분야, 즉 교육학의 어디에나 필수적으로 있어야 하는 기초 연구의 하나이다.

한기언은 교육사 연구의 필요성을 다음과 같이 밝히고 있다.

첫째, 교육적 예지를 얻기 위해서다. 즉, 교육사는 인류가 오랜 세월을 겪어 오는 동안 많은 교육 경험과 사실을 역사적 관점에서 정리한 교육적 예지의 집합체라는 것이다. 우리는 인류가 수많은 시행착오를 거쳐 축적해 놓은 삶의 경험과 교육경험을 매개로 하여 과거와 현재, 그리고 현재와 미래와의 대화가 가능하다. 그러한 대화를 통하여 현재의 교육적 문제를 해결하고 미래를 조망할 수 있는 지혜를 얻게 된다.

둘째, 교육현실에 대한 본질적 이해를 위해서다. 현실은 항상 역사적 현실이다. 현재는 한 시점의 문제가 독립되어 존재하는 것이 아니다. 수많은 교육문제가 자세히 관찰해 보면 그 어느 한 가지도 오늘에 와서 갑자기 생겨난 것은 아니다. 과거부터 잉태된 어떤 원인에 의하여 발생한 것임을 알게 된다. 따라서 과거와 단절된 채 현실만을 볼 때 그 문제의 본질을 정확히 파악할 수 없다. 교육적 현실의 본질적 이해를 위해서는 교육사와 교육철학을 상호 연결하여 입체적으로 파악하지 않으면 안 된다.

셋째, 현대문화의 비판 및 미래사회 발전의 방향을 위해서다. 교육은 그 성격상 현실에 만족하지 않고 항상 현대문화에 대한 비판을 위한 준거와 미래사회의 발전을 위한 방향을 제시할 필요가 있는 것이다.

교육은 곧 삶의 과정이라고 했고 인간형성과 사회 개조를 위한 전 과정이 곧 교육의 과정이라고 했다. 이렇게 볼 때, 교육적 사실과 경험은 모두가 교육사 연구의 대상이 될 수 있다.

제 2 절 서양교육의 역사적 탐구

1. 고대의 교육

서양 학문의 원천은 그리스(Greece)에서 찾아볼 수 있다. 그리스 시대는 보통 B.C. 1200~800년간의 시기를 말하며 대표적인 도시국가인 아테네와 스파르타를 통해 그리스교육의 특징을 알 수 있다.

스파르타는 국가본위의 전제적 정치를 시행하고 무단적 교육을 실시하고 애국심이 투철한 군국주의 국가의 일원이 될 수 있는 호전시민을 훈련시켜 국가에 유익한 공력을 양성하는 일이 교육의 목적이었다. 또한 스파르타 헌법의 창시자 리쿠르구스(Lycourgos)의 국가 이념에 의해서 결정되었으며 주위의 강대한 국가, 많은 정복민, 국내반란의 불안 속에서 국가의 존립을 유지하기 위해서 스파르타의 교육은 거의 체육과 군사적 훈련이었으며 국가에 대한 헌신적인 봉사의 생활을 영위하는 데 불가결한 도덕적 · 사회적 습관을 길러 이를 실천시키는 일이 그들의 교육내용이었다. 소년들은 그들의 욕망에 대하여 절대적인 억압을 받았으며, 모든 습관에 있어서 절제를 지키고 연장자에게는 순종하고 존경할 것을 배웠다. 그들은 행동할 때까지는 겸손하고 사양할 것을 배우고, 다음에는 공격적이고 용감할 것을 배웠다. 스파르타의 유일한 교육기관은 국가였으며 국가는 개인의 출생부터 결혼 · 사망에 이르기까지 관리하였다.

아테네는 스파르타와 같이 그리스의 한 도시국가이지만 그 정체에 있어서는 스파르타와 현저히 다르다. 아테네의 교육은 솔론(Solon)의 입법에 의하여 확립되었다. 이 법에 의하면 아테네의 교육은 국가주의적이면서도 개인적이었으며 자유로웠다. 인간천부의 능력을 조화적으로 발전시키고, 진 · 선 · 미와 성의 가치를 지 · 정 · 의로써 체험하게 하여 인간의 행복을 추구해 나가는 교육이었다. 이 때문에 아테네의 교육과 스파르타의 교육은 교육의 목적 · 방법 · 내용 등에 걸쳐 서로 다른 교육체제를 가지고 있었다. 아테네 교육의 제1의 특색은 조화적인 도야이상에 있다. 아테네인은 도시국가의 바람직한 시민인 동시에 인간으로서의 교양을 습득하는 것을 이상으로 하였다. 제2의 특색은 그와 같은 도야이상을 실현하기 위하여 교육의 내용이 다면적이었다. 균형잡힌 몸매에 선량하고 총명한 정신적 교양을 길렀다. 제3의 특색은 아테네에서의 국민의 교육은 국가의 통제에서가 아니라 개인의 자각과 자유에 의해서 행하여지는 것이 원칙이었다.

그리스의 뒤를 이어 독특한 사회로 발전한 로마의 교육사적 시대구분은 사회제도와 정치제도의 변천에 의해서 구분되어지며, 공화정시대의 교육은 실제적이고 실리적이며 또 검소하고 강건하며 애국심이 강한 시민양성에 있었고, 제정시대에는 공화정시대와 별로 다름이 없었지만 교육목표는 건강한 신체, 유능한 정치인, 웅변가의 양성에 주안을 두었다.

2. 중세의 교육

서양사에서 중세는 서로마 제국의 멸망(476)으로부터 동로마 제국의 멸망(1453)까지의 약 천년 간의 시기를 일컫는다. 역사적 내용으로 본다면 게르만 민족의 이동으로부터 문예부흥운동 이전까지를 말한다.

중세 전기(4, 5C-11C) 교육은 기독교 중심의 교육이었으며 지금까지의 그 성격이 일변하여 신체적 · 수사적인 방면의 훈련에 대신하여 행위의 면에 엄격한 훈련을 쌓는 것이었다. 자연적 흥미는 억압되고 개성의 발달이나 미적 · 지적인 방면의 계발은 죄악시되었다. 그리하여 교육은 오로지 도덕적 성격을 띠고 내세에 대한 준비를 목적으로 철저한 금욕주의와 신중심의 경건한 종교적 정서의 도야에 뚜렷한 목표를 두었다.

그러나 후반기에 들어가서는 신학적인 문제에 대한 흥미가 일어나고, 한편으로는 세속적 교육인 기사교육도 일어났다. 그리고 봉건제도가 무너짐에 따라 시민계급에 대한 보통교육이 생기고 대학과 시민학교가 출현하였다.

기독교는 그 이상과 목적을 달성하기 위하여 교육기관을 정비한 결과 이른바 3단계학교로 조직하였는데 문답학교, 고급문답학교, 그리고 사원학교가 그것이다.

문답학교는 이교도와 몽매한 민중을 기독교화하기 위한 학교로 말로써 가르치는, 즉 문답식으로 수업한다는 뜻으로 쓰였다. 이들에게 기독교리의 문답을 통하여 예수의 생애, 부활, 십자가에 대한 예비지식을 가르쳐 세례를 받기 위한 준비교육으로 처음에는 성인을, 나중에는 어린이를 입학시켰다. 수업기간도 처음에는 짧은 기간이었으나 나중에는 2년에서 3년이었고 교육내용은 읽기, 쓰기, 셈하기 등의 초보적인 지식이었다.

고급문답학교는 문답학교의 교사나 교회의 지도자 양성을 목적으로 설립된 학교이다. 이 학교에서는 기독교에 대한 보다 깊은 이해를 위하여 신학을 가르쳤고 그리스어 학예와 철학, 수사학, 천문학, 문학도 중요한 교과내용으로 교수하였다. 교회의 지도자는 그리스의 교양을 가지고 기독교의 신조, 교의 등을 증명하고 변호하는 이론적인 기초가 필요하기 때문이다.

사원학교는 일면 본산학교라고도 하고 교회의 감독자가 사는 교회 내에서는 반드시 이 학교가 설립되어 있으므로 감독학교라고 부르기도 한다. 이 학교는 교회의 지도자, 즉 성직자를 양성하는 기관으로 그 교육내용은 성서는 물론 신학, 철학, 과학, 수학 등과 그리스 문학 등 고급문답학교의 교육내용보다 전문적이었다. 교육방법에 있어서는 분단수업으로 착실히 하였으며, 중세의 기독교

철학이라고 볼 수 있는 스콜라철학(scholaticism)이 사원학교를 온상으로 번성하였다.

이상으로서 중세 기독교회의 학교제도를 세 가지로 나누어 설명하였으나 기독교 교육기관에서 빼놓을 수 없는 제도가 있다. 그것은 유명한 수도원학교를 들 수 있다. 이 수도원학교는 6세기경부터 수세기에 걸쳐 기독교 신부들의 수양소로서 또한 중세의 단 하나의 문화보존기관으로서 역사적인 임무를 다한 곳이라 할 수 있다. 이 수도원운동의 사상은 부패한 인간사회를 떠나서 신과 같이 깨끗한 생활을 하는 금욕주의이고 수도원(monastery)의 이상은 순결(chastity), 빈곤(poverty), 복종(obedience)이다. 순결의 이상은 가족과 모든 인간관계와 가족제도에서의 애정도 단념하여야 하며 빈곤은 모든 경제적 관계와 물질적 이익의 거절을 포함하며 복종은 모든 권력, 계급차별에 대한 부정을 뜻한다.

수도원학교의 교육목적은 현세를 위한 교육이 아니고 오로지 내세(천국)에 가서 영원히 잘 살 수 있는 준비를 하는데 있었다. 최초의 수도원은 승려(monk)의 훈련만 하였으나, 8~9세기에 들어가서는 승려 아닌 일반소녀의 교육도 하게 되었다. 당시 수도원의 교육 정도는 매우 낮은 것이었으나 학문을 유지하고 교육을 수행한 공적은 큰 것이라 하겠다(한공우 외, 1996).

3. 근세의 교육

1) 문예부흥과 인문주의교육

문예부흥(Renaissance)은 15세기를 전후하여 이탈리아를 중심으로 일어난 일대 각성운동으로서, 중세의 강력한 교회제도는 물질적인 면에 있어서나 정신적인 면에 있어서 신부나 일반시민들의 생활형태의 세부사항에 이르기까지 일일이 규칙을 제정하여 그들의 심신양면을 속박하였다. 이러한 중세기독교의 신의 세계 종교생활의 타율적 권위와 전통의 중압에서 해방되어 자유로운 참된 인간생활을 향유하려는 자아의 발견으로 인하여 문예부흥운동은 서서히 일어났던 것이다.

이와 같은 인간의 발견, 인간의 재생, 인간생명의 재탄생, 인간성의 발현은 중세기독교의 고정적 문화형태에 대한 근대적인 문화형태의 반항운동으로 나타나서 보다 신적인 문학으로서의 중세신학 대신에 보다 인간적인 문학으로서의 고대의 그리스 · 로마의 문학을 애호하는 사람들, 즉 휴매니스트에 의해서 인도되었던 것이다. 이 휴매니스트들은 인간의 본성인 인간성의 발현을 존중하고 또 인간성의 내용을 주도하는 인간적 문학을 애호하였기 때문에 그들을 인간주의자라는 뜻에서 인문주의자(humanist)라고 부르게 된 것이다. 그러므로 문예부흥의 근본사상은 인문주의이다. 더욱이 중세의 속박에서의 해방은 종교적인 면에서는 종교적 혁신운동이 유도되었고 과학적인 면에서는 과학정신의 발달로 천동설이 지동설로 변화하여 중세적 우주관을 타파하고 자연계의 새로운 관찰과 연구를 통하여 근대과학의 기초를 확립하였다.

이 인문주의의 교육은 대개는 공통으로 하고 있으면서도 이탈리아를 중심으로 하는 서유럽의 휴매니즘 교육과 북유럽의 독일을 중심으로 하는 휴매니즘 교육은 약간 그 경향을 달리하였는데 이탈리아를 중심으로 하는 휴매니즘은 개인의 형성에 중점을 두고 개인적 인문주의 교육이 성하였고, 북유럽의 휴매니즘은 사회적 인문주의 교육으로서 사회의 종교적 · 윤리적 개혁을 꾀할 것을 중점으로 하였다.

르네상스의 핵심인 인문주의의 세월의 흐름 속에 고상했던 이상이 점점 쇠퇴해 갔다. 16세기 전반부에 이르러서는 인문주의가 고전을 중시하는 본의도를 망각하고 고전의 형식에만 치중하는 경향이 나타났다. 그 중에서도 키케로의 문체와 문장 구성법을 최고의 모범으로 삼고 그것을 읽고 모방하는 데만 전심전력하는 소위 키케로주의가 대두되었다.

2) 종교개혁 운동과 교육

16세기에 있어서 유럽, 특히 독일, 스위스를 중심으로 기독교의 개혁운동으로서 일어난 종교개혁은 문예부흥에 의한 인문주의 운동과 같이 자아의 자각,

인간발견이라는 근본정신에 입각한 것으로, 각각 상이한 특징은 가졌으나, 결과에 있어서는 연속적이며 발전적인 운동으로 전개된 개혁운동임에 틀림없다.

이 운동은 상공자본계급 또는 서민계급을 기반으로 하여 일어난 운동으로, 결정적인 계기가 된 것은 1514~1517년에 걸쳐 진행된 교회의 면죄부 판매로 중세적인 교회의 타락에 반항하여 성서에 복귀함으로써 원시기독교의 진의를 부흥하여 새 사회조직을 건설하려는 루터의 95개조 항의문이 시발이 되었다. 이 운동은 교회조직과 교리를 개혁하였다고 하여 다만 종교적인 관점에서만 고찰하는 것은 큰 잘못이고 인간의 모든 방면, 즉 정치, 경제, 도덕, 철학, 문학 등 제도상의 모순에 대한 철저한 개혁을 일으킨 것으로, 실상은 북유럽인의 혁명이며 재건이라고 하여야 할 것이다. 즉, 종교개혁운동이란 그 당시의 모든 사회적 모순에 대한 해방투쟁의 사상표현운동이라 할 것이다.

종교개혁의 사상 가운데서 교육에 가장 영향을 준 것은 의무교육사상이다. 이 사상이 하나의 제도로 성립된 것이 고타(Gotha) 교육령과 메사추세츠(Massachusetts) 교육령이다.

4. 실학사상과 교육

17세기의 교육사상을 보면 자연 과학의 발달과 이에 따른 새로운 외적 세계의 발견과 정신과학의 발달을 이끈 실학주의(realism)로 일관되었다. 실학주의가 대두된 원인은 문예부흥이나 종교개혁에서 희구하던 인간상과는 상당한 거리가 생겨 과거에 가졌던 문예부흥이나 종교개혁의 근본정신을 희생하려고 하였던 것이다. 또 하나의 원인은 인지에 따른 자연과학의 발달로 인하여 인간의 사고양식과 행동양식을 바꾸려는 것이었다. 실학주의는 세 가지 형태로 볼 수 있다(한공우 외, 1996).

1) 인문적 실학주의

인문적 실학주의의 교육목적은 고전의 연구를 통해서 실생활에 유용한 인간을 양성하는 데 있다. 고전의 연구를 목적으로 한 점에서는 인문주의적이나 고전의 형식보다도 그 내용의 터득을 중요시하고 실생활에 유용하도록 한 점에서 실학주의적이다. 인문주의와 같이 어법, 문장의 구조 및 문체에는 관심이 없고 고전을 인간의 실제생활을 준비하는 도구로써 다룬 것이 인문적 실학주의이다. 즉 고전의 연구를 통해서 현실생활에 잘 적응하는 인간을 양성하는 것이 목적이다. 그 대표자로는 밀턴(John Milton)과 라블레(F. Rabelais)를 들 수 있다.

2) 사회적 실학주의

사회적 실학주의의 목적은 인문적 실학주의와 같이 고전에 의한 교육을 배격하고 사회생활의 경험에 의하여 유능한 사회인, 세계에 밝은 인간을 양성하는 데 있다. 이와 같은 목적을 달성하기 위하여 지육, 덕육, 체육을 포함한 광범위한 교육이 주장되었다. 즉, 사회적 실학주의는 교육내용을 인문주의적 입장이 아니라 이성주의의 입장에서 신흥 자연과학을 위시하여 지식의 여러 분야에서 교재가 선택되었으며, 학습방법에 있어서는 실물 직관주의의 흥미성의 원리, 그리고 여행을 통한 방법을 채택했다. 몽테뉴(Michel de Montaigne), 로크 등이 대표자이다.

3) 감각적 실학주의

실학주의 운동의 절정은 감각적 실학주의자들의 사상에서 발견된다. 감각적 실학주의는 실물을 통한 감각을 통해서 얻은 학습은 책이나 말이나 법칙을 배우는 것보다도 훨씬 효과적이라는 주장으로서 교육도 실물에 의한 교육을 주장하고, 교육의 원리를 모두 자연 속에서 발견하려고 하였다. 따라서 자연과학의 지식을 존중하고, 감각에 의한 사물의 관찰을 중요시하였다.

감각적 실학주의도 인문적 실학주의나 사회적 실학주의와 같이 교육을 현실생활에 관련시키려 한 점에 있어서는 일치하지만, 감각적 실학주의는 그 주요 관심사가 인간의 감각과 자연계와의 관련 그리고 자연과학적 지식과 실생활의 결합을 강조했다. 따라서 감각적 실학주의는 자연과학적 지식을 존중하고 자연현상의 탐구로서 감각에 의한 사물의 관찰을 중시하였다. 이러한 점에서 감각적 실학주의는 현대교육방법의 원리의 하나인 직관교육 또는 시청각교육의 선구를 이루고 있다고 하겠다.

코메니우스(John Amos Comenius)는 감각적 실학주의 교육사상의 대표자이다. 그는 최초의 조직적인 교육론인 「대교수학」(The Great Didactic) 그리고 「세계도회」의 저자이다.

5. 계몽사상과 교육

앞에서 우리는 문예부흥운동 이후 근대적 정신의 동향은 15세기 인문주의, 16세기의 종교개혁, 17세기의 실학주의운동으로 전개되었다는 것을 살펴보았다. 이어 18세기는 서양교육사상 가장 중요한 시기라 할 수 있는데, 계몽주의운동이 미국의 독립, 프랑스 혁명, 그리고 영국의 명예혁명 등으로 인하여 중세적 잔재를 일소하고 시민사회의 형성에 박차를 가했기 때문이다.

계몽사상의 기저는 이성에 대한 깊은 신뢰이다. 인간은 이성에 의해서만 행복해질 수 있다는 것이다. 따라서 이 시대는 이성의 시대라고도 불리어진다. 이 계몽사상운동은 영국에서 로크(J. Locke)를 중심으로 시작되어 유럽으로 전해진 것이다.

이성을 통해서 모든 사물을 비판하고, 사상과 양심의 자유 나아가서는 인간의 행복을 찾은 계몽운동은 교육의 목적을 자유시민이 되는 데에 두고 국민교육제도와 빈민교육운동까지 전개시켰던 것이다. 또한 철학과 과학, 정치, 미술, 문학, 사교상의 예법이 가장 가치로운 학문으로 인정되었으며 그리고 자연주의(naturalism) 교육사상은 18세기 계몽사상의 주된 교육사상으로 현대교육의 특징인 심리학적 · 과학적 · 사회학적 경향의 기저가 되는 학설로서 다른 어떤 교육운동보다도 인간교육의 실제정신과 목적과 성격을 많이 변경시켰던 교육사상이다.

여기에 루소(J. J. Rousseau)는 18세기 프랑스의 위대한 사상가로, 교육, 예술, 정치 등 근대문화의 모든 영역에 지대한 공헌을 한 사람이다. 그의 '자연으로 돌아가'는 사상에는 두 가지 방향으로 가는 형식이 있는데 그 하나는 정치 · 사회적인 방향이고, 또 하나는 심리적 · 교육적인 방향이다. 전자는 특히 인간의 자연의 권리에 따라 국가의 혁명적 이론을 전개시킨 「민약론」(Social Contract, 1972)으로 나타났고, 후자는 자연주의 사상을 여실히 진술하여 고귀한 교육경전의 하나로 존경받는 「에밀」(Emile, 1762)에 나타나고 있다.

6. 신인문주의와 교육

계몽사상이 너무 이성적이고 합리적이며 공리적인 물질문명으로 기울어져 인간을 기계시하는 데에 대한 반동으로서 정의(情意)를 존중하고 인간성의 원만한 발달을 숭상하며 문예면이나 철학적인 면에 낭만주의로 나타났다. 이것이 교육에 나타나서 19세기를 대표하는 신인문주의(Neo-Humanism) 운동으로 발전했다.

이에 따라 교육이념도 추상적인 이상주의를 지양할 정서적 인생관이 구체적 인간성의 내면에 파고 들게 되었다. 이러한 사상이 18세기말~19세기에 와서 융성하게 된 이유는 첫째 합리주의 또는 형식도야주의가 너무나 후천적이며 경험적인 요소를 강조하여 훈련, 단련, 반복에 의한 극단적인 타율적이며 주입적인 교육을 역설하므로 이것에 대한 반발로서 나타났고 둘째, 자연주의적인 교육사상이 너무나 선천적인 인간성을 신뢰한 나머지 극단적인 자유방임에 의한 소극적인 교육을 고조한 데에 또한 이것에 대한 시정으로서 나타났다(한공우 외, 1996). 18세기에서 19세기로 이어지는 교육은 사상적 면에 있어서나 실제적 면에 있어서 많은 발전을 수행한 세기이다. 교육은 학문으로서 기초 연구가 시작되어 과학으로 터전을 구축하였고 교육 시설과 경영, 그리고 교육제도, 교수 - 학습방법 등이 근대화되고 여성교육과 특수교육도 활발하게 정상적으로 실시되었다. 또 19세기는 많은 사상가와 이론이 대두하여 소위 '사상의 세기'를 이룩하였으니 신인문주의, 자유주의, 과학주의, 국가주의 교육이 그것이다. 18세기 말부터 19세기 교육은 다방면의 개혁과 연구, 비판의 결과 사회생활과 접근하는 양상을 보여 주면서 교육 본래의 목적에 거의 접근하였다고 할 수 있다.

교사중심, 어른중심, 어른의 필요에 따라 베풀어졌던 종래의 교육에서 어린이를 하나의 인격자로 생각하고 그의 인권을 인정하였다는 것은 곧 아동중심주의 교육으로 전환되었음을 뜻하는 것이다. 그러므로 새 교육은 어린이의 능력과 흥미와 관심을 내적으로 파고들고 다시 내부로부터 발전시켜 교육과 생활을 접근시키려 한 것이다.

이 시기의 대표적인 교육 사상가와 그 교육목적을 열거하면 다음과 같다.

페스탈로치(J. H. Pestalozzi, 1746-1827)는 빈민 교육의 목적을 인간 자연의 본성을 개발하는 데 있으며 나아가서는 인간 개혁, 사회 개혁으로까지 확대시켰다. 또한 교육의 본질적 수단으로서 인간을 도야하고 도야된 인간을 통하여 인간을 개혁하고 개혁된 인간은 곧 사회개혁이 이루어진다는 것이다.

교육의 방법으로는 자발성의 원리, 직관의 원리, 조화적 발전의 원리, 사회의 원리, 노작의 원리 등 현대교육의 발전에 획기적인 기여를 하였을 뿐만 아니라 실제적인 교육가로서 후세에 추앙받게 되었다.

피히테(J. G. Fichte, 1761-1817)는 칸트의 '자유'개념과 페스탈로치의 영향을 많이 받았다. 그는 인간본상을 자유의 실현으로 생각하고 계몽시대의 개인주의를 배척하였으며 '사회에 의한 사회를 위한 교육'을 주장하였다, 그는 먼저 독일 민족으로 교육하고 독일 문화를 통해서 인류에 공헌할 것을 강조하였다.

교육목적은 자기 활동을 통해서 자유를 획득시키는 데 있다. 즉, 학생의 자기 활동을 촉진하고 진리를 위한 진리를, 선을 위한 선을 사랑하도록 하는 것이었다. 특히 진리는 도덕을 실천하는 수단으로서 가치로운 것이기 때문에 교육의 궁극목표는 도덕성의 함양과 도덕의 근거가 되는 종교심을 양성하는 것이라고 했다.

헤르바르트(J. F. Herbart, 1776-1841)는 페스탈로치 이론을 기초로 그의 독자적인 이론을 개발하여 교육목적을 조직, 발전시켰다. 헤르바르트는 과학적 교육학의 수립자로서 교수의 단계설을 주장하였고 그의 교육목적은 좋은 품성과 사회적 적응을 의미하는 도덕적 품성의 실현에 있다. 그가 말하는 도덕적 품성은 다섯 가지의 이념이 서로 합하여 실현되는 성질을 도덕적 품성이라고 하고 이를 육성하는 것이 교육의 목적이라고 하였다.

프뢰벨(F. W. A. Fröbel, 1784-1852)은 유치원 창시자로서 유아 교육의 아버지라 불리워진다. 교육목적은 인간 속에 있는 신성을 자각적 혹은 의식적으로 발달시켜 이를 실현하는 데 있다. 유아 속에 있는 신성을 실현하는 방법으로는 유희와 놀이에서 가장 잘 나타난다고 하였다. 프뢰벨은 명령적이고 간접적인 아동의 교육을 부정하고 자기 활동을 강조하여 새 교육의 앞길을 명시하였다.

스펜서(H. Spencer, 1820-1903)는 교육의 실용성을 강조하고 교육의 목적은 '완전한 생활의 준비'라고 하였다. 그는 완전한 생활을 위한 준비로서 인간생활을 분석하여 그 기본적 활동영역을 다음과 같이 나누어 교육목적을 보다 과학적으로 추출하는 방법을 최초로 시도하였다.

첫째, 자기보존 둘째, 직업 셋째, 자손의 양육 넷째, 정치적 · 사회적 관계의 유지 다섯째, 여가선용이다. 또 여가선용의 활동을 선택한 점에서 주목할 만한 발전이다. 그리고 이와 같은 스펜서의 교육목적은 현재 민주 교육의 목적 설정에 많은 영향을 주었던 것이다.

7. 현대사회의 교육

20세기에는 19세기에 발달한 국가주의와 산업혁명의 결과로 과도한 자본주의의 결함에 대한 부국강병의 제국주의가 나타났고, 자국중심인 우월주의는 약소국가에 대한 침략주의로 변화하였고 1, 2차 세계대전, 사회주의국가 출현 등의 요인으로 각국의 교육은 민주적 자유교육을 강조하는 20세기의 교육내용은 봉건적인 구악을 일소하고 자유롭게 창조하고 자기의 능력을 올바르게 펼쳐 나가는 인간형성에 참뜻을 두었다. 지금까지의 권위주의적인 교육내용과 방법을 개선하고 경험적인 학습을 중시하는 한편 교사, 아동과의 인간적 결합을 통한 정의적 생활의 순화를 지향하는 새로운 교육개혁운동이 일어나지 않을 수 없었다. 이 같은 교육내용의 민주화에로 지향하는 일련의 새로운 움직임을 우리는 '신교육운동'이라고 한다.

우리가 흔히 말하고 있는 전원학교, 노작학교, 향토학교, 지역사회학교 등의 명칭은 20세기 초부터 꾸준히 주장되어온 학교교육 개조운동의 발전과정을 한 눈에 잘 보여 주고 있다.

20세기의 '신교육운동'은 교육의 기회균등. 교육의 민주화에로 발전한 시기임을 뜻한다. 그것은 산업혁명의 결과로 탄생한 교육의 제도적 민주화에 대하여 내용적 민주화를 가져온 세기임을 뜻한다. 이것은 모든 사람에게 교육의 기회가 부여되는 외부적이고 제도적인 민주화에서 진정한 인간을 완성하고자 하는 교육내용의 민주화에로 옮겨 본 것이었다. 또 이 시기에 들어와서 세계는 두 차례의 세계대전을 경험하였으며 정신적, 물질적으로 막대한 손실을 가져왔다. 여기에 세계는 공동으로 평화를 수호하여야 할 절실한 문제가 일어나게 되었고 무서운 전쟁을 피하기 위한 수단으로서 교육에 관심이 더욱 집중하게 되어 지금까지의 학교교육이 높은 담을 쌓고 그 가운데서 이루어졌던 온실같은 교육 작용이 반성의 기회를 갖게 되었다.

참된 교육을 육성하고자 하는 교육내용의 민주화는 구체적으로는 근대적인 민주적 시민사회에 상응하는 자주, 자연스러운 인간을 말한다. 봉건적인 구속된 구각에서 탈피하여 자유스럽게 사고하고 창조하고 또 자유스럽게 스스로의 운명을 개척하는 인간형성을 목표로 한다. 그러므로 지금까지의 주인적, 권위적인 교육의 방법을 배격하고 그 대신 경험적인 학습을 중시하는 한편 교사, 아동과의 인간적인 결합을 통한 정의적 생활의 순화를 지향하는 새로운 교육개혁운동이 일어나지 않을 수 없었다. 이러한 교육내용의 민주화에로 지향하는 일련의 새로운 교육개혁의 움직임을 신교육운동이라고 지칭한다.

20세기 초에 주로 독일을 중심으로 한 서구교육사상의 전성기가 1920년대를 기점으로 하여 그 사상적 지배권을 점차 미주대륙으로 넘겨 주게 되었으니 그것은 정치, 교육, 사회, 문화의 중심이 유렵에서 미국대륙으로 옮겨 간 세계사의 전환과 함께 하고 있다.

제3절 한국교육의 역사적 탐구

1. 고조선시대의 교육

고조선의 건국이념인 홍익인간은 널리 인간을 이롭게 한다는 뜻으로 인간의 행복을 위하여 인간생활을 유익하게 한다는 의미로 현재 우리나라 교육기본법 제2조에 명시되어져 있다. 고조선시대의 교육은 정확한 교육상황을 밝혀 내기 어렵지만 학교기관에 의한 형식교육 이전의 것으로, 생활상의 필요에 의한 실제적인 교육, 다시 말하면 생활에 필요한 물자를 획득하는 데 전력한 실용교육 내지 생활교육이었다. 그들은 생활에 직접 필요한 지식과 기술을 경험과 모방에 의하여 후대에 가르치고, 또 생존유지를 위하여 생활을 통해서 그대로 배웠으며 자연의 영향을 많이 받아 그에 대한 신앙, 즉 애니미즘,샤머니즘, 토테미즘이 두드러졌다. 이러한 신앙이 일상생활에 혼입되어 생활신앙으로 발전되었고, 여기에 종교적인 의식이 결부된 생활교육이 교육의 주종을 이룬 것으로 믿어진다.

고조선시대의 교육에 있어서의 특징은, 첫째 무의도적인 교육이 행해졌고, 둘째 생활과 자연신앙이 결합된 생활교육이었으며, 셋째 교육방법은 경험과 모방에 의한 교육이었다.

2. 삼국시대의 교육

삼국시대라 함은 기원전 1세기부터 고구려, 백제, 신라의 세 나라가 정립하는 7세기 중엽까지를 말한다. 고구려는 신라나 백제보다도 가장 중국의 영향을 많이 받아 문물의 교류가 빈번하였다는 사실은 지리적으로나 역사적으로 증명이 되고 있으며, 삼국 가운데에서 가장 뚜렷한 국가의 체계를 갖추고 있었다. 이리하여 교육기관은 국립기관으로서 태학과 사립기관으로서 경당이 있었다.

태학에서는 일반국민의 자제를 교육시키는 것이 아니고, 특권계급의 교육기관이었으며, 주로 관리를 양성하는 데 목적이 있었다. 태학의 제도와 내용에 대해서는 사료에 없으나, 중국의 제도 및 내용과 같은 것으로 알려지고 있다. 경당은 고려나 조선의 서당과 같은 성격을 가지고 문무를 같이 연마하는 사립교육기관이었다. 경당은 각 부락에 산재하여 지방에 있는 부호가정의 자녀를 교육시켰다.

백제에는 고구려와 같이 문헌에 나타난 교육제도나 기관은 없으나 일본역사에 기록된 사실로 보아 고도의 학술이 발달되었다는 것을 추정할 수가 있다.

신라는 당시 국내의 정세로 보아 북에는 강한 고구려와 서에는 백제가 호시탐탐하여 주위가 언제나 전시하에 있었기 때문에 국가적인 대책과 조치가 필요하였던 것이다. 삼국통일의 초석이 되었던 화랑도 교육과 삼국통일 후 설립된 국학에 대해서 알아본다.

1) 화랑도(花郎徒)의 교육

화랑도는 우리의 고유한 사상으로서 유교, 불교, 도교의 3교를 포함하고 있다. 교육대상은 청소년들이며, 교육목적은 화랑도의 실천이며, 교육내용은 원광법사의 세속오계였다(한공우 외, 1996).

화랑도는 고대로부터 전래해 온 우리 민족의 고유사상에 입각한 민간단체이었다. 이는 주로 사회적 · 정서적 · 신체적 · 도덕적 및 군사적 훈련을 교육의 면에서 강조하였다. 그리하여 낭도들은 집단생활의 활동과정을 통하여 인격의 수양과 실천적인 미풍을 길러 국가의 유능한 인재로서의 자질을 연마하였던 것이다.

화랑도는 원래 신라의 청소년들이 자연을 벗삼아 풍류를 즐기고, 정신수양을 통하여 도의심을 기르는 한편, 무도를 통하여 덕행을 쌓으며 심신을 단련하는 집단이었다. 그러나 화랑도는 우리 민족이 지니고 있던 고유한 사상을 기반으로 하여 하나의 특수한 교육기관으로서의 역할을 훌륭히 수행하였다는 점에서 교육기관으로서의 커다란 의의를 지니고 있다.

2) 국학(國學)

신라는 국토를 통일하는 대업을 완성하고, 당나라와의 접촉을 더욱 긴밀하게 하는 동안 문화는 현저한 발전을 하였다. 신문왕 2년(682)에는 당의 국자감제도를 모방하여 국학을 세워 이것을 예부에 속하게 하였다. 이에 입학할 수 있는 학생의 연령은 15세부터 30세까지였다. 수학연한은 최대 9개년으로 하고, 이 학교의 교육목적은 국가의 인재양성과 관리양성이었다.

3. 고려시대의 교육

고려시대는 교육의 제도화의 시기라고 볼 수 있다. 태조 건국 초에는 모든 제도가 완비되지 않았으나 성종 때에는 제도가 확립되었다. 이 시대의 교육을 대별하면 학교기관과 과거제도로 나눌 수 있다.

성종 11년에 창설된 것으로 '국자감'이 있었는데, 교육내용과 수학연한은 중국의 제도와 유사하였다. '향교'는 공자를 모시는 문선왕묘를 두고, 이것을 중심으로 학문을 닦는, 일종의 지방관리의 자제나 서민의 자제를 양성하였다. 또한 우리나라 역사상 가장 유명한 사학으로서 '십이도'가 있었으며, 향교와 대등한 교육제도인 '학당'이 있다.

한편 오늘날의 초등교육기관에 해당하는 '서당'이 있었다.

'과거법'은 신라에서 유래된 것이나 본격적인 과거법은 고려 광종 9년(958)에 한림학사 쌍기의 건의를 받아들이는 데에서 시작되었다. 모든 관리의 등용은 이러한 과거제도에 의하여 매년 시험을 보았으나 정원은 없고 필요에 따라 등용되었다. 고려시대의 관학인 국자감, 향교, 학당과 사학인 십이도와 서당교육에 대해 살펴본다.

1) 국자감(國字監)

국자감은 고려 성종 11년(992)에 국가에서 개경에 설치한 유학 중심의 특권계급, 즉 최고교육기관인 동시에 일종의 종합대학으로서 국가의 고급관리를 양성하는 유일한 교육기관이었다. 예종은 유학진흥에 힘써 국자감을 크게 넓혀 '칠제'를 두어 문무교육을 장려하였고, 인종 때에 학제가 완비됨에 따라서 국자감의 학제도 완비되었다.

2) 향교(鄕校)

향교는 지방관학 교육기관이다. 고려시대의 향교는 언제 창설되었는지는 뚜렷하지 않다. 향교는 공자를 제사하는 문선왕묘를 두고 이것을 중심으로 강학(講學)하는 명륜당이 있었다. 따라서 향교는 교육기관이자 제사기관이었다. 이 두 기능은 조선조의 향교에 계승되었다.

3) 학당(學堂)

학당은 국도인 개경에 세운 것으로 국자감에서 교육받지 못한 개경의 학도들을 교육한 교육기관이었다. 고려에 있던 학당에는 동서학당과 오부학당의 두 가지가 있었다. 동서학당은 원종 2년(1261)에 설치한 것으로, 개경의 동쪽과 서쪽에 각각 하나씩 있었으며, 오부학당은 공양왕 때 정주학의 태두였던 정몽주가 성균관 대사성으로 있을 때에 흥학정책의 일환으로 기존의 동서학당 이외에 3개의 학당을 증설하여 동 · 서 · 중 · 남 · 북부에 세운 학당을 말한다.

동서학당과 오부학당은 국도인 개경에 있는 학도들을 지방의 향교 정도로 교육시키던 중등정도의 교육기관으로서 문묘의 제 없이 학생을 강학하는 교육기능만 있었다는 점이 향교와 다른 점이다.

4) 십이도(十二徒)

이것은 고려시대의 교육기관으로서 가장 유명한 사학 열둘을 말한다. 이 사학은 우리나라 역사상에 기록된 것으로는 가장 유명한 사학으로 고구려의 경당에

이어 중요한 교육적 의의를 갖고 있다. 최충은 문종 7년 72세의 고령으로 후진을 모아 가르쳤다. 그 결과 사방에서 학도가 모여들어 구재(九齋)학당을 마련하였다. 사망한 후에 그의 관명(官名)을 붙여서 '시중 최공도'라고 불리었다. 과거에 응하려는 자들은 먼저 이 도중에 들러 수학하였다.

5) 서당(書堂)

서당은 일반민중의 교육기관으로서 교육적 상황을 상세히 알 수는 없으나 송나라의 서긍(徐兢)이 지은 「고려도경」에 '마을 거리마다 경관과 서사(서당)가 두셋씩 바라보이며, 장가들기 전의 일반민중의 자제들이 모여 스승에게 경(經)을 배우며…… 아래로 졸병이나 아주 어린 아이까지도 역시 선생에게 나아가 배운다'는 기록으로 보아 당시 서당이 얼마나 많았나를 짐작할 수 있다.

서당은 일반서민계급의 자제들을 수용하여 교육하던 민간경영의 교육기관으로 서민교육의 보급과 지방의 민중교화에 끼친 공적이 다대하였을 것이다. 그러나 서당교육이 가장 왕성하던 때는 조선시대였는데 조선의 서당제가 고려의 서당을 답습하였을 것으로 추측된다.

4. 조선시대의 교육

조선시대는 고려 후기 중국에서 들어온 주자사상이 조선의 정치이념뿐 아니라 학문적, 사상적으로 지배적 위치를 차지하고 일반국민의 일상생활의 규범이 되었다. 이 사상은 당시 사회에 많은 변동과 영향을 주었다. 그러나 유학과 인륜 및 도리를 배워 인간의 도덕적 행동을 목표로 하는 성리학은 조선시대에 와서 전성기를 이루었고, 퇴계와 율곡 같은 위대한 유학자를 배출하게 되었다. 그러나 유학에 대한 시종여일한 사대사상은 결국 이기주의의 생활태도를 형성하게 하고 말았다. 이러한 이기주의의 생활태도는 마침내 조선 말기의 당파 싸움으로 변화하여 사회적 풍조가 되더니, 결국 외래의 침공을 면치 못하였던 것이다.

그리고 이러한 사회상은 일본의 침략으로 합방되었다.

조선의 교육제도를 크게 나누면, 국가에서 장악하고 있는 관학과 국가의 간섭을 받지 않는 사학이 있었다. 관학은 '성균관'과 '사학'이 있고, 사학으로서의 '서당'과 '서원'을 들 수 있다. 그리고 조선 말엽에는 서구문화의 영향을 받아 사실과 실생활을 문제삼는 실학사상이 대두되어 성리학에 반기를 들었다.

1) 성균관(成均館)

이는 고려의 국자감과 같은 고등교육기관으로서 성균관은 태조 7년(1398) 서울에 설립하였다. 성균관에는 문묘와 명륜당을 두고 문묘는 공자와 제현을 모셨으며, 명륜당에는 유생들이 거처하며 학문을 정진하는 곳이다. 성균관에는 일체 잡인출입을 금하였으며 유생들은 엄격한 규율생활을 하였다. 또한 국가정책에 있어 실정이 있을 때 유생들이 상소하여 탄핵하기도 했다.

2) 사학(四學)

사학은 서울의 네 곳, 즉 북(중학) · 동(동학) · 서(서학) · 남(남학)에 설치한 학당에 해당하는 학교이다. 사학은 관학으로 성균관의 하위 교육기관으로서 교육 정도는 중등 정도이며 그 교육방침도 성균관과 비슷하지만 문묘를 갖지 않는다는 점이 성균관과 다르다.

사학은 국가의 감독을 받았으나 임진왜란 이후부터는 사실상 그 교육적 기능이 유명무실하게 되었다.

3) 종학(宗學)

왕족위주의 교육기관, 즉 종친의 자제를 교육하기 위하여 설립된 교육기관이다.

넓은 의미에서 종학이라 할 수 있는 교육기관으로서 경연, 세자시강원, 집현전의 서현재, 세손강서원이 있었다. 경연은 국왕에게 학문과 치국의 도를 강론하고 국가정책을 논의하기도 했다. 세자시강원은 왕세자에게 강의와 도의를 가르치는 관청이었으며, 집현전의 주요 업무도 왕의 수덕(修德)과 세자의 교육을 담당했다. 또한 세손강서원은 왕세손에게 강학하던 곳이다.

4) 향교(鄕校)

향교는 고려 때부터 지방교육기관으로 보급되었는데 성균관과 같이 문묘기능과 교육기능 그리고 사회교화의 기능을 가지고 있었다. 조선 중엽 이후 서원의 등장으로 교육기관으로서의 기능은 없어지고 문묘의 기능만 남아 갑오경장까지 계속되었다.

5) 서원(書院)

서원은 지방에 세운 향교 정도의 사설교육기관이다. 서원은 중종 때 '풍기' 군수 주세붕이 안향의 고향에 백운동서원을 세워 안향의 학덕을 기리는 제사를 지낸 것에서 비롯되었다. 서원은 국가의 보조와 유지들의 협조로 선현의 연고지에 사설(私設)하여 그 수효가 날로 증가하고 숙종 때에는 한 도(道) 내에 80~90서원을 헤아리는 정도였다.

서원은 지방의 청년제자들이 명유공신을 숭배하고 학문과 덕행을 연마하는 수도장으로 산수 좋고 고요한 곳에 세워져 잡념을 버리고 수양하기 좋으며 학칙이나 여러 가지 관령(官令)의 구속이 없이 어느 정도 자유롭게 공부할 수 있었고 사물과의 접촉이 적어 심지(心志)에 동요가 없이 안정된 생활을 하면서 학문을 연마하고 수양할 수 있다는 것이 일반의 교육기관과 다른 점이었다. 그러나 서원은 군역과 부역을 피하려는 도피처가 되었고, 민중 위에 군림하며 민중을 착취하였으며 당쟁의 온상이 되기도 했다.

6) 서당(書堂)

서당은 고려시대에도 있었으나 조선시대에 와서 최고로 발달하여 수효가 많아졌으며 존속기간이 가장 긴 교육기관이었다. 서당은 비록 사설의 초등교육기관이나 민간교육을 보급함으로써 일반교육을 보편화하는 데 공이 컸다. 서당은 사학과 향교에 입학을 위한 예비교육을 실시하여 한때는 극히 성하여 전국 방방곡곡에 '글방'으로 널리 퍼졌다. 서당은 국민 대중의 문자교육과 그 마을의 도덕적 기풍을 수립하는 데 크게 기여했을 뿐만 아니라 사회교육적 기능도 컸다.

조선 말에는 점차 쇠퇴하여 내용이 빈약하게 되고 질이 저하되어 자연히 그 수효가 보잘것 없게 되었다.

5. 근대의 교육(조선말~해방 이전)

조선 후기의 변화는 근대화를 지향하고 있었으며 문제는 근대화가 내재적이고 자율적인 힘으로 이루어지지 않고 일본에 의한 강요된 강화도조약(1876)을 시작으로 미국, 영국, 이탈리아, 프랑스, 러시아 등 열강들의 각축장이 되었다. 조선은 문호개방을 반대하는 위정척사운동과 임오군란, 갑신정변 ,동학혁명, 을미사변, 대한제국의 성립과 멸망 등 급기야 1910년 일본의 식민지로 전락하게 되었다. 이러한 시련과 격동 속에서도 우리민족은 교육입국의 의지를 가지고 서양의 발달된 문물을 접하면서 기독교 선교사들에 의한 학교, 정부에 의한 학교, 민족지도자들에 의한 학교들이 설립되면서 근대교육 도입 운동을 본격화하였다.

1) 기독교계의 근대학교

우리나라에 근대식 학교가 설립되기 이전에는 정부가 외국과 통상하는데 시급히 필요한 통역관 양성의 통변학교를 1883년에 설립하였다.

이것은 당시 정부의 외교고문으로 있던 독일의 묄렌돌프(P. G. Von Mollendorf)

의 도움을 받아 설립되었으며 영국인 하리팍스(T. E. Halifax)가 교사로 있었다는 점으로 보아 서양 제국과의 빈번한 관계를 위한 영어 통역관 양성이 목적이었다.

1884년 9월 미국 알렌(H. N. Allen) 부부가 의사 자격으로 입국하여 1885년 4월 10일에 광혜원이란 이름으로 국립병원을 개설하였고 1885년 7월 27일에는 김겸라, 고영필이란 두 학생을 데리고 수업을 시작하게 되자 다음해 6월 8일에 고종은 배재학당이랑 학교 이름을 내렸다.

한편 1885년 4월 5일에 입국한 언더우드(H. G. Underwood) 목사는 알렌(Allen)이 설립한 광혜원에서 물리, 화학을 교육하고 1886년에는 고아원을 창설하여 한국 고아원의 첫발을 디디게 되었으니 이것이 오늘의 경신학교이다. 1885년 6월에 입국한 감리교 여선교사 스크렌튼(W. B. Scranton) 부인은 선교사업의 중요한 분야로 한국여성교육을 위한 교육기관을 설립하기로 결정하고 그 준비에 착수한 나머지 1886년 5월경 학생 1명을 상대로 학교를 시작하게 되자 이것이 한국 여학교의 최초인 이화학당이다. 즉, 그들은 의료와 교육을 중요한 포교수단으로 삼아 의료에 의해서 조선인의 불행을 구하고 교육에 의해서 계몽의 방법을 강구하여 민심을 지배하는 비결을 얻어 서양이 근대화를 이 땅에 소개하는데 주도적 역할을 하였다.

그리하여 기독교계의 학교는 한국 신교육운동에 있어서 양적으로나 질적인 면에서 주도적 역할을 담당하였고 근대학교 교육의 기반이 되었다. 특히 여성교육의 큰 자극을 주었을 뿐 아니라 남녀평등의 사상과 교육의 기회균등의 원칙을 세웠다, 교육 목적면에서는 현실생활을 강구하는 데 선구적인 역할을 하였고 교육내용면에 있어서는 사대사상에 얽힌 동양의 고전중심에서 생활중심, 과학중심으로 힘썼으며 교육방법 면에서는 노작, 창작, 경험적 방법을 도입하는 데 공헌하였다. 그러나 기독교계가 선교의 수단으로 교육을 실시했다는 점과 교육과 종교를 분리하지 못한 것은 신교육운동에 기여하지 못한 점이라 하겠다.

2) 정부에 의한 근대학교

서양문물의 접촉과 기독교 선교사의 교육활동에 자극받아 정부당국에서도 새로운 학제 개편과 내용 혁신을 서두르지 않을 수 없었다.

정부는 1886년에 육영공원을 설립하고 미국인 길모어, 벙커, 헐버트 등 3명을 교사로 초빙하였다. 육영공원은 기독교계 학교와는 달리 입학자격에 있어서도 양반자제에 한할 뿐 아니라 외국 통역관과 정부의 관리양성에 교육의 목적을 두었다. 그 후 1894년 갑오개혁은 조선사회가 재래의 낡은 봉건적 전통을 탈피하고 새 사조에 발맞추어 근대국가로서의 체제를 향한 일대전환기로서 조선왕조는 이것을 기점으로 하여 새로운 정치윤리와 사회규범을 현실적으로 수용하였던 것이다.

당시 임금이 근대적 국가를 세움에 있어 교육을 얼마나 중요시했는가 하는 것은 고종의 교육조서에 나타난다. 고종이 진심으로 교육을 국가중흥의 기본적 수단으로 생각하고 국민에게 교육에 힘쓸 것을 호소하는 절실한 심정이 이 조서 전문을 통하여 제시되고 있다.

국왕의 조서에 나타난 교육을 국가중흥의 중요한 수단으로 삼으려는 이상을 실현하기 위하여 정부는 먼저 교사양성을 목적으로 하는 한성사범학교관제를 공포하였다, 이것이 우리나라 최초의 현대식 학교법규이며, 그 후 다음과 같은 각종 학교의 관제와 규제를 제정하였다. 1895년에는 한성사범학교가 설립되어 한국 최초의 관립 근대학교가 되었고 1899년에는 경성의전, 상공학교, 1904년에는 농상공학교로 개칭되어 농과는 수원농립학교, 상과는 선린상업학교, 공과는 경성공업전습소로 발전, 1900년에는 한성중학교가 설립되고 1895년 이후 1905년 을사조약 체결까지 소학교 수는 서울에 10개 교와 지방에 50여 개 교가 설립되었다.

그 외에 외국어학교(영어, 불어, 한어, 노어 등)가 설립되었고 법원 안에 법관양성소와 우무학당, 전무학당, 육군유년학교, 육군사관학교 등도 관립으로 세워졌다. 그러나 서울의 몇몇 학교 외에는 실제로 크게 성하지 못하고 실질적으로 초기 정부 주도의 근대교육은 실패한 것으로 보고 있다.

3) 민족선각자에 의한 근대학교

선교계통을 통한 신교육의 자극과 갑오경장 이후 정부가 추진한 관학교육, 그리고 일본을 비롯한 열강제국들이 우리를 이용하려는 정치적 음모는 뜻있는 지도자의 학교설립을 서두르게 하였던 것이다.

초기 민간인 학교로서 가장 대표적인 것은 1883년 개항장이었던 원산에 세워진 원산학사이다. 개화의 필요성을 절감한 주민들의 요청에 의해 민관합동으로 설립된 우리나라 교육사상 최초의 근대학교라고 할 수 있다. 그리고 또 하나는 1895년에 민영환이 세운 흥화학교이다. 그는 우선 열강과 어깨를 겨루고 그들의 우수한 문화를 수입하여 우리 것으로 하기에는 외국어 교육의 필요를 느껴 우선 영어, 일어를 주로 가르치고 측량술 등도 가르쳤다. 때를 같이 하여 을미의숙, 중교의숙이 잇따라 세워지고 1897년에는 안창호가 고향인 강서에 점진학교를 세우니 이는 서도에서 설립된 최초의 사립학교인 동시에 남녀공학을 실시한 최초의 소학교였다. 낙연의숙, 우산학교, 청년학원 등 도시와 농촌에서 우후죽순처럼 일어난 각급 사립학교는 1908년까지 실로 5,000여 개 교에 학생 수 20만 명에 달했고 그들은 애국, 자주, 독립항일 사상을 배양하는 온상이 되었다. 선각자들은 '배우는 것이 힘이다', '아는 것이 힘이다', '교육으로 민족적 열세를 만회하라', '교육의 근대화로 독립과 부강을 회복하자'는 슬로건으로 앞 다투어 교육사업에 투신하게 되었던 것은 민족교육사의 자랑이 아닐 수 없다. 또한 학교설립 외에도 교육의 기회를 확대하기 위하여 황성신보, 대한매일신보, 대한자강회월보, 대한협회회보, 독립신문, 교육월보 등 신문과 잡지를 발간해 내면서 지방의 학회와 교육단체도 조직하여 교육중흥, 민족 중흥운동과 연결시켰다.

서우학회, 한북흥학회, 서북흥학회, 기호학회, 교남학회, 태극학회, 호남학회, 강동학회 등 제 학회와 국민교육회, 동서개진교육회, 보인학회, 여자교육회, 흥사단 등의 단체가 대표적이다. 이 시기에 나타난 민간인 사학, 학회, 단체들의 교육목적은 하나같이 교육에 대한 '국권회복'을 주안점으로 하였다.

6. 현대의 교육(해방 이후)

해방은 일본의 식민지 교육의 탈피를 의미하였으나, 한반도의 한국전쟁의 참변은 동족간 대치의 역사가 계속되게 하였고 한국사회의 교육문제에 있어서도 남북한의 체제를 유지하고, 옹호하는 데 집중했다. 남한은 전쟁 후 혼란기에 교육에 대한 깊은 계획과 비판도 없이 서구식 이념과 방법을 수입하는데 급급하여 교육이념이나 목적이 극도로 혼란하였지만 교육의 기회균등을 전제로 교육이념을 민주주의로 채택하여 철저한 반공 이데올로기를 주입하는데 주력하였고 북은 사회주의 이데올로기에 의한 공산주의적 인간을 길러 내는데 주력하였다. 남한의 교육정책은 진실한 민주주의 교육 풍토를 조성시켜야 한다는 절실한 필요 하에 모든 국민으로 하여금 신앙, 성별, 사회적 신분, 경제적 지위 등과 관계없이 각자의 능력에 따라 교육을 받을 수 있는 교육의 기회균등에 있으므로 자유민주주의가 추구하는 개성의 존중, 자율성의 신장을 기본으로 교육개혁을 시도하였고, 반면 북한은 공산주의 사회건설을 목적으로한 사회주의 교육이론을 구축하여 집단주의 정신을 기본으로 혁명투사 양성을 주력함으로써 북한의 교육내용과 방법은 강제적이며 선전적인 요소가 강하게 부각되어 있다.

남한의 학제는 미국식의 개방적이고 민주적인 단선형 제도를 도입하였고, 북한은 소련의 노동통일학교의 기본 골격을 도입하여 교육과 노동을 연결시켜 사회와 인민을 위하여 투쟁하는 혁명가 양성에 역점을 두고 있다. 의무교육은 남한의 경우 9년간의 초 · 중등교육까지 되어 있고 북한의 경우 유치원 상급반을 포함하여 초 · 중등까지 11년간의 의무교육을 실시하고 있다. 남한의 경우 의무교육 연한을 늘려야 하는 문제와 교육비 부담 등이 해결해야 할 교육적 문제로 남아 있다.

제3장

교육의 철학적 탐구

제1절 교육철학의 기초개념

1. 철학의 개념

철학이란 무엇인가? 철학이 역사상에 나타난 이래 지금까지 여기에 대한 대답은 일치하지 않으며 지금도 질문의 반복이 계속된다. 철학이라는 말은 영어의 'philosophy'를 옮긴 말로서 이 말은 그리스 말인 philosophia에서 유래되었으며, philosophia는 'philos(사랑)'와 'sophia(지혜)'라는 두 말이 합쳐서 된 말이다. 그러므로 지혜를 사랑하는 것을 뜻한다.

메이어(Mayer)는 '철학은 현실의 전체를 합리적으로 파악하려는 것'이라 하였다. 즉, 철학 이외의 다른 학문분야에서 이룩하여 놓은 성과들을 검증적으로 비판하고 여러 과학적 성과의 종합적 시각에서 현실을 구성하는 내용의 상황을 '왜?'라고 물으며, 그 물음의 해명이 현실내용을 지배하는 인간의 행동에 의미를 부여하게 되는 것이다(정찬주 외, 1997).

철학의 연구영역은 크게 네 가지로 구분할 수 있는데 존재론(ontology) 혹은 형이상학(metaphysics)과, 인식론(epistemology), 가치론(axiology) 그리고 논리학(logic)이 그것이다(Van Scotter et al., 1979).

존재론이란 이 우주의 궁극적인 본질 혹은 실체(substance, reality)란 무엇인가를 파악하려는 철학적 노력이라고 할 수 있다. 이 세계에 변화하지 않고 그대로 있는 것은 하나도 없다. 그러나 이렇게 변화하는 세계를 가능하게 하는, 그리고 변화하는 세계 너머에 있는 변화하지 않는 존재 또는 실재는 무엇일까? 이것이 바로 존재론이 가지고 있는 가장 중요한 질문이다. 이 세계의 모습은 무한히 다양하지만 그 실재는 하나라고 보는 입장을 일원론(monism)이라고 하는데, 그것이 정신(mental) 혹은 영혼(spiritual)이라고 보는 입장은 관념론(idealism)이라고 하고, 물질(physical) 또는 객관적으로 파악될 수 있는 것으로 보는 입장은 실재론(realism)이다. 또한 우주의 본질이란 끊임없는 변화와 발전 그 자체이며, 그 너머에 어떠한 본질이 따로 있는 것이 아니라는 입장은 실용주의(pragmatism)이다.

인식론은 진리 또는 지식의 근거와 그 특징을 밝히려는 철학적 노력인데 진리와 비진리는 어떻게 구별되며, 안다는 것과 모른다는 것은 어떻게 구별되는가라는 질문이 인식론의 큰 과제이다. 도대체 '안다'(know)는 말의 의미는 무엇인가. 과연 우리는 참다운 '앎'에 다다를 수 있는가.

참다운 앎에 도달할 수 있다고 보는 입장이 있는가 하면, 참다운 앎에 결코 도달할 수 없다는 입장이 있다. 전자의 입장에서는 자명(self-evident)하고 확실한(certain) 지식이야 말로 의심할 수 없는 지식이며 이러한 지식을 근거로 하여 연역되거나 발견된 지식들도 의심할 수 없다고 주장한다(독단론). 후자의 입장에서는 지식은 단순히 의견에 불과한 것이며 자명하고 확실한 지식은 없고 단지 우리가 그렇게 생각하고 있을 뿐이라고 주장한다(회의론). 이 양극단 사이에 또 하나의 입장이 있을 수 있는데 그것은 '알 수 있다. 그러나 그 앎이란 불변 절대적인 것이 아니라 상대적이고 확률적이며 개선가능하다'라고 하는 입장이다. 이러한 입장에서는 인간의 지식이란 광석을 발굴해 내듯이 어디엔가 숨겨져 있는 것을 찾아 내는 것이 아니라, 이 세계 안에서 이루어지고 있는 현상을 설명하기 위해 인간들이 만들어 낸 인식의 도구 또는 설명의 도구에 불과하다는 것이다(오류 가능성론).

다음의 철학적 문제들은 가치에 관한 것이다. 교사들은 학생들이 어떤 가치를 수용하도록 격려하는가? 인류는 어떤 가치를 인간의 최고 수준에 올려놓는가? 참되게 교육받은 사람은 어떤 가치를 지지하는가? 이것들은 교사들이 스스로 답해야 하는 가치의 문제들이다.

본질적으로 가치론은, 교사들이 관심을 갖는 것은 학생들이 획득하는 지식의 양뿐만 아니라 그 지식 때문에 가능해지는 삶의 질도 포함된다는 사실을 알려준다. 예컨대, 기본적인 기능에 관한 광범위한 지식, 서양세계의 위대한 서적들, 혹은 삼각법(trigonometry) 등은 만일 어떤 사람이 그 지식을 선용할 줄 모른다면 그에게 이롭지 않을 수도 있다. 물론 이것은 또 다른 문제를 일으킨다. 우리는 어떻게 삶의 질을 규정하는가? 어떤 교육과정 경험이 그 삶의 질에 가장 크게 기여하는가? 모든 교사는 이런 질문들로 제기된 문제를 다루어야 한다.

논리학이란 우리가 어떤 철학적인 결론에 도달하였을 때 그 결론에 도달하기까지의 사고의 과정이 과연 타당한 것이었는가를 검토하는 여러 가지 규칙과 기준을 밝히려는 철학적 노력이라고 할 수 있다. 논리학에는 크게 연역법(deductive method)과 귀납법(inductive method)이 있는데, 연역법이란 보편적인 원리로부터 구체적인 사실에 대한 지식을 이끌어 내려는 추리의 과정이고, 귀납법이란 개개의 구체적인 사실들에 대한 관찰을 통하여 어떤 보편적인 법칙이나 원리를 이끌어 내려는 추리의 과정이다.

그러나 현대에 이르러서는 어떤 주장의 타당성을 논리학에만 의존하는 철학적 탐구방식에 회의를 갖게 되었다. 왜냐하면 어떤 결론에 도달하기까지의 추리의 과정이 아무리 논리적이라고 하더라도 그 결론이 근거로 삼고 있는 전제(前提)가 진(眞, truth), 위(僞, false)를 검증할 수 없는(non-varifiable) 종류의 것이라면 그 결론도 진(眞)인지 위(僞)인지 밝혀 낼 수가 없으며, 따라서 그 결론은 무의미한(meaningless) 주장이라는 것이다. 이러한 입장을 취하는 것이 논리의 실증주의(logical positiveism)인데 이러한 입장의 큰 문제점은 어떠한 진술(statement)이 단지 진(眞)·위(僞)를 검증하기가 어렵다는 사실만으로 과연 무의미한 것이라고 볼 수 있겠는가 하는 점이다(이형행, 1994).

2. 교육철학의 개념

교육은 본질적으로 가치지향성의 특징을 지니고 있다. 그러기에 교육이 지향하는 가치 혹은 가치체계는 흔히 그 교육을 계획하고 관리하는 집단이나 사회의 이상 또는 이데올로기와 일치한다. 이런 점에서 교육과 철학의 문제점들은 오랫동안 서로 관련되어 왔다.

때때로 교육의 혁신은 뒤얽혀 있는 철학적 문제점들이 고려 없이 이루어졌으나, 때로는 교육에 있어서 새로운 출발은 철학의 신중한 도움 아래 이루어졌다. 이제까지 교육실제는 철학과의 관련에 의해서 형성되어 왔다. 아마 20세기처럼 철학의 의미를 깊이 생각한 적은 없을 것이다. 실제로 금세기에 있어서 모든 학문의 어머니격인 철학은 교육철학이라는 새로운 형태의 철학을 탄생케 했다.

교육철학(philosophy of education)이란 교육개념, 교육목적, 교육과정, 교육조직, 교육정책 등에 관한 원리, 혹은 이론과 관련된 문제의 해결을 철학적 방법으로 접근하려는 학문이다. 좁게는 이상적 교육의 형태와 원리에 관한 신념이나 주장을 일컫는 것으로도 이해되나 학문으로서 교육철학은 철학적 방법에 의한 교육의 현상과 행위에 대한 탐구활동과 그것을 통하여 획득된 지식의 체제를 말한다.

피닉스(Phenix, 1958)는 교육철학이란, 철학적 방법과 견해를 교육이라고 불리우는 분야에 적용하는 것이라고 했으며, 브로우디(Broudy, 1955)는 교육철학이란 교육문제를 철학적 수준에서 조직적으로 논의하는 것이라고 했다.

위의 정의들에서 보면 철학적 사고, 철학적 방법, 철학적 수준이란 말들이 공통적으로 사용되고 있음을 알 수 있다. 결국 교육철학의 정의는 '철학적'이란 의미와 분리될 수 없다.

철학하는 방법에는 전통적인 사변적이고 규범적인 방법의 철학과 오늘날의 분석적인 방법의 철학이 있다. 따라서 전통적으로 교육철학을 정의할 때, 교육철학은 기존의 철학세계를 분석하고 그것들이 교육에 주는 시사점을 밝히는 것이 그 목적이라고 할 수 있다. 교육개념, 교육목적, 교육과정, 교육조직, 교육정책 등에 관한 원리 혹은 이론에 대해서 기존철학의 분석으로부터 도움을 받고자 한다. 이에 반해서 분석적인 교육철학이라고 하면 교육언어의 명료, 즉 교육이론들 속에 있는 여러 가지 가정, 명제, 진술들의 논리적 검증과 분석을 그 임무로 한다.

그러나 교육철학 역시 그 상위 범주인 교육학의 방법을 따를 수밖에 없다. 교육학은 교육활동과 과정, 그리고 그 결과를 포함하는 사실, 일반화, 설명, 이론들의 다양한 종류를 발견하고 체계화하고자 하는 기술적인 교육학과, 교육활동과 과정이 지향해야 할 목적과 가치들, 이들이 중요시하고 실행해야 할 원리들,

사용해야 할 방법들, 따라야 할 교육과정, 채택되어져야 할 행정의 종류 등에 대한 판단을 하는 규범적 교육학과 개념들, 진술들, 논쟁점들, 방법들, 이론들에 대한 논리적 · 철학적 분석을 하는 분석적인 교육학으로 분류할 수 있다. 그러므로 교육철학은 위의 세 가지 교육학의 방법을 통합적으로 접근한 교육철학으로 시도해야 할 것이다.

교육철학의 가치는 무엇인가 ? 라는 질문에 한기언(1975)은 첫째로, 교육철학은 갖가지 교육현상에 대하여 보다 본질적인 것이 무엇인가에 대한 이해를 가능케 한다. 둘째는 인생에 대하여 총체적으로 볼 줄 알며, 특수사실의 상호관련성을 파악할 수 있게 한다. 셋째로, 교육철학은 교육의 이론과 실제 사이의 모순성을 배제케 한다. 이것은 교육경험 및 교육개념에 대한 토론을 통해서 이것들을 분류 · 비판함으로써 해석상 논리의 일관성이 있는 체제를 얻게끔 한다. 이리하여 서로 다른 교육철학을 지닌 자끼리 대화를 통하여 설혹 합의를 보지 못한다 하더라도 상호이해에 도달할 수 있는 것이다. 넷째로, 교육철학은 새로운 교육의 전개, 연구 및 실천에 대한 지식을 시사해 준다.

끝으로 교육철학은 우리들로 하여금 기존 철학에 대하여 비판적이며, 항상 모든 일에 대하여 '왜 ?'라든가, '어떠한 입각점에서 ?', '어떠한 문맥(關聯性)에서 ?' 라든가, '어떠한 가설 위에서 ?' 등 문제를 제기하는 근본태도를 키워 준다고 하였으며, 교육자는 왜 교육철학을 공부해야 하는가라는 질문에 오천석(1983)은 ① 교직이 단순한 생계의 수단이 아니라 바람직한 인간의 형성에 주도적인 역할을 하는 동시에 인간사회의 개선에 기초적인 공헌을 하는 중대한 사업이라면, 교사는 마땅히 그가 종사하고 있는 교육이 내포하고 있는 중요한 문제에 대한 올바른 이해가 필요하다. 교육을 통하여 우리는 무엇을 성취하려는 것인가? 교육과정에서 야기되는 문제들은 무엇인가? 교육철학은 인간생활과 사회 전체에 있어서의 교육의 위치와 그들과의 잡다한 교육이론을 비판적으로 검토함으로써 교사의 교육에 대한 신념을 확정하고 원리를 수립하는 데 기여한다.

② 교육철학은 교사의 지성과 비판정신을 자극하여 교육의 새로운 경지를 개척하는 데 중요한 구실을 한다고 하였다.

3. 교육철학의 기능

교육철학의 기능을 분석적 기능, 평가적 기능, 사변적 기능, 통합적 기능으로 요약해 볼 수 있다.

1) 분석적 기능

분석적 기능은 이론적 혹은 일상적 언어의 의미와 거기에 포함된 논리적 관계를 명백히 하여, 각종의 판단기준을 밝히는 행위를 가리킨다. 과학의 연구에서나 일상의 가치판단에 있어서 사용되는 개념의 의미를 명백히 해야 할 것이 많다. 개념들의 의미가 명백하지 않은 것은 사용하는 말들의 애매성과 모호성 때문이다. 교육의 실천적 과정에서나 이론적 탐구에서 사용되는 언어도 언제나 명백한 의미를 가지는 것이 아니며, 교육의 실천이나 이론에 관한 주장에도 이론적 모순이 있고 교육적 과정에서의 판단기준도 분명치 못한 때가 있다. 교육이라는 것을 언급할 때 학습, 인격, 성격, 습관, 지식, 동기 등 중요한 개념들은 논리적 · 개념적 분석을 요한다.

2) 평가적 기능

평가적 기능은 주어진 어떤 준거 또는 기준에 비추어 어떤 실천, 이론, 주장, 원리의 만족도를 밝히는 행위이다. 가치판단은 과학적 행위라기보다는 철학적 행위이다. 좋다, 나쁘다, 바람직하다, 바람직하지 못하다 등은 어떤 주어진 기준 혹은 준거에 의한 평가이다. 이 평가적 기능은 분석적 기능의 도움으로 이루어질 수 있다. 평가하고자 하는 내용의 개념이 엄격히 분석되어야 한다는 것이다. 개념을 분석하는 것은 평가적 요구가 무엇인가를 명백히 하는 것이기 때문이다.

교육은 인간을 바람직하게 변화시키는 작용이라고 정의할 때 '바람직한'이라는 가치 전제가 교육에서 개념적으로 불가피하므로 바람직함을 검토하고 평가하는 행위는 교육의 방향을 결정짓는 데 기여한다.

3) 사변적 기능

사변적 기능은 이론적 · 실천적 문제를 해결하기 위하여 새로운 가설과 제언을 성립시키거나 제시하는 것을 말한다. 교육의 과정에서는 추구해야 할 새로운 가치를 제언하고 문제해결의 새로운 방향을 모색하는 것은 보다 나은 교육을 위하여 요구되는 필연적 조건이다.

교육이 향상되었다고 할 때 내용이나 질적인 면에서 변화가 있었을 뿐 아니라 새로운 방법의 개발과 제언이 있었으며 새로운 교육적 가치의 추구를 위한 주장이 있었다는 것을 생각할 수 있다. 어떤 행위의 결과가 주는 의미 또는 의의가 무엇인가를 생각할 때 또는 어떤 연구결과로 얻어진 이론이 다른 이론과 어떤 관계를 가지는가를 생각할 때 어떤 다른 대안이 있을 수 있는가를 생각한다면 사변적 행위를 하고 있는 것이 된다.

4) 통합적 기능

통합적 기능이란 분석적 기능과 평가적 기능을 기초로 하여 개별적 교육 상황과 내용을 통합적 지식의 체계로 재구성하고 종합하는 행위를 말한다. 그러므로 통합적 기능으로서의 교육철학은 교육이론과 교육실천의 개별적이고 단편적인 여러 부분들을 하나의 유기적인 체계로 조직하고 통합한다는 것이다.

제 2 절 전통적 철학과 교육

전통적인 철학은 철학의 관심분야인 형이상학, 인식론, 가치론에 대한 견해의 차이에 따라서 이상주의, 실재주의, 그리고 실용주의로 구분할 수 있다. 이들 철학파들은 교육과 관련된 문제들을 어떻게 보고 있는가를 알아본다.

1. 이상주의와 교육

이상주의는 우주의 실체가 본질적으로 정신이나 관념이라고 주장한다. 이상주의는 소크라테스와 플라톤에서 찾는다. 그 후 독일의 칸트(L. Kant), 피히테(J. G. Fichte), 헤겔(G. W. F. Hegel), 프뢰벨(F. W. A. Fröbel) 등을 거쳐 오늘에 이르고 있다. 이상주의는 유일한 실재를 마음의 세계, 즉 정신적이고 초현실적인 관념을 탐구주제로 하여 Idea의 세계를 부르짖고 있다. 이 Idea의 세계는 경험이나 감각을 초월하며, 또한 영구 불변하다고 하여 자연주의의 가치론적 한계를 극복하고 있다.

인식론에 있어 이상주의자들은 지식이란 인간의 마음 속에 잠재해 있는 관념의 재생이라고 주장한다. 다시 말해 지식이란 우리의 마음 속에 있는 것으로서 마음의 눈을 통해 의식의 세계로 환원하고, 이 과정은 소위 자성(自省, introspection)의 계속인 직관으로 본다는 것이다. 따라서 학생이 배운다는 의미는 점점 더 넓은 세계로 마음의 눈을 확대시키는 것을 뜻한다.

존재론에 있어 이상주의자들은 궁극적 실재는 정신 또는 마음이라고 말한다. 모든 물질적인 존재는 그 그림자에 지나지 못하며, 있다가도 없어지는 일시적인 현상에 불과하며, 언제나 불변하고 확실하고 절대적인 것이 정신적인 실재인 것이다.

가치에 관한 문제에 있어 이상주의자들은 정신적 가치를 절대적이고 보편적인 것으로 생각한다. 이것은 시대와 상황에 따라 결정되거나 변화하는 것이 아닌 영구 불변의 것으로서 물질적인 것은 그것의 부차적인 산물에 불과하다. 절대적 가치는 그 본질에서 영원한 것으로 인간에 의해 창조되는 것이 아니고 우주의 본질인 것이다. 이러한 우주의 정신적 질서는 교사가 학생들에게 가르쳐야 할 내용이고, 그것은 인류의 문화유산으로서 오랜 생명을 가진 고전을 통해 구체적으로 실현된다.

이와 같은 이상주의에 있어 교육을 보는 관점은 학자에 따라 다소 차이는 있으나 그들이 공통된 견해를 간추려 보면 다음과 같이 요약된다.

첫째, 교육이 추구해야 할 목적은 새로운 세대로 하여금 정신적 가치를 깨닫게 하여 인격을 실현하는 도덕교육에 있다고 믿는다(정신적 작용으로서의 인격교육). 이는 신의 완전성에 비해 인간의 유한성과 미성숙한 불완전성을 교육의 힘에 의해 최고의 정신적 자아를 실현하도록 하여 절대의지의 모습으로 변모시킨다는 것이다. 즉 교육은 신의 형상으로 인류를 개조하는 일이라는 것이다.

둘째, 이상주의 교육관에 있어 학습자는 절대가치를 지닌 개성으로서 존중된다(학생의 인격존중). 그 이유는 인간이 비록 유한하고 불완전한 존재일지라도 신격(神格)에 도달할 수 있는 잠재적 능력이 있다고 믿기 때문이다. 교육은 이러한 잠재적 능력을 계발하는 것으로서 학생은 그것을 외부세계와 소극적으로 연결하지 않고, 적극적인 자아활동을 통해 소화하여 신의 형상에 도달할 수 있다. 그러므로 학습자는 교육을 통하여 유한한 존재에서 무한한 존재로, 동물적 차원에서 신의 차원으로 승화하는 인격자로서 존중되어야 하는 것이다.

셋째, 이상주의자들의 교육목표는 개성의 완성을 구하는 것뿐만 아니라 사회발전도 함께 포함한다(개성과 전체성의 조화). 이상주의가 정신적 존재로서의 개인의 인격완성을 강조함으로써 사회 또는 전체를 무시한다거나 철학적 보편주의로 말미암아 전체를 강조한다는 생각이 있을 수 있다. 그러나 이상주의에 있어서 개성과 전체성은 하나의 연속선상에 위치하여 정신적 유대관계로 맺어진 것이 전체요, 전체의 정신작용의 본질은 개성이라는 것이다. 플라톤의 이상국가론도 이러한 차원에서 해석할 수 있다.

넷째, 이상주의 교육은 주입식이 아닌 추출하는 작업으로 이루어져야 할 이상중심 교육과정을 목표로 한다(이상중심). 이것은 백지상태의 아동에게 모종의 지식을 '집어넣어 준다.'는 식의 교육이 아니라 이미 선천적으로 가지고 있는 정신세계의 영역을 계발할 수 있도록 조장해 준다는 것이다. 즉, 학생을 가르친다고 하는 말은 아동의 주위와 내부에 있는 실재를 스스로 탐구하도록 이끌어 준다는 것을 의미한다. 그러나 어떤 면에서는 권위주의와 주입식 방법의 필요성을 전혀 배제하지 않는다. 예컨대, 도덕교육의 측면에서 볼 때 행위의 규범들을 일일이 증거로써 납득시키는 일은 거의 불가능하므로 그 표준을 제시하는 것은 필요하다.

2. 실재주의와 교육

실재주의는 이상주의와는 대조적으로 사물이 사람들의 지각과는 별개로 존재한다고 생각한다. 실재주의는 고대의 합리적 실재론과 현대의 자연적 · 과학적 실재론으로 구분된다. 실재론자들의 공통된 주장과 교육에 관한 생각을 정리하면 다음과 같다(조용진 외, 1990).

존재론에 있어 실재주의는 우리가 인식이나 경험의 유무와 관계없이 사물의 세계가 독립적으로 존재한다는 것을 인정해야 한다고 한다. 즉 있다(to be)는 것은 지각하든 말든, 사람이 보거나 보지 않거나, 사람이 있든 없든 간에 산이나 물이나 평야처럼 존재한다는 것이다. 이들은 사람의 마음에 있는 관념이 아니고, 정신세계의 음영을 나타내 주는 그림자도 아니다. 실제 존재가 인간과는 아무런 상관없이 세계를 형성하고 있고 그 사물의 세계는 인간과의 협응이나 추리에 의해서 밝혀지는 것이다. 이상주의의 형이상학이 정신계(精神界)라면 실재주의에 있어서는 물질계(物質界)인 것이다.

인식론에 있어 실재론자들의 입장은 객관적 지식을 강조하지만 사람은 방관자적 모습(spectator)으로 존재한다고 본다. 즉 모든 지식체계는 사람과는 관계없는 실재 자체에 의해서 결정된다. 그리고 인간은 이 실재 존재와의 감응과 협응을 통해 지식을 얻게 되기 때문에 자연히 그러한 실재의 사실적 정보나 관련된 기초적 기술을 중시한다. 예컨대, 수학이나 과학 등은 실재론자들이 중시하는 교과목이다. 이러한 과정을 통해 인간은 지식의 개념을 얻고, 그것에 기초하여 인간의 행위를 규율하는 어떤 원리도 얻을 수 있다고 한다.

가치론에 있어서는 최고의 가치를 물질계에서 일어나는 자연의 법칙이나 본질에 두고 있다. 자연 속에서 생성되고 발견되고 감각되는 모든 원리, 규칙, 사실들이 가치화되어야 하고, 이는 인간의 추리까지도 포함한다는 것이다. 따라서 학교에서는 그러한 지식 체를 전달하여 학생이 그의 세계를 이해하도록 해주고, 완전한 삶을 살 수 있도록 하는 것이다.

실재론자들의 교육사상을 요약하면 다음과 같다.

첫째, 교육은 우주의 이치를 깨달을 수 있는 핵심지식을 가르치는 일이다. 실재론은 아동에게 우주, 현세, 사회, 자아를 긍정적으로 이해시키고 교육의 마당에 굴절시켜, 그것의 핵심이 되는 지식체계를 가르치는 것을 중요시한다. 이 과정을 통해 우주의 신비, 현실생활의 필요로서의 지식 그리고 자아실현을 이루도록 한다.

둘째, 아동은 고도의 지성을 발휘할 수 있는 자질을 충분히 가지고 있는 존재로 인정되어야 한다. 그렇지 못하다면 아동은 단지 우주의 단편적인 진리만을 알게 되어 포괄적이고 근본적인 진리나 본질과는 소원해질 수밖에 없다. 아동이 지니고 있는 지성이야 말로 우주의 근본법칙을 깨달을 수 있는 힘인 것이다.

셋째, 교육의 목표는 아동의 이상적 자질의 발현을 구체화하는 데 있다. 이 말은 아동이 자연의 법칙과 실제의 원리들을 통하여 '자기결정, 자기실현, 자아통합'의 이상을 자각하고 성취하도록 해야 한다는 것이다. 교육이 실체에 대한 인식이나 지식체계를 종합하는 과정으로 이루어진다고 하더라도 그것으로 만족하는 것이 아니고, 결국은 그 원리들을 자아의 통합과정으로서 이용하는 것에 목적이 있기 때문이다.

넷째, 교육은 진리에 대한 끝없는 탐구와 지식욕을 불태우는 동기로 이루어져야 한다. 인간은 원래 태어날 때 로크(J. Locke)가 지적했듯이 '백지상태(白紙狀態, Tabula rasa)'로 태어나 자연과의 경험을 통한 감각적 지식수용으로 백지상태에서 벗어나는 것이다. 이런 뜻에서 실재론자들은 정선되고 체계화된 지식을 가르치도록 교사에게 권위와 주도권을 주는 것에 반대하지 않으며, 감각교육의 중요성을 강조한다.

3. 실용주의와 교육

실용주의는 미국의 퍼어스(Charles Sanders Peirce)에서 비롯하여 제임스(William

James)를 거쳐 듀이(John Dewey, 1859-1952)에 의하여 철학적 기반이 확실히 다져진 철학이다. 듀이는 학문을 탐구하는 방법으로서 실험을 특히 중시하였기 때문에 실용주의(pragmatism)보다 실험주의(experimentalism)라는 용어가 더 적절하다고 하였다. 듀이야 말로 실용주의를 기초로 교육철학을 세운 대표적인 학자이다. 여기에서는 변화과정, 상대성, 경험의 재구성 등으로 표현되는 듀이의 철학을 중심으로 실용주의가 가지고 있는 교육의 의미를 알아보기로 한다.

듀이는 다윈(Charles Darwin)의 진화론의 영향을 받아 '유기체'와 '환경'이라는 생물학적 개념으로 교육을 설명한다. 인간은 생명을 유지하려는 본능을 가지고 환경에 적응하면서 성장하고 발달해 가는 유기체인 것이다. 인간은 살아가는 과정에서 그의 생존을 위협하거나 활동을 방해하는 문제 상황에 부딪치게 된다. 이 문제를 해결해 나가야 하며, 그러는 가운데 새로운 문제해결 방법을 발견하게 된다. 듀이의 교육철학에 있어서 핵심적인 개념은 '경험'(experience)이다. 경험이란 간단히 말하면 인간과 환경과의 상호작용이라고 할 수 있다. 인간의 삶은 문제해결력에 달려 있기 때문에 교육은 이 문제해결 방법을 길러 주는 것이어야 한다는 것이다.

관념론과 실재론에서는 지식의 체계 또는 교과를 중요하게 생각하지만 듀이는 방법 혹은 문제해결 과정을 강조한다. 그리고 학습은 학습자가 문제해결을 위한 활동에 참여할 때 일어난다는 것이다. 학습자는 개인으로서 혹은 집단을 구성하는 일원으로서 개인적 · 사회적 문제를 가지게 되며, 이 문제를 해결하기 위하여 과학적 방법을 사용하게 된다. 그리고 이러한 방법은 다양한 문제 상황에 전이될 수 있도록 발전시킬 수 있다는 것이다.

관념론과 실재론에서는 형이상학과 인식론을 분리해서 설명할 수 있었지만 실용주의는 실재는 끊임없이 변화하는 것이며 이 변화과정으로서 인식을 설명한다.

인식론 혹은 앎의 상태에는 유기체로서의 인간과 환경이 있어야 된다. 인간은 살기 위하여 환경과 상호작용을 하게 되고 그러는 가운데 성장하고 발달한다. 이 상호작용 과정은 환경을 변화시키고 또 인간을 변화시킨다. 무엇을 안다는 것은 곧 학습자와 환경 간에 서로 영향을 주게 되는 것이며 이 과정은 끊임없이 계속된다. 그런데 상호작용 과정에서 일반적인 원칙을 발견할 수도 있지만 상호작용의 구체적 내용은 상황에 따라 다르다. 그렇기 때문에 인간도 변하고 환경도 변하며 경험도 변한다.

실재가 변하는 것이라면 교육과정도 당연히 변하여야 한다. 여기에서 필요한 것은 이 변화를 지적으로 다루는 방법인 것이다. 이 변화과정에서 바람직한 결과를 가져오게 하는 효과적인 방법이 곧 문제해결력이라는 것이다. 실용주의자에게는 실재론과 관념론에서 주장하는 불변의 보편적 진리란 존재하지 않는다. 환경과의 상호작용을 통하여 인간이 얻게 되는 원리라는 것도 장차 검정되어야 할 잠정적인 것이다. 인간은 문제를 해결하려고 할 때마다 경험을 재구성하게 되어 인간의 경험을 새롭게 개조해 나간다.

실용주의자는 지식, 교육, 학교, 그리고 교수방법에 관한 견해는 관념론자나 실재론자의 그것과 대단히 다르다.

실용주의자는 지식이란 잠정적인 것이고 수정될 수 있는 것으로 생각한다. 그렇기 때문에 진리보다 지식을 사용하는 과정에 더 관심을 갖는다.

실용주의의 교육사상을 요약하면 다음과 같다.

첫째, 교육의 목적이나 수단은 합리적이며 과학적으로 추구되어야 한다. 듀이에 의하면 교육의 목적은 성장(growth)이다. 성장은 삶의 특징이므로 모든 삶은 성장과 일체가 되어야 한다. 즉 교육은 생활의 준비가 아니고 생활 그 자체이다. 아동은 연령에 적합한 학습상황을 가져야 하며 학교는 공동사회의 형식을 갖춘 사회의 축소판이어야 한다.

둘째, 아동은 그에게 영향을 주는 세계를 학습해야 한다. 아동은 그가 생활하는 환경을 떠나서 생각될 수 없는 것처럼 학교는 생활 자체와 분리될 수 없다. 따라서 학교는 아동이 당면하고 사회가 해결해야 하는 문제와 관련된 것을 교육해야 한다.

셋째, 학습은 행동에 의해서 이루어져야 한다. 이는 배운다는 것은 문자에 의한 학습이 아니라 실천에 의해서 학습해야 된다는 점을 강조하고 있는 것이다.

넷째, 아동의 흥미와 욕구를 존중하는 교육이어야 한다. 이는 아동이 제멋대로 하도록 방임하는 것을 의미하는 것이 아니라 아동의 흥미와 욕구가 학습동기의 기초로 사용되어야 한다는 것을 의미한다.

제3절 현대 교육철학

1. 20세기 전반기 교육철학

1) 진보주의 교육철학

진보주의 교육(progressive education)은 실용주의 사상을 기초로 하여 전통적 교육의 형식주의에 대한 민주적 · 과학적 운동으로서 근대교육의 여러 관념을 종합적으로 구성하여 이것을 실천으로 옮겨 보려는 교육개혁운동이었으며, 전통적 교육이 주지주의, 주입식, 교사중심, 개인차를 무시한 일제지도의 교육임을 비판하고 학생의 흥미와 자유에 의한 전인교육, 개인차를 존중한 개성교육, 생활경험활동 등을 중심으로 한 새 교육의 전환을 시도하였다.

듀이(J. Dewey)는 시카고 대학에 실험학교(Laboratory School)를 창설하는 동시에 「나의 교육학적 신조」(My Pedagogic Creed)라는 글을 발표하여 혁신적인 교육사상을 주장하였고 「민주주의와 교육」(Democracy and Education)을 저술하여 새 교육운동의 철학적 뒷받침을 제공하였다. 그리하여 듀이를 중심으로 한 진보주의 교육협회가 조직되어 진보주의 교육운동이 활발하게 전개되었다. 진보주의 교육협회는 어린이 중심으로 전환시키고자 7개항의 강령을 만들게 되었는데 그것은 다음과 같다.

① 어린이는 외적 권위에 의하지 않고 자신의 사회적 필요에 의하여 자연스럽

게 발전할 수 있는 자유를 누려야 한다.

② 모든 학습활동의 동기는 흥미에서 출발되어야 한다.

③ 교사는 어린이의 모든 활동을 고무하고 적절한 정보를 제공하여 주는 안내자가 되어야 한다.

④ 어린이에 대한 평가는 학과에 대한 평가뿐만 아니고 신체, 지성, 덕성, 사회성을 포함하는 넓은 것으로서 어린이 지도에 도움이 되는 것이어야 한다.

⑤ 가장 중시해야 할 것은 어린이의 건강이며 학교의 시설, 환경적인 조건은 명랑해야 한다.

⑥ 학교는 어린이의 교육을 학부모와 긴밀한 협조관계로 수행해야 한다.

⑦ 진보주의 학교는 좋은 전통 위에 새 것을 첨가하는 실험학교로서 교육개혁운동의 중핵이 되어야 한다.

진보주의 교육철학의 교육원리는 다음과 같다(Kneller, 1971).

① 교육은 현재 삶 그 자체이며 미래 삶을 위한 준비는 아니다.

② 교육은 활동적이어야 하며 아동의 흥미에 직접 연결되어야 한다.

③ 문제해결을 통한 학습이 교과내용의 주입에 우선되어야 한다.

④ 교사의 역할은 지시하는 일이 아니라 조언해 주는 일이다.

⑤ 학교는 경쟁보다는 협동을 강조하고 격려해야 한다.

⑥ 민주주의만이 진정한 성장에 필요한 사사의 교류와 인격의 상호작용을 허용한다.

그러나 진보주의는 아동에게 지나친 자유를 허용하고 아동의 흥미나 욕구를 너무 존중하며, 생활화를 중시하는 나머지 미래에 대한 준비를 소홀히 하고, 다수의 협동적 노력을 강조한 나머지 우수한 소수자의 지도성을 반영시키지 못했으며, 민주주의 이외의 사상체계에 대한 객관적 이해가 소홀하다는 비판을 받고 있다.

2) 본질주의 교육철학

제2차 세계대전의 시작과 함께 진보주의 교육운동이 진정한 사회적 유산의 뜻을 망각하고 지나친 아동중심주의를 강조한다는 비판을 받으면서 전통적 교육을 부활시켜야 한다고 주장하며 인문주의적 교육을 발전적으로 전개시키려는 움직임이 나타났다. 이 본질주의(essentialism)는 전통적 철학인 관념론과 실재론이 모두 직접, 간접으로 영향을 미치고 있고, 즉 변화를 전적으로 부정하는 것이 아니라 변화를 인정하되 그것은 현상적 · 외형적인 변화에 불과하고 그 본질에 있어서는 변함이 없다는 것이며, 1957년 소련의 스푸트니크 충격(sputnic shock) 이후 미국의 교육은 본질주의 이념으로 크게 전환하였다.

또한 본질주의는 전통을 중요시하고 항구적인 가치를 믿는 동시에 이러한 것들이 사람에게 확고한 생의 의의와 확실성을 주며 방황상태에서 헤어나서 올바른 인생의 길을 걷게 할 수 있다고 생각한다. 본질주의 교육은 개인적 경험보다 민족적 경험이 포함된 전통적 교과과정을 중시하며 자율적 학습보다는 교사의 체계 있는 지도를, 학습자의 흥미보다는 노력을 강조한다. 대표적인 학자로는 배글리(Bagley), 모리슨(Morrison), 보비트(Bobbit) 등이 있다.

본질주의의 교육원리를 요약하면 다음과 같다.

① 교육과정의 핵심은 소정의 교과를 철저하게 이수하고 몰두하는 일이다.

② 아동의 지도와 보호에 대한 책임을 교사가 주도권을 지녀야 한다.

③ 사회가 대대로 문화유산을 계승할 기회를 제공해 온 것은 오랜 창조적 시대를 밟은 것이다.

④ 전통적인 학문적 훈련 방식이 회복되어야 한다.

⑤ 교과의 논리적 조직을 존중하는 계통학습에 중점을 둔다.

그러나 본질주의는 자연과학을 중시한 나머지 사회과학을 경시했으며, 지식의 전수와 교사의 주도권을 강조한 나머지 아동의 참여의식과 학습동기를 가볍게 여겼으며, 미래전망과 사회혁신적인 자세가 부족했다는 비판을 받고 있다.

3) 항존주의 교육철학

항존주의(perennialism)는 진보주의 교육사상에 대한 비판으로부터 나타난 본질주의교육 이외에 절대적인 것을 추구하는 학자들에 의해 나타난 교육철학이다. 본질주의는 여러 면에서 진보주의 교육의 장점을 인정하고 동조하면서 모순점을 시정하려 하였던 철학이었는데, 항존주의는 이와 같이 진보주의에 대한 본질주의의 공격이 미온적이고 철저하지 못한데 불만을 품고 진보주의 교육과 그 사상의 기반인 실용주의 자체를 근본적으로 부정하면서 개혁하려는 교육사상이다.

항존주의는 영원성이라는 것에 그 중심이 있으며 따라서 영속적 · 항구적 · 근원적 · 절대적인 것을 추구한 플라톤(Platon), 아리스토텔레스(Aristoteles) 등의 사상에서 그 기원을 찾을 수 있다. 진리의 절대성과 영구불변성을 믿고 지식과 가치의 본성도 변화하지 않으며 본질적으로 동일하게 남고 교육과 학문의 임무도 절대적인 것, 시간과 공간을 초월하여 변하지 않는 것이며,. 따라서 교육이 가변적이고 일시적인 것을 다루는 것은 시간의 낭비이므로 배격되어야 한다는 것이다. 대표적인 학자로는 마리탱(J. Maritain), 허친스(Hutchins) 등이 있다.

항존주의의 교육원리는 다음과 같다.

① 인간의 본질이 불변하기 때문에 교육의 본질도 불변한다.

② 인간의 결정적인 특징은 이성이기 때문에 교육은 이성을 발달시키는 데 집중되어야 한다.

③ 적응형태 가운데 교육이 지향해야 할 유일의 것은 항구 불변의 보편적인 진리에 대한 적응이다.

④ 훌륭한 교육은 진리의 탐구와 이해이며, 진리는 위대한 고전들 속에서 발견될 수 있다.

⑤ 학습자는 일종의 기본교과를 학습함으로써 정신적으로나 과학적으로 우주의 영원성에 접해야 한다.

그러나 항존주의는 유일 · 절대적인 가치체계를 숭상한 나머지 민주사회 사람들의 다양한 가치체계에 회의를 품게 되어 민주적인 생활방식을 위협했으며, 과거를 중시한 나머지 현실을 경시했고, 모든 사람들을 고전 속의 위대한 인물들처럼 생각하며 행동할 것을 기대하는 귀족적인 점이 비판을 받고 있다.

4) 재건주의 교육철학

재건주의(reconstructionism)는 현대문명의 위기를 진보주의, 본질주의, 항존주의 교육철학으로는 극복할 수 없다고 보고, 이 위기를 교육의 수단으로 극복하고 새로운 사회를 건설해야 한다는 교육철학이다. 브라멜드(T. Brameld)는 교육이 사회개조의 선봉이 되어야 할 것을 강력히 역설하고 현재 인류가 처해 있는 위기를 극복하기 위해 미래를 내다보며 이상적으로 추구하는 사회건설에 기여할 과감하고 새로운 교육철학이 필요하다고 하였다. 또한 모든 가치 중에서 사회적인 자아실현이 가장 포괄적이며 매우 높은 가치라고 생각하며, 자아는 언제나 사회집단과 결부되어 있기에 사회적 자아라 할 수 있으며, 개인과 사회 양자의 요구를 최대한으로 만족시키는 것이 된다. 이 목적의 실현을 통해서만 경제적 · 정치적 · 교육적 · 과학적 · 심미적 · 종교적 · 개인적 목적이 성취된다고 보는 것이다.

재건주의 교육원리는 다음과 같다.

① 교육의 목적은 명확하게 계획된 사회개혁 프로그램을 추진하는 데 있다.
② 새로운 사회질서는 민주적이어야 한다.
③ 교사는 맡은 바 과업을 성실히 수행하여야 한다.
④ 교육의 방법과 수단은 행동과학의 연구 성과에 따라서 재구성되어야 한다.
⑤ 아동, 학교 교육은 사회적, 문화적 힘에 의해서 형성되어야 한다.

그러나 재건주의는 교육의 힘을 과신하고 있으며, 미래의 설계를 그려 놓고 아동을 강제로 그 방향으로 몰고 갈 수 있으며, 행동과학적 지식을 교육의 유일한 기초과학 내지는 방법적 기준으로 여기고 있는 한계점도 있다.

2. 20세기 후반기 교육철학

1) 실존주의 교육철학

1차 대전 후 인류가 누리고 있는 문명에 대한 회의에서 시작되었으며 과거와 다른 새로운 문명사회의 도래는 인간의 생명에 대한 의의와 개성을 상실케 했고 인간에게 엄청난 소외와 불안을 줌으로써 유럽 특히 독일을 중심으로 일어난 철학운동이다. 실존주의는 인간 존재에 관한 철학이며 인간은 누구나 자유로우며, 자신의 운명을 스스로 선택할 수 있고, 또 자신의 선택에 대해 책임을 진다는 내용의 철학이다. 대표적인 철학자는 키에르케고르(S. Kierkegaard), 야스퍼스(K. Jaspers), 사르트르(J. P. Sartre), 하이데거(M. Heidegger), 마르셀(G. Marcel), 마리탱(J. Maritain) 등이 있다. 1940년대 마리탱이 하나의 교육활동을 전개하였으며 실존주의 교육사상은 다음과 같다.

첫째, 철학적 문제를 다룸에 있어서 전통적 철학처럼 객관적인 실재보다는 자기 자신에게 갖는 의미를 중시여긴다.

둘째, 실존은 본질적인 생을 살도록 함으로써 자기존재의 의의와 가치를 찾게 하는게 교육의 목적이다.

셋째, 우주 자체는 아무 의의나 목적을 가지고 있지 않다.

넷째, 인간은 우주의 일부가 아니기 때문에 인간에게는 절대적 자유가 있다.

다섯째, 철학자는 관망자로서가 아니라 자신의 견해에 충성하는 자로서 사회의 비인간성을 폭로하여야 한다.

이와 같이 실존주의는 인간 실존의 상황 그 자체를 요구하는 철학이므로 교육에 어떤 명백한 방침을 제시해 주지 않는다.

2) 분석철학

20세기에 전개된 서양의 현대 철학사상으로서 논리적 실증주의라고 한다. 이 같은 분석철학은 종래의 사변적, 선험적, 종합적 철학방법을 거부하고 모든 과학과 일상적인 지식의 개념과 명제의 의미를 분석적 방법에 의해 엄밀하게 밝히는 것을 목적으로 하는 철학적 입장이다.

대표적인 학자로는 슐리크(M. Schlick), 러셀(B. Russell), 비트겐슈타인(L. Wettgenstein), 에이어(A. J. Ayer), 라일(G. Ryle), 피터스(R. S. Peters) 등이다.

페이글(H. Feigle)은 분석철학의 교육이론을 다음과 같이 제시하였다.

첫째, 사고의 명확성이다. 용어의 의의 있는 사용과 조리와 부조리를 분별하여 대답할 수 없는 문제에 대한 불필요한 혼미를 제거하는 능력을 말한다.

둘째, 추리의 일관성과 결정성이다. 자기 당착의 배제와 전제와 연역적 논증 결과와의 사이의 분석적으로 필연적인 내의를 의미한다.

셋째, 지식의 사실적 타당성과 확실성이다.

넷째, 지식의 객관성이다. 개인적, 문화적 편견의 배제뿐 아니라 충분한 지성과 필요한 요구에 의한 실증을 뜻한다.

다섯째, 의도적 행위의 합리성이다. 교사는 모든 논의와 다른 사람에게 사용하는 언사와 규율을 명백히 해야 한다.

여섯째, 도덕적 합리성이다. 교사는 모든 논의와 다른 사람에게 사용되는 언사와 규율을 명백히 하여야 한다.

분석철학이 지니는 한계점은 다음과 같다.

첫째, 바람직한 세계관이나 윤리관의 확립에 별 도움을 주지 못했다.

둘째, 체험적 · 가치판단적 · 사회 · 역사적 요소를 배제했다.

셋째, 정의적 차원의 실재와 그 의의를 긍정적으로 수용하지 못했다.

3. 인간주의 교육

인간주의 교육(humanistic education)은 고대 그리스의 아리스토텔레스에서 시작되어 특정 분야의 재능보다는 여러 방면의 재능을 조화롭게 갖춘 만능인의 교육을 강조한 르네상스 시대의 카스티글리옹(Bladassare Castiglion), 넓은 교양교육을 실시할 것을 주장한 에라스무스(D. Erasmus, 1466-1536), 전인교육을 강조한 몽테뉴(Montaigne, 1533-1592), 아동의 발달 단계에 맞춘 점진적 교수 체재를 제안한 코메니우스, 형식도야설을 신봉하긴 했지만 아동은 그 나름의 인간이라는 가치를 지닌 개인이라고 간파한 로크, 아동의 자연스러운 성장과 발달 그리고 그의 잠재가능성의 실현을 허용하거나 조장할 것을 추구한 페스탈로치 등은 인간주의 교육을 주장한 역사적인 예라고 할 수 있다.

인간주의 교육이론의 의의는 다음과 같다.

첫째, 문명의 이기를 교육으로 대처하려는 자세의 정립에 있다.

둘째, 현대 학교교육에서 독주하고 있는 사회화 교육의 비리의 고발이다. 인간화교육의 터전 위에 사회화 교육이 이루어져야 한다는 것이다.

한계점으로는 이론의 체계화가 어렵고, 적용의 한계성에 비판을 받았다

보수적인 입장을 견지하는 교육철학은 19세기와 20세기에 접어들어 많은 비판과 도전에 직면하게 된다. 물론 이런 비판과 도전은 진보주의에 의해서만 이뤄진 것은 아니다. 보다 넓은 의미에서 그들의 철학적 배경을 분류해 보면 자연주의, 실용주의, 실존주의, 그리고 비판철학 등을 들 수 있다. 최근에 포스트모더니즘, 생태주의, 구성주의도 여기에 합세하고 있다.

이런 다양한 철학적 배경에도 불구하고 적어도 개인의 자유와 주체성에 대해서는 공유된 입장을 보이는 편이고 나아가 전통적 학교교육의 경직성, 비인간적 측면, 이념에 대한 비판까지 시도하면서 전통적인 교육 패러다임을 개성하려고 한다. 앞서든 철학의 부류들은 적어도 이런 새로운 교육 패러다임을 주도하는 부류들의 철학적 입장을 대변한다고 할 수 있다.

자연주의는 인간의 자연성을 존중하자고 한다. 사회체제 속에서 왜곡된 인간성을 극복하고 인간의 내재된 자연성을 자연스럽게 계발하도록 하자는 것이다, 이에 기초하여 출현된 학교가 바로 영국의 닐(A. S. Neill, 1883-1973)의 서머힐 학교라고 할 수 있다.

실용주의는 변화와 상대성을 인간 세계 및 삶의 존재방식에까지 확대하여

전개하려고 한다. 따라서 교육에서도 절대론적인 입장보다는 인간을 둘러싼 환경과의 상호작용을 통하여 능력을 확장해 가는 일을 중시한다. 실존주의는 인본주의 사고를 형성하는데 큰 기여를 한 시대사조로서 개인의 자유와 선택의 결과에 대한 책임을 강조한다. 인간의 주체적인 결단에 기초한 자유로운 선택과 그 결과에 대한 책임을 함께 중시하므로 전통교육에서 강조하는 체제순응, 획일화를 거부한다. 비판철학적인 입장은 독일 관념론, 맑시즘, 프로이드 이론의 영향을 받은 사조로써 인간의 의식이나 지식이 정치, 경제, 사회적 조건에 억압과 왜국을 고발한다. 따라서 인간의 자유로운 사고와 대화를 억압하고 왜곡하는 불합리한 사회적 요인을 분석 · 비판하는 능력, 즉 의사소통 능력의 함양을 강조한다.

포스트모더니즘은 전통철학으로부터의 급격한 이탈과 변화를 보인다. 이른바 대서사의 거부와 총체성의 해체, 다원주의, 반권위주의 또는 자아와 해체 그리고 탕정전화를 주장하는 문화상대주의 논리이기 때문이다. 이런 변화의 논리에 의하면 지식과 진리, 합리성과 이성, 그리고 선과 가치의 궁극적 기초에 대한 확신보다는 회의와 불신으로 전환된다. 포스트모더니즘은 진리와 객관성, 이성과 확실성에 대한 전통 철학적 관념에 대해 도전과 거부를 표방한다. 따라서 교육에서도 모더니즘 교육의 극복, 다원주의 입장에서 지식에 대한 조명, 열린교육의 관점 등을 제기한다.

끝으로 21세기를 전후로 인간 및 생태계의 위기 등을 가져온 부정적인 양상의 원인을 규명하고 새로운 대안을 탐색하는 철학적 노력으로 생태주의를 들 수 있다. 20세기까지 인간이 인간을 위해 이룩한 과학문명이 전생태계를 위협하고 있음을 지적하면서 현재의 생명경시와 생명파괴는 인륜적 도덕의 붕괴와 인간의 실존적 위기를 초래할 것이라고 경고한다. 그러면서 이런 위기상황을 극복하기 위해 인간중심의 근대철학에서 탈인간중심 철학으로 바뀌어야 한다고 주장한다. 생태학적 접근에서는 인간중심주의 혹은 이성중심주의 한계를 지적한다.

생태주의는 인간과 자연의 역동적인 간주관적 상호작용이 일어나는 장에서 생명체간에 생존방식을 규명하고 이것이 인간현상에 주는 시사점이 무엇인가를 철학적으로 사유한다. 그리고 중세 말기로부터 뿌리내린 인간중심주의 철학적 한계를 지적하면서 이성과 과학에 토대를 모더니즘적 세계관을 문제삼는다. 아울러 인간의 자기본위, 경쟁, 소유 등과 같은 자본주의 사회의 지배적인 가치를 근본적으로 재검토한다. 생태주의는 지구촌의 모든 생명들을 전체의 네트워크 안으로 통합하고 상생의 관계를 회복하여 새로운 생명존중의 문명창조라는 거대담론을 제시한다. 이런 생태학적 주장들은 21세기 한국교육에도 과학주의의 문제와 이에 근거한 교육학의 한계, 새로운 대안으로서 상생의 생태학적 교육원리와 내용 및 방법론을 제안한다.

그러나 이런 새로운 변화를 추구하려는 입장에도 불구하고 이들 역시 해결해야 할 문제점도 있다. 대체로 사회변화에 교육도 모종의 변화를 추구해야 한다는 입장에 합의하면서도 구체적으로 보면 여러 가지 한계를 노출한다. 자연주의자들이 객관적인 논의에 기초한 그리고 역사의식을 지닌 것이라기보다는 신념이나 정서, 느낌에 기초한 것이 아닌가 하는 의심을 받기도 하고 실용주의와 실존주의, 포스트모더니즘, 생태주의에 대해 비판하는 이들은 이런 부류의 철학적 배경에서 도출된 교육개혁의 동향들이 상대주의에 동조하다 보니 자칫 기존의 도덕적 가치, 지적 권위의 붕괴에 따른 개인주의, 가치 무정부주의를 우려하는 목소리도 있다.

제4장

교육의 심리학적 탐구

제1절 교육심리학의 기초개념

1. 심리학의 정의

심리학(psychology)을 어원적으로 분석할 때 '마음(psyche-mind)을 연구(logos-knowledge or study)하는 학문'이라고 할 수 있다. 즉, 유기체의 행동을 과학적으로 연구하는 학문이다(the scientific study of the behavior of oganisms). 오늘날 심리학을 행동의 과학으로 부르는 것은 이러한 정의에 연유된다. 이것은 또한 심리학 연구에 있어서 객관성 또는 과학성이 한층 더 강조되는 이유이기도 한다. 과학적 연구에서는 직접적인 관찰이 매우 중요한 요건이지만 마음이나 의식 또는 사고 등도 인간행동에 영향을 미친다. 관찰할 수 없다고 해서 심리학 연구의 대상에서 제외시킬 수는 없다. 따라서 행동이란 '달린다', '자전거를 탄다' 등과 같은 외현적 행동(overt behavior) 뿐만이 아니라 지식, 사고, 가치관, 자아개념과 같은 내현적 행동(covert behavior)도 포함한다.

자연을 연구대상으로 하는 학문이 자연과학이라면, 인간을 연구대상으로 하는 학문은 심리학이다. 그러나 인간은 생물학적 존재로 육체를 가지고 있어 생체화학적 · 생체물리학적 기제를 가지고 있을 뿐만 아니라, 사회적 존재로서 사회활동을 하며 정신적 작용에 의한 문화적 소산의 진리를 탐구하기도 한다. 따라서 인간을 연구 대상으로 하는 심리학은 자연과학적 지식에서부터 철학적 지식까지 넓혀 있어 간단히 정의하는 데 어려움이 있다. 이러한 이유에서 심리학의 정의는 심리학자에 따라서 주장하고 강조하는 점에 조금씩 차이가 있을 뿐만 아니라 시대변천에 따라 내용의 차이를 보여주고 있다.

현대심리학은 분트(Willhelm Wundt)가 1879년 독일의 라이프찌히 대학에서 처음으로 심리학 실험실을 창설한 때부터 시작된 것으로 일반적으로 이 해를 현대

심리학의 창설연도로 보고 있다.

분트(Wundt)는 심리학을 '인간의 의식을 연구하는 학문'으로 정의하였다. 인간은 마음 속에서 일어나는 정신활동을 의식할 수 있으며 그 의식(consciousness)을 분석하는 것이 심리학이라고 생각하였다. 사람을 이해하기 위해서는 상대편에게 자신의 의식을 관찰 보고하게 하여 이해하는 내성법을 사용했다. 대부분의 사람들이 흔히 대화하면서 상대편의 이야기를 듣고 그 사람을 그렇다고 추론하는 것으로, 이는 현재에도 일반 사람들이 손쉽게 활용하는 방법이다. 그러나 이 방법은 사적 경험을 타인이 쉽게 관찰할 수도 없고, 개인 분석의 객관성에도 문제가 있기 때문에 객관적인 학문의 대상이 될 수 없다는 단점을 가지게 된다. 왓슨(Watson)에 의하면 의식이니 정신이니 하는 개념은 영혼의 개념처럼 모호하기 때문에 의식작용의 결과인 행동을(이는 누구나 객관적으로 관찰 가능한 대상이 되기 때문에) 심리학의 대상으로 삼아야 한다는 행동주의 심리학을 표방하게 되었다. 따라서 인간의 복잡한 행동의 단서가 될 수 있는 동물행동도 함께 연구하게 되어 1930년대부터 1960년대에 이르기까지 심리학 교과서에 심리학이 행동주의적 정의, 즉 '인간과 동물의 행동에 관한 학문'으로 기술되었다.

행동주의적 심리학은 행동만을 연구대상으로 삼게 되어 직접 관찰할 수 없는 원자구조이론이나 세균이론은 학문이 될 수 없다는 모순이 생기게 되므로 심리학을 지나치게 협소화시키게 되며, 또한 심리학연구의 방법의 객관성, 즉 과학적 연구방법을 강조한 것이 결과적으로 의식의 존재를 부정하는 방향으로 나아갔기 때문에 행동주의 심리학의 한계를 나타내게 되었다.

인지심리학적 접근은 의식을 연구대상으로 하되 내성법과 같은 주관성을 배제하고, 검증이 가능한 객관적인 방법을 채택하여 주로 인간의 기억과 사고과정에 관심을 가지게 되었다. 인지심리학에서는 심리학을 '인간행동을 이해하기 위해 기억구조와 정신과정을 과학적으로 분석하는 학문'이라고 정의하였다(Mayer, 1981). 워트만(Wortman, 1981)은 심리학은 '첫째, 행동에 관한 과학이다.

둘째, 과학적 연구에 기초한 학문이다.

셋째, 인간복지 향상의 수단이다'라고 정의하여 응용과학의 성격을 포함시키고 있다.

따라서 과학으로서의 심리학의 역사는 100여 년 밖에 안 되어 '심리학의 과거는 길지만 그 역사는 짧다'는 말을 실감할 수 있다. 심리학은 사회과학의 기초학문으로 인간의 심리현상을 이해하고 설명하는 방법이 일의적으로 정의가 되지 않는 것은 인간을 보는 관점에 따라 다양하게 설명되는데, 그 방법들이 옳고 그르다고 판단되기 이전에 인간이 그 만큼 다면적인 특성을 가진 존재라는 사실을 인식해야 할 것이다.

2. 교육심리학의 정의

교육심리학에 대한 정의는 시대의 흐름에 따라 변화 양상을 보이고 있다. 교육심리학의 성립 가능성은 이미 여러 학자들에 의하여 제시되었지만, 최초의 「교육심리학」(1913-1914)을 발간한 사람은 손다이크(Throndike)로, 그는 인간성의 탐구에 통계적인 방법을 도입하여 실험적 연구를 시작하였는데 이는 후에 많은 교육심리학자들에 의해 그대로 답습되었다.

게이츠(Gates, 1950)는 자신의 옛 저서 「교육학도를 위한 심리학」(1922)에서 일반심리학의 원리와 방법을 교육에 이용하는 작업을 주로 했으며, 심리학적 자료에 교육적 의의를 부가하여 교육심리학을 응용심리학적 관점으로 보았다. 그 후 그의 저서 「교육심리학」(1948)의 내용은 일반심리학의 단순한 적용 이상으로 독자적인 영역과 방법을 갖는 것이었다. 즉 응용 그 자체가 실험과 검증을 거쳐야 하는 것으로 교육심리학에서는 일반심리학에서 취급되지 않는 독자적인 연구영역이 필요함을 지적하였다.

트로우(Traw, 1970)는 '교육심리학은 교수와 학습을 취급하는 심리학의 한 분과이다'라고 말하였고, 가드리(Guthrie, 1950)는 '교육심리학은 학교에서 아동들에게 적용되는 심리학이다'라고 하였다. 조단(Jordan, 1942)은 '교육심리학은 교육에 적용되는 개인심리학 또는 사회심리학이다.'라고 정의하여 교육심리학을 교육의 기초학문으로 정의하였다.

근대에 와서 교육심리학은 응용만이 아니라 교육현장에 내재하는 모든 심리적 과정을 과학적으로 연구하는 기초학문으로 규정하고 있다. 울포크(Woolfolk, 1990)는 '교육심리학자는 다른 분야로부터 지식을 응용하며 또한 지식을 창조한다.'고 말하였으며, 메이어(Mayer, 1981)는 '교육심리학은 인간의 인지과정과 지식상태를 조절하고 기술에 관한 과학적 연구에 초점을 맞춘다.'고 정의하였다. 그린더(Grinder, 1989)는 '교육심리학은 교육의 과정과 방법에 가장 밀접하게 관련되어 있기 때문에, 교육심리학을 교육방법의 과학적 · 이론적 근거를 확립하고 제공하는 학문이라고 규정하고, 그것을 토대로 하여 교육실천의 과정을 지원하고자 하는 것이다.' 등으로 교육심리학을 교육의 기초학문으로 보고 있다. 상술된 정의를 토대로 이성진(1991)은 교육심리학은 교육의 여러 분야 중 가장 과학적이고 실천적이며, 가장 교육현장 지향적이어야 한다고 서술하고 있다.

하나의 독립된 학문으로서 교육심리학의 목적에 관한 위트로크(Wittrock, 1990)의 주장은 많은 시사점을 제공하고 있다.

'교육심리학은 심리학적 원칙이 교육에로의 응용이라는 케케묵은 개념화를 뛰어넘는다. 이제 우리는 교육심리학이 교육장면에서 인간의 행동을 과학적으로 연구하는 학문이라는 해방된 개념화를 실천할 시기를 맞이하였다. 과학자로서의 우리는 교육 내에서의 행동을 기술하고, 이해하고, 예언하고, 통제하려는 시도를 하여야 한다. 다시 말하면, 교육심리학은 그것이 가진 자원의 대부분을 그것의 가장 중요한 활동, 즉 학교 내에서의 교수의 문제와 현상을 통제하고 이해하려는 의도를 가진 기초 연구에 투자하여야 한다. 유용한 지식의 생산이라는 목표를 겨냥한 연구는 그것 나름대로 중요한 소득, 즉 함수적 관계의 규명, 일반화 및 이론이라는 산물로써 스스로 그 정당성을 옹호 받을 수 있는 활동이다(장상호, 1983).'

3. 교육심리학의 목적

스키너(Skinner, 1958)는 교육활동에 있어서 "왜(Why)" "무엇(What)"에 관한 질문에 응답하는 것은 교육철학의 특성이라 말하고, 왜 교육이 필요한가의 근본적인 문제와 교육에 의해서 기도(企圖)된 것이 무엇이며, 무엇 때문에 그와 같이 기도되지 않으면 안 되는가를 밝히는 것이라고 하였다. 그리고 "언제(When)", "어떻게(How)"에 관한 문제, 즉 언제 교육을 하면 좋은가, 또 어떻게 교육을 시키면 좋은가 하는 질문에 응답하는 것은 교육심리학의 중요한 특성이라고 설명하였다. 스키너(Skinner)는 교육활동을 수행함에 있어, 교사는 교육목적이 무엇이며 왜 그러한 행위를 해야만 하는가를 인식하고, 학생의 연령과 그 상황에서 최적의 교육방법을 구사할 때 올바른 교육효과가 발생한다는 것을 제시하였다. 따라서 교육심리학은 특정한 사회에 살고 있는 성장세대나 대상을 이해하고, 교육활동에서 발생되는 문제를 최소화하기 위한 유효한 원리와 합리적인 방법 및 기술을 집대성한 교육의 실천학으로서 교육효과를 증진시키는 데 그 목적이 있다.

1) 교육심리학의 학문적 목적

학문분야에 따라 연구대상은 다르나 모든 학문의 목적은 주어진 현상, 즉 사상에 관련된 변인들과 그들 간의 관계를 기술(to describe), 설명(to explain), 예측(to predict), 그리고 통제(to control)하는데 있다. 따라서 교육심리학의 목적은 교육의 심리학적 현상을 기술, 설명, 예측, 통제하는데 있다(김언주, 1997).

(1) 기술의 목적

교육심리학의 제1차적 목적은 교육의 심리학적 현상을 기술하는 것이다. 기술이란 어떤 주어진 교육의 심리학적 현상을 있는 그대로 정확히 관찰 보고하는 것을 말한다. 기술에는 두 가지가 있는데, 하나는 교육의 심리학적 현상의 상태(stage) 혹은 구조(structure)에 대한 기술이며, 다른 하나는 그 현상의 과정(process) 또는 기능(function)에 대한 기술이다.

교육에 관련된 심리학적 현상에 관한 상태기술(state description)이란 심리학적 변인의 값을 구체적으로 명시하는 것을 말한다. 예를 들어, '홍길동의 IQ는 125이다'라든가, '우리 선생님의 수업은 강의중심이다'라고 명시하는 것을 말한다.

그리고 심리현상의 과정기술(process description)이란 변인들 간의 상관관계나 인과관계를 명시하는 것을 의미한다. 예를 들어, '지능지수와 학교성적 간에는 정적 상관이 있다'라든가, '지능과 창의력 간에는 낮은 상관이 있다'는 식의 기술을 말한다.

이상에서 살펴본 바와 같이 과학으로서의 교육심리학의 첫째 목적은 교육의 심리학적 변인들을 찾아내어 그 값을 기술하고, 그 변인들 간의 관계를 기술함으로써 교육의 심리학적 현상을 이해하는 것이다.

(2) 설명의 목적

교육심리학의 목적은 어떤 주어진 교육의 심리학적 현상을 있는 그래도 기술하는 데에 끝나는 것이 아니라, 주어진 현상에 대한 기술이 끝나면 그 현상에 대하여 설명(explanation)하는 것이 교육심리학의 또 다른 목적이다. 예를 들어, '수업목표를 미리 제시하면 제시하지 않는 경우에 비해 학업성취도가 높아진다'는 것을 기술했으면, 왜 수업목표의 제시가 학업성취도를 향상시키는가를 밝혀내어 '수업목표를 제시하면 학생의 주의집중을 유도하고……', '후속되는 학습내용을 수업목표와 관련지워 선택적으로 지각하게 하고……' 하는 식으로 그 이유를 설명하여야 한다.

(3) 예측의 목적

교육심리학이 교육의 심리학적 변인들과 그들 간의 관계를 기술하고, 그 관계의 이유를 설명하는 것을 수단적 목적이라고 한다면, 예측하는 것은 보다 궁극적인 목적이다. 예측이란 어떤 주어진 현상을 대상으로, 어떤 독립변인(independent variables) 또는 조건을 어떻게 변화시키면 어떤 결과가 나올 것이라고 미리 서술하는 것을 의미한다. 예를 들면, '칭찬은 수업시간 중의 발표활동을 촉진시킨다'는 식으로 긍정적 강화와 바람직한 학습행동 간의 관계를 기술하고 설명한 후에,

'긍정적 강화를 이렇게 저렇게 학생들에게 제공하면 그러한 효과를 얻을 수 있다'고 사전에 서술하는 것이 교육심리학의 예측의 목적이다.

(4) 통제의 목적

교육심리학의 또 다른 학문적 목적은 교육의 심리학적 현상을 통제하는 것이다. 통제란 예측의 단계를 넘어서서 교육의 심리학적 현상을 변화시키는 것을 말한다. 부연하면 어떤 주어진 교육문제를 해결하는데 교육의 심리학적 변인들과 원리를 응용하는 것이 통제이다.

교육심리학이 교육의 심리학적 현상을 기술하고 설명해서 예측하는 학문이라는 주장은 교육심리학을 교육의 기초학문으로 간주하는 견해로서 최근의 교육심리학자들이 갖는 견해이다. 이와는 대조적으로 교육심리학의 목적을 교육심리학자들이 연구해 놓은 개념이나 원리를 응용하여 교육의 실제문제를 해결하는 데 있다는 것이 교육심리학을 응용학문으로 간주하는 현장교사들의 견해이다.

2) 교육심리학의 기능적 목적

교육심리학의 주된 목적 가운데 하나는 교육자 특히 교사들이 교육현장에서 당면하는 문제의 해결과정에 도움을 주는 데 있다. 문제의 해결과정이란 당면한 문제를 문제로서 확인(identify)하고, 교사의 입장에서 정의(define)하고, 문제해결을 위한 전략을 탐색(explore)하고, 선택된 전략을 적용(act)하여 전략의 적용효과를 검토(look)하는 활동, 즉 IDEAL활동으로 구성된다.

교육심리학은 교육의 문제해결에 직접적으로 도움을 주는 경우도 있으나, 대부분의 경우 문제해결을 위한 근거를 제공해 준다. 다시 말해서 물리학이 공학의 기본학문이듯이 교육심리학은 교육을 위한 기본학문이다. 예컨대, 건축기사가 공장을 설립하기 위해서는 물리학과 화학 등에 관한 지식은 물론 경제학 · 미학 · 정치학에 관한 이해 등이 필요하다. 마찬가지로 교사는 교육심리학으로부터 교육적 통찰(insight)을 얻어야 함은 물론, 이러한 통찰을 교육철학적 추론—학생과 사회를 위해 바람직한 것이 무엇인가—과 통합시켜야 한다. 또한 교사는 교육심리학에서 얻은 통찰을 지역사회에 관한 사회학적 이해나 정부와 교육 간의 관계에 관한 정치적 이해와도 통합시켜야 한다. 예를 들어, 기능공 양성과정에서 남녀학생이 등록하였다고 가정하자. 이 과정을 담당하는 교사는 남녀학생의 성공과 실패에 대하여 교사 나름대로의 기대를 가질 수 있다. 교사는 자신의 기대가 남녀학생의 성공과 실패에 의미있게 영향을 줄 수도 있다는 자기 충족적 예언(self-fulfilling prophecy)에 관한 정보를 교육심리학으로부터 얻을 수 있다.

제 2 절 인간행동의 이해

1. 발달의 개념

인간은 전 생애에 걸쳐 신체적 · 심리적 변화를 통해서 발달한다.

허록(Hurlock, 1953)은 발달의 영역을 크기의 변화, 비율의 변화, 새로운 특징의 획득과 낡은 특징의 소실등 으로 구분하고 이것이 서로 작용함으로써 일어나는 전과정을 발달이라고 하였다(그림 4 - 1 참조).

코프카(Koffka)는 발달에 대하여 '유기체와 그 기관이 양에 있어서 증대하고, 구조에 있어서 정밀화되며, 기능이 유능화하는 것'이라 정의하였다. 맥그로우(McGrow)는 발달이란 '유기체 내에 있는 힘과 환경 속에 있는 힘이 끊임없이 변천하고 교류한 결과로 인하여 산출되는 과정'이라 하였다(민영순, 1982).

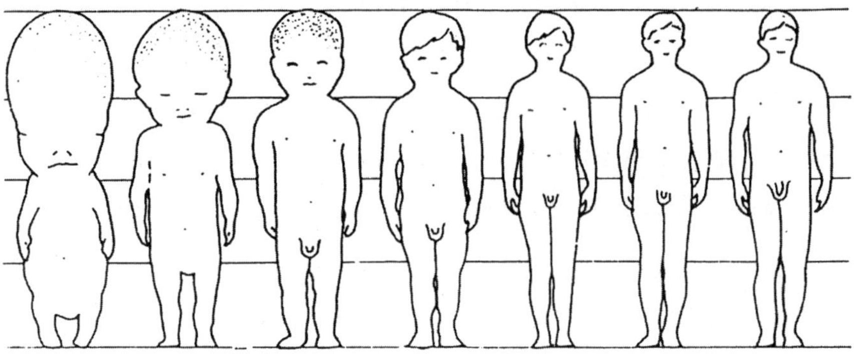

〈그림 4-1〉 연령에 따른 신체 비율의 변화(R. E. Scammon)

또한 워렌(Warren, 1934)은 '개체가 발생해서 성숙으로 이행할 때 생기는 구조와 형태의 변화'라고 하였으며, 크로우(Crow, 1953)는 '발달은 환경의 영향 또는 학습에 의해 일어나는 변화'라고 했다.

발달과 유사개념으로 성장(growth), 성숙(maturity), 학습(learning) 등의 개념이 있다. 성장이란 양적인 변화로, 특별한 외적 자극이 없이도 자연스럽게 일어나는, 비교적 환경의 영향을 적게 받는 신체적 증가나 제2차 성징의 성적 기능 발현 등과 같은 것을 뜻한다. 이에 반해 발달은 비교적 외적 영향을 많이 받는 정서적 · 지적 변화를 뜻하는 것이며 성장보다 광범위한 개념이다. 크로우와 크로우(Crow & Crow, 1953)는 성장은 특별한 측면이나 부분적인 측면에 있어서 변화를 나타내고, 발달은 전체적인 측면에서 변화의 전망을 뜻한다고 하였다.

성숙(maturity)이란 말은 보통 두 가지 의미로 쓰인다. 하나는 어떤 일정한 연령의 학습자에 해당하는 행동을 기술하는 데 쓰이며, 다른 하나는 성인의 행동수준이나 기대수준을 나타내는데 쓰이는 것이다. 첫째 의미는 개개 학습자의 발달수준을 평할 때 흔히 많이 쓰는 것이다. 해당 연령의 어린이들이 보이는 일반적 행동수준(이것을 규준이라 부른다)에 이르면 정상적인 성숙을 하고 있다고 하며, 그에 미달하면 미숙했다 하며 초과했으면 과숙했다고 표현한다. 한 학습자의 성숙 정도를 덩어리로 말하기는 힘들다. 즉, 이는 언어적 발달 면에서의 성숙은 6세에 이르고 있으나, 동료들과 어울려 노는 사회적 발달은 미성숙하다고 말하는 데서 볼 수 있다. 이러한 의미의 성숙은 심리학자들이 많이 관심 두는 영역이라 하겠다.

둘째 의미의 성숙은 모든 어린이의 행동을 미성숙한 것으로 규정하는 말에서 찾을 수 있다. 성인들 중에는 어린이의 행동을 자기들의 수준(관점)에 비추어서 생각하고 판단하는 비합리성을 보일 때가 많다. 교사도 때로 학습자의 행동을 있는 그대로, 또는 학습자 또래의 연령에 비추어 판단하지 않고 성인에 비추어 판단함으로써 여러 가지 억압과 제재를 가하게 된다. 학습자들이 보이는 이상행동이 성인기준에서는 이상할 뿐만 아니라 미성숙할지 몰라도 학습자 수준에서는 극히 정상적인 것이 많아 이러한 기준의 착오는 학습자를 제대로 이해하는 데 큰 방해가 된다.

성숙과 학습의 관계는 칼로 물 베기하는 것처럼 구별하기 힘들다. 학습자가 어떤 시점에서 보이는 행동으로 어느 것에 의한 것이라는 판단을 내리기 힘들다. 다만, 그 가능한 구분은 어떤 기준에 비추어 보는가에서 찾을 수 있다. 즉 독립변인('X가 변하면 Y도 변한다.'에서 X를 독립변인이라 하고 Y를 종속변인이라 부른다.)을 연령에 두는 것이 성숙이라 하면, 독립변인을 학습자 외부에서 제공되는 조건 또는 환경에 두는 것이 학습이라 할 수 있다.

특정학습자가 보이는 행동이 그 나이가 되면 자연스럽게 보이게 되는 것이라 한다면 성숙적 요인으로 설명하는 것이 용이하고, 그 나이가 되어서 그렇지 않은 것으로 보이는 행동이면 학습이란 현상에 의해 설명하는 것이 용이할 것이다.

그러나 이러한 구별도 발달이라는 개념을 도입하게 되면 다소 복잡해진다. 발달은 성숙의 개념처럼 연령이나 연령단계를 독립변인으로 하지만, 성숙에 의한 변화만을 한정해서 말하지 않는다. 발달은 오히려 성숙과 학습의 상호작용에 의한 변화를 종합한 개념이다. 인간이 보이는 행동을 덩어리로 보면 성숙과 학습의 어느 한 가지로 구분하기가 힘들어진다. 인간의 잠재능력으로서의 성숙적 요인과 이 능력을 발휘할 기회로서의 환경이 상호작용해서 생기는 것이 곧 발달이라 하겠다.

2. 발달단계와 발달원리

인간이 어떻게 발달하는가에 관한 연구는 수없이 많은 학자에 의해서 연구되어 왔다. 한 인간을 출생에서부터 죽을 때까지를 관찰함으로써 연구하기도 하고, 각 연령층별로 표적 집단을 구하여 발달을 관찰해서 연구하기도 했다. 연구한 방법에 따라 다소의 측면에서 차이를 보이기도 했으나, 허록은 발달의 원리를 ① 발달은 일정한 양식에 따른다. ② 발달은 일반적 반응에서 특수한 반응으로 진행한다. ③ 발달은 계속적으로 이루어진다 . ④ 발달은 속도에 의해서 개인차가 있다. ⑤ 발달은 신체 각 부위에 따라 다른 속도로 발생한다. ⑥ 발달은 예측이 가능하다. ⑦ 발달에 있어 대부분의 특성은 상관이 있다. ⑧ 발달의 각 측면은 각기 독특한 특성을 지닌다. ⑨ 발달의 단계는 정상적으로 통과한다. ⑩ 발달하는 모든 행동에 있어 정상적이다.라고 설명했다

발달단계를 구분하는 기준으로는 신체발달에 의한 기준, 정신분석학적 기준(구강, 항문, 남근, 잠복, 성기기), 학교제도에 의한 구분(유아, 초 · 중 · 고), 사회제도에 의한 구분(태아, 신생아, 영아, 유아, 아동, 청년, 성년, 노년기) 등이다.

많은 학자들이 공통적으로 주장하고 있는 발달의 원리를 제시하면 다음과 같다.

1) 발달은 성숙과 학습의 상호작용의 산물이다.

성숙이 성장의 결과로 나타나고, 학습이 경험의 결과로 나타나는 변화를 의미함은 이미 지적한 대로이다. 인간 유기체는 수정이라는 과정을 통해 임신하면서부터 환경을 통해 영양의 공급을 받으며, 자라나면서 그가 소속한 환경적 조건의 범위 안에서 생각하고, 느끼고, 행동하는 것이다. 비슷한 유전적 조건이라 해도 환경의 차이에 따라 다른 행동을 보이기도 하고, 다른 유전적 조건이라 하더라도 비슷한 환경에 자라게 되니 유사한 행동과 가치관을 보여주기로 하는 것이다. 한 민족, 한 씨족의 공통성은 이러한 점에서 설명될 수 있을 것이다.

2) 발달은 일정한 발생학적 순서에 따른다.

어린이들의 반응은 일반적으로 전체적이며 미분화된 것이며, 점차 자라남에 따라 부분적이며, 분화된 반응을 보이게 된다. 가령, 유아들의 신체 일부분 어디인가 자극을 주면 팔이나 다리가 모두 아무렇게나 움직이는 것을 보게 될 것이다. 그러나 시간이 경과하게 되면 관련 없는 행동은 보이지 않고 보다 특수하고 협응된 행동을 하게 된다. 이것은 신경계통이 발달한 결과이다. 자람에 따라 눈과 손, 팔과 손 등의 협응 행동이 가능해지고 이에 따라 아주 섬세한 동작까지도 할 수 있게 된다.

3) 발달은 개인차가 있고 연령이 증가하면서 예언이 점차 어렵다.

개인에 따라 일정한 단계의 발달에 이르는 시간적 속도에는 개인차가 있으나 대부분의 어린이가 밟게 되는 계열은 대체로 비슷하다. 이러한 계열은 성숙요인의 영향을 많이 받는 유아기나 아동기에서는 대단히 분명하나 점차 성장함에 따라 경험의 내용과 종류가 다양해지게 되어 행동의 예언이 점점 더 어려워진다.

이러한 현상은 어린이가 나이를 먹음에 따라 접촉하는 사람의 수를 보더라도 짐작할 수 있는 것이다. 아주 어린 때는 어머니와 아버지를 중심한 가족들과의 접촉이 대부분이나 초등학교와 중학교에 다니게 되는 연령이 되면 많은 친구를 사귀게 되고, 이웃집 사람들, 사회의 많은 사람들을 접촉하게 됨으로써 감정 · 태도 · 가치관 등이 복잡하고 다양해지게 되는 것이다.

4) 장기적 발달은 계속적이지만 단기적 발달은 불규칙적이다.

인간의 발달과정 전체를 보게 되면, 일정한 규칙성 또는 법칙성이 나타나 보이지만, 어떤 특정한 기간 또는 시절만을 끊어서 보게 되면 순서가 뒤바뀌어 있는 현상같이 보이기도 한다. 어떤 새로운 진전된 행동을 보여주다가도 그보다

퇴행적인 행동이 나타나기도 하는 것이다. 퇴행적 행동은 질병 · 피로 · 흥분상태 등과 같은 어떤 명백한 이유로 인해 생기기도 하지만, 동생이 태어남으로써 동생에 보다 쏠리는 듯한 어머니 · 아버지의 관심을 자신에게로 이끌기 위해서 보다 어린 시절에 보이던 퇴행적 행동을 보이게 되는 것처럼 불분명한 이유로 인해 생기기도 하는 것이다. 이러한 현상에 대해서는 아주 신중한 대처가 필요한 것이다.

5) 발달에는 결정적 시기가 있다.

결정적 시기는 인간 발달과정 중에서 특정한 발달을 가져오는 시기가 있다는 뜻으로 예를 들면, 언어를 학습해야 할 중요한 결정시기가 있으며, 지적인 능력 중에서도 특정한 능력이 발달하는 시기가 있다는 것이다

3. 발달과업

헤비거스트(Havighurst)는 발달과업(developemtal tasks)은 개인의 일생에서 특정한 시기에 일어나는 과업으로서 그 과업의 성공적인 성취는 개인을 행복하게 하고 후기의 과업을 성공적으로 달성하게 하며, 반면 그 과업의 실패는 개인을 불행하고, 사회에서 인정받지 못하고, 후기의 과업달성에 장애를 가져온다고 했다.

이러한 발달과업은 문화에 따라, 계층에 따라, 지위에 따라 또는 직업에 따라서도 차이가 있는 것으로서 교육목표의 결정에도 직접 관련되는 것이라고 설명한다. 말하자면 교육은 각 아동의 발달단계에서 성취해야 할 과업을 성공적으로 학습하도록 구성되어야 한다는 것이다. 이러한 주장은 여러 가지 문제점을 내포하고 있기는 하다.

이미 이 장의 여러 부분에서 지적한 것이지만 이것은 근원적으로 성숙을 강조하느냐 아니면, 환경에 의한 학습을 강조하느냐 하는 논쟁에로 연결되기 때문이다.

아래에서 헤비거스트가 정리한 단계별 발달과업을 간단하게 제시하면 다음과 같다.

1) 유아기와 아동 초기의 발달과업(1-5세)

- 걸음걸이 배우기
- 고체 음식물 먹기를 배우기
- 말 배우기
- 노폐물 배설의 통제를 배우기
- 성별을 알고 성 예절을 배우기
- 생리적 안정을 유지할 수 있기
- 사회적 · 물리적 현실에 대한 단순한 개념의 형성
- 부모형제나 타인과의 정서적 관계를 형성하는 것 배우기
- 선악판단을 하고 양심을 발달시키기

2) 아동중기의 발달과업(6-12세)

- 보통 하는 유희에 필요한 신체적 기능을 배우기
- 성장하는 유기체로서의 자기 자신에 대한 건전한 태도를 형성하기
- 같은 연령수준의 친구 사귀기를 배우는 일
- 적절한 성 역할을 배우기
- 읽기 · 쓰기 · 셈하기의 기본기술을 배우기
- 일상생활에 필요한 개념을 발달시키기
- 양심 · 도덕 · 가치척도의 발달
- 사회집단, 제도에 대한 태도의 발달

3) 청년기의 발달과업(13-22세)

- 자기 체격을 인정하고 자기의 성역할을 받아들이기

- 남녀 동년배의 동무와 새로운 관계를 갖기
- 부모나 다른 성인으로부터의 정서적 독립을 이룩하기
- 경제적 독립의 필요성을 절실히 느끼기
- 직업을 선정하고 그 준비를 하기
- 시민생활에 필요한 지적 기능과 개념의 형성
- 사회적으로 책임 있는 행동을 원하고 이를 실천하기
- 결혼과 가정생활을 준비하기
- 적절한 과학적 세계관에 맞추어 가치체계를 형성시키기

4) 성인 초기의 발달과업(22-30세)

- 배우자를 선정하기
- 배우자와 같이 생활하는 방법을 배우기
- 한 가정을 꾸미기
- 자녀를 양육하기
- 가정 관리하기
- 직업생활의 시작
- 시민의 의무를 완수하기
- 동호집단을 찾아내기

5) 중년기의 발달과업(30-60세)

- 성인으로서의 시민적 · 사회적 의무 다하기
- 경제적 표준생활을 꾸미고 유지하기
- 청소년을 도와서 책임 있고 행복한 어른이 되게 선도하기
- 어른으로서 여가이용 활동을 발전시키기
- 배우자와의 인간적 관계를 유지하기
- 중년기의 생리적 변화를 인정하고 이에 적응해 가기

6) 성인 후기의 발달과업(60세 이상)

- 신체적으로 힘과 건강이 쇠퇴되는 것에 적응하기
- 은퇴와 수입 감소에 적응하기
- 배우자의 사망에 적응하기
- 동년배와의 교우관계를 다시 수립하기
- 사회적 · 시민적 의무에 호응하기
- 만족할 만한 신체적 생활조건을 수립하기

5. 관점에 따른 인간이해

18세기 동안의 과학, 종교, 경제, 사회의 경향은 인간에 대한 새로운 연구가 탄생하는데 밑거름이 되었다. 마침내 새로운 심리과학, 곧 '인간행동과 심리'의 연구는 무엇이 각 인간을 서로 다르게 만드는가에 관심을 갖게 되었다. 그러나 한 인간으로서 그 본질은 무엇인가? 인간의 삶은 능동적인가, 수동적인가? 우리는 우리 자신의 삶을 통제할 수 있는가? 아니면 우리는 단지 우리를 둘러싸고 있는 세상의 자극에 반응하는 빈 그릇에 불과한 존재인가?에 대하여 학자들은 각기 다른 관점에 입각하여 인간을 보아 왔으며, 인간의 행동 양식에 대해 서로 다른 설명 혹은 이론을 제시하고 있다. 짐바르도(Zimbardo)와 베버(Weber, 1997)는 심리학에서 인간이해를 위한 주요한 관점을 생물학적 관점, 행동주의적 관점, 인지적 관점, 정신 역동적 관점, 현상학적 · 인본주의적 관점, 진화론적 관점, 생태학적 관점 등 일곱 가지 관점에서 설명하고 있다.

1) 생물학적 관점에서의 인간이해

최근 인체를 구성하고 있는 신경계의 기능을 중심으로 인간의 행동을 이해하려고 하는 관점이다. 우리가 느끼고, 행동하고, 사고하고 기억하는 일에 이르기까지 신경계, 그 중에서도 중추적 역할을 하는 뇌에 의해서 이루어진다는 것이 심리학자들의 가정이다.

1980년 스페리(Sperry)가 노벨 의학상을 수상함으로써 이에 대한 관심이 고조되고 있다. 그는 동물실험을 통해서 미지의 세계로 알려진 뇌와 신경계의 복잡한 비밀의 장막을 하나씩 벗기는데 공헌했다. 그의 연구에 의하면 인간이 뇌는 좌·우반구로 나누어져 있으며, 이 두 반구는 각기 다른 기능을 수행하고 있음을 밝힌 바 있다. 따라서 인간의 모든 행동은 신경계의 행동으로 환원시킬 수 있으며, 특히 뇌를 중심으로 한 중추신경이 인간이 행동을 지배한다고 보아, 그것을 주관하는 신체부분들의 해부학적 구조와 기능을 밝히려고 한다.

뇌의 겉 표면, 즉 피질은 수십억 개의 뉴런으로 구성되어 있으며 피질의 표면은 전두엽, 두정엽, 측두엽, 후두엽으로 나누어져 있으며, 각기 다른 기능을 한다. 즉, 전두엽은 기억과 관련되며, 운동에 관여한다. 언어 구사 능력 및 언어 생성과 관련된 기능을 하며, 두정엽은 촉감 및 몸의 자세에 관련된 활동들과 결합되며, 측두엽은 말하기, 듣기, 그리고 일부 시각 정보처리와 관련된다. 그리고 후두엽은 시각적 감각을 담당한다.

뇌 기능의 또 다른 측면은 뇌의 기능 분화이다. 인간의 뇌는 겉으로 보기에는 똑같은 모양의 두 개의 반구로 나누어져 있으며, 좌·우뇌 반구는 각기 다른 기능을 가지고 있다. 즉 좌뇌반구는 언어적, 분석적, 체계적, 논리적, 수리적 기능을 가지고 있으며, 우뇌반구는 시·공간적, 전체적, 직관적, 창의적, 예술적 기능을 맡고 있다. 뇌의 기능분화는 과제의 종류에 따라서 뇌의 한쪽 또는 다른 쪽을 완전히 관리한다는 것을 의미하는 것이 아니다. 손상되지 않은 정상적인 뇌를 가진 사람들은 비록 주어진 어떤 순간에 한쪽이 다소 포함되어 있다 할지라고 양 반구가 모든 학습 과제에 다 관여한다(Bjorkund, 1989).

앞으로 머지않아 우리는 뇌, 발달, 학습, 그리고 교수방법에 대해 더욱 많은 연구를 접하게 될 것이다.

2) 행동주의적 관점에서의 인간이해

이 관점은 기계적 거울 모델(mechanical mirror model)이라고도 불리는 것으로서 인간을 기계와 동격으로 본다. 즉, 인간을 주도적이기 보다 반응적인 존재로 파악한다. 인간은 환경에 의해 만들어지는 존재이며, 만일 환경을 세분화시킬 수 있다면 인간이 어떻게 반응할 것인지 예측할 수 있다는 것이다. 즉 복잡한 자극과 행동을 단순한 요인으로 나눔으로써 경험이 미치는 영향에 대해 이해하고자 한다. 이 관점은 행동주의자와 사회학습이론가에 의해 유지된다.

행동주의자들은 볼 수 있고, 측정이 가능하고, 기록될 수 있는 행동에 초점을 둔다. 인간 존재는 환경 속에서 벌, 강화에 반응함으로써 하등동물들과 같은 방식으로 세상에 대해서 배운다고 믿는다. 이들에 의하면 조건화는 인간행동을 결정하는 근본 기제이다.

'조건화(conditioning)'에는 반응적(reapondent)으로 알려져 있는 '고전적 조건화(classical conditioning)'와 도구적(instrumental)으로 알려져 있는 '조작적 조건화(operant conditioning)'의 두 종류가 있다.

행동주의는 "행동을 유발하는 환경의 역할"을 강조한다. 그리고 모든 변화를 행동의 양적인 변화로 보기 때문에 질적인 변화의 가능성을 부인한다. 이 이론은 어떤 특정한 발달을 증진시키는데 강력한 도구가 되며, 행동수정 프로그램이나 프로그램학습을 고안하는 데 유용하다. 이러한 행동주의적 원리를 적용함으로써 부모와 교사들은 바람직한 행동에는 보상을, 바람직하지 않은 행동에는 벌을 주거나 무시함으로써 아동의 바람직한 행동을 형성할 수 있다.

반두라(Bandura)와 같은 사회학습 이론가도 행동주의자들의 기계적 관점에 따른다. 그러나 그는 모든 행동이 '조건화'와 '강화'라는 단순한 원리에서 도출되어 있다고 보지는 않는다. 사회학습 이론가들은 아동들이 부모와 같은 모델들을 관찰하고 모방함으로써, 그들의 행동을 전부는 아니더라도 대부분 학습한다고 주장한다. 부모를 동일시하는 것은 아동의 언어와 공격성, 그리고 도덕성 학습에 있어서 가장 중요한 요소이다.

3) 인지적 관점에서의 인간이해

이 관점은 행동주의자들과는 반대로 이 관점에서는 인간을 능동적인 유기체, 즉 행동을 주도하는 유기체로 본다. 그리고 이 관점에 의하면 변화는 행동주의자들의 신념처럼 외적인 것이기보다는 내적인 것이다.

인지론자들은 결과보다는 과정에 더 관심이 있다. 즉 인간의 사고나 행동에 있어서 구체적인 것보다는 한 개체가 어떻게 어떤 특정한 방식으로 행동하게 되는가에 더 관심을 두고 있다는 것이다.

또한 이들은 하나의 발달단계에서 또 다른 발달단계로 진행하는데 있어 양적인 변화보다 질적인 변화에 더 관심이 있다. 행동주의자와는 달리 인지이론가는 다른 사람에 의해 주어진 강화나 힘이 인간의 반응을 어떻게 형성하는가를 결정하려고 하지 않는다. 또한 인지론가는 심리분석가처럼 인간이 의식하지 못하는 내재된 동기 요인들에 초점을 두지도 않는다. 그 대신 인지론가들은 인간을 능동적으로 자신의 세계를 구축해 나가는 행위자, 실천가로 본다.

인지적 관점을 크게 둘로 나누면 피아제(Piaget)에 의해 발전된 인지발달이론이 그 하나이고, 컴퓨터과학의 영향을 받는 정보처리이론이 또 하나이다. 피아제(Piaget)는 아동은 일정한 단계를 거쳐 발달한다고 봄으로써 아동의 사고와 행동의 여러 양상을 설명한다. 발달의 각 단계는 한 유형의 사고 또는 행동으로부터 다른 유형으로의 질적 변화를 나타낸다. 이러한 발달의 단계는 한 유형의 사고 또는 행동으로부터 다른 유형으로의 질적 변화를 나타낸다.

인지발달 과정에서 각 단계의 순서는 결코 뒤바뀔 수 없고, 어떤 단계도 그 다음 단계를 건너뛰고, 그 이후 단계로 넘어갈 수는 없다. 왜냐하면 각 단계는 그 이전 단계를 발전시킬 것이고, 그 다음 단계의 기초가 되기 때문이다. 모든 발달 과정에서 개인마다 독특한 시기에 각 단계에 도달한다.

정보처리체계와 흔히 비유되기도 하는 이 접근에서는 학습자는 기존에 알고 있는 지식의 범주 내에서 자신의 경험을 여과하여 취사선택을 하고 의식적으로 또는 적극적으로 주어진 상황을 해석해 간다고 주장한다. 다시 말하면 인간은 여러 가지 감각입력을 변형시켜 그것을 기호화하여 기억에 저장시켰다가 후에 다시 사용할 수 있는 인지기능을 갖고 있기 때문에 인간심리 현상을 이해하기 위해서는 인지기능과 인지과정을 분석함으로써 가능하다고 보는 입장이다. 인간의 행동을 자극입력과 반응출력간의 간단한 공식에 맞춰서 해석하려는 것은 단순한 행동에는 적용이 가능할지 모르지만 복잡한 행동은 설명되지 않는다. 기억을 바탕으로 결심하고, 사고하고, 계획하기도 하고 주위 환경적 자극에 선택적으로 반응하기도 하는 인간의 행동은 단순한 자극 반응이 아니라 인지적인 복잡한 행동인 것이다. 단순한 자극반응이론은 전화 교환대와 비교할 수 있으나 인지적인 반응은 컴퓨터와 비교할 수 있다. 들어오는 정보는 여러 가지 방법으로 선택되고 조합되고 변형되어 반응출력으로 나타나는 것과 같이 인간의 반응도 이러한 정보처리체계의 일환으로서 설명하고자 하는 관점이다.

이 관점은 최근 인공지능, 컴퓨터공학 등의 발전과 더불어 괄목할 성장을 거듭하고 있다.

4) 정신 역동적 관점에서의 인간이해

이 관점은 인간은 능동적이지도 수동적이지도 않으며, '자연적인 본능'과 '사회의 제역'이라는 두 가지 상태 사이에서 항상 갈등하는 존재이다. 그리고 이 갈등의 본질은 개인이 어떤 수준에 있느냐에 달려 있다. 정신분석가는 행동 배후의 무의식적인 충동이나 동기에 관심이 있다.

이 관점의 학문적인 깊이와 폭은 난해하고도 심오하지만, 그 주요 특징을 다음의 세 가지로 요약해 볼 수 있다.

첫째는 무의식의 강조를 들 수 있다. 우선 이 접근 방법의 기본적인 생각은 인간의 대부분의 행동이 무의식적인 과정에 의해 지배된다는 것에서 출발한다. 여기서 무의식의 과정이란 본인 스스로는 의식하지 못하지만, 자신의 행동에 영향을 미치는 욕망, 불안, 동기, 사고 등을 의미한다.

둘째는 보통 정신적 · 성적 에너지로 간주되는 '리비도(libido)'에 의한 역동이론의 전개를 들 수 있다. 즉 성적이고 공격적인 본능의 힘은 무의식에 속해 있다는 사실에 주목할 필요가 있다. 왜냐하면 의식이 표층에 있어 '현실 원리'를 따르는데 반해 무의식은 '쾌락의 원리'의 지배를 받기 때문이다. 쾌락의 원리에 따르는 것을 보통 '본능'이라고 하는데 이것을 이드(id : 원초적인 본능의 지배하에 있는 나)라고 부른다. 이드로부터 방출된 리비도는 충동적이므로 표층에 속하는 자아 (ego : 현실적인 나) 또는 초자아 (super-ego : 도덕적인 나)의 검열 작용을 받아가면서 외계에 적응해 가는데 결국 이러한 작용들에 의해서 행동의 원동력이 만들어진다고 간주한다.

셋째는 유아기 시절의 체험에 의해 인간의 성격이 결정된다고 하는 심리 · 성적 발달단계 이론을 꼽을 수 있다. Freud는 정신적 성적 에너지인 리비도가 신체의 어느 부위, 즉 어떤 성감대에 집중되느냐에 따라 인간의 성격이 결정된다고 보았다. 심리 · 성적 발달단계 이론은 리비도가 연령에 따라 신체의 일정한 부위에 집중되는 시기를 구강기, 항문기, 남근기, 잠복기, 생식기 등 5단계로 구분하였다.

각 단계 동안의 경험을 성인으로서 갖게 될 적응 유형과 성격 특성에 영향을 주게 된다. 개인의 욕구가 충족되지 않거나 지나치게 충족되면 특정한 한 단계에 고착될지도 모른다. '고착화'란 신경증적인 방법으로 지속되는, 정상적인 발달을 저해하는 성숙하지 못한 애착을 의미한다.

프로이드(Freud)의 독창적이고 창의적인 생각은 아동과 성인에 대한 어떤 신념을 갖게 하는데 공헌하였고, 서구 세계에서의 아동교육에 지대한 영향을 미쳤다. 그는 우리로 하여금 아동의 성 세계를 인식하게 하였으며, 무의식적 사고와 정서의 본질, 방어기제, 꿈의 의미, 아동 초기에 있어서 부모와 아동 관계의 중요성 및 이러한 관계의 양면성 등과 함께 정서적 기능의 다른 양상들에 대해 인식하게 하였다. 에릭슨(Erikson)은 Freud의 자아개념을 확장시킨 심리분석가로 성격발달에 대한 사회의 영향에 관심이 있다. 즉 Freud의 이론은 생물학적 성숙의 요인에 초점을 두고 있는 반면, Erikson은 발달에 대한 사회적 · 문화적 영향에 그 주안점이 있다.

5) 현상학적 · 인본주의적 관점에서의 인간이해

인간행동과 심리현상에 대한 이 접근의 기본적인 생각은 사람들이 각자의 입장에서 현재 그 시점에서 지각하는 '현상학적인 경험'을 가장 중요하게 다룬다는 점에서 출발한다. 현상학적 경험이란 사람들이 각자의 과거 경험을 바탕으로 형성한, 일종의 의미인지에 대한 내적인 준거(internal frame of reference)라고 할 수 있다. 다시 말해 우리 개개인은 모두 이런 현상학적인 경험인 주관적인 세계를 가지게 되므로 결국 각자 나름대로의 독자성과 진실을 지니게 된다. 따라서 상대방의 입장과 상황에서 충분히 그 상대를 이해하고 수용하자는 것이 이 입장의 기본적인 인간이해의 관점이라고 할 수 있다.

현상학적인 경험을 중시하는 입장은 외부적인 자극이나 사건에 대해 그것을 본인 스스로 어떻게 지각하고 해석하느냐 하는 문제에 더 많은 비중을 두고 있다. 그러므로 자아개념이나 자기평가의 감정, 자기의식과 같은 개념을 중요하게 다루면서 인간의 자유의지와 자아실현의 욕구를 이 입장의 기본적인 이론적 토대로 삼고 있다. 그리고 인간의 무한한 성장 가능성과 잠재 능력을 특히 강조하고 있다.

매슬로우(Maslow)는 개인의 능력을 발휘하고자 하는 자아실현의 동기를 강조하는데, 자아실현을 이룩하기 위해서는 보다 기본적인 욕구가 충족되어져야 한다. 생리적 욕구, 안전의 욕구, 소속의 욕구, 존중의 욕구가 자아실현의 이전에 충족되어져야 하는 욕구이다. 아동들이 타고난 잠재력을 실현시키기 위해서는 아동들에게 보다 많은 선택의 기회를 주어야 하고 더 존중되어져야 하며, 덜 강요하고 덜 위압적이어야 함을 강조한다. 로저스(Rogers)도 인간은 선천적으로 자아실현의 경향성을 타고난다고 보고 이 경향성이 발휘되기 위해서는 무조건적으로 존중받아야 한다고 주장한다(노안영 외, 2003).

6) 진화론적 관점에서의 인간이해

인간의 많은 사회적 행동이 본능이나 유전적 기초에 기인한다고 주장한다는 점에서 Freud의 생각과 유사하다, 즉, 동물행동학이론은 다원의 진화론에서 유래한다. 인간이 생존하는데 도움이 되기 때문에 진화를 통해 오랜 시간 동안 지속되어 누적된 경험이 사회적 행동 중 일부를 형성한다는 것이다.

이들에 따르면, 각종(種)의 어린 새끼는 진화의 산물인 여러 가지 생득적 속성과 반응을 갖고 있다고 한다. 모든 종의 구성원은 환경의 영향을 받고 그것에 가장 잘 적응하는 개체만이 살아남아 자손을 퍼뜨린다. 이러한 자연 도태과정을 거쳐 모든 종에게는 생물학적으로 계획된 '종(種) 특유의 행동'이 유전된다. 대표적인 학자는 로렌츠(Lorenz), 틴버겐(Tinbergen), 보울비(Bowlby)이다.

동물 행동학자들은 발달에 '결정적 시기'가 있다는 주장을 하고 있다. 이것은 환경의 어떤 영향에 특히 민감하거나 반응적인 시기가 있다는 의미이다. 예를 들면, 조류의 추종 행동에 있어서 각인이 이루어지는 효과적인 시기는 부화 후 36시간 정도인데 부화 후 13~16시간 사이가 가장 민감하다고 한다. 인간의 사회 정서적 반응성이 발달하는 결정적 시기가 약 생후 3년간이라고 한다.

동물행동학의 영향을 받아 가장 깊이 연구된 심리학적 영역이 애착과 공격성이다. Bowlby와 Ainsworth에 의하면 신생아는 선천적으로 인간에게 접근하고자 하는 성향, 즉 애착 욕구를 갖고 태어나며, 공격적인 행위의 근원도 이미 갖고 세상에 나온다고 보았다. 비교행동학이론과 유사한 접근 방법이 사회생물학(sociobiology)이다. 이 이론은 인간의 사회적 행위를 설명하는데 생물학적 개념을 사용하는 방법으로 사회생물학이 다원의 진화론을 환생시키는 것으로 보았다. 윌슨(Wilson)은 발달이란 유전과 환경의 상호작용이라고 보지만 유전적 인자가 사회적 행위의 기간을 이루고 있다고 본다. 사회생물학자들은 인간의 이타행위, 경쟁심, 사회화 등을 설명하기 위해 생물학적인 근원을 밝히고자 노력하며, 성별에 의한 노동의 변화를 그들의 관점에서 연구하고 있다.

7) 생태학적 관점에서의 인간이해

비교행동이론이 발달에서 생물학적 요인에 강조를 두는 것과 달리 생태학적 이론은 사회 환경이 매우 중요하다고 본다.

브론펜브레너(Bronfenbrenner, 1979)는 사람에게 영향을 주는 자세한 환경 분석을 통하여 인간이 살고 있는 환경을 가장 직접적인 체계에서 넓게는 문화에 기초한 체계까지 다섯 체계가 있다고 주장한다.

미시체계(microsystem), 중간체계(mesosystem), 외체계(exosystem), 거시체계(macrosystem), 시간차원(chronosystem)이 그것이다.

미시체계는 아동이 몸담고 있는 가족, 친구, 학교 등으로서 이 체계의 부모, 친구, 교사들은 아동과 밀접하게 상호작용함으로써 영향력을 행사한다.

중간체계란 미시체계 속에서 성장하는 개체가 특정한 시점에서 상호작용하는 것을 의미한다. 예를 들어, 가정생활과 학교생활, 가정생활과 친구관계 등의 상호연관성으로, 부모와 관계가 원만하지 않은 아동은 친구와의 관계도 원만하지 않은 경우가 많은데 이 때 중간체계가 아동의 발달에 영향을 미친다고 볼 수 있다.

세 번째 체계인 외체계는 지역사회 수준에서 기능하고 있는 사회의 주요 기관으로 직업세계, 대중매체, 정부기관, 교통 · 통신 시설 등이 포함된다. 아동은 이 체계에 직접적으로 간여하지는 않지만 그 체계로 인해 여러 가지 경험이 달라질 수 있다. 예를 들어, 어머니의 직장은 아동의 일상생활을 달리할 것이고, 아동이 살고 있는 지역의 놀이터, 문화시설 등은 아동의 경험의 폭을 다르게 할 것이다.

거시체계는 법률과 같은 명백한 형태를 가진 것도 있으나 대부분의 거시체계는 비형식적인 것으로 관습과 일상생활 습관 등이 포함된다. 아동이 속해 있는 사회 문화적 배경에 따라 부모의 양육태도 등의 가치관은 매우 다르며, 이러한 신념이나 가치관은 아동의 발달에 지속적으로 영향을 준다.

마지막으로 시간차원은 시간적으로 한 시점의 사건이나 경험이 아닌 사회 역사적 환경을 의미한다. 예를 들어, 최근 여성들의 취업에 대한 욕구는 대단히 커서 10~20년 전과 매우 다르다. 이와 같이 시대에 따라 달라지는 경험을 시간차원이라 한다.

제 3 절 학습의 이해

1. 학습의 전통적 이해

1) 학습의 기본전제

전통적 학습이론의 대표적인 사상은 행동주의 이론이다. 행동주의 이론은 다음과 같은 몇 가지 기본가정으로부터 출발한다.

첫째, 연구대상에 관한 가정이다 : 심리학이 과학적으로 발전하기 위해서는 연구대상이 관찰가능(observable), 측정가능(measurable), 비교가능(comparable)해야 한다고 가정한다. 즉 객관적 대상을 연구해야 한다는 것이다. 객관적으로 연구될 수 있는 유일한 연구대상이란 외적 행동이다. 따라서 S-R이론에서는 외적 행동만을 연구해야 한다고 주장한다.

둘째, 인과론(causality)에 관한 가정이다 : 학습현상을 과학적으로 연구하기 위해서는 자연과학에서 보편적으로 받아들이는 인과론, 결정론(determinism)에 따라 학습을 연구해야 한다고 가정한다. 모든 현상은 인과적 관점에서 이해되어야 하기 때문에 원인으로서 자극(S)과 결과로서 반응(R) 간의 관계, 즉 학습현상은 S-R 관계로 이해되어야 한다는 것이다.

셋째, 전체와 부분 간의 관계에 대한 가정이다 : S-R이론에서는 전체란 그 전체를 구성하고 있는 부분들의 합과 같다고 가정한다. 물리학에서 어떤 물질의 성질을 연구하기 위해서 그 물질의 구성요소인 원자들을 연구하듯이 심리학에서도 환경과 행동을 분석하여 그들을 구성하는 기본단위를 연구해야 한다고 가정한다. 복잡한 환경은 특수한 자극(S)이라는 단위로 분석될 수 있고, 행동은 반응(R)이라는 기본단위로 분석될 수 있다고 가정한다. 복잡한 환경과 복잡한 행동 간의 관계란 수많은 S-R 연합들로 이루어져 있으며, 수많은 S-R 연합들의 합이 곧 복잡한 환경과 복잡한 행동의 연합과 같다는 것이다.

넷째, 인간학습과 동물학습 간의 차이에 관한 가정이다 : S-R이론에서는 인간의 학습과 동물의 학습 간에는 양적 차이만 있을 뿐, 질적 차이는 없다고 가정한다. 인간과 동물은 어떤 자극에 대해 같은 반응을 보이며, 동물에 비해 인간의 반응은 복잡할 뿐이라는 것이다. 복잡한 인간의 반응도 분석하면 동물들이 보여주는 단순반응들로 구성된다는 주장이다. 그러므로 동물의 행동을 연구하면 인간의 학습행동도 설명할 수 있다고 한다(김언주, 1996).

'S-R연결'이 학습이라는 주장은 행동주의 심리학자들의 공통적 견해이다. 그러나 어떤 종류의 반응(R)을 연구대상으로 삼느냐, 자극과 반응이 어떻게(무엇에 의해서) 연결되느냐에 대해서는 견해를 달리 한다. 여기에서는 S-R이론에서 전통적으로 강조되어 온 연합학습(connection learning), 감응학습(respondent learning)에 관해서 논의한다.

2) 학습의 정의

학습이라는 것을 어떻게 정의하고 있는가? 여기에 대표적인 학습 정의 세 가지를 인용하기로 한다. 세 가지의 개념규정을 아울러 살펴봄으로써 학습이란 현상의 정체를 파악하는 데 충분한 길잡이가 되리라고 믿기 때문이다.

첫째, 학습이란 경험이나 연습에 의하여 일어나는 비교적 영속적인 행동의 변화(Morgan 등, 1979)라는 것, 둘째, 하나의 행동경향성의 비교적 영속적인 변화이며 강화(reinforcement)를 받은 연습의 결과(Kimble, Garmezy & Zigler, 1980)라는 것, 그리고 셋째, 학습이란 개체가 주어진 상황 내에서 경험을 반복함으로써, 그 상황에 대한 개체의 행동과 행동잠재력이 변화하는 것을 가리킨다. 단, 이 같은 행동변화는 개체의 생득적 반응경향이나 성숙 또는 일시적 상태(가령, 피로 · 마취 · 충동 등)에 기인하지 않는 것이라야 한다(Bower & Hilgard, 1981)는 것이다.

3) 학습이론

(1) 연합학습

손다이크(Thorndike, 1913)는 심리학 분야에서 최초로 동물실험을 실시하였다. 그는 문제상자(puzzle box, or problem box) 속에 굶주린 고양이를 가두고, 이 고양이가 상자의 문에 연결된 지렛대를 우연히 밟으면 상자의 문이 열리어 상자의 밖에 놓여 있는 먹이를 먹게 하는 행동을 관찰하였다.

이 때 문제상자를 여러 가지 자극들(예컨대, 지렛대, 끈, 빗장, 상자를 이루는 막대를)로 구성된 자극상황(S)이라고 한다. 이 자극상황에서 지렛대는 고양이가 탈출할 수 있게 해 주는 특수한 자극(S)이다.

(2) 감응학습

감응학습(respondent learning)이란 자율신경의 지배 아래에 일어나는 타액분비반응, 위경련반응 등과 같은 반응의 학습을 의미한다. 감응학습에 관한 체계적 연구는 파블로프(Pavlov)의 고전적 조건화(classical conditioning)이론에서 볼 수 있다. 고전적 조건화이론에서는 학습이란 S-R연결이라고 본다. 환경 속의 어떤 자극은 유기체의 어떤 반응을 불러일으킨다. 가령 굶주린 개에게 고기분말을 제시하면 침을 흘린다. 이 타액분비 반응은 아무런 연습 없이 자발적으로 일어난다. 이 때에 고기분말을 무조건자극(unconditioned stimulus : UCS)이라 하고, 타액분비를 무조건반응(unconditioned response : UCR)이라고 부른다.

다른 자극(부자소리)이 음식(UCS)과 동시에 주어진다고 가정해 보자. 처음에는 부자소리를 듣고도 개는 침을 흘리지 않는다. 즉 부자소리는 중성자극(neutral stimulus)이다. 그러나 부자소리가 음식과 함께 반복해서 제시된다면 그 개는 마침내 부자소리만 듣고도 침을 흘리게 될 것이다. 여기서 부자소리는 조건자극(conditioned stimulus : CS)이다. 그 개가 부자소리(CS)만 듣고도 침을 흘릴 때 그

침은 조건반응(conditioned response : CR)이다. 조건화(conditioning), 즉 학습은 자극(CS : 부자소리)과 반응(CR : 타액분비)의 반복적 연결로서 발생한다. 이와 같은 조건화 과정이 〈그림 4-2〉에 제시되어 있다.

UCS → UCR

CS
+
UCS → CR

CS → CR

UCS = unconditioned stimulus(무조건자극)
UCR = unconditioned response(무조건반응)
CS = conditioned stimulus(조건자극)
CR = conditioned response(조건반응)

〈그림 4-2〉 자극-반응의 고전적 조건화 단계

이 밖에도 근접학습이론, 작동학습이론 등이 있다.

2. 학습의 현대적 이해

1) 학습의 기본전제

학습의 현대적 이론을 대표하는 학파는 인지주의이다. 인지주의는 다음과 같은 몇 가지 기본가정에서 출발한다.

첫째, 연구대상에 관한 가정이다 : 행동주의 심리학자들은 외적 행동을 연구대상으로 삼는데 반하여, 인지주의 심리학자들은 환경과 행동 간의 중간과정인 인간의 내적 과정(인지과정)을 연구대상으로 상정한다. 내적 과정 중에서도 쥐나 고양이의 행동을 유발하는 단순 정신작용이 아니라 이해나 창조적인 사고와 같은 고등정신 과정이 연구대상이어야 한다고 가정한다. 이러한 가정 때문에 인지주의 심리학자들은 재생적 사고보다는 생산적 사고를 주로 연구한다.

둘째, 학습의 단위와 방법에 관한 가정이다 : 행동주의 심리학에서는 학습의 단위를 '자극 – 반응연결'로 보고, 이 연결은 주로 '시행착오'적인 방법으로 이루어진다고 가정하는 데 반해, 인지주의 심리학자들은 학습의 단위를 '요소들 간의 관계' 또는 '요소와 스키마타 간의 관계'로 보고 이러한 관계는 통찰(insight)에 의해 발견된다고 가정한다.

셋째, 인간과 동물의 차이에 관한 가정이다 : 인지주의 심리학자들은 행동주의 심리학자들과는 달리 인간의 학습과 동물의 학습 간에는 양적인 차이가 있는 것이 아니라 질적인 차이가 있다고 가정한다. 인간은 외부의 자극에 대해 동물과 같이 기계적으로 반응하는 것이 아니라 외부로부터의 자극을 능동적으로 지각하고, 해석하고, 판단하는 사고과정을 통해서 행동한다는 것이다. 그러므로 인지주의 심리학자들은 인간만이 지니고 있는 고차적인 사고과정 그 자체를 연구대상으로 삼아야 한다고 본다. 이들이 고등동물이나 인간을 실험대상으로 이용하는 것은 이러한 가정을 반영한 것이다.

넷째, 전체는 부분의 합 이상이라는 가정이다 : 이 가정은 인간의 지각에 대한 가정에서 유래된다. 인간은 환경을 지각할 때 낱낱의 자극체로 지각하는 것이 아니라 요소들 간의 관계를 기초로 전체를 지각한다는 것이다. 이를 테면 깜깜한 방에 촛불이 켜져 있을 때 인간이 지각하는 것은 밝기 정도를 지각하는 것이 아니라 명암을 지각하며, 음계를 들을 때 각각의 음의 강도를 듣는 것이 아니라 명암을 지각하며, 음계를 들을 때 각각의 음의 강도를 듣는 것이 아니라 음들 간의 관계 속에서 소리의 화음을 듣는다는 것이다. 이러한 지각의 원리로서 베르트하이머(Wertheimer)는 근접의 원리, 폐쇄의 원리, 유사의 원리 및 좋은 연결의 원리를 제안하였다.

2) 학습의 정의

(1) 요소들 간의 내적 관계의 이해

문제를 구성하고 있는 요소들 간의 내적 관계를 발견하는 과정이 학습이라는 견해는 구조적 이해(structural understanding)라는 말로 표현되어 왔다. 구조적 이해란 문제의 구성요소들의 상호관계를 파악하여 그들 간의 관계를 재구성하는 것을 의미한다. 다시 말해서 새로운 방법으로 문제 상황의 요소들을 재조직하는 것을 구조적 이해라고 한다.

(2) 문제요소와 스키마타 간의 외적 관계의 이해

오스벨(Ausubel, 1968)과 바틀렛(Bartlett, 1932)은 학습의 의미를 주어진 문제와 그 문제에 관련된 학습자의 인지구조 혹은 스키마타 간의 관계로 설명했다. 스키마타란, 스키마(schema)의 복수형이며, 스키마란 학습을 위하여 사용되는 하나의 일반적 지식구조를 의미한다. 이 스키마는 들어오는 정보를 선택하고 선택된 정보를 조직체계 속에 의미 있게 그리고 통합되게 조직해 넣는 기능을 한다.

학습이란 문제의 요소와 스키마타 간의 외적 관계를 이해하는 과정이라는 견해는 브랜스포드(Bransford)와 존슨(Johnson)의 '글의 제목의 영향'에 관한 실험에서 명백히 발견되었다. 그들은 어떤 글을 두 집단에게 주었다. 집단 A에게는 그 글의 제목을 미리 제시해 준데 반하여 집단 B에게는 글을 읽은 다음 제목을 주었다. 실험이 끝난 후의 이해력 검사에서 집단 A는 집단 B에 비하여 글에 포함된 구체적인 내용들을 더 많이 기억하는 것으로 밝혀졌다. 이 실험에서 집단 A는 글의 제목을 스키마로 이용하여 글의 내용을 받아들인 결과로 해석된다. 즉 집단 A는 문제의 요소(글의 구체적 내용들)와 스키마(글의 제목) 간의 외적 관계를 이해한 것이다(김언주, 1996).

3) 학습이론

(1) 통찰이론

통찰이론은 1916년 쾰러(Köhler)가 Sultan이라는 원숭이를 대상으로 한 연구로부터 발전된 이론이다. 퀠러는 원숭이를 큰 우리 안에 가두고 천정에는 바나나를 매달고, 상자 몇 개를 우리 속에 놓아 주었다. 원숭이가 어떻게 바나나를 먹는가 하는 것이 그의 관심사였다. 그의 관찰에 의하면 원숭이는 처음에는 바나나 밑에서 껑충껑충 뛰어서 그 바나나를 따려고 하다가 곧 실망한 뒤 행동을 중지한다. 얼마 지난 후 원숭이는 상자들을 쳐다보고 바나나를 쳐다보는 행동을 반복하다가 갑자기 상자들을 쌓고 올라가 바나나를 딴다. 원숭이가 바나나를 따면 학습이 이루어진 것이다.

위의 실험에서 원숭이 힘이 미치는 영역은 원숭이가 갇힌 우리이다. 원숭이의 힘이 미치는 영역을 장(field), 혹은 형태(gestalt, form)라고 한다. 우리 속(장)에는 바나나와 상자들이 있다. 이들을 장을 구성하는 요소라고 한다. 따라서 원숭이에게 처음 주어진 학습상황은 바나나와 상자라는 요소들로 구성된 장으로 기술될 수 있다. 이 장 속에서 원숭이가 해야 할 일은 바나나를 따기 위해서 상자들을 이용하는 것이다. 즉 원숭이는 바나나를 목적(goal)으로, 상자를 수단(means)으로 하는 요소 간의 관계를 발견해야 한다. 일단 이런 목적 - 수단 관계를 발견했을 때 이 상황의 '장을 재구성했다', '장을 구성하고 있는 요소들 간의 관계를 재정립하였다'라고 한다. 퀠러는 이런 상황을 학습이라고 부른다. 즉 학습이란 처음에는 아무런 관련이 없던 장의 구성요소들(바나나, 상자) 간의 관계를 '목적(바나나) - 수단(상자)'이라는 관계로 재구성(재조직)한 상태인 것이다.

원숭이는 어떻게 바나나(목적) - 상자(수단)의 관계를 발견했는가, 위의 실험에서 보듯이 원숭이는 '상자를 쳐다보고, 바나나를 쳐다보고 하다가 갑자기……' 발견했다. 이와 같은 발견 과정을 통찰(insight)이라 한다. 원숭이는 통찰에 의해 장을 재구성(요소들 간의 관계를 재구성)한 것이다(마치 아르키메데스가 목욕탕에서 부력의 원리를 발견하고 Eureka를 부르짖던 그 순간에 정신작용이 통찰의 의미와 유사하다).

(2) 스키마 학습이론

근대 인지심리학의 선구자로 인정받고 있는 바틀렛은 인간이 기억(학습)하기 위해서 어떤 정신작용을 이용하는가? 에 대해 최초로 질문을 제기했다. 그는 기억(학습)이 스키마(Schema)에 기초를 두고 있다는 점을 강조한다. 그에 의하면 스키마는 들어오는 정보를 선택하여 선택된 정보를 조직체제 속에 의미 있게 통합하여 조직하는 일을 한다.

스키마 학습을 이해하는 데 도움을 주는 예를 들어 본다. 실험자가 피험자에게 'ㅇ - ㅇ'과 같은 그림을 보여주면서 이 그림은 '안경과 비슷하다.'거나 '아령과 비슷하다'고 언급하면, 안경이라고 들은 학생은 안경을 그리고 아령이라고 들은 학생은 아령을 그린다. 이 때 안경 또는 아령이 스키마에 해당한다.

이와 같이 학습을 문제요소와 스키마간에 외적 관계를 발견하는 것으로 보는 시각이 바틀렛의 시각이다.

3. 구성주의

구성주의에 대한 논의는 지식 구성 과정에 미치는 요소들에 대한 강조점에 따라 다양한 접근으로 이루어지고 있다. 이러한 다양한 접근을 구별하는 기준의 하나가 인지적 구성주의와 사회적 구성주의로 나누는 것이다. 이러한 구분의 근거는 지식을 구성하는 주요 요인으로 개인의 인지적 작용을 강조하느냐 혹은 개인이 참여하고 속해 있는 사회, 문화, 역사적 상황을 강조하느냐에 달려 있다. 인지적 구성주의는 개인이 지식을 구성해 나가는 과정과 인지적 작용에 주요 관심이 있는 반면에 사회적 구성주의는 개인에 의해 형성된 의미가 어떻게 사회적 지식을 형성하는가에 대해 보다 관심을 둔다. 두 접근은 기본적으로 지식이 개인적인 구성의 과정임은 인정하지만 그 구성에 영향을 미치는 주요한 요소로 인지적 구성주의는 개인의 활동을 사회적 구성주의는 사회적인 상호작용을 강조하고 있다. 이러한 인식의 차이는 결국 학습과 교수 방법에 대한 강조에 있어서도 차이를 가져오게 된다(박성익 외, 2005).

1) 인지적 구성주의

인지적 구성주의는 지식의 구성을 개인의 정신적 활동에 근거한다고 전제하는 것으로, 피아제(Piaget)의 인지발달이론에 그 이론적 근거를 두고 있다. 피아제는 인간의 인지발달은 생물학적으로 결정지어지는 발달 과정의 틀 안에서 동화와 조절의 과정을 거치면서 능동적으로 발달해 간다고 보았다. 피아제는 인간은 평형을 유지하려는 본능을 가지고 있다고 전제하였다. 평형은 동화와 조절이라는 두 가지의 활동을 통해 유지된다. 동화란 새로운 정보 혹은 새로운 경험을 접할 때, 그러한 정보와 경험을 이미 자신에게 구성되어 있는 지적 도식에 적용시키려는 경향성을 뜻한다. 지적 도식은 우리가 세계를 이해하고, 반응하고 기능하기 위해 사용하는 지식이나 절차, 관계 등을 말한다. 이에 비해, 조절이란 새로운 정보 혹은 새로운 경험을 인식하기 위해 기존의 도식을 수정하는 것을 의미한다. 피아제는 인지발달이란 모순 없는 새로운 지식은 동화시키고, 기존의 지적 도식에 적절하지 않은 지식은 지적 도식을 변경하면서 끊임없이 지적 도식을 확장시키는 과정이라고 설명한다. 피아제의 주장에 따르면, 학습이란 생물학적으로 결정되는 인지적 발달 단계에 영향을 받게 되며, 효과적인 교수-학습은 적절한 발달 단계에 맞는 자극이 주어질 때 발생한다는 것이다. 동화와 조절의 과정은 인간이 수동적으로 지식을 전달받는 것이 아니라 인간이 스스로 능동적으로 정보를 내면화시킴을 의미한다. 따라서 인지적 구성주의는 이러한 인지적 활동이 지식 구성에 핵심적인 역할을 한다고 전제하고, 동화와 조절을 촉진할 수 있는 방법에 관심을 갖는다.

2) 사회적 구성주의

사회적 구성주의는 비고스키의 발달 심리이론에 기초를 두고, 학습에 영향을 미친 사회적인 요소에 관심을 갖는다. 사회적 구성주의에서는 인간의 인지적 발달과 기능은 사회적 상호작용이 내면화되어 이루어지는 것으로 보고 있다. 아동은 자신의 세계를 스스로 구조화하고 이해하는 존재이라고 생각한 피아제와는 달리 비고스키는 인지적 발달은 개인의 신체적인 성장뿐만 아니라 사회적인 상호작용의 결과로 보고 있다. 즉, 그는 아동이 타인과의 관계에서 영향을 받으며 성장하는 사회적 존재임을 강조함으로써, 인간에 대한 이해에 있어서 사회 · 문화 · 역사적인 측면을 제시한다. 그에 따르면, 인간의 정신은 독립적 활동이 아니라 사회 학습의 결과이며, 일상에서의 과제 해결은 성인이나 혹은 뛰어난 동료와의 대화로부터 영향을 받는다. 이처럼 사회의 보다 성숙한 구성원들과 상호작용하는 동안 자신의 문화에 적합한 인지 과정이 아동에게 전이된다.

그는 사회적 상호작용이 중요성을 아동의 '근접발달영역(Zone of Proximal Development)'을 통해 설명하고 있다. '근접발달영역'은 아동이 스스로 문제를 해결할 수 없지만 성인이나 뛰어난 동료와 함께 학습하면 성공할 수 있는 영역을 의미한다. 비고스키는 인지발달이 아동과 어른 혹은 더 능력 있는 동료들과의 상호작용을 통해 발생한다고 믿었다. 근접발달영역에 속하는 아동에게는 구조화를 형성할 수 있는 단서를 제공하거나, 세부사항과 단계를 기억할 수 있도록 조력하고, 꾸준히 시도하도록 격려하는 도움이 필요하다. 이러한 도움과 격려는 성인이나 다른 더 능력 있는 동료들로부터 제공될 수 있다는 것이다. 이 영역이 바로 가르침이 필요한 단계이며, 진정한 학습이 가능한 단계이다. 아동이 지적으로 성장하는데 필요한 요소를 지원하는 도움을 발판이라고 하며, 이는 궁극적으로 아동이 자신의 힘으로 문제를 해결할 수 있는 단계에 도달할 때까지 제공되는 도움이나 보조를 의미한다. 이 근접 발달 영역의 개념은 인지발달이 사회적 상호작용의 결과로 발전한다는 사실을 강조하고 있으며, 아동의 인지발달에 교사나 성인이 적극적으로 도움을 줄 수 있는 이론적 근거를 마련하고 있다.

따라서 이러한 비고스키의 이론에 근거하는 사회적 구성주의는 지식 구성을 위한 사회적 상호작용의 중요성을 강조한다. 또한 사회적 구성주의는 지식은 전적인 개인의 경험에 의존하며, 모든 사람은 똑같은 이해에 도달할 수 없다는 극단적 구성주의의 한계점을 사회 · 문화적 상호작용으로 보완하고 있다. 결국 사회적 구성주의의 관점에 따르면, 지식의 구성은 개인 내면의 인지적 작용과 함께 사회 · 문화적인 상호작용이 통합적으로 이루어지는 역동적인 과정이라고 설명한다.

제 4 절 생활지도의 이해

1. 생활지도의 개념

원래 생활지도는 영어의 가이던스(guidance)에서 유래된 말인데, 그 뜻은 안내, 지도, 인도, 향도, 유도, 학생지도 등으로 번역할 수 있다. 오늘날 생활지도라고 정착된 이 개념은 청소년들이 바람직한 방향으로 성장 · 발달할 수 있도록 안내하고 지도하는 것을 의미한다고 말할 수 있다. 따라서 생활지도는 지식과 기술의 전수에 초점을 두는 학습지도와 더불어 교육의 중요한 활동이다. 그런데 학자에 따라 생활지도를 서로 다르게 정의하고 있는데, 몇몇 정의를 살펴보면 그 의미가 좀더 분명해질 것이다.

트랙슬러와 노스(Arthur E. Traxler and Robert P. North)는 '생활지도는 학생 각자로 하여금 자신이 가지고 있는 능력, 흥미, 성격적인 제 특성을 이해하게 하여 이를 최대한으로 발전시켜 나가며, 자신의 생활목표와 결부시켜 마침내는 민주사회의 바람직한 국민으로서 원만하고도 성숙한 자기지도를 성취하도록 돕는 과정'이라고 정의하고 있다. 그리고 쉬르처와 스톤(B. Shertzer & S. C. Stone)에 의하면 '생활지도는 개인으로 하여금 자신과 자신의 세계를 이해하도록 조력하는 과정'이라고 되어 있다.

황응연과 윤희준(1983)은 생활지도 활동은 교육의 다른 모든 활동과 마찬가지로 학생 개개인의 성장 · 발달을 극대화시키고 잠재능력을 계발해서 현재는 물론 장차 어떤 난관에 봉착하더라도 그것을 그들 자신의 힘으로 유효적절하게 해결해 나가도록 힘을 길러 주는 것이라고 언급하면서, 생활지도란 '학생들이 일상생활에서 당면하는 여러 가지 문제, 좀 더 구체적으로 말해서 가정적 · 교육적 · 직업적 · 신체적 · 정서적 · 인성적인 여러 문제를 자력(自力)으로 해결할 수 있도록 지도하기 위한 조직적인 봉사활동'이라고 하였다. 다시 말하면 생활지도는 '청소년들이 당면하는 현실적인 문제를 교사나 부모 등 성인이 대신 해결해 주는 것이 아니라, 그들 자신이 자기지도(self-direction)를 통해서 문제해결 능력을 기르고 동시에 직접 그들이 당면한 각종 문제와 대결해서 끝내 이겨내도록 하는데 있다'는 것이다.

박성수(1986)는 생활지도란 '인간 개개인의 인지적 · 정의적 · 신체적 특성과 잠재가능성을 바르게 이해하고 발달시켜서 개인의 교육적 · 직업적 · 사회적 · 심리적 발달을 가능성의 최고수준까지 도달할 수 있도록 원조하는, 즉 자아실현을 원조하는 봉사활동'을 가리킨다고 하였다.

이재창(1988)은 생활지도란 '개인으로 하여금 자기 자신과 주위세계를 잘 이해해서 현명한 선택과 적응을 하여 건전한 사회의 일원으로서 성장 · 발달할 수 있도록 하는 일련의 지속적인 조력과정'이라고 하였다.

그리고 김충기(1990)는 국내외 여러 학자들의 견해를 종합하여 생활지도란 '교육의 목적을 달성하기 위한 방법으로 학생들이 일상생활에서 해결해야 할 여러가지 문제, 즉 교육적 · 가정적 · 사회적 · 직업적 · 신체적 · 도덕적 · 정서적 문제를 자력으로 해결할 수 있도록 도우며 저마다 가지고 있는 흥미, 적성, 능력, 성격 등 인격적 특성과 잠재력을 이해하고 발견하도록 하여 이를 최대한으로 발전시켜 나가며 개인에게 합리적인 사고와 의사결정을 통하여 현명한 선택과 적응을 위해 조직적이고 체계적인 봉사가 이루어지며 자유롭고 책임감 있는 민주사회의 육성과 자기지도 및 자아실현을 통한 올바른 행복한 삶의 추구가 가능하도록 지원해 주는 계속적인 과정'이라고 정의를 내렸다.

이상의 정의를 살펴볼 때 생활지도는 개인의 적응을 돕고 자아실현을 돕기 위한 의도적 조력활동임을 알 수 있다.

2. 생활지도의 필요성

현대사회는 그 어느 때보다도 문화변천의 속도가 빠른 시대이다. 우리가 경험하는 생활문화의 변화와 다양성은 과거 어느 시대에도 찾아볼 수 없을 만큼 급변하고 있으며, 이러한 변화는 개인의 사회적 적응에 여러 가지 심각한 문제를 제기하고 있다. 따라서 지난날의 사고방식과 행동양식으로는 도저히 해결할 수 없는 문제들이 속출하고 있으며 이에 따라서 각 개인이나 집단은 보다 창조적이고 자율적인 문제해결력의 필요성을 절실히 느끼고 있는 것이다.

학교는 단순히 문화를 전달하는 것만으로는 변천하는 문화와 사회의 도전을 감당해 낼 수 없게 되었다. 교육이 개인적인 차원에서는 개인의 최대한의 바람직한 성장과 발달을 도우며 사회적인 차원에서는 이상적인 사회와 문화의 창조를 돕는데 그 의의가 있다고 볼 때, 학교교육은 한정된 교과내용의 지식을 넘어서 개인의 최대한의 자율적 성장과 조화로운 발달을 도와서 책임 있는 민주시민의 한 사람으로서 사회의 개선과 문화 창조에 공헌할 수 있도록 돕지 않으면 안 된다.

이와 같은 교육의 목적과 기능으로 보아서 또한 교육의 사회화라는 입장에서도 아동 · 학생 개개인의 필요와 문화 및 사회적 필요를 충족시키기 위해서 생활지도는 학습지도에 못지않은 중대한 의의를 지니고 있는 것이다. 그러므로 현대교육에 있어서 생활지도는 필수적인 교육활동으로 간주되고 있다. 그러면 이와 같은 생활지도의 필요성을 좀 더 자세히 살펴보기로 한다(홍순강 · 손경환, 1993).

1) 현대과학과 이념에 따른 필요

현대과학과 사상의 발전은 인류문화의 꽃을 피우게 하였을 뿐만 아니라 인간의 행동양식에 마저 새로운 비판을 요구하고 있으며, 인간의 지혜에 의해 창조된 인류문화는 오히려 인간 개개인의 행동을 구속하고 있다. 이와 같은 사태에 적응하는 보다 효율적인 방법으로서 생활지도는 다음과 같은 요구에 대응하는 방법이기도 한다.

첫째, 20세기 심리학의 발전은 어린이의 본성을 보다 과학적으로 규명하기에 이르렀다. 그러므로 교육 또한 아동의 발달단계와 원리에 적합하고 아동의 심신구조나 기능을 계발하는 작용이 되어야 하며, 아동의 개성에 맞고 개성을 신장해 주는 작용이 되어야 한다. 이와 같은 교육의 변화는 곧 학교교육에 있어서의 생활지도의 필요성을 크게 요청하게 되었다.

둘째, 인간학의 다양한 발전은 인간형성에 새로운 방법을 요구하게 되었다.

현대과학의 발전은 인간 그 자체의 연구에 급진적인 발전을 가져 왔으며 바람직한 인간형성을 유도하는 교육 작용에서도 종래와 같은 기계적인 방법을 지양하고 실생활장면에 적응하고 문제해결에 도움이 되도록 조력하는 생활지도의 방법이 필요하게 된 것이다.

셋째, 19세기 미국의 실용주의 사상은 진보주의 교육사조를 낳게 되었고 이는 20세기 교육사조에 커다란 영향을 미치게 되었다. 진리와 인간행동의 기준을 현실적인 실용성과 효용도에 두는 이러한 사조의 결과로 교육의 내용과 방법 또한 현실성과 효용도를 중시하고, 지식보다는 실제적인 행동양식과 생활태도에 주력하게 되었으며, 학교교육에 있어서도 생활의 문제해결을 중심으로 현대적인 인간상을 실현코자 하는 생활지도를 도입하게 된 것이다.

2) 사회적 필요

교육이란 항상 사회적 요구와 개인적 요구를 주시하면서 양자를 절충하고 조화시켜서 이들을 적절히 충족시키도록 노력하지 않으면 안 된다. 따라서 교육을 논하는 교육자나 교육정책가는 항상 변화하는 사회의 정당한 요구를 수용하고 이를 교육의 목표 · 내용 · 방법에 충분히 반영시켜야 한다.

첫째, 보다 복잡하고 급격히 변천하는 현대사회는 더욱 이러한 변화에 효과적으로 적응할 수 있는 인간형성을 갈망하고 있으며, 이는 전통적인 학교교육에 보다 새롭고 올바른 생활지도 방법이 보강되어야 한다는 사회적 요구인 것이다.

둘째, 문화의 다양한 발전과 분화는 그 사회에 알맞은 인간을 요구하고 있으며 따라서 현대교육 과정은 보다 폭넓고 현실적인 경험을 요구하게 되었고 학생들에게 이와 같은 경험을 갖도록 하는 방법으로 학교교육에 있어서 생활지도를 요청하게 된 것이다.

셋째, 민주사회는 민주시민을 요구하며 이와 같은 민주 시민적 자질을 함양하고 그 자질을 양성하는 데 있어서는 생활지도가 가장 효과적인 방법이 되는데 이는 곧 생활지도의 중요한 한 부분이기도 하다.

3) 개인적 필요

민주사회는 개인의 인권이 선행되고 전체를 위하여 개인이 전적으로 무시될 수 없는 것이 그 특징이라고 할 수 있다. 따라서 민주교육에서는 최대한의 개인적 요구가 교육의 목적이나 내용 및 방법에 구현되지 않으면 안 되며 이와 같은 개인적 요구는 생활지도의 필요성을 강조하는 근거가 된다.

개인을 위해서 생활지도를 필요로 하는 구체적인 이유는 다음과 같다.

첫째, 자아실현의 방법으로서 생활지도를 필요로 한다.

개성의 신장은 자아의 실현에서 출발하며 이는 인간의 기본적인 욕구이다. 학교교육은 학생 개인의 개성을 신장하고 자아실현의 기회를 최대한으로 부여해야 할 것이며 이를 실천하는 효과적인 방법의 하나가 곧 생활지도이다.

둘째, 개성을 신장시키는 성공적인 방법을 필요로 한다.

개인의 개성을 신장시킨다는 것은 자기실현과 인권존중의 한 방법인 동시에 민주사회에 이바지하는 한 방법이기도 하다. 따라서 아동 · 학생의 개성을 과학적으로 이해하고 개성의 신장에 효율적으로 기여할 수 있는 유효한 방법으로서 생활지도가 필요하게 되는 것이다.

이 밖에도 아동의 인권존중 및 아동의 즐거운 삶을 누리게 도와주기 위하여 생활지도가 필요하다.

3. 생활지도의 원리

생활지도는 종래의 훈육과는 크게 다르다. 사람을 지도하는 기본관점에 있어서도 차이가 있지만, 방법 면에 있어서도 지도원리가 다르다. 훈육에 있어서는 일방적인 규칙 · 억압 · 처벌을 중시하지만, 생활지도에 있어서는 그렇지 않다. 그러면 생활지도의 활동원리를 살펴보기로 한다(김종서 외, 1989).

첫째, 생활지도는 모든 학생을 대상으로 한다.

교육이 모든 학생을 대상으로 하듯이 생활지도에 있어서도 그 대상은 모든 학생이다. 지능이 낮고 공부를 못하는 아동이나 신체적 결함이 있어서 사회적으로 고립되어 있는 학생만이 생활지도의 대상이 되는 것이 아니라, 지능이 높고 공부를 잘하며 신체적으로도 정상적일 뿐만 아니라 건강하고 사회적으로 잘 적응하는 학생도 생활지도의 대상이 된다.

이와 같은 견해는 생활지도가 모든 학생의 건전한 심신의 성장과 발달을 도모하기 위한 것이라는 생활지도의 기본개념과 목표에 비추어 볼 때 너무나도 당연한 것이다. 더욱이 우리의 현실적인 입장에서 보더라도 소수의 문제아동에 국한된 지도보다는 오히려 정상적인 학생을 대상으로 그들의 개인적 특징을 발견하고 신장시켜 주는 보다 적극적인 지도의 면이 요청되고 있는 것이다.

요컨대, 앞으로의 생활지도는 종래의 문제아동 중심의 일부 학생을 대상으로 하는 편협한 입장에서 탈피하여 어떻게 하면 모든 학생의 필요와 욕구를 충족시킬 것인가 하는 방향으로 변화되어야 할 것이다. 이것은 생활지도의 기본원리에 부합되는 방향일 뿐만 아니라 현실적인 요청이기도 한 것이다. 생활지도는 문제아동에 의한 독점물이 아니며, 반사회적인 행동이나 반윤리적인 행동을 다스리기 위한 방법만도 아니다.

둘째, 생활지도는 처벌보다 선도를 앞세운다.

과거의 전통적인 지도는 처벌위주의 지도였다고 할 수 있는데 비하여, 앞으로의 생활지도는 처벌보다는 이해하며 지도하는 방향으로 지도의 방향을 돌려야 한다. 처벌 · 위협 · 억압 등의 방법은 인간의 행동을 일시적으로 수정시킬 수는 있으나 결코 근본적인 행동의 변화를 가져오기는 어렵다. 그러므로 처벌이나 억압적인 방법은 아동을 교사나 성인이 내세우는 어떤 규범 속으로 일시적으로 끌어들이는 손쉬운 방법이기는 하나 최선의 방법은 되지 못한다. 비록 그것이 학교 내의 일시적인 질서와 바람직하지 못한 개인행동의 중단을 가져온다 하더라도 거기에는 여러 가지 심리적인 부작용이 따르기 쉽다는 것은 주목할 만한 일이다.

따라서 생활지도에 있어서는 억압하기보다 이해하고, 처벌하기보다는 지도하는 방향을 모색하게 된다. 그러기 위해서는 학교사태에서 흔히 일어나는 여러 훈육상의 문제를 처벌 위주로 다루지 않고 원인을 찾아 내어 그것을 이해하고 좋은 점을 인정해 주면서 지도하는 것이 필요한 것이다. 그렇다고 생활지도에 있어서 처벌이 전혀 불필요하다는 것은 아니다. 다만 강조하고자 하는 것은 학생 자신이 저지른 행동에 대하여 그것이 처벌을 받을 만한 행동이었다는 것을 스스로 인정하도록 하고 그 후에 처벌이 가해져야 한다는 것이다.

이것은 무조건 처벌이 가해진다는 것과는 지도상의 커다란 차이점을 나타낸다. 옳지 못한 행동을 시정해 주기 위한 교사의 무분별한 처벌이 얼마나 많은 학생을 더욱 바람직하지 못한 행동으로 이끌어 가고 있는가는 생각해 보아야 할 일이다. 그러므로 학생들의 옳지 못한 행동을 찾아 내어 처벌하기 위한 생활지도가 아니라 보다 적극적인 의미에 있어서 그들의 옳고 좋은 행동을 찾아 내어 그것을 격려해 주고 이끌어 주는 생활지도가 되어야 할 것이다.

셋째, 생활지도는 치료보다 예방에 중점을 둔다.

현대의학의 초기에 있어서는 발생된 여러 가지 질병의 치료에 치중하였으나 최근에 와서는 그것보다 한 걸음 앞서 질병이 발생하지 않도록 하는 예방의학이 중요한 위치를 차지하게 된 것과 마찬가지로 생활지도도 그 출발은 문제해결과 치료에 있었으나 앞으로의 방향은 한 걸음 더 나아가 문제가 일어나지 않도록 하는 예방적인 지도에 치중해야 할 것이다.

학교에서 일어나는 사건이나 흔히 볼 수 있는 개인적인 문제 등을 살펴볼 때 학교에서 조금만 예방적인 지도를 하였어도 그와 같은 사건과 문제는 일어나지 않았을 것이라고 판단되는 예를 많이 볼 수 있다. 이것은 앞으로의 생활지도에 있어서는 치료보다 예방적인 지도가 앞서야겠다는 필요를 더욱 가중시켜 주고 있는 것이다. 엄청나게 많은 학생들을 한 명의 교사가 다루어야 하는 우리의 현실로 보더라도 생활지도의 효과적인 실시를 위하여 예방지도의 필요성은 더욱 절실하다. 왜냐하면 치료보다 예방적인 지도가 보다 손쉽고 적은 노력이 들기 때문이다. 사실 어떤 문제가 발생한 후에 그것을 치료한다는 것은 그리 쉬운 일이 아닐 뿐만 아니라 많은 노력과 시간이 필요한 것이다. 이에 비하여 예방적인 지도는 시간과 노력을 절약할 수 있는 장점을 지니고 있다. 치료보다는 예방이라는 입장을 앞세울 때 생활지도는 치료를 요하는 문제의 발견보다도 예방을 필요로 하는 문제의 발견에 더욱 힘써야 할 것 이다.

넷째, 생활지도는 과학적인 근거를 기초로 한다.

생활지도의 문제를 찾아내어 그 문제의 원인을 규명하고 문제해결을 위한 조치를 취하는 행위는 결코 상식적인 판단에 기초해서는 안 된다. 상식적인 판단이 앞설 때 결과적으로 큰 착오를 가져올 가능성이 있기 때문이다. 예를 들어, 사교적이고 명랑한 성격의 소유자이므로 교우관계가 원만하리라고 판단한 학생이 교우관계 조사에서 의외로 많은 학생의 미움을 받고 잘 적응하지 못하는 결과를 나타내는 예를 흔히 볼 수 있는데, 그것은 교사의 주관적 판단이 큰 착오를 가져올 가능성이 많다는 것을 실증하는 경우라고 할 수 있겠다. 그러므로 앞으로의 생활지도는 보다 정확한 판단을 하기 위하여 객관적이고 과학적인 자료와 근거를 기초로 삼아야 한다. 다행히 우리에게 생활지도상의 여러 가지 문제에 관한 직접적인 자료를 제공해 줄 수 있는 과학적인 도구들이 많이 있다. 인간의 지능 · 학력 · 적성 · 흥미 · 학습습관 등을 측정할 수 있는 각종 검사가 그것이다. 비록 이와 같은 검사가 완전한 것이 되지 못한다 하더라도 우리의 주관적 판단에서 오는 여러 가지 오류를 시정해 주는 중요한 역할을 할 수 있는 것이다. 그러나 과학적인 방법과 수단을 지나치게 절대시하거나 맹신하는 태도는 바람직한 것이 못 된다. 그것은 어디까지나 어떤 판단과 해석을 내리는 과정에 작용하는 자료에 불과한 것이며, 그것이 그대로 결과와 판단이 될 수는 없는 것이다.

다섯째, 생활지도는 자율성을 기본원리로 한다.

민주사회에서 요청되는 시민적 자질의 하나로서 무엇보다도 중요한 것은 자율성이다. 모든 사람이 스스로를 잘 다스리고 규율을 지킬 때에 진정한 민주사회로의 발전이 이룩된다는 것은 너무나도 자명한 원리이다. 그러므로 민주교육은 모든 교육의 실제에 있어서 타율보다는 자율을 강조하게 되는 것이다.

생활지도도 민주교육이라는 테두리를 벗어날 수는 없다. 그럼에도 불구하고 종래의 지도는 자율성을 찾아볼 수 없을 정도로 너무나 지나친 타율적인 지도였음을 인정하지 않을 수 없을 것이다. 흔히 초등학교 어린이나 중학교학생은 자율적인 지도를 하기에는 너무 어리고 자율적인 사고를 하기에는 아직 그 사고능력과 사고방식이 미숙하고 유치하여 그들에게 자율적인 행동을 기대하는 것은 무리라고 한다. 물론 초등학교 어린이에게서 자율성을 기대하기에는 너무 어리고 그 능력에 있어서 미숙함이 있는 것을 인정해야 한다. 그러나 중요한 것은 결과가 아니라 과정이며, 자율적으로 생각하고 행동해 보는 경험이 더욱 귀중한 것이다. 그러므로 앞으로의 생활지도는 보다 자율적인 방향으로 가야 할 것이다.

이와 같은 관점에서 볼 때 생활지도는 단순히 학생들이 당면하고 있는 문제를 해결해 주는 것으로 그치는 것이 아니라, 한 걸음 더 나아가 학생 스스로 문제를 해결해 볼 수 있는 경험을 가지도록 하는 데에 더욱 많은 노력을 기울여야 한다. 학생은 교사의 도움을 받아 이와 같은 경험을 쌓음으로써 마침내는 자신의 문제를 타인에게 의존하지 않고 스스로 해결해 나갈 수 있는 자기지도력을 구비하게 될 수 있는 것이다.

4. 생활지도의 영역과 활동

1) 생활지도의 영역

생활지도는 원래 직업지도에서 시작되었으나 점차 그 활동영역이 확대되어 교육활동의 중요한 내용이 되었다. 따라서 오늘날의 생활지도는 교육의 전 영역에 걸쳐서 광범위하게 그 활동내용이 확대되고 방법 또한 다양화되었다.

생활지도 영역의 분류는 사실상 확실한 구분을 하기가 힘들고 또한 일정한 기준 아래서 분류된 각종 생활지도 활동도 실제 활동내용에 있어서는 복합적인 형태로서 나타날 때가 많다. 생활지도 활동의 전체적인 윤곽을 이해하기 위하여 이를 문제의 성질, 활동방법 및 집단조직의 형태에 따라서 다음과 같이 분류할 수 있다.

(1) 학생들의 행동면의 성장과 발달을 돕기 위한 활동

학생들의 어떤 문제행동을 교정 · 지도할 것이며, 어떠한 내용의 정보를 제공함으로써 현명한 자기결정과 적응을 가져올 수 있도록 할 것인가 등의 문제의 성질에 따라 생활지도 활동을 분류하면 다음의 6가지로 구분할 수 있다.

① **교육지도 :** 신입생을 위한 오리엔테이션, 학업부진아지도, 학습방법지도, 독서지도 및 기타 학습상의 여러 문제지도

② **인성지도 :** 개성문제, 정서문제, 성격문제, 욕구불만의 진단과 해석, 습관교정, 적성과 적응문제 및 기타 심리적 여러 장애의 진단과 치료 및 교육

③ **직업지도 :** 직업적성지도, 진로지도 및 선직(選職)지도와 정보제공, 추수지도

④ **사회성지도 :** 교우관계, 이성관계, 가족관계 및 기타 사회나 대인관계에서 생기는 여러 문제지도

⑤ **건강지도 :** 신체장애, 각종 질병, 위생 및 기타 각종 건강에 관계된 여러 문제지도

⑥ **여가지도 :** 여가선용, 각종 취미 · 오락 활동, 놀이 및 기타 여가시간의 활용에 관한 지도

(2) 지도방법에 따른 생활지도 활동의 분류

지도해야 할 학생들의 문제성에 비추어 지도계획과 지도 장면을 어떻게 구성할 것이며, 또한 어떤 지도기술을 적용할 것인가에 따라서 생활지도 활동의 방법은 달라지는데 이를 분류하면 다음과 같다.

① 학생조사활동(student inventory service)

② 정보활동(information service)

③ 상담활동(counseling service)

④ 정치활동(placement service)

⑤ 추수활동(follow-up service)

(3) 지도대상에 따른 생활지도 활동의 분류

조력을 받기 위한 집단조직 형태, 즉 조력의 대상자를 개인단위로 하느냐 집단으로 구성하느냐에 따라서 생활지도 활동을 분류할 수 있다.

① 개인지도(individual guidance)

② 집단지도(group guidance)

2) 생활지도의 활동

생활지도의 영역을 크게 나누어 위의 세 가지 측면으로 분류했는데 여기서는 그러한 분류방식 중에서 지도방법에 따른 생활지도의 활동내용을 살펴보기로 한다.

(1) 학생조사활동

생활지도는 교육활동의 계획이나 실천을 위하여 보다 과학적이고 정확하게 학생들의 실태를 파악하거나 학생들의 자기이해를 돕기 위한 활동이다.

트랙슬러(Traxler, 1945)는 학생조사활동의 범위를 ① 가정환경, ② 출신학교의 성적, ③ 학업적성 및 지적 능력, ④ 신체 및 정신건강, ⑤ 교외생활, ⑥ 학습 및 직업에 대한 흥미, ⑦ 특수능력, ⑧ 성격, ⑨ 미래를 위한 계획 등으로 분류하였다.

학생조사활동을 위한 방법은 주로 검사방법과 비검사방식으로 대별할 수 있는데 이를 구체적으로 살펴보면, ① 표준화 심리검사, ② 학업성취도검사, ③ 환경조사, ④ 질병검사, ⑤ 생활기록조사, ⑥ 가족관계조사, ⑦ 교우관계조사, ⑧ 관찰에 의한 행동의 누가(累加)기록 등의 각종 조사방법이 활용되고 있다.

이러한 학생조사활동이 보다 과학적으로 학생들의 자기이해와 문제해결을 돕는 것이 되기 위해서는 특히 다음 사항을 유의해야 한다.

첫째, 학생조사활동은 객관적이고 신뢰도가 높은 조사가 되어야 한다.

둘째, 학생조사활동은 생활지도의 목적에 합당한 것이어야 한다.

셋째, 학생조사활동은 여러 가지 가능한 방법이나 기술을 종합적으로 활용해야 한다.

넷째, 학생조사활동은 조사결과를 기록, 정리, 보관하여 실제지도에 유용하게 활용될 수 있도록 해야 한다.

(2) 정보활동

정보활동은 학생들이 원하고 학생들에게 필요한 각종 정보 및 자료를 제공하여 학생들의 개인적 성장과 사회적 적응을 돕기 위한 활동이다. 즉, 학생들로 하여금 그들의 여러 가지 문제를 해결하는 데 필요한 기본적인 지식을 갖게 하고 자기 자신의 문제를 자율적으로 처리할 줄 아는 책임감을 기르며, 나아가서 자기발달을 촉진하고 스스로 발달의 장애요인을 탐색하고 인식하도록 돕기 위한 활동이다.

학생들에게 제공되는 정보는 크게 교육정보, 직업정보 및 개인적 · 사회적 정보로 구분할 수 있다.

교육정보(educational information)란, 현재와 미래에 있을 수 있는 여러 가지 교육기회와 모든 형태의 타당하고 유용한 자료를 말하는데 정규교육 과정과 이에 병행하는 교육과정, 입학조건 및 학생생활의 여러 조건과 문제들이 포함된다.

직업정보(vocational information)란 직장과 직종에 관한 타당하고도 유용한 정보를 말하며 직업에 따른 의무, 입사조건, 작업조건, 보수, 승진 및 노동자의 수요와 공급 등이 포함된다.

개인적 · 사회적 정보(personal & social information)란 학생으로 하여금 자기 자신을 보다 잘 이해하고 다른 사람과의 관계를 개선하는 데 도움이 되게 하는 인간에 관한 정보인 개인적 정보와 대인관계에 영향을 주는 인적 · 물리적 환경에 대한 타당하고도 유용한 사회적 정보를 의미한다.

이러한 정보는 학교 자체에서 조사하거나 각종 인쇄물을 통해서 수집 · 정리 · 보관하여 개인상담이나 집담상담을 통하여 제공하게 된다. 정보제공 활동은 그 자체가 교육적 과정이라는 사실을 유념하여 학생들의 성취도나 요구 및 흥미에 맞추어 교육적으로 제공되어야 할 것이다.

(3) 상담활동

상담활동은 생활지도 활동의 핵심적인 활동이라고 할 수 있는데, 상담자와 피상담자 간의 관계에서 상담 · 면접의 기술을 통하여 학생들의 자율성과 문제해결 능력을 키워 주는 동시에 학생들의 적절한 감정처리를 위해 조력함으로써 정신건강을 향상시키고 적응을 돕는 활동이다.

딩크메이어(Dinkmeyer, 1964)는 상담활동의 네 가지 측면을 다음과 같이 기술하고 있다.

① 협력적인 관계가 설정되어야 한다. 즉 카운슬러와 내담자는 공동의 목표와 목적을 설정하고 상호 협력해야 한다.

② 현실생활 장면에 대한 내담자의 견해를 알기 위한 탐색이 이루어져야 한다. 즉, 카운슬러는 내담자의 불만(complain)이나 문제 또는 병후를 잘 검토해야 한다.

③ 카운슬러의 내담자에 대한 견해는 내담자의 감정과 그 속에 내포된 의미를 파악하고 난 후에 판단되어져야 한다.

④ 상담과정을 통해서 내담자가 자신의 그릇된 관념을 스스로 발견하고 보다 정확한 관념을 갖게 하는 재방향화(reorientation)가 이루어져야 한다.

(4) 정치활동

정치활동이란 취업지도, 진학지도 등에 있어서 자신을 정확하게 이해하여 자기 자신의 위치(placement)를 현명하게 선택하는 일을 도와주는 활동이다. 이와 같은 정치활동은 학교 · 학과의 선택이나 특별활동반의 선택, Home-Room 활동이나 클럽 활동의 부서선택과 같은 교육적 정치(educational placement)와 직장의 알선, 직업선택, 진로선택, 부직의 알선 등과 같은 직업적 정치(vocational placement) 활동으로 구분된다.

이와 같은 교육 및 직업정치 활동을 효과적으로 수행하기 위해서는 카운슬러만이 아니라 전체 교직원이 협조하고, 가능하다면 지역사회 인사와의 상호협력을 통해서 보다 조직적이고 종합적인 계획을 수립해서 실천하여야 하는데, 예를 들어 정치(定置) 센터(placement center)를 설치하여 운영하는 것도 하나의 좋은 방법이 된다.

(5) 추수활동

추수활동이란 생활지도를 받은 학생들의 추후의 적응상태를 항상 주시하고 부적응에 대한 조력을 통해서 보다 나은 적응을 돕는 활동이다. 추수활동은 면밀한 생활지도계획의 일환으로서 이루어지는 것도 있고 우발적으로 제공되는 경우도 있는데 트랙슬러는 추수활동의 내용으로서 다음 4가지를 들고 있다.

첫째, 우발적인 추수지도 활동으로서 카운슬러나 교사들이 학생들에게 행한 지도나 조언의 결과를 알아보거나 정보를 얻기 위한 추후면접을 하는 경우다.

둘째, 사례연구의 대상이 되었거나 집중적으로 교정 지도를 받은 학생에 관한 추수지도 활동이다.

셋째, 졸업생과 중퇴한 학생들에 대한 추수지도 활동이다.

넷째, 졸업예정자에 대한 것으로서 직장을 얻고자 하는 학생이나 상급학교에 진학하고자 하는 학생들에 관한 추수지도 활동이다.

이상에서 살펴본 바와 같이 생활지도활동은 그 문제 · 방법 · 형태에 있어서 각각 독립된 것이 아니고 각 분야가 서로 상호 관련되어 종합적 · 복합적으로 수행되는 교육활동이다. 즉, 어떤 학업상의 문제를 지도함에 있어서 그 문제의 해결을 돕기 위하여 필요에 따라서는 조사활동 · 정보활동 · 상담활동을 병행하여 실천하는 동시에, 필요에 따라서는 개인지도를 하거나 혹은 집단 내에 포함시켜서 집단지도를 하는 방법을 함께 수행하는 것이 효과적일 수 있는 것이다(홍순강 · 손경환, 1993).

제5장

교육의 사회적 탐구

제1절 교육사회학의 기초개념
제2절 교육사회학의 접근
제3절 사회화와 교육
제4절 학교의 사회적 기능
제5절 교육과 사회평등

제1절 교육사회학의 기초개념

교육사회학은 교육현상을 사회학적 방법으로 기술 · 분석 · 설명하는 과학이라는 점에서 사회학의 주요 이론적 전망에 의거 교육현상을 분석 · 설명하고자 한다. 그런데, 사회학적 방법에도 한 가지만 있는 것은 아니다. 논자에 따라서, 그리고 대상을 포착하는 방법 및 분석의 방법이 달라진다. 사실 교육사실을 사회학적 방법으로 연구하는 데는 다양한 시각이 필요하다고 본다. 왜냐하면 사회현상을 보는 시각은 여러 사람들의 관점에 따라 달라질 수 있기 때문이다. 또한 교육은 의식적이든 무의식적이든 간에 그 내용 · 형태 및 과정에 있어서 특정의 결과에 기여하게 된다. 이는 교육이 중립적일 수는 없고 가치지향적인 성격을 지니고 있다는 것을 의미한다. 따라서 현대사회에서 교육의 실재를 밝히고 그 속에 내재되어 있는 사상이 무엇인가를 밝히고자 할 경우에, 그 주된 관점이 어디에 있는가를 중심으로 사회학적 이론들을 구분하는 경우가 대부분이다. 그런데 이들 사회학적 이론을 구분함에 있어서는 패러다임(paradigm)이라는 용어를 사용하기도 하고, 전망(perspective) 또는 지향(orientation)이라는 접미어를 붙여, 다양하게 분류되고 있는 것이 현실이다.

쿤(Kuhn)이 언급한 바와 같이 한때 군림하던 패러다임이 위기를 맞게 되면 그것이 과학혁명으로 귀결되어 새로운 패러다임이 출현한다. 그것은 누적적이라기보다는 혁명적이라는데 요지를 주고 있다. 교육사회학보다도 한 발 먼저 사회학 내부에서 패러다임의 전환이 일어나고 있다고 말해도 좋을 정도로 큰 구조변동이 미국사회학계는 물론 영국 사회학계에도 일어나 왔다. 특히 미국에서는 1960년대 후반부터 베트남 전쟁의 여파, 대도시에서의 흑인문제, 그리고 대학의 갈등 등 사회의 위기 가운데 이제까지 압도적인 세력을 과시하여 오던 파슨스류의 구조 기증주의 사회학은 급속히 그 힘을 잃어가고 있다. 사회를 항상성(homeostasis)과 균형(equilibrium)의 체계로 포착하고 그 안정성의 원천으로서 인간과 인간 간에 내재된 공통가치를 중시하는 방법은 현실의 혼란과 대비하여 볼 때 너무나도 공허한 것처럼 생각되게 되었다. 이러한 움직임을 배경으로 해서 사회학의 새로운 아이덴티티를 모색하고자 하는 경향이 나타났다.

이 동향은 크게 두 가지로 대별된다. 그 하나는 인간주의적 사회학, 즉 현상학적 사회학 · 민속방법론 · 상호작용론이고 다른 하나는 비판사회학 · 사회주의 사회학 · 급진주의 사회학이다. 이들 새로운 동향은 미국 및 영국의 교육사회학계에 커다란 영향을 주었다. 1960년대의 교육개혁의 주안점으로서 교육에 걸었던 낙천적 기대가 무참하게 깨어진 양국의 교육사정은 사회학의 새로운 동향을 받아들이기에 충분하고도 필요한 여건을 형성하고 있었다. 특히 전자는 새로운 교육사회학(New Sociology of Education)으로 대표되는 영국의 교육 사회학계에, 후자는 갈등이론으로 대표되는 미국의 교육학계에 큰 영향을 주었다.

앞에서 살펴본 바와 같이 사회적 패러다임의 전환은 교육사회학에도 영향을 미쳤다. 따라서 1960년대 중반까지 기능주의가 우세했던 교육사회학은 오늘날에는 그 연구방법 및 이론도 다양하게 분화되었으며 또한 연구대상의 영역도 놀랄 만큼 확대되기에 이르렀다.

이제까지 교육학의 영역에서 주장되어온 각 이론을 패러다임화시킨 대표적인 자들로서는 카라벨과 할시(Karabel & Halsey, 1977), 폴스톤(Paulston, 1977), 그리고 블랙리지와 헌트(Blackledge & Hunt, 1985)를 지적할 수 있다.

먼저 카라벨과 할시(Karabel & Halsey, 1977)는 교육사회학계의 연구물들을 두드러지게 나타나는 경향, 이론 및 입장을 다음과 같이 5가지로 정리하고 있다.

① 기능주의적 교육이론
② 경제적 인간자본론
③ 방법론적 경험주의(특히 교육 불평등의 실증적 연구에 관한 것)
④ 갈등론적 교육이론
⑤ 교육연구에 있어서 상호작용론적 전통과 새로운 교육사회학의 도전

한편 폴스톤(Paulston, 1977)은 교육 및 사회변화의 이론을 검토하면서 종래의

균형 혹은 갈등론적 측면에서 각각 일방적인 것만을 강조하던 분석에서 벗어나 오늘날 사회현상을 설명하는데 기본이 되는 균형이론과 갈등이론을 동시에 설명할 수 있는 모형을 제시했다. 그에 의하면 사회 및 교육변화의 이론모형은 균형이론과 갈등이론으로 대별되며 균형이론에는 진화론(evolution), 신진화론(new-evolution), 구조 - 기능론(structual-functionalism) 및 체제이론(system theory)이 속하고 갈등이론에는 맑시즘(Marxim), 네오 맑시즘(Neo-Marxim), 문화재건이론(cultural-revitalism), 그리고 무정부주의적 유토피아주의(anarchistic utopianism)가 포함된다고 한다.

이 모형의 특징이라고 할 수 있는 것은 사회적 조화나 합의를 기초로 하는 경험적 합리성이나 과학성만을 강조하였던 분석에서 탈피하고 이데올로기나 갈등요인을 부각시켜 오늘날 사회현상을 설명하는데 기본이 되는 기능주의와 갈등주의를 동시에 설명할 수 있도록 하였다는 데 그 특징이 있다. 그러나 이 분석모형은 분석의 수준을 거시적 수준에다 맞추고 교육과 사회의 변화를 설명하려 했기 때문에 교실 내에서 일어나고 있는 역동적 상호작용을 무시한 점과 학교교육의 과정을 단순히 암흑상자(black box)로 취급해 버렸다는 점에서 그 비판을 면치 못하고 있다.

이에 비해서 블랙리지와 헌트(Blackledge & B. Hunt, 1985)는 교육사회학의 주된 이론적 접근을 ① 기능주의적 전통, ② 마르크스주의적적 전망, ③ 해석주의적 접근(interpretitive approach)의 셋으로 구분하였다.

이상에서 본 바와 같이 사회학의 주된 패러다임은 대체적으로 기능주의적 패러다임, 갈등주의적 패러다임, 그리고 해석적 패러다임으로 분류할 수 있다.

여기서 각 패러다임의 개요를 설명하면 다음과 같다.

기능론적 패러다임은 사회를 기능적으로 상호 관련된 부분의 체제라고 본다. 즉 사회가 구체적으로 실재하며 질서를 부여하고 규제되는 상태를 지향하는 체제적 특성을 지니고 있다고 가정한다. 그러므로 사회는 질서와 안정을 지향하고 있다고 말한다. 사회의 통합을 위한 여러 전통적인 형태가 일반적으로 지지된다. 사회의 여러 기관이나 제도들은 그 사회의 통합에 기여하고 서로 밀접하게 관련되어 있다. 그리하여 사회에서 가장 두드러진 가치는 공공 목적이나 행위를 향한 사회의 단위에 따라 다양하다. 현존 제도를 통해 수행되는 사회통제는 개인이나 사회 모두에게 필요하고도 유일한 것으로 간주된다. 이 관점에서 개인의 발전과 반성은 현재의 규범과 가치에 동조함으로써 가장 잘 성취될 수 있다고 본다. 또한 일탈행동은 보통 바람직하지 않은 것으로 간주된다. 사회변동은 사회에 내재해 있는 잠재력으로 점진적인 전개를 의미한다.

이와는 달리 갈등론적 패러다임은 사회의 기본적 본질에 관해서 기증주의 패러다임과 다른 관점을 지닌다. 기본적으로 이 관점에서는 사회의 불안정과 변동을 강조한다. 사회는 여러 대립되는 지속적인 갈등 관계를 지닌 집단으로 구성되어 있다. 이것은 사회에서의 물리적인 힘(force), 강압(coercion) 및 조작(manipulation)을 통해서 이루어진다. 사회통제는 개인과 사회의 모든 잠재력의 개발이나 발전을 방해하거나 지체시키는 경향이 있다. 사회가 종종 일탈행동이라고 규정하는 것은 갈등이론가들에 의해서는 개인적 성정의 촉진과 사회조직에 있어서 유익한 변동으로 종종 간주되기도 한다. 사회변동은 현존 제도의 기본적인 개조를 포함하는 것이며 그리하여 본질적으로 혁명적인 것이다.

한편, 해석적 패러다임은 앞의 2가지 패러다임이 거시적인 시각인데 비하여 사회를 미시적이고 개인적인 수준에서 개념화하고자 한다. 이 패러다임은 사회를 있는 그대로 이해하고자 하며 주관적인 경험의 수준에서 사회세계의 근본성격을 이해하고자 한다. 또한 개인적인 의식과 주관성의 영역에서 행위의 관찰자로서가 아니라 참여자의 시각에서 사회를 설명하고자 한다. 이 해석 주의적 관점은 일상세계의 본질을 이해하는 데 관심을 갖는다. 즉 이들은 지적 사회학이나 현상학 등에 영향을 받아 자명한 것(taken for granted)으로 받아들여지고 있는 일상적인 지식을 회의하여 보는 입장을 취한다. 따라서 사회화, 역할, 교환, 실재에 대한 개인적 규정을 통하여 그것과 사회적 환경과 개인의 관계에 초점을 맞춘다.

제2절 교육사회학의 접근

1. 기능이론

기능이론(functionalism) 또는 기능주의는 콩트(Auguste Comte, 1798-1857)와 스펜서(Herbert Spencer, 1820-1903)에게까지 올라갈 수 있을 정도로 오랜 전통을 가지고 있다. 한 마디로 기능주의라고 부르지만 조금씩 다른 학자들의 이론들도 포함되어 있으며, 명칭도 다양하여 기능이론 외에 구조기능이론(structural functional theory), 합의이론(consensus theory), 질서모형이론(order model), 평형모형(equilibrium model) 등이 있다. 명칭에 따라 강조점이 조금씩 다르지만 여기서는 포괄적으로 기능이론이라고 하겠다. 기능이론은 콩트와 스펜서에 의하여 기초가 형성된 뒤에 뒤르켐(Emile Durkheim(1857-1917) 등을 거쳐 다양하게 발전하여 미국의 파슨스(Talcott Parsons, 1902-1979)에 이르러 매우 포괄적인 사회학이론으로 정립되었고, 드리벤(R. Dreeben)에게서는 기능이론이 더욱 구체화되었다.

기능이론은 사회를 유기체에 비유한다. 유기체는 여러 부분, 예컨대 인체(人體)는 손, 발, 코, 귀, 위, 폐 등 여러 부분(기관)들로 구성되어 있다. 이 부분들은 각기 담당하고 있는 기능을 갖고 있어서 각각의 기능을 순조롭게 수행함으로써 인체의 생존과 활동을 가능하게 한다. 각 기관은 인체, 즉 전체로부터 떨어져서는 살아갈 수 없으며, 어느 한 기관이라도 결핍되게 되면 인체도 완벽한 활동을 할 수 없게 된다. 그러므로 인체의 각 기관은 각기 고유한 기능을 제대로 수행함으로써 유기체를 존속시키고 그렇게 함으로써 자체의 생존도 보장받을 수 있게 된다. 유기체는 항상 생존과 건강한 활동을 지향하며, 어떤 이유로 병을 얻어 부분 또는 전체의 기능이 약화되면 이를 회복하기 위하여 모든 노력을 기울인다. 유기체와 마찬가지로 사회는 각기 다른 여러 부분으로 구성되어 있으며, 각

부분은 전체의 존속을 위하여 필요한 각각의 기능을 수행한다는 것이 기능이론의 주장이다. 그런 의미에서 사회의 각 부분들은 상호 의존적이다. 사회는 항상 안정을 유지하려는 속성을 지니고 있으며 어떤 충격에 의하여 안정이 깨뜨려지면 이를 회복하기 위한 노력을 전개하게 된다. 그런데 사회를 구성하고 있는 각 부분 간에는 우열(優劣)이 있을 수 없고 각기 수행하는 기능에 차이가 있을 뿐이다. 다른 사람에 비해 더 많은 재산이나 권력을 가진 사람이 있는 것은 그가 다른 사람에 비해서 더 힘들고 중요한 기능을 맡고 있기 때문에 사회적 보상을 더 많이 받고, 동시에 기능 수행에 필요한 권한을 부여받기 때문이다. 그런 의미에서 계층은 기능의 차이에 바탕을 둔 차등적 보상체제의 결과가 생겨난 것이다. 따라서 기능이론이 보는 사회는 각기 다른, 질적으로 우열의 차이가 없는 기능을 수행하는 수많은 개인 및 집단의 통합체로서, 안정과 질서 유지라는 합의된 목표 아래 상호의존적으로 살아가는 인간집단인 것이다(김신일, 2005).

기능이론은 1960년대까지만 하여도 대부분의 사회학 저서의 근간을 이루었으며, 70년대까지도 주류를 이루었다. 기능이론은 파슨스(1950)가 체계화하였는데 그의 이론은 흔히 구조기능주의에 입각한 사회체제이론으로 불린다. 그는 어느 사회체제나 세 가지 속성을 지니고 있다고 생각하였다.

첫째, 하위체제를 구성하고 있는 요소들은 기능상으로 상호의존적이다.

둘째, 한 체제의 구성 요소들은 그 체제의 계속적 작용에 적극적으로 공헌한다.

셋째, 한 체제는 다른 체제에 영향을 주며, 이 체제들은 한층 더 높은 수준의 체제, 즉 상위체제(super system)에 대한 하위체제(subsystem)이기도 하다.

이러한 기능이론에서 볼 때, 교육은 사회체제의 한 구성 요소로서 사회의 유지와 안정을 위해서 사회화 기능을 충실히 수행하고 있는 것이다(조영일, 2003).

2. 갈등이론

갈등이론(conflict theory)은 개인 간 및 집단 간의 끊임없는 경쟁과 갈등을 사회의 속성으로 보고 있다. 즉, 세력다툼, 이해의 상충, 지배자의 압제와 피지배자의 저항, 그리고 사회의 끊임없는 불안정과 변동은 갈등이론이 보는 사회의 속성이다. 갈등이론은 흔히 마르크스주의(Marxism)와 동일시되지만 양자가 반드시 일치하는 것은 아니다. 마르크스주의와 신마르크스주의(Neo-Marxism)가 갈등이론의 큰 줄기를 이루고 있는 것은 사실이지만, 고전적 또는 비마르크스주의적 갈등이론도 독자적으로 발전해 왔다. 고전적 갈등이론은 베버(Max Weber)의 사회이론으로부터 잘 발전한 지위경쟁이론을 중심으로 많이 논의되고 있다. 그리고 라틴아메리카에서 형성된 종속이론(dependency theory)도 갈등이론의 범주에 속한다.

갈등이론은 인간이 소유하고자 하는 대상물은 제한되어 있고 인간의 소유욕은 무한한데 이 모순을 해결할 수 있는 길이 없기 때문에 인간간의 경쟁과 갈등은 불가피한 것이 되고 있다고 전제한다. 살기 위한 필연적인 싸움 현실이라는 것이다. 싸움 자체가 인생이요, 사회라고 생각한 것이다. 그런데 마르크스주의적 갈등이론과 고전적 갈등이론은 싸움의 목표와 싸움의 무기에 대한 관점에 차이를 보이고 있다. 전자는 단일 요인을 주장하고 경제적 생산수단이 싸움의 목표이자 싸움의 무기라고 설명하지만, 후자는 복합요인을 내세워 경제적 부, 사회적 지위, 권위 등이 목표이고 무기라고 설명한다. 그러므로 마르크스주의적 갈등이론은 고전적 갈등이론에 비하여 이론이 단순하며, 단순하기 때문에 보기에 따라서 더 강력해 보인다. 그러나 양자의 보다 큰 차이는 역사관에서 나타나고 있다. 마르크스 및 신 마르크스주의적 이론은 진보적이고 혁명 지향적이며 낙관주의적인데 반하여, 고전적 갈등이론은 보수적이고 미래에 대하여 비교적 회의적이다(김신일, 2005).

학교교육에 대한 갈등론적 이론들은 몇 가지 유형으로 나타나고 있다. 이들은 재생산론, 저항이론, 그리고 지위경쟁이론이다.

첫째, 재생산론(reproduction theory)은 경제적 재생산 론과 문화적 재생산 론으로 나누어진다. 경제적 재생산론(economic reproduction theory)을 주장하는 사람들은 학교교육의 사회적 기능을 자본주의 사회체제, 즉 경제적 관계와 분리하여서는 이해할 수 없다고 본다. 다시 말하면, 자본가 계급은 노동 생산력의 축적과 계급통제를 통해 그들의 경제적 이점을 고양시키려고 노력한다는 것이다. 경제적 재생산 론에 의하면, 자본주의 체제에서의 학교교육은 경제적 모순을 은폐하고, 불평등한 구조를 존속, 유지, 심화시키고, 지배계급의 위치를 정당화하는 도구적 기관의 역할을 하고 있다는 것이다. 요컨대, 학교교육은 경제적 불평등을 정당화, 합법화함으로써 지배계급의 지위를 재생산하는 기능을 담당하고 있는 것이다. 이 주장에 대한 대표적인 인물로는 보울즈와 진티스(S. Bowles & Gintis, 1976)가 있다. 한편 문화적 재생산이론(cultural reproduction theory)을 주장하는 사람들은 학교교육의 문화적 역할에 초점을 맞추고 있다. 이들은 자본주의 사회가 경제적 모순에도 불구하고 자연스럽게 유지되는 이유를 지배계급이 선호하는 문화를 학교교육에 투입시켜 불평등한 사회적 관계를 정당화하고 있다는 데서 찾고 있다. 즉, 학교교육은 지배계급이 선호하는 문화영역을 통해 계급적 불평등을 유지, 심화시키는 재생산적 기구라는 것이다. 문화적 재생산 론은 문화영역과 계급구조를 밝히고, 이를 통해 계급적 문화의 법칙을 밝힘으로써 그것이 정당화, 합법화되는 사회적 이유를 설명하고 있다. 이 주장을 대표하는 인물로는 부르디외(P. Bourdieu, 1973)가 있다.

둘째, 저항이론(resistance theory)은 학교교육이 사회계급 구조의 불평등을 그대로 보존하거나 이행하는 것을 단순히 반영하는 것이 아니라 오히려 학교교육을 통해 사회 모순과 불평등에 도전하고 있다는 점에 초점을 두고 있다. 저항이론에서의 인간은 사회구조가 요구하는 대로 그 성격이 규정되어지는 존재가 아니라, 사회의 불평등한 구조에 대한 저항, 도전, 비판하는 능동적 존재인 것이다. 즉, 인간은 사회구조의 영향을 받기만 하는 수동적 존재가 아니라, 주체적 의지를 지닌 능동적 존재로서 사회모순에 투쟁, 비판, 거부하는 존재라고 믿고 있다. 이를 주장하는 대표적인 인물로는 윌리스(Willis, 1977)와 지루(Giroux, 1983)가 있다.

셋째, 지위경쟁이론(status-competition theory)은 막스 베버(M. Weber, 1947, 1968)의 전통에 따라 학교교육의 팽창과정을 지위, 권력, 명예를 위한 집단 간의 경쟁의 결과로 설명하는데 초점을 맞추고 있다. 이를 대표하는 인물은 코린스(R. Collins,

1979)와 헌(C. Hurn, 1978)이다. 과거뿐만 아니라 오늘날까지도 학력과 사회적 지위는 불평등하게 분배되고 있다. 교육은 높은 지위와 연결되어 있고 모든 집단들이 교육을 통해 그들의 자녀들이 높은 지위를 얻도록 노력하고 있다. 콜린스는 학교의 주된 활동의 무대인 교실의 안이나 밖에서 모두 특정 지위문화를 가르치고 있다고 주장한다. 학교는 기술과 지식을 전달하는 것이 중요한 것이 아니라 어휘, 억양, 의상, 심미적 취향, 가치와 예술 등을 중요시한다는 것이다. 학력은 높은 지위를 획득하는 수단이며, 지금까지 학력이 부족하여 낮은 계층에 남아 있었던 집단은 보다 높은 학력을 획득하여 높은 지위를 얻으려고 한다. 그러면 기존의 높은 지위를 점유하고 있던 집단은 위협을 느끼고 자신들의 학력을 더욱 높이게 된다. 이것은 다시 낮은 지위집단에게 보다 높은 학력을 요구하는 요인으로 작용하여 학력상승과 교육팽창을 유발하고 있다고 설명한다. 콜린스는 '지위문화'라는 개념을 만들어 냈고, 교육의 역사를 통해 학교는 특정한 지위문화가 전달되는 곳이라고 주장하고 있다(조영일, 2003).

3. 해석학적 이론

사회과학에서의 해석학은 19세기에 독일의 철학자 딜타이(W. Dilthey)를 중심으로 하는 사람들이 해석학적 기법을 발전시켜 인간의 행위와 제도를 포함한 사물의 이해에 적용하여 새로운 해석학을 발전시킨 데서 기인한다. 그들은 사물을 이해한다는 것은 바로 그것을 해석하는 것이라고 보았다. 우리가 무엇을 이해한다는 것은 그것의 의미 혹은 의의를 파악하는 것이며, 무엇을 해석한다는 것은 어떤 관점이나 상황에 비추어 그것이 의미하는 바를 깨닫는 것이다. 이해하거나 해석하는 사람은 이미 자신이 가지고 있는 기존의 지식 또는 이해 방식에 근거하여 자신의 마음의 눈으로 대상에 접근하는 것이다. 이러한 과정을 딜타이는 '이해'(Verstehen)라고 하였으며, 인간과학의 참된 방법이라고 주장하였다. 해석(또는 이해)은 '인간행동의 의미, 사회적 상호작용의 맥락, 주관적 상태에 대한 명백한 이해, 주관적 상태와 행동 간의 긴밀한 관계'를 강조한다.

해석학적 패러다임은 하나의 계보로 이루어져 있지 않다. 현상학적 사회학, 상징적 상호작용론, 민속방법론 등의 사회학 계열은 해석학적 사회과학 영역에 해당된다. 이들 이론의 공통된 특징을 살펴보면 다음과 같다.

첫째, 내부자 관점(insider's point of view)을 강조한다. 연구자는 행위자(참여자)들과 같은 방식으로 관찰하고 해석하며, 그로부터 특정한 유형이나 규칙성을 찾으려한다.

둘째, 총체주의(holistic approach)를 강조한다. 관심 대상이 놓여 있는 복잡한 상황 중에서 몇 가지 요소들을 발췌하여 분석적으로 탐구하기보다는, 문제 상황을 전체적으로 이해하고 탐구한다.

셋째, 맥락화(contextualization)를 강조한다. 모든 자료는 그 자료가 수집된 환경의 맥락 속에서 고려되어야 한다. 맥락 의존성이 바로 '해석'의 본질이다(조영일, 2003).

4. 신교육사회학

영국에서 시작된 신교육사회학은 지식사회학에 그 이론적 근거를 두고 있다. 지식사회학의 지식에 대한 견해는 '지식은 사회적으로 형성된다.'는 것이다. 그래서 지식의 존재 구속성, 상대성, 가변성을 받아들인다. 신교육사회학은 지식사회학의 이러한 견해를 수용하고 있다. 신교육사회학은 지식이 역사적, 사회적 산물이며, 그 존재조건에 영향을 받아 정당화되고 있다고 본다. 학교 지식 역시 중립적인 것이 아니라, 어떤 집단의 신념이나 관점을 반영하고 있는 사회적 산물 중에서 선택되어진 것으로 보고 있다.

신교육사회학이라는 용어는 고버트(David Gorbutt, 1972)에 의해 제안된 뒤부터 널리 사용되게 되었다. 그는 교육내용에 대한 연구의 중요성을 강조하면서 이러한 학문적 동향을 기존 이론에 대한 대안적 패러다임(alternative paradigm)으로 소개하였다. 기능이론의 교육과정에 대한 편견은 "지식의 조직화나 선별은 일정한 사회적 가치나 목표에 부합된 것이다"라는 전제이다. 그런데 신교육사회학은 학교지식의 객관성, 중립성, 보편성에 의문을 제기한다. 학교에서 가르치고 있는 지식은 교육제도 속에서 선별적으로 처리된 것이다. 신교육사회학은 학교지식의 선택, 조직, 분배에 작용하는 사회적 문제를 탐구한다. 이러한 탐구는 교육과정 탐구의 범위와 방법론을 크게 확대시켰고, 교육사회학 연구를 교육내용에 관한 연구까지 확장시켰다.

역사적으로 볼 때, 신교육사회학은 영국에서 평등화를 위한 교육개혁의 역사적 경험으로부터 발생된 교육 분석의 시각과 영역이 신교육사회학으로 정립된 것이다. 신교육사회학이 등장하기 이전인 1950년대와 1960년대에 영국의 사회적 상황은 학교교육을 사회평등 구현의 수단으로 여기고 이 문제에 대하여 큰 관심을 기울였다. 그 결과로 영국은 교육의 불평등을 초래시키는 요인을 제거하기 위하여 조기선발 시험제도(11+exam)를 없애고 복선제를 단선제화 함으로써 교육의 기회를 개방하는 교육개혁을 단행하였다. 그럼에도 불구하고, 영국사회는 교육 불평등은 교육 그 자체의 속성 때문이 아니라 전체 사회의 구조적 불평등이 교육에 그대로 반영되기 때문이라는 것을 밝혀냈다. 신교육사회학에서는 교육 불평등의 결정요인이 되는 학교 내의 여러 현상을 연구하였는데, 교육내용의 성격과 그것을 가르치는 과정에 전체 사회의 구조적 불평등이 반영되어 있음을 발견하였다. 그리고 이 문제, 즉 교육과정과 학교 내 상호작용 과정에 집중적인 관심을 보였다. 신교육사회학은 학교가 지식을 분류, 처리하는 기관임을 강조한다. 따라서 신교육사회학은 교육과정(잠재적 교육과정 포함) 속에 나타나는 지식과 사회구조와의 역학관계, 지식과 집단 간의 사상적 갈등을 집중적으로 분석하면서 교육과 사회평등에 관한 문제 논의의 새로운 지평을 열었다.

그래서 신교육사회학은 지식사회학의 관점에서 학교가 가르치고 있는 지식은 누구에 의해서 구성되었으며, 왜, 어떤 이유에서 선택되었고, 어떻게 학생들에게 분배되고 있는가에 관한 문제를 제기하고 있다. 나아가서 교사와 학생이 어떻게 조직되고 있으며, 그 준거는 무엇인가도 문제삼고 있다. 이러한 문제의 분석을 통하여 신교육사회학은 교육과정 속에 숨어 있는 이데올로기를 분석해낸다. 요약하면, 학교에서의 지식 전달은 세 가지 중요한 전달 매체인 교육과정,

교수(수업), 그리고 평가를 통해서 이루어지고 있기 때문에 신교육사회학은 학교교육 내부의 구체적 과정 속에 나타나는 지식의 문제를 분석하는 것에 중점을 두고 있다.

신교육사회학은 기능이론과는 다르게 학교교육에 대한 새로운 이해방식을 제공하고 있다.

신교육사회학이 주는 의의는 다음과 같다.

첫째, 지식의 사회성, 의식의 존재 구속성을 지적하면서 지식은 지식이 생산된 사회구조를 반영함을 일깨워 주고 있다. 종래의 객관적 · 보편적 · 절대적 지식관을 배격하고, 지식은 역사적 · 사회적으로 생성되는 것이라는 관점을 내세운다. 그래서 교육과정과 학교 내의 상호작용 과정에 대한 연구에서 새로운 사회학적 시각을 제공하였다.

둘째, 지식, 문화, 이데올로기, 규범 등의 지적인 과정을 통한 지배와 억압의 구조를 파헤침으로써 교육과 사회 불평등에 대한 이해의 폭을 넓혀 주었다. 개인의 해방(특히 의식의 해방)과 지배구조의 재편성을 통한 평등과 자율이 더욱 보장되는 사회를 이상적인 교육과 사회의 모습으로 가정하고 있다. 여기에 종래의 수동적인 인간관의 가정으로부터 능동적이고 주체적인 인간관으로의 변화가 포함되어 있다.

셋째, 종래의 교육제도와 기능중심의 교육사회학을 교육내용과 과정, 학교 내부현상에 관심을 두는 교육사회학으로 변화시켰다. 그리고 연구방법에서 질적 연구의 필요성과 중요성을 새롭게 인식하도록 하고 있다. 또한 거시적 분석으로부터 미시적 분석의 필요성과 중요성을 일깨워 주었다.

넷째, 교육과 사회 불평등에 관한 연구에서 개인주의적이고 능력주의적인 분석(기능론적 분석)을 비판하고, 역사적이고 구조적인 분석에 비중을 두게 하였다. 또한 종래의 제도 분석에 인간의 의식과 지식(문화)의 분석을 추가하였다.

다섯째, 학업성취와 교육과정에 대해 객관적이고 심리적인 분석을 포기하고, 합법화된 학교지식을 대상화시켜 분석하는 사회정치적 분석의 중요성을 일깨워 주었다. 학교지식의 성질, 학교의 조직, 교사의 이데올로기 등 교육에서의 여러 문제를 상대적인 것으로 보고 이때까지 자명한 것으로 생각했던 모든 전제에 의문을 제기하게 하였다.

여섯째, 학교와 교실에 대한 통제와 조직에 대해 경영적, 효율적, 기술적으로만 접근하는 방법을 비판하고, 그것에 대해 사회적으로 상호작용적이고 문화적인 면을 강조하는 비판적 견해가 중요하다는 것을 일깨워 주었다.

신교육사회학에서 교육에 대한 설명은 공통된 관점을 나타내면서도 학자들에 따라 조금씩 다르게 나타나고 있다. 애플(Apple), 영(Young), 부르디외(Bourdieu)는 한결같이 지식이 계층화되어 있고, 지적 · 문화적 자본이 사회집단 간에, 서로 다른 연령 집단간에, 서로 다른 권력 집단간에 불평등하게 분배되어 있음을 지적한다. 그리고 문화의 보존과 분배의 과정에서 어떤 특정집단이 어떤 종류의 지식을 소유하고 있지 못하고 있다는 사실은 정치적, 경제적 힘을 상실하고 있는 것을 의미하는 것으로 해석하고 있다. 그래서 애플(1979)은 학교와 같이 문화자본을 선택하고 분배하는 기관을 통해서 특정한 집단이 다른 집단에게 권력과 통제를 행사하게 되고 이들 간의 불평등한 사회구조가 학교를 통해서 재생산되고 있다고 주장하고 있다. 영(1971)은 헤게모니(hegemony)를 쥔 집단이 학교에서 가르치는 지식을 선정, 조직함으로써 학교는 문화자본에 의해 사회의 불평등한 구조를 재생산하고 있다고 주장한다. 여기서 헤게모니는 일상생활과 사회의식 속에 깊이 스며있는 지배집단의 의미체계와 가치체계를 의미한다. 부르디외(1973)는 학교교육 과정을 사회적 재생산보다는 문화적 재생산의 도구로 보아야 한다고 주장한다. 사회적 재생산은 사회자본(social capital), 즉 경제력과 권력의 세대 간 상속으로, 부모 세대의 경제적 재화 및 권력구조 내의 위치가 자식 세대에 전수되는 것을 뜻한다. 문화적 재생산은 문화자본(cultural capital)의 세대 간 상속으로, 부모 세대의 가정의 생활양식과 그것 때문에 가정과 학교에서 얻게 되는 제반 경험이 자식 세대에 전수되는 것을 의미한다(조영일, 2003).

제3절 사회화와 교육

교육이 인간의 삶의 질을 향상시키고 인간의 성장을 돕는 작용이라고 볼 때 교육은 인간의 삶과 성장의 현장인 사회 속에서 이루어질 수밖에 없다. 교육은 크게 보아 사회화의 과정으로 볼 수 있다. 사회화의 의미, 사회화를 돕는 과정을 살펴봄으로써 교육과 사회와의 관계를 연관지어 본다.

1. 사회화의 의미

인간은 무기력한 자연적 존재로 이 세상에 태어나 점차 사회적 · 문화적 존재로 성장해 가면서 그 사회의 구성원들과 상호작용하면서 새로운 지식, 기술, 태도, 규범, 가치 등을 배워 가게 된다. 이러한 인간의 사회적 · 문화적 특성의 영향에 따라 미국 사람과 일본 사람, 그리고 한국 사람은 각각 다르게 사회화되어 가게 된다. 이와 같이 인간이 자기가 소속해 있는 사회집단의 행동양식, 가치관, 규범과 같은 문화를 학습하여 내면화하고, 자기 자신의 독특한 개성과 자아를 형성해 가는 과정을 사회화(socialization)라고 한다(Horton & Hunt, 1976).

2. 사회화의 기관

한 인간이 성장 · 발달해 가면서 사회적 학습을 하는데 영향을 주거나 사회화의 매개체 역할을 해 주는 기관이나 담당자를 사회화의 기관(socializing agency) 또는 대행자(agents)라고 한다. 우리 주변에는 이러한 사회화 기관의 대행자는 무수히 많다. 가깝게는 부모, 친척, 형제자매로부터 교사, 친구, 이웃, 교회, 학교 등 수많은 사람들과 기관이 있다. 또 사회화 기관은 개인, 사회의 조직 · 기관뿐만 아니라 영화, 텔레비전, 라디오, 잡지, 신문 등 수많은 대중매체도 중요한 역할을 하게 된다.

이러한 수많은 사회화 기관이나 대행자 중에서도 가정, 학교 그리고 매스미디어는 가장 중요한 기관이므로, 이 세 가지 기관의 사회화 역할과 기능을 중심으로 살펴보기로 한다(김병성, 1994).

1) 가정의 사회화 기능

인간의 가장 원초적이고 일차적인 사회화는 가정에서 이루어진다. 인간은 누구나 출생과 더불어 가정의 일원이 되면서 의도적이든 무의도적이든 그 가정의 생활방식에 따라 갖가지 행동, 태도, 가치를 배우게 되기 때문이다. 많은 심리학자들이 지적하듯이 가정은 인간의 가장 핵심적이고 기본적인 인격의 틀을 구축하는 곳이다. 인간발달 이론에 따르면 인간은 6세 이전에 모든 퍼스낼리티(personality)가 형성되는데 이러한 역할은 가정이 주로 하게 된다.

따라서 가정의 자녀양육 방식이나 구성원의 인간관계 구조, 그리고 역할구조는 사회화에 일차적으로 가장 큰 영향을 주게 된다. 가정에서 언어를 습득하고 행동의 기본적 틀을 익히게 된다. 가정에서의 사회화는 가족 구성원인 아버지, 어머니, 형제자매의 행동모방을 통해서 시작된다. 우리 옛말에 '장모를 보고 장가를 간다.'는 말과 같이 배우자의 모든 것은 그가 어릴 때부터 생활해 온 가정환경과 생활여건이 잘 나타내 주기 때문이다.

가정에서의 자녀양육 방식과 자녀의 행동특성은 밀접한 관계를 갖게 된다. 자녀를 지나치게 통제하는 가정에서 성장한 어린이는 복종적이고 의존적이며, 권위주의적이고 반항적인 성격을 갖게 되는 경향이 높다고 한다. 반대로 부모가 자녀를 지나치게 방임하면 행동의 통합성과 사회성이 결여되고 책임감이 약화될 우려가 있게 된다. 그리고 아동의 자율성을 장려하고 협동과 집단의 결속력을 강화하는 가정에서 자란 아동은, 사회성과 지도성 그리고 책임감이 높고, 학업성취의 우수성을 보이는 경향이 높아진다고 한다.

가정의 구조와 형태에 따라서도 사회화의 행동특성이 달라진다고 한다. 대가족제에서 자라난 아동은 핵가족에서 성장한 아동에 비하여 의존심이 강하고, 반면에 사교성이 발달하게 된다고 하며, 기독교 정신을 강하게 믿고 있는 가정의 아동은 독립성과 성취동기가 강한 행동특성을 가진다고 한다(Brown, 1961).

가족구성원의 관계와 사회화에 관한 연구에 의하면, 자녀의 출생순위와 사회화되는 행동특성의 차이를 밝히고 있다. 흔히 가정에서 장남과 장녀에게 부여하는 역할과 기대가 차남 이하의 자녀와는 다르다. 장남을 가정의 계승자로 알고 더 많은 기대를 하게 되고, 더 많은 책임과 권한을 부여하며, 엄격한 훈육을 하게 된다. 따라서 장남은 동생들을 통솔하고 지시하며, 양보하고 보호하는 행동을 학습하게 된다. 장남과 장녀는 동생이 태어나기 전까지 독차지해 온 부모의 사랑과 관심 그리고 지위를 동생에게 위임하게 되면, 한동안 시기와 질투로 동생을 미워하게 되지만, 성장하면서 점차 양보하고 동생을 보호하는 경향이 높아지게 된다.

가족구성원 간의 역할 관계와 권력관계가 그들의 상호작용 관계를 결정함에 중요한 영향을 미치게 되지만, 부모의 성격, 가치관, 태도, 동기 등의 특성도 그들의 상호작용 과정에 크게 작용하게 된다. 같은 유형의 지위와 역할을 가진 부부라 할지라도 그들의 성격과 동기에 따라 서로 대하는 태도와 자녀를 대하는 태도가 달라지게 되며, 아동의 사회화에 미치는 영향도 달라질 수 있다.

2) 학교의 사회화 기능

학교는 각기 다른 가정환경에서 사회화된 이질적인 아동을 집단적으로 수용하여 새로운 사회화를 시도하는 독특한 체제와 구조를 가진 사회이다. 여기서 집단이란 모여 있는 구성원들이 어떠한 공동의 목표를 가지고 그 목표달성을 위해 각자가 맡은 역할에 있어 그 역할을 수행하면서 서로 상호작용하는 관계를 가지는 모임을 뜻한다. 학교나 학급은 어느 의미에서는 타의에 의하여 형성된 집단이며 그 집단의 목표, 과업, 역할 등도 학교에서 혹은 교사에 의하여 규정되는 경우가 있다.

따라서 학교는 가정 집단에 비하여 다분히 계획적 · 합리적 · 의도적인 사회화의 기관이라고 하겠다. 학생들은 학교생활을 통하여 일반적인 지식, 태도, 기술을 습득할 뿐 아니라 동료들과의 비공식적 상호작용을 통하여, 또는 교사나 동료들과의 관계를 통하여 사회적 역할을 배움으로써 사회화되는 것이다.

그러므로 학교에서의 사회화는 학교 자체의 역할과 친구 또는 동료집단의 역할로 이루어지게 된다.

학교사회는, 교사가 일정한 지식과 기술을 학생에게 전달하고 학생은 그것을 전달받고 배우는 곳만은 아니며 학교 및 학급 내부에서 이루어지는 교사와 학생, 그리고 학생 상호간의 인간관계를 통하여 서로 영향을 미치는 사회적 학습이 이루어지는 작은 사회인 것이다. 교사는 아동이 가정 밖에서 만나는 첫 번째 성인으로서 부모의 대리역할을 하게 된다.

교사의 아동에 대한 사회화 역할은 우선 사회화의 모델(model)로서의 역할이다. 어떤 의미에서는 여교사는 어머니를 대신하고, 남자교사는 아버지를 대리하여 여성적 · 남성적 행동특성을 배워 주는 역할을 하게 된다. 특히 초등학교 단계에서는 교사의 말투, 제스처, 성(性)역할 등과 같은 행동이 아동에게 깊은 영향을 주게 된다. 최근에 이르러 초등학교에 여교사가 지나치게 많아서 아동의 여성화에 대한 우려도 이러한 관점에서 깊이 재고되는 문제이다.

생활지도 과정에서 상이나 벌, 칭찬과 질책 등 다양한 방법으로 학생의 행동을 수정하게 된다. 또 가정이나 또래집단 등 여러 가지 학교의 생활 속에서 이미 형성된 잘못된 사회화로 이루어진 행동, 태도 등을 바람직한 행동으로 바꾸어 주는 역할도 하게 된다.

과거에 비하면 교사의 학생에 대한 훈육, 체벌 등 행동수정의 역할이 약화되었지만 아동의 올바른 사회화를 위한 행동수정의 역할은 매우 중요하다.

다음으로는 학교자체의 특성, 즉 학교의 전통이나 문화풍토, 역사, 학교집단 분위기 등으로부터 사회화되어지는 현상을 들 수 있다. 흔히 우리는 도시학교와 농촌학교, 여학교와 남학교, 인문계학교와 실업학교 등에서 학생들이 사회화되어지는 특징이 다른 것을 알 수 있다. 물론 이런 차이는 학교의 전통, 분위기, 교육이념 등 많은 요인에서 연유되지만 무엇보다도 학교의 규범에서 영향받은 경우가 많다. 이 규범은 구성원 상호간의 약속에 의해서도 형성되며 서로가 갖는 기대에 의해서도 형성된다.

학교사회가 갖는 규범은 등교시간, 교육과정과 수행과정, 수업연한과 이수시간, 성적, 출석률 등을 명시하는 학칙과 누구나 지켜야 할 교칙 그리고 교훈(校訓), 교풍(校風), 교사 · 학생 간의 인간관계 형식 등의 제 요소에 의하여 형성되어진다. 이러한 규범은 구성원 모두의 행동에 구속력을 갖게 된다.

3) 대중매체(mass media)의 사회화 기능

오늘날 우리 생활주변에 범람해 있는 각종 매스 미디어는 넓은 의미의 교육작용의 주체가 되는 동시에, 그 목적에 대해서는 형식적이고 의도적인 교육을 충분히 수행해 주고 있다. 이들 매스 미디어의 일상화는 늘어나는 여가의 오락물로서만 아니라, 필요한 정보와 자료의 습득 그리고 성인 · 아동을 동시에 학습시키는 사회교육의 수단으로서 크게 발전되고 있다. 각종 매스 미디어 중에서도 텔레비전의 사회 교육적 기능이 가장 크게 부각되고 있다.

어떤 의미에서는 가정의 사회화 기능보다는 텔레비전을 통한 사회화 기능이 더 청소년에 영향력이 큰 것 같다. 연구결과에 의하면 미국의 경우 일반아동들이 학교수업에서 1년 동안 1,080시간을 소요하는 반면, 텔레비전을 보는 시간이 1,500시간을 넘는다고 한다.

「한국의 연구」(김병성, 1982)에서도 중등학교 학생의 TV, 라디오, 기타 대중매체에 접하는 시간이 매일 3~4시간 정도로 나타나 외국과 연간 총시간은 거의 비슷한 결과이다. 관련된 여러 연구결과를 참고해 보면, 현대사회에서 대중매체의 사회화 기능은 그것이 교육적이든 비교육적이든 청소년의 행동 및 의식성향에 절대적인 영향을 미친다는 점이다.

대중매체의 부정적 사회화 기능으로는 그 내용이 주로 흥미위주로 되어 있어 아동의 건전한 사고발달에 도움이 될 수 없다는 점, 시력이 나빠진다는 점, 정서적 불안정감과 공포심을 유발한다는 점, 그리고 공격적 성격과 범죄행위를 모방하게 된다는 점 등을 들고 있다.

이러한 부정적인 견해와는 대조적으로 다른 연구에 의하여 지능증진, 사회성의 발달, 흥미의 다양화를 가져온다고 한다.

특히 텔레비전은 인간의 마음 속에 공통의식을 갖게 해 주고 경험의 세계를 넓혀 주어 사회규범, 관습, 협동심, 관용심 등을 구성원들에게 효과적으로 전달함으로써 개인의 사회화를 촉진시켜 주는 기능을 한다는 것이다(P. H. Mussen 등, 1979).

4) 또래집단의 사회화 기능

인간의 사회화 과정은 가정 안에서만 이루어지는 것이 아니다. 가정 밖에 여러 매개기관들이 있다. 이 중 또래집단(peer group)은 아동들에 있어서 매우 중요한 매개기관이다. 이 또래집단이란 동배집단 등 다양한 용어로 불리는데 간단히 말하자면 아동이 사귀는 친구들을 지칭하는 말이다(차경수 외, 1995).

(1) 또래집단의 성격

산업화에 따라 가정과 지역사회의 사회화 기능이 약화되고 학교 등 전문교육 · 훈련기관의 기능이 강화되고 청소년기가 연장됨과 더불어 친우집단의 중요성이 커지게 되었다. 인간의 발달과정에서 유아기를 벗어나 아동기에 접어들면서는 비슷한 나이의 친구들과 어울리는 시간이 많아진다. 아동기의 단짝 친구관계(chumship)에서 출발한 친우집단은, 특히 학교에 다니면서부터는 친구들과 접촉하는 기회가 많아지며 그 영향력도 증가한다. 친우집단은 가족이나 학교, 직장과는 달리 근본적으로 사교적인 목적으로 존재한다. 즉, 어떤 공식화된 목표가 있는 것이 아니고 친구들 사이의 상호작용을 통해 우정으로 결속되는 집단이라고 볼 수 있다.

또래집단 속에서는 모든 아동들이 비슷한 위치에 있다. 가정이나 학교에서는 아동들이 갖는 인간관계가 아무리 민주적이라고 해도 대등한 관계일 수가 없으나 아동끼리의 관계는 처음부터 동등한 관계로 시작하는 것이다.

또래집단의 또 다른 특징은 학교나 가정에서의 부모와 교사의 관계에서는 수직적 · 종적 · 규범적인 성격이 강한 반면에, 친구들과의 관계는 놀이를 중심으로 이루어진다는 점이다. 따라서 아동끼리의 관계는 어떤 집단보다도 개방적인 특징을 지닌다고 할 수 있다. 일정한 규칙을 파괴하지 않는 이상 누구라도 동등한 입장에서 같이 어울리는 데에 참여할 수가 있는 것이다. 즉, 아동끼리의 관계는 규범적인 제약을 받지 않는 자유로운 분위기에 형성된다는 점이다. 모든 관계는 순간순간의 자발적이고, 자유로운 분위기에서 형성되며, 상황 속의 즉흥적인 관심사에 따라 융통성 있게 영위되는 집단이다.

그러나 경우에 따라서는 비공식집단을 형성하여 조직적 특성을 갖는 수도 있다. 이런 집단이 반사회적 특성을 가지게 되면 불량집단화하게 되며 청소년비행의 학습 및 반복에 중요한 통로가 된다.

(2) 또래집단의 역할

또래집단은 아동 및 청소년의 인성발달에 중요한 장소가 된다. 아동들은 친구와 상호작용하는 가운데서 상호간에 지켜야 할 예의를 배우며, 타인과의 관계에서 자신을 억제하는 자제력을 습득하기도 한다. 또래아동과의 상호관계에서 작용하는 묵시적인 행동법, 말하는 법 등은 모두 이에 해당한다. 나아가 아동들은 이런 관계를 통해 성역할, 자신이 사회에서 차지하는 위치와 역할 등에 대한 일반적인 개념을 형성한다. 이성 및 여타의 여러 관계를 통해서 성역할과 다양한 사회적 역할을 나름대로 습득하는 것이다.

우선 아동들은 동료와의 관계를 통해 나이에 걸맞는 기능과 취미를 발달시키며, 비슷한 문제에 감정을 나누는 법을 배운다. 친밀한 아동들끼리는 자유로운 상태에서, 그리고 큰 고통 없이 자신의 관점과 취미, 감정, 이상 등을 나눌 수 있는 것이다. 청소년들은 고민을 자기들끼리 나누는 경우가 많다. 청소년기에 있어서 친우집단의 중요성은 청소년문제의 해결에 있어서 친우집단, 친우관계망을 활용한 방안들, 예를 들면 집단 상담이나 비행청소년의 집단치료의 개발 및 적용의 필요성을 시사한다.

특히 또래집단은 급격한 변화를 경험하고 있는 오늘날에 그 중요성이 더욱더 많아졌다고 할 수 있다. 대가족의 쇠퇴, 세대차의 심화, 성인사회로의 진입지연 현상 등으로 또래집단과 관계를 맺는 기관과 범위가 과거보다 훨씬 넓어졌기 때문이다. 따라서 아동들의 건전한 동료관계 형성을 위해 지속적인 교육적 관심이 필요하다고 하겠다.

이 밖에도 사회화에 영향을 미치는 집단은 준거집단, 종교집단, 군대집단, 이웃 등이 있다.

제 4 절 학교의 사회적 기능

1. 학교의 사회 적응적 기능

교육은 기존사회의 지식, 기술, 가치관, 신념체제를 유지하고 계승하는 기능이 있는가 하면, 사회를 개혁하고 발전시켜 보다 나은 사회를 건설하고 새로운 문화를 창조하는 기능을 지니고 있다. 전자를 교육의 사회 적응적 기능이라고 하면, 후자는 교육의 사회 개혁적 기능이라고 한다. 그런데 교육의 가장 대표적인 기관이 학교이기 때문에 여기에서는 학교교육이 지니고 있는 교육의 이러한 기능에 대하여 논의하면서 먼저 학교의 사회 적응적 기능을 살펴본다(김종서 외, 1989).

1) 사회화 기능

사회화 기능에 대하여서는 이미 앞에서 상세히 논의한 바 있으므로 여기에서는 학교의 사회적 기능에 한정시켜 언급하고자 한다.

학교는 인류역사를 통하여 거의 모든 사회에 존재하고 있는 사회적 기관으로서 아동의 사회화를 담당하여 왔다. 사회에 따라서는 가정이나 종교집단 또는 지역사회가 가장 중요한 사회화 기관의 역할을 하였고, 또 하고 있는 곳도 있지만 대부분의 현대사회에서는 학교가 사회화과정에 있어서 점점 더 중요한 위치를 차지하여 가고 있다. 학교에 취학시키는 것이 부모와 국가의 의무로 법제화되어 있는 나라가 대부분이다.

그러기에 학교의 사회화 기능의 중요성이 더욱 부각되며, 특히 다음과 같은 면에서 사회화의 기능을 수행하고 있다.

첫째, 학교는 다수인이 집단생활을 하는 곳이기 때문에 개인의 행동은 집단의 규범에 의하여 통제되며 따라서 일탈된 행동은 제재를 받는다. 학교에서는 지켜야 할 여러 가지 규칙들이 있다. 이 규칙들은 학교라는 집단생활을 영위하기 위한 것도 있지만 그 대부분은 사회에서 필요로 하는 규칙들이다.

또한 이러한 규칙 이외에 동배집단에서 요구하는 기대가 있다. 즉 학교는 교사라는 '중요한 타자(significant others)' 및 동배집단이라는 '일반화된 타자(generalzed others)'를 통하여 사회화를 촉진시킨다.

둘째, 학교는 사회인으로서 필요한 기초적인 능력과 태도를 가르치는 곳이다. 이 점은 교육법에도 나타나 있으며, 초등학교는 초등보통교육, 중학교는 중등보통교육, 고등학교는 고등보통교육을 하는 것을 목적으로 하고 있다. 이 경우 보통교육이라 함은 국민 누구나가 갖추어야 할 기본적인 능력과 태도의 함양을 의미한다. 환언하면 학교는 국민의 많은 사람들이 소유하고 있는 '최빈적 인성(modal personality)'을 형성하는 곳이다.

셋째, 학교는 아동들이 장차 사회에서 활동할 때에 대비하는 가정과 사회의 교량적 기능을 수행한다.

현대의 산업사회에 있어서는 인간이 가정교육만으로 사회에 진출할 수 없게 되어 있으며 반드시 학교라는 전문적 기관에서 학생들은 장차 진로에 필요한 지식, 기술, 태도를 배우게 된다.

2) 사회적 선발기능

개인은 사회 속에서 일정한 지위를 가지고 그에 따른 역할을 수행함으로써 그 지위와 역할에 대한 보상을 받게 되는데, 사회가 그 구성원들에게 제공하고 있는 지위와 역할은 참으로 다양하며 따라서 그 보상과 권위도 여러 가지 수준이 있게 마련이다. 그리고 어느 사회를 막론하고 그 사회의 구성원들은 보다 높은 보상과 권위를 마련해 주는 지위를 얻으려고 하는 반면, 좋은 지위일수록 그 수가 제한되어 있기 마련이므로 보다 나은 지위를 얻기 위해서는 다른 사람들과 경쟁을 하지 않으면 안 되게 되어 있다. 전통적인 사회에서는 사회구성원들 사이에 계급적 구분이 비교적 뚜렷하고 고정적이어서 그 사람의 재능과는 거의 상관 없이 어떠한 사회계층에 태어나느냐에 따라 그의 지위가 제한되게 된다. 그런데 현대의 개방적이며 분업화되고 전문화된 사회에서는 각 개인의 능력이 사회에서의 그의 지위를 결정하는 중요한 요소가 되고 있다. 현대의 다양화되고 문명된 사회 속에서 그가 담당한 지위를 보다 잘 감당하기 위해서는 다양하고도 전문적인 지식과 기능들이 필요하게 되는데, 그러한 지식과 기능의 전달을 담당하고 있는 사회기관이 바로 학교이므로 학교가 사회적 지위획득과 밀접한 관계를 맺고 있다는 것을 쉽게 짐작할 수 있다. 따라서 학력이 높다는 말은 그만큼 더 높은 사회적 지위에 나갈 수 있다는 보장이 되며 학력이 낮다는 말은 높은 사회적 지위에 나갈 수 있는 길이 제한된다는 것을 의미하게 된다. 따라서 인기학과에 그리고 상급학교에 진학하지 못하고 하는 문제가 개인의 지위획득에 커다란 역할을 하게 되므로 각급 학교의 교육과 학습의 주된 관심사는 진학시험에 합격하기 위한 준비를 하는데 있게 된다. 주어진 일정한 시간표와 학습진도 및 학습목표에 따라 움직여지는 각 학과는 시험에 잘 나올 만한 것을 암기시키고 푸는 데 중점을 두고 시험으로서는 잴 수 없는 다른 귀중한 지적 · 정의적 능력이나 인성 특성들의 육성에 대해서 교육적 배려를 하는 일은 소홀히 하게 된다. 학교는 하나의 시험준비 기관, 취직의 준비과정으로 변모하게 되고 인간다운 삶에 필요한 지적 안목과 정의적 특성을 기르려는 일에서 점점 소월해져 가고 있다. 학교의 사회적 선발기능이 가지는 이러한 역기능으로부터 학교의 본래적 기능을 보호 · 육성하는 일은 학교교육의 참다운 발전을 위한 중요한 과제가 되고 있다.

3) 보호기능

학교의 또 하나의 기능으로서 아이들을 맡아서 돌보아 주는 보모적 기능을 들 수 있다. 아이들을 일정시간 동안 매일 돌보아 줌으로 해서 가정의 주부들은 아이들로부터 해방이 되어 그들의 일을 할 수가 있게 된다. 사회적으로 볼 때도 청소년들이 할 일이 없이 나돌아 다닐 경우 여러 가지 사회적 문제들을 일으킬 염려가 있는데 이들을 학교가 맡아서 관리해 줌으로 해서 사회적인 안정과 질서를 유지할 수 있게 된다. 따라서 그들은 학교 안에서 어떠한 교육이 이루어지고 있는지에 대해서는 별로 관심이 없으며 단지 아동들을 학교로 보내기만 하면 부모로서의 그리고 사회로서의 아동들에 대한 교육적 의무를 다한 것으로 착각하게 된다. 이러한 학교관은 학교의 교육을 계속적으로 개선해 나가는 데 도움이 되지 않는다.

4) 사회결합 기능

초등학교의 교육은 의무적이다. 따라서 초등학교 아동들의 사회 · 경제적 배경은 곧 국민 전체의 사회 · 경제적 배경의 표본이라고 볼 수 있다. 특수학교를 제외한 특정한 공립학교는 아동의 사회 · 경제적 배경이 곧 그 학구 지역사회 주민의 사회 · 경제적 지위의 표본이라고 볼 수 있다.

아침이 되면 고층누각의 지역에서, 빈민지역의 산비탈에서, 상가에서, 혹은 일반주택가에서 손에 가방을 들고 학교를 향한 대행진이 계속된다. 그들이 집문을 나올 때까지는 먹는 음식, 가지고 놀던 장난감, 문화적인 여러 가지 시설, 사용하는 용어가 서로 달랐다.

또한 그들은 동리에서 서로 어울려 놀 수 있는 기회도 거의 없었다. 사회 · 경제적으로 비교적 상에 속하는 지역에 사는 아동들과 빈민지역에 사는 아동들이 동리에서 어울려 놀기에는 지리적인 거리가 멀었고 사회적인 거리가 멀었다. 이러한 아동들이 일단 교문에 들어서면 같은 환경 밑에서 공부하고 뛰어놀고 청소하고 뒹군다. 이와 같은 사실은 상류층의 문화가 하류층으로 흐르고 하류층의 문화가 상류층으로 스며들어 이로 인하여 계층문화의 융화가 이룩될 수 있다는 점에서 대단히 중요한 뜻을 지닌다.

만일 학교가 존재하지 않는다면 국민 누구나가 지녀야 할 문화의 공통요인의 층이 얇아지는 반면에 계층문화의 층이 두터워짐으로 인하여 사회의 안정을 가져오는 데에 문제가 있을 것이다.

이와 같이 학교는 사회 통합적 기능을 지니고 있다.

2. 학교의 사회 개혁적 기능

1) 학교의 사회 개혁적 기능

교육은 기존사회의 계승 · 유지를 위한 기능이 있는가 하면, 다른 일면으로는 사회를 개혁하고 혁신하여 새로운 문화를 창조해야 하는 기능을 지니고 있다. 이 양자의 관계에 대하여 브라멜드(Brameld)는 다음과 같이 말하고 있다.

'우리는 문화를 습득하는 놀라운 능력을 통하여 전달하는 것을 배우는 동시에 이를 변용하는 방법을 배우게 된다. 다시 말하면 우리가 습득한 여러 습관, 전통, 기술을 점차적 변화, 때로는 급진적으로 변용하는 방법을 배우게 된다. 우리는 전세대로부터 물려받은 그대로의 문화적 과정을 다만 물려주는 것이 결코 아니다. 우리는 극히 작은 정도만이라도 옛 생활방식을 개선하고, 새로운 문제와 혼란을 해결할 줄 아는 우리의 능력을 통하여 항상 우리의 문화를 변용하고 있다. 한편으로는 문화를 안정시키고 전달하고 유지하며 이를 보충하는 과정인 동시에 다른 한편으로는 전세대로부터 물려받은 여러 특징을 시정하고 개선하고 교체하는 과정인 것이다'(황종건 역, 1964).

학교는 아동들에게 사회개혁을 할 수 있는 지식, 기능, 태도, 신념을 형성해 주는 기능이 있다. 즉 학생들에게 어떤 경험을 제공해야만 사회개혁적인 인간이 될 수 있느냐 하는 문제이다.

좀 더 구체적인 예를 들면, 만일 우리나라가 튼튼한 민주국가로서 발전하기를 원한다면 현재의 어린이들에게 민주적인 생활을 시키고 민주적인 경험을 쌓도록 하여야 한다. 전제와 복종의 엇갈림 속에서 통제 · 지시 · 명령에만 움직이는 경험을 학생들에게 제공하면서 장차 이 사회를 민주사회로 개혁하고자 하는 어리석은 꿈이 있다면 이는 연목구어(緣木求魚)의 격이 될 것이다.

학교의 사회개혁적인 다른 일면은, 학교가 중심이 되어 직접적으로 현사회를 개혁하는 데 지도적 역할을 담당하는 일이다. 현사회의 문제점을 발견하고 지역사회 주민과 협력하여서 이를 시정하고 개발하는 일이 또한 학교에 맡겨진 기능의 하나라고 보고 있다. 학교가 중심이 되어 성인교육을 실시하는 일, 학교의 시설과 설비를 개방하여 지역사회 주민에게 이용하도록 하여 그들의 여러 활동을 돕는 일, 학생과 교사들이 향토개발사업에 직접적으로 참여하여 봉사활동을 하는 일들이 이에 속한다.

2) 지역사회학교

학교의 사회적 개혁적 기능을 강조하는 교육의 형태는 지역사회학교(community school) 운동으로 나타나고 있다.

올센(Olsen)은 모든 학교를 크게 세 가지로 나누고 이를 전통학교(traditional school), 진보적 학교(progressive school), 지역사회학교(comunity school)로 하였다. 그는 이 3자의 관계에 대하여 다음과 같은 예를 들고 있다.

올센(Olsen) 이외에도 여러 사람들에 의하여 지역사회학교의 특징에 대하여 논의된 바 있으나 필자는 이들을 종합하고 우리나라의 실정을 고려하여 그 특징을 다음과 같이 제시한다.

(1) 교과과정을 지역화하는 학교

지역사회는 모든 인간경험의 축도이기 때문에 이 안에서 무한한 학습문제와 학습자료를 찾을 수 있다. 구태여 교실 안에서 문자를 중심으로 하는 교육을 하지 않더라도 지역사회는 학습 실험장으로서의 역할을 충분히 다할 수 있을 것이다. 교육과정을 지역화 한다 하여도 각 학교의 전통과 지역사회 및 학생의 필요에 따라 여러 가지로 그 구조를 계획할 수 있을 것이다. 지역사회 문제를 중핵으로 하고 모든 학습을 이에 통합시키는 중핵형 · 통합형적인 구조에서부터 교과서를 중심으로 그 자원을 최대한으로 지역사회에서 구하여 학습을 구체화하고 활기 있게 할 수 있는 교과형에 이르기까지 몇 단계가 있을 수 있다.

(2) 지역사회의 자원을 학습에 최대한으로 이용하는 학교

지역사회에는 학습에 직결되는 물적 및 인적 자료가 있다. 고적, 자연물, 공장, 행정기관, 의사, 법률가, 외교관 등과 같은 자원을 최대한으로 이용함으로써 학습을 구체화 · 다양화 · 사회화 · 개별화 · 활성화할 수 있다.

(3) 주민과 학교가 바람직한 관계를 유지하는 학교

지역사회 학교는 그 학교가 있는 바로 그 사회에 발판을 두고 있다. 좀 더 구체적으로 말하면, 지역사회 주민들의 마음 속에 학교가 자리잡고 있어야 한다. 만일 학교와 지역사회가 대립 · 반목 · 갈등 · 불신의 관계가 있다면 지역사회 학교의 건설은 불가능하다. 주민과 학교가 바람직한 관계를 유지하는 일은 교육과정의 지역화, 지역사회 개발, 학교시설 설비의 개방 등의 모든 문제 등의 성패를 좌우하는 관건이 된다.

(4) 지역사회 개발을 위하여 봉사하는 학교

종래에는 학교와 지역사회 개발은 아무 관계가 없는 것으로 생각하여 왔다.

학교에서도 그렇게 생각하였고, 지역사회에서도 이를 당연시하였다. 그러나 학교와 사회를 유리시켜서 생각할 수 없는 오늘의 교육은 학교가 지역사회 개발활동을 직접적으로 담당해야 할 것을 요구하고 있다.

(5) 지역사회의 주민 전체를 교육하는 학교

학교가 아동교육만을 담당하는 데서 한 걸음 나아가 지역주민 전체를 교육하는 일까지도 맡아야 할 것이다. 이렇게 해야 할 까닭은 학교에는 이러한 교육을 담당할 인적 자원, 시설 · 설비가 충분히 갖추어져 있기 때문이다. 어머니교실, 노인교실, 청소년학교, 유아교실 등의 설립이 요망된다. 다만 이 경우 교사들의 근무부담의 과중과 시설 · 설비의 훼손, 소모가 문제되지만, 이러한 문제들은 별도의 행 · 재정적 지급에 의하여 해결되어야 할 것이다.

(6) 학교의 건물 · 시설 · 설비를 지역사회 주민에게 개방하는 학교

어느 지역사회에서든지 학교와 같이 좋은 건물과 시설 · 설비가 있는 곳도 드물다. 이것을 아동교육에만 쓰고 오후 늦게서부터 야간에 이르기까지 그대로 방치하여 둔다는 것은 경제적 입장에서 볼 때도 불합리하다. 학교의 대부분이 국가 및 지역주민의 도움을 받아 운영됨을 생각할 때 이는 마땅히 지역사회 주민이 이용하도록 개방하여야 할 것이다. 학교개방에 따르는 여러 문제점은 계획만 치밀히 한다면 해결할 수 있을 것이다.

(7) 지역사회의 여러 기관의 조정자의 역할을 하는 학교

지역사회에는 여러 기관들이 있다. 학교, 지서, 동사무소, 농협, 4H클럽, 새마을회, 청년회, 부녀회, 산림계 등 허다히 많은 기관들이 있는데 이 기관들 모두가 지역사회 발전이라는 공동목표를 가지고 있다. 이러한 기관에서는 상호 밀접한 연결 밑에 각자의 목적을 달성할 수 있도록 협동하고 상호 조력해야 하는데, 이를 위하여서는 학교가 중심이 되어 각 기관의 조정자(coordinator)적인 역할을

하여야 한다. 학교가 이러한 일을 하는데 가장 적절한 기관이라는 것이 점차로 인정되어 가고 있다.

(8) 민주적 과정을 실천하는 학교

지역사회 학교는 민주적인 학교인 것이다. 위에 열거한 다섯 가지 일들이 아무리 효율적으로 이루어진다 하여도 그것이 지시와 명령에 의한 것이라고 한다면 이는 지역사회 학교라고 할 수 없다. 상부명령에 의하여 각 단위학교들이 수족의 역할을 담당하여 지역사회 개발활동에 참여하므로 이를 지역사회의 발전이라고 착각하는 어리석음이 없어야 할 것이다. 교장의 행정방식, 직원회의 움직임, 학생지도의 방법이 민주적이어야 하며 민주적 과정이 학교생활 여러 면에서 찾아볼 수 있는 것이 지역사회 학교의 특징의 하나인데, 이 점이 많은 교육자들이 망각하기 쉬운 문제 중의 하나이다.

3. 교육의 기회균등의 기능

금세기에 들어와 교육사회학에서 관심을 불러일으키고 있는 문제 중의 하나가 교육의 기회균등의 문제이다. 이것은 지금까지의 교육이 공평하게 그 기회를 보장받지 못해 왔다는 말도 된다.

교육은 귀족이나 양반계층, 즉 상층의 자녀들에게 주어지고 또 그들이 사회의 상층을 차지하게 됨으로써 사회의 불평등을 해소시키지도 못했으며, 하층의 자녀들은 계속해서 하층에 머물러 왔다는 것이다.

교육기회의 불평등에 있어서도 종래에는 그 원인이 주로 학생의 타고난 능력이나 지능, 성취동기 등 학생 개인의 문제에 달려 있다고 보았으나 점차 이러한 문제는 개인적인 문제라기보다는 사회적 불평등이 반영된 구조적 차원에서 교육격차(difference)에 원인이 있다는 가설을 증명하려고 노력하고 있다.

플라토(Plato)의 「국가론」(The Republic)에서는 국가나 개인을 3개의 계급으로 나누고 인간은 태어날 때부터 3개의 계급 중의 어느 하나에 속한다고 보고,

이들 계급에 맞는 교육을 해야 한다는 주장을 했다. 즉, 인간의 불평등과 교육의 불평등을 자연적인 결과로서 받아들이고 있다.

여기에 대해서 포퍼(K. Popper)는 「열린사회와 그 적들」(The Open Society and Its Enemies)이라는 저서에서 플라토를 신랄하게 비판하고 있다. 로크나 루소는 인간의 불평등은 자연적인 필연의 결과가 아니라, 인간이 인위적으로 만들어낸 결과라는 주장을 하고 있다.

20세기의 사회학자인 베버(Max Weber)는 마르크스(Marx)가 지적한 생산 양식과 소유양식에 의해 불평등이 생긴다는 주장에 권력과 권위의 개념을 첨가하여 재산의 차이는 계급의 차이를, 권력의 차이는 정치적인 차이를, 권위의 차이는 지위의 차이를 생산하게 되어 사회의 불평등을 낳게 되었을 뿐이지 인간은 본래 평등하다는 주장을 하였다.

특히, 교육 기회가 균등하게 분배되지 않고 있다는 주장은 1970년대부터 제3세계 교육 이론가들인 라이머(E. Reimer), 일리치(I. Illich), 프레이어(P. Freire) 등에 의해 고조되었다. 이들은 학교교육은 사회의 지배계층이 이해관계를 유지하기 위한 하나의 사회적 조정 장치나 계층재산상의 매개변인에 불과하다고 보는 갈등론자들이다.

콜만(J. Coleman)은 교육 기회균등의 개념 변천을 4단계로 구분하고 있다.

첫째 단계는 그는 교육 기회균등은 산업사회의 출현과 더불어 제기된 문제이며, 시대에 따라 그 개념이 계속 변화하였음을 말하고 있다. 이러한 점에서 그는 교육의 기회균등이 과거에는 무엇을 의미하였으며, 현재에는 무엇을 의미하고 있으며, 또 미래에는 무엇을 의미할 것인지, 그리고 교육의 기회를 균등하게 제공해야 할 의무는 누구에게 있는 것인지의 문제를 제기하고 있다.

둘째 단계는 의무교육 초기의 교육 기회균등 개념은 교육에의 접근의 균등, 즉 지역, 계층, 성별, 인종, 가문 등의 귀속적인 요인에 의해서 통제받지 않는 자유로운 접근 기회의 부여(equality of access)와 학교에서 주어지는 교육과정, 시설, 교육비 등을 동등하게 하는 것을 교육 기회균등으로 보았다.

1919년 이후에는 학생 개인의 능력과 수준에 맞는 교육과정을 제공함으로써 그들의 잠재능력을 최대한 신장시켜 주고, 장래 직업적 정치(placement)에 성공하게 함을 의미했다.

셋째 단계는 1954년 이전까지의 개념으로 'separate but equal'이라는 명제, 즉 인종차별에 따라 학생들이 선호하는 학교를 자유로이 선택하게 하되 시설, 교육과정, 교사의 자질 등은 동일하게 제공해야 한다는 생각이다.

넷째 단계는 최근의 개념으로서 교육의 결과로 얻은 교육효과에서의 균등을 말하고 있다. 교육기회가 균등하게 분배되었다는 것은 그 결과가 동일해야 한다는 생각이다. 교육결과의 균등은 교육에의 접근기회의 균등이나 과정의 균등과는 달리 보다 적극적인 개념이라고 할 수 있다.

인간은 선천적으로 능력이나 조건이 같을 수는 없다. 날 때부터 타고난 잠재능력이 다르므로 인해서 동등한 사회적 · 교육적 기회를 부여받는다 하더라도 결과의 차이는 생기게 마련이다. 출발점에서의 격차가 극복되지 않는 상태에서 주어지는 기회란 결국 능력 있는 사람에게 한정되는 기회일 뿐이다.

인류가 이상으로 하는 정의와 복지의 차원에서 보면, 누구나가 주어진 기회를 향유할 수 있도록 적극적으로 도와주어야 할 의무가 있다. 이는 출발점에서의 불평등을 보상해 줌으로써 주어진 기회를 누구나가 균등하게 활용하여야 하는 방안이 모색되어야 함을 뜻한다. 각기 능력이 다른 학생을 똑같은 학습수준까지 이끌어 올리려면 똑같이 다루어서는 안 된다. 능력이 낮은 학생에게는 더 많은 시간과 노력을 투자하여야 한다. 그래서 결과의 균등은 오히려 차별을 불러일으킨다.

여기에 대해서 라울스(J. Rawls) 같은 사람은 보상적 평등주의를 주장한다. 사람은 각기 다른 잠재력을 가지고 각기 다른 환경의 가정에 태어난다. 그러나 이것은 순전한 우연의 복권추첨(natural lottery)과 같은 것이다. 그가 잘나서 그러한 좋은 환경과 보다 많은 잠재력을 가지고 태어난 것이 아니라는 것이다. 따라서 좋은 가정, 우수한 재능의 학생들은 불리한 위치의 학생들이 따라올 때까지 참을 수 있어야 한다는 주장이다. 이러한 주장은 능력주의의 비판을 받기도 했다.

이상에서 논의한 교육 기회균등의 개념은 세 가지로 요약될 수 있다.

① 지역, 성별, 계층, 종교, 인종 간의 차별이 없이 누구에게나 교육받을 수 있는 교육기회 접근의 균등

② 학교 간의 시설, 교육과정, 교사의 질, 학습자료, 교육비 등의 차이가 없는 교육과정의 균등

③ 학생 개인의 능력의 차이에도 불구하고 그 차이를 적극적으로 보상하여 결과적으로 학업성취나 사회적 지위를 균등하게 해야 한다는 결과의 균등

교육기회의 균등을 논의할 때 우리 나라의 경우, 고교평준화, 우열반편성, 영재교육, 특수교육 등에 대한 문제도 검토될 수 있을 것이다. 예를 들면, 음악적인 재능이 탁월한 학생이 경제적인 곤란으로 음악학원을 갈 수 없어 그 재능을 개발할 수 없었다면 교육기회의 문제는 어떻게 될까? 두뇌가 우수한 학생이 열등한 학생과 함께 섞여 있어 그 두뇌를 최대한 개발할 기회를 잃어버렸다면 어떻겠는가?

교육기회의 균등문제는 인간의 잠재력의 최대한의 신장과 인류사회의 공영에 이바지한다는 교육의 기본적 이상과 논의될 어려운 과제이다.

제5절 교육과 사회평등

1. 평등사회

과거의 신분사회를 지탱시킨 인간관은 '사람은 혈통에 따라 질적 수준이 다르다'는 신념에 근거를 두고 있었다. 그러나 이러한 혈통 주의적 인간관은 근대 시민사회가 등장하면서 부정되었다. 사람은 누구나 동등한 존재라는 신념이 지배하게 된 것이다. 구시대의 신분제도를 무너뜨린 현대인들은 평등사회가

곧 실현될 것으로 믿었다. 그러나 불평등의 요소는 이곳저곳에 여전히 살아 있어서 평등사회의 실현이 매우 어려운 일이라는 것을 알게 되었다. 그리고 학교제도가 발달하면서 사람들은 학교가 평등사회의 구현에 큰 구실을 할 것으로 기대하였다. 오늘날도 그렇게 기대하는 사람들이 많이 있다. 그러나 현실은 불평등이 줄어든 것 같기도 하고 그렇지 않은 것 같기도 하다. 이 문제에 대한 논의는 평등화론, 불평등 재생산론, 무효과론으로 나누어 생각해 볼 수 있다(김신일, 2005).

1) 평등화론

학교가 사회 평등화를 실현할 수 있는 장치라는 생각은 오래된 것이다. 프랑스 혁명 이래로 진보주의자(progressives) 또는 자유주의자(liberals)들은 학교야말로 모든 사람의 삶의 기회를 평등하게 만드는 가장 중요한 기관이라고 믿었다. 1960년대와 70년대에 미국과 유럽에서 전개되었던 불우계층의 어린이들을 위한 대대적인 보상교육(compensatory education) 프로그램도 이러한 신념을 바탕으로 하고 출발한 것이었다. 19세기 미국의 초등 의무교육운동에 앞장섰던 호레이스 만(Horace Mann)은 교육을 '위대한 평등장치'(the great equalizer)라고 부르기까지 하였다. 그가 초등교육의 보편화를 실현시키기 위하여 크게 노력한 것은 다음과 같은 그의 신념 때문이었다.

> "교육은 인간이 만들어 낸 창조물 이상으로 인간조건의 위대한 평형장치이다. 사회기제의 교육은 빈자가 부자에 대해 갖고 있는 적대감을 해소시킬 수 있는 좋은 기구이며 가난을 막아 주는 방편이다"(이규환 역, 1986).

우리나라 교육 선각자들도 전국 방방곡곡에 현대적 학교제도를 수립하여 남녀노소 상하빈부를 가리지 않고 이들에게 교육받을 기회를 제공함으로써, 평등하고 부강한 나라를 세울 수 있다고 믿었다. 그들은 옛날부터 내려온 신분사회를 벗어나 모든 사람에게 차별 없는 교육을 제공하는 것은 정부의 당연한 책임이라고 주장하였다.

학교가 평등사회를 위한 장치라는 생각에는 두 가지 다른 내용이 포함되어 있다. 하나는 교육을 통하여 불평등을 해소 또는 감소시킬 수 있다는 것이고, 다른 하나는 교육을 통하여 사회적 지위의 분배를 능력본위로 실행한다는 것이다. 전자는 평등주의의 관점이고 후자는 능력주의 관점으로 둘 사이에는 분명한 차이가 있다. 평등주의 관점은 사회를 평등하게 만드는 것, 즉 계층구조 자체를 평등하게 만든다는 것을 뜻한다. 그렇게 해서 사회의 불평등 구조를 없애야겠다는 것이다. 한 사회 내의 불평등, 계층격차를 줄이면 그만치 평등해진다는 것이다. 반면에 능력주의 관점은 계층구조는 그대로 놓아두더라도 개개인의 계층배치를 능력본위로 이루어지게 하면, 과거의 귀속주의에 의한 사회 불평등이 해소된다는 것이다. 그런데 능력주의, 즉 학교가 개인의 능력에 따라 학생을 선발함으로써 적절한 수준의 학교교육을 제공하여 각자의 교육수준에 따라 사회에 배치하는 문제는 일차적으로 학교교육 기회가 능력에 따라 분배되고 있는가에 달려 있다.

2) 불평등 재생산론

마르크스주의자를 비롯한 갈등이론자들이 교육에 대하여 부정적 입장을 취하고 있다는 사실은 앞에서 언급되었다. 이들은 교육이 사회 평등에 이바지하기는 커녕 오히려 장애가 되고 있다고 주장한다. 교육은 기존의 불평등한 사회계층구조에 어떤 변화를 가져오는 것이 아니라 오히려 재생산하고, 때로는 불평등을 더욱 조장하고 있다고 주장한다. 왜냐하면, 교육이 지배계층의 이익에 봉사하는 장치이기 때문이라는 것이다. 학교교육 기회가 모든 사람에게 평등하게 분배되는 것이 아니라 상급교육은 상층의 자녀에게 주어지고 그들이 다시 상층의 계층을 차지하므로 교육은 사회 불평등을 재생산하고 있다는 것이다. 보울즈(Bowles, 1971)에 의하면, 미국의 교육사는 사회 평등화의 역사가 아니었다. 역사적으로 볼 때, 미국의 교육은 사회 불평등을 재생산하고 합리화해온 것이다. 그래서 그는 다음과 같이 주장하고 있다.

첫째, 미국의 학교는 평등의 추구를 위하여 발전한 것이 아니고, 훈련받은 기술 인력을 자본주의 기업가들에게 공급하고 정치적 안정을 위한 사회통제의 장치로 필요하였기 때문에 발전한 것이다.

둘째, 기술을 갖춘 교육받은 인력의 경제적 중요성이 높아짐에 따라 기존 계급구조를 다음 세대에게 그대로 재생하기 위하여 학교제도의 불평등이 점점 더 중요하게 되었다.

셋째, 미국의 학교제도는 지난 반세기 동안 줄어들지 않고 있는 계급 불평등에 오염되고 있다.

넷째, 학교위원회(school boards)나 기타 교육정책결정 기구에 대한 통제가 불평등하기는 하지만 이것만으로는 교육제도의 불평등성을 충분히 설명하지 못한다. 학교교육의 불평등의 원천은 학교제도 안에 있는 것이 아니고 학교 밖의 계급구조, 나아가 그러한 계급구조를 발생시킨 자본주의 경제체제에 있다.

이러한 보울즈의 견해는 1976년에 진티스(Gintis)와 공동 저술한 「자본주의와 학교교육」(Schooling in Capitalist America)에도 나타나고 있다. 보울즈는 만인 불평등의 원천이 자본주의 경제구조에 있는 것이라면, 교육 개혁안은 불평등의 제도적 기반인 경제제도를 변혁할 수 있는 범위 내에서만 사회 평등화에 힘을 쓸 수 있을 것이라고 생각하고 있다. 결국, 교육은 사회 불평등을 지속시키고, 그렇게 함으로써 기득권층에 봉사한다는 것이다.

3) 무효과론

앞서의 두 견해는 모두 교육이 사회 평등 또는 불평등과 밀접한 관계가 있다는 것을 입증하려고 노력한 것이다. 이에 반하여 무효과론은 교육이 사회 평등이나 불평등에 아무런 관계가 없다는 것을 증명하려고 한다. 교육이 사회 평등화에 기여하는 사실을 확인하기 어렵다는 연구는 여러 가지가 있다. 예를 들면, 버그(Berg, 1970)는 교육수준이 개인의 직업생산성(on-the-job productivity)에 영향을 준다는 근거를 찾을 수 없다고 주장하였다. 그러나 교육의 평등화 기능을 확인하지 못했다고 해서 이것이 곧 교육이 평등화에 기여하지 못한다는 주장의 근거가 될 수는 없다는 비판이 일어났다. 이 비판에 대해서 반론을 제기하는 사람들은, 교육이 사회 평등과 관계가 없으며, 설혹 관계가 있다고 하더라고 그것은 무시할 정도라고 주장한다. 이러한 주장의 배경에는 학자마다 조금씩 다르지만, 계층이동은 평등화의 방향이건 불평등의 방향이건 교육이 아닌 다른 요인들의 영향을 받는다는 전제와, 교육은 사회 평등화보다는 다른 가치를 추구한다는 전제가 깔려 있다. 프랑스의 부동(Boudon, 1974)은 교육기회의 분배가 평등하게 이루어지고 교육의 차이가 지위상승에 결정적인 영향을 주는 가설적인 능력주의 상황을 설정하고, 이러한 상황 하에서 사회 평등화가 얼마나 실현될 수 있는가를 알아보기 위해서 모의분석(simulation)을 하였다. 그 결과는 역시 교육은 사회 평등화와 무관하다는 것이었다. 그는 일반적인 조건 하에서 교육기회의 확대는 사회적 불평등을 감소시키지 않으며, 이것은 교육기회의 불평등 분배가 호전되어도 마찬가지라는 결론을 내렸다.

2. 교육평등관의 변천

평등은 근대사회의 개념이다. 그 전에는 평등보다는 신분이 더 중요한 개념이었다. 그러나 신분제도가 무너지고 근대 시민사회가 형성되면서 사람들은 어떤 종류의 차별도 인정하려 들지 않는다. 모든 사람은 법 앞에 평등하다고 믿기 시작한 것이다.

그래서 교육에 대해서도 모든 사람은 평등한 대우를 받기를 바라고 있다.

교육평등에 대한 관점은 시대의 변화에 따라 바뀌어 왔다. 이것을 교육기회의 허용적 평등과 보장적 평등, 교육조건의 평등, 그리고 교육결과의 평등으로 나누어 볼 수 있다(김신일, 2005).

1) 교육기회의 허용적 평등

교육기회의 허용적 평등은 모든 사람들에게 교육받을 기회가 동등하게 주어져야 한다는 관점이다. 주어진 기회를 누릴 수 있느냐는 개인의 역량과 형편에 달린 것이고, 법이나 제도상으로 특정 집단에게만 기회가 주어지고 다른 집단에게는 금지되는 일은 철폐되어야 한다는 것이다. 즉, 교육받을 기회가 모든 사람에게 균등하게 허용되어야 한다는 신념이다. 그렇다고 해서 모든 사람이 같은 수준의 교육을 받아야 한다고는 믿지 않는다. 사람은 각기 다른 수준의 능력과 다른 종류의 재능을 타고난다고 믿었기 때문이다. 다만 이제까지 신분, 성, 종교, 지역, 인종 등을 이유로 차별해 오던 것을 철폐함으로써 누구나 원하고 또 능력이 미치는 데까지 교육을 받을 수 있도록 허용하는 것이다. 그러나 사람이 타고나는 능력은 각기 다르다고 믿었기 때문에 교육의 양은 능력에 비례하여야 한다고 생각하였다. 그러므로 교육기회는 아무에게나 주어지는 것이 아니고 엄격한 기준에 의한 선발을 거쳐야 한다. 물론 차별은 하지 않지만 중등교육과 대학교육은 능력 있는 인재들에게만 주어야 하는 것이다.

2) 교육기회의 보장적 평등

허용적 평등관은 일체의 제도적 차별을 철폐함으로써 모든 사람에게 교육받을 기회를 열어주는 데에 기여하였다. 그러나 교육받을 기회를 허용하는 것만으로는 완전한 교육평등의 실현은 불가능하다는 것이 곧 밝혀졌다. 학교에 다니도록 허용되었다고 하더라도 경제적 능력이 없는 하위계층 자녀들은 교육을 포기할 수밖에 없다. 깊은 산골이나 외딴 섬에서 사는 어린이들은 그곳에 학교가 없기 때문에 학교에 다닐 수가 없다. 그러므로 교육평등을 실현하기 위해서는 취학을 가로막는 경제적, 지리적, 사회적 제반 장애를 제거해 주어야 가난한 집의 수재나 산골의 어린이들도 학교에 다닐 수 있게 된다. 이렇게 교육기회를 보장해 주어야 교육의 평등이 실현될 수 있다고 생각했다.

그러나 여기에는 새로운 문제가 나타났다. 교육 전문가들은 교육기회를 보장해 주면 계층 간의 교육 불평등이 완전히 해소될 것으로 기대하였는데 결과는 그렇지 않았다. 결국, 보장적 평등정책은 교육기회의 확대는 가져왔지만 계층간의 분배구조를 변화시키는 데 까지는 미치지 못한 것이다. 교육기회가 확대되는 것과 분배구조가 평등해지는 것은 다른 문제인 것으로 드러났다. 그 이유는 교육기회의 새로운 증가 부분이 각 계층에 고르게, 또는 하위계층에 집중적으로 분배되는 것이 아니라, 상위계층부터 채워져 내려간다는 것이다.

3) 교육조건의 평등

교육조건의 평등은 학교의 시설, 교사의 자질, 교육과정 등에 있어서 학교간의 차이가 없어야 평등하다는 생각이다. 왜냐하면 학교간의 차이는 그 자체도 문제이지만, 상급학교 진학에 큰 차이를 가져오고 결국 상급 학교교육의 기회분배에 차이를 가져오기 때문이다. 그래서 학교의 교육여건과 교육이 진행되는 모든 과정이 평등하게 되지 않으면, 교육평등은 아직 실현된 것이 아니라는 것이다. 실제로, 초등교육과 중등교육의 취학이 보편화되자 학교간의 차이가 문제로 등장하였다. 학교에 따라 교사의 질적 수준이 다르고, 시설이 다르고, 주변 환경이 다른 것을 학부모들이 문제삼기 시작한 것이다. 그러한 학교차가 교육결과에 차이를 가져온다고 생각하기 때문이다. 실제로 학교 간에는 학생들의 성적차가 나타나고 있다. 이러한 현상은 새로운 것이 아니고 이전부터 있어 온 것이다. 그러나 교육기회 분배의 평등화가 성취되자 새삼스럽게 문제로 인식하기 시작한 것이다. 성적 차이뿐만 아니라 비인지적 특성, 즉 행동방식, 태도, 성격 등의 차이도 뚜렷하게 나타나고 있다. 이러한 교육결과의 차이를 해소하기 위하여 학교차를 없애야 한다는 주장이 나왔으며, 이 주장은 그 나름대로 당연한 요구로 여겨지고 있다.

4) 교육결과의 평등

학교의 교육조건이 평등화되어도 교육결과의 평등이 보장되지 않는다는 것이 밝혀지고 있다. 그래서 교육결과, 즉 학업성취의 평등을 위한 적극적 조치를 취해야 한다는 주장이 나타난 것이다. 교육을 받는다는 것은 단순히 학교에 다니는 데에 목적이 있는 것이 아니고, 배워야 할 것을 배우는데 있으므로 교육결과가 같지 않으면 결코 교육평등이 아니라는 생각이 형성된 것이다. 교육평등의 문제가 여기까지 이르면 한층 더 복잡해진다. 각기 능력이 다른 사람들을 같은 학업 수준까지 끌어올리려면 똑같이 다루어서는 불가능하기 때문이다. 능력이 낮은 학생에게는 교사가 더 많은 시간과 노력을 기울어야 한다. 우수한 학생들보다 열등한 학생들에게 더 좋은 교육 조건을 제공하지 않으면 결과의 평등은 이루어질 수 없다.

이것은 일종의 역차별이다. 이제까지는 약자가 차별을 당하였는데 이번에는 거꾸로 강자가 차별 당하게 된 것이다. 그러므로 교육결과의 평등은 쉽게 받아들여지지가 않고 심각한 논란의 대상이 되고 있다.

이 문제에 관하 논쟁은 롤즈(Rawls)의 저서 「정의이론」(A Theory of Justice, 1971)을 통해서 큰 영향을 미쳤다. 그는 사람들이 각기 다른 잠재능력을 가지고 각기 다른 환경의 가정에서 태어난다고 보았다. 어떤 사람은 명석한 두뇌를 가지고 태어나고, 다른 사람은 다소 모자라는 두뇌를 가지고 태어난다. 마찬가지로 어떤 사람은 여러 가지 환경조건이 훌륭한 가정에 태어나지만, 다른 사람은 불우한 환경의 가정에서 태어난다. 누가 어떤 잠재능력을 가지고 어떤 가정에 태어났느냐는 순전히 우연의 결과라는 것이다. 그러므로 좋은 잠재능력을 가지고 태어났거나 좋은 가정에서 태어난 사람은 불리해진 사람에게 어느 정도 적선을 하는 것이 도리에 맞는다고 롤즈는 주장하고 있다. 이 주장대로 사회는 마땅히 그러한 방향으로 제반 제도를 수립해야 하는 것이다. 이러한 평등사상을 흔히 '보상적 평등주의'(redemptive egalitarianism)라고 부른다. 보상적 평등주의는 능력주의로부터 비판을 받고 있다. 사람은 타고난 능력에 따라 활동하고 그 업적에 따라 분배를 받는 것이 옳다고 주장하는 것이 능력주의자들의 관점이다.

결과의 평등을 위해서 실행된 교육적 조치는 저소득층의 취학전 어린이들을 위한 보상교육(compensatory education)을 예로 들 수 있다. 미국에서 실시한 "Project Head Start", "Middle Start Project"와 영국에서 실시한 EPA(Educational Priority Area)사업은 저소득층의 취학전 어린이들에게 기초학습 능력을 길러 주어서 이들이 학교교육에서 뒤떨어지지 않고 학습할 수 있도록 하기 위한 예비적 조치였다.

불우한 가정에서 태어난 어린이들은 좋지 않은 가정환경 때문에 기초학습 능력을 발전시키지 못한 것이 취학 후 그들의 학교 성적을 낮게 하는 중요한 원인이 되고 있다는 연구결과들이 이러한 조기교육의 필요성을 뒷받침해 주었다.

제6장

교육과정의 탐구

제1절 교육과정의 기초개념

1. 교육과정의 어원

교육과정을 영어로는 curriculum이라고 한다. curriculum이라는 낱말의 어원은 라틴어의 currere이며, currere는 '뛴다', '달린다'는 뜻으로서 경마장의 경기로(race coures)를 의미한다. 교육에 있어서는 이 race의 뜻이 study로 전용된 데부터 새로운 교육개념의 하나로 대두하게 되었다. 즉, '달린다'(race)는 뜻은 학생에게 있어서는 '공부한다'(study)라는 뜻이 되며, 달리는 코스(race course)는 일정한 교육기간 동안에 학생이 공부하는 과정(course of study)이라는 뜻으로 해석되었다.

그러나 학생이 공부한다는 것은 일정한 순서로 배열된 코스(교육내용)에 따라 달리는 것을 의미하기 때문에 어떠한 방향만이 아니고 내용의 뜻도 아울러 가지고 있음을 알 수 있다. 따라서 course of study란 contents of study라는 의미로 전용될 수 있다. 그러므로 cousre of study와 같은 뜻으로 쓰이는 curriculum은 일정한 순서로 배열한 학습의 코스를 의미하는 동시에 학습내용이나 경험의 내용을 의미하며, 학습내용이나 경험내용은 학습자의 발달단계에 따라 계획되고 배열되어 전개되어야 하므로 학습내용과 학습 코스는 밀접하게 관련된다.

결국 curriculum의 어의는 학생의 학습할 내용을 일정한 순서에 따라서 조직하고 배열한 것이라고 할 수 있다(홍순강 · 손경란, 1993).

2. 교육과정의 의미

의도적인 교육활동은 목적을 수반함을 전제로 한다. 학교교육은 유목적적인 것이기에 조직적인 교육계획을 필요로 한다. 이러한 교육의 계획이 바로 교육과정에 해당되는 것이다. 따라서 교육과정이란 교육의 목적이 설정되었을 때 그 목적을 달성하기 위하여 선택된 교육내용을 교육적인 관점에서 편성하고 조직한 교육의 전체계획이라 할 수 있다.

교육과정이라는 개념은 대단히 폭넓게 사용되고 있기 때문에 간단히 정의하기는 힘들다. 왜냐하면 교육과정에 대한 정의는 논자의 견해나 시대적 상황 또는 교육의 장에 따라 다양하게 표현되고 있고 교육목적에 따라 달리 해석되는 경우도 있기 때문이다. 그러나 일반적으로 교육과정에 대한 개념은 대체로 다음 두 가지 견해로 집약해 볼 수 있다. 하나는 '교육과정이란 교사가 학생을 가르치고 훈련시키기 위하여 마련된 것'이라고 보는 견해이고, 다른 하나는 '교육과정이란 교육이 이루어지는 환경'이라고 보는 견해이다.

이러한 견해의 차이는 학습내용을 편성할 때 두드러지게 나타난다. 즉, 전자는 학습내용이 지식의 체계로 성립된다는 관점에서 여러 가지 지식을 배우는 것이 학습이라고 보는 견해이고, 후자는 학습내용이 경험의 체계로 성립된다고 보는 관점으로서 유익한 여러 가지 경험을 쌓는 것이 학습이라고 보는 견해이다. 그래서 전자를 교과형 교육과정(subject matter curriculum)이라고 하고, 후자는 경험형 교육과정(experience curriculum)이라고 구분한다.

교과형 교육과정에서는 교육과정의 뜻을 '학교의 지도하에 피교육자가 학습하게 되는 일체의 교과와 교재'라고 정의하며, 경험형 교육과정에서는 '학교의 지도하에서 학습에 의해 행해지는 일체의 경험과 활동'이라고 정의 내리고 있다.

그런데 위의 두 견해는 양자 모두 극단적으로 한쪽에만 치우친 느낌이 있으므로, 현대에 와서는 이를 통합하여 교육과정을 '학교의 지도하에 피교육자가 학습하는 일체의 지식과 기능 또는 피교육자에 의하여 행해지는 일체의 경험과 활동을 일정한 순서로 배열한 교육내용의 전체적인 계획'이라고 해석하고 있다.

종래의 교육과정이라는 말은 교과과정, 학과과정 또는 학습과정이라는 뜻으로서 학교에서의 정규의 수업만을 의미하는 좁은 뜻으로 사용되어 왔으나 오늘에 와서는 정규과정(regular curriculum)에만 국한되지 않고 교내외를 막론하고 피교육자의 성장과 발달에 관련되는 일체의 활동 모두를 포함하는 넓은 뜻으로 사용되고 있다. 다시 말해서 교육과정은 학교에서의 교실활동(class room activities)만이 아니라, 특별교육활동(extra-curricular activities)까지 포함하게 되었으므로 교육과정이라는 용어 대신에 보다 폭넓고 포괄적인 의미인 교육과정이라는 말을 사용함으로써, 교육계획 · 교육설계라는 말과 같은 뜻으로 해석하기에 이른 것이다.

이런 점에서 교육과정의 개념은 '학교내외를 막론하고 피교육자의 바람직한 성장과 발달을 도모할 수 있도록 하는 학교의 총화적 노력'이라고 정의 내릴 수 있겠다(Saylor, 1954).

제 2 절 교육과정의 유형

1. 교과중심 교육과정

커리큘럼(curriculum)이라는 용어는 라틴어의 쿠레레(currere)에서 그 어원을 찾을 수 있다. 명사로서의 currere는 경마장에서 말이 뛰는 길(course of race)을 뜻하였다. 즉 경마장에서 말이 뛰는 길은 정해져 있으며 다른 길을 뛰는 것은 허용치 않았다. 이와 같이 학교에서 학생들이 공부할 내용도 정해져 있으며 다른 내용을 배우는 것을 허용치 않는다. 국어, 산수, 자연, 사회생활 등과 같이 초등학교에서 배우는 내용, 중학교에서 배우는 내용, 고등학교에서 배우는 내용이 정해져 있다. 또한 1학년에서 배우는 내용, 2학년에서 배우는 내용 등도 정해져 있다. 이와 같이 정해진 공부의 길(course of study)을 통과하면 수료증 또는 졸업장이 수여된다. 따라서 대개의 경우 수료증이나 졸업증에는 '이 사람은 본교(학교)소정의 과정을 졸업(수료)하였기에 이 증서를 드립니다'와 같은 내용이 기록되어 있다. 이렇게 볼 때 교육과정은 교수요목(course of study), 학과과정, 교과과정과 동의어가 된다. 교수요목이 교육과정의 초기개념이었다는 것은 별로 이해하기 어렵지 않다. 왜냐하면 '무엇'을 가르칠 것인가 하는 질문은 실제로 교육할 장면에 있어서 가장 먼저 제기되는 질문이며 이 질문에 대한 가장 소박한 대답은 각 과목별로 학생들에게 가르칠 만하다고 생각되는 주제를 열거하는 것, 즉 교수요목을 작성하는 것이기 때문이다. 교육과정의 개념을 교육요목으로 보는 견해는 오늘날도 널리 퍼져 있는 견해이면서 대부분의 일선교육자들이 받아들이고 있는 개념이다.

교수요목은 학과 또는 교과별로 작성되기 때문에 이를 학과과정 또는 교과과정이라고도 한다. 이렇게 하여 말이 뛰는 길(course of race)은 교수요목의 어원이 되었다. 이렇게 볼 때 교육과정의 가장 오래된 개념이 교과중심의 교육과정이며 이는 앞에서도 말한 바와 같이 1920년경부터 교육학자들의 관심의 대상이 되었으며 다음과 같은 특징을 지니고 있다고 할 수 있다.

첫째, 문화유산의 전달이 주된 교육내용이 된다.

교과는 문화유산을 분류하고 논리적으로 체계를 세운 것이라고 할 수 있다. 따라서 교과중심 교육과정은 문화유산중심 교육과정이라고 할 수 있을 것이다.

둘째, 교사중심의 교육과정이며, 모든 수업은 교사가 통제한다.

교육자는 피교육자보다 월등히 많은 지식과 기술이 있어야 하며 이 지식과 기술을 피교육자에게 전달하도록 한다.

셋째, 설명위주의 교수법을 요구하는 경우가 많다.

교과중심 교육과정이라고 하여도 실험, 실습, 시범, 토의 등의 학습활동을 하는 것을 바라고 있지만 이것보다는 교과내용에 관한 교사의 상세한 설명을 필요로 하는 경우가 더 많다.

넷째, 일률적인 교재에 의해 한정된 교과영역 안에서 학습활동이 이루어진다.

교과중심 교육과정에 있어서는 교과의 선을 중시한다. 따라서 학습활동은 이런 선 내에서 이루어지며 선을 넘어서 다른 교과까지 침범하는 것을 싫어한다. 예컨대, 지리과에 있어서는 지리의 내용만을 취급하는 활동이 전개된다.

그러나 교과중심 교육과정은 다음과 같은 단점이 있다.

첫째, 학습자의 흥미, 능력, 필요 등 심리적 원리가 무시되고 성인중심으로 이루어진다는 점이다.

둘째, 단편적이고 분과적이므로 전체로서 통합성이나 관련성이 부족하다.

셋째, 학습지도가 교사의 일방적인 계획과 지도에 따라 획일적으로 이루어지기 때문에 교사의 통제가 되기 쉬우므로 민주적 가치와는 먼 사고방식을 길러낼 가능성이 있다.

넷째, 사고력 등 고등정신을 계발하기 어렵다. 교과내용의 암기위주의 학습이나 사지선택식 학습은 창의적인 사고 등 고등정신을 계발하기 어렵게 한다.

2. 경험중심 교육과정

교과중심 교육과정 개념에 회의를 느끼기 시작한 것은 1930년 전후의 일이었다. 미국에서 진보주의 교육사조가 나타남에 따라 교과중심 교육과정으로는 학생들이 급변하는 사회에 적응할 수 없으며 현실생활과 거리가 너무나 멀다는 것을 주장하게 되었다.

이 사조는 당시의 미국의 사회경제적 상황에서 쉽게 받아들여질 수가 있었으며, 따라서 '교육과정 개정'(curriculum revision) 작업이 활발히 진행되었다.

이러한 교육과정 개정작업에서는 교육과정을 비교적 단절된 교수요목으로 보기 보다는 '학교의 지도하에 학생들이 가지게 되는 모든 경험'으로 정의하였다. 교육과정을 '교수요목'으로 보는 견해가 '학생들의 경험'으로 보는 관점 간에는 큰 차이가 있다. 즉 전자가 '모든 학생들에게 공통된 문서'를 의미한다면 후자는 학생 개개인에 따라서 다르게 나타나는 경험자체를 의미한다고 볼 수 있다.

이와 같은 경험중심 교육과정의 초기개념은 결코 교과중심 교육과정을 배격한 것은 아니었다. 듀이(John Dewey)도 이점을 분명히 하고 있으며 '학교교육에서 무엇이든지 죽은 것, 기계적인 것이 있다고 하면 그 원천은 바로 아동의 생활과 경험을 교육과정(즉 교수요목, 필자 역)에 종속시키는 데 있다'(Dewey, 1956)고 말하고 있다.

이 말은 교과와 아동경험 사이의 간격을 없애야 한다고 주장하는 데 있었던 것 같다. 이영덕도 이 점을 분명히 하고 있으며 이와 같은 교육과정 개념(경험중심 교육과정을 말함. 필자 역)에서는 '교육과정 조직에 있어서 교과목을 중요시하지 않은 것은 아니나 그 보다는 인간생활의 제영역에서의 문제점들을 중심으로 조직하는 방식을 채택하였다.'(이영덕, 1978)라고 하고 있다.

이상에서 논의한 바와 같이 경험중심 교육과정은 교과중심 교육과정을 배격한 것은 아니로되 교육과정을 생각하는 관점에는 큰 차이가 있음을 알 수 있으며 그 특징을 들면 다음과 같다.

첫째, 교육활동에 못지않게 과외활동을 중시한다.

교과중심 교육과정에 있어서는 교실학습 제일주의 입장을 취한다. 그러나 경험중심 교육과정에서는 교실학습에 못지않게 소풍, 여행, 전시회, 자치활동, 클럽활동 등도 중시한다. 교육은 학교의 전생활에 이루어진다는 신념 하에 각종 다양한 학습활동을 전개한다.

둘째, 생활인의 육성을 목표로 하고 있다.

경험중심 교육과정이 1930년 전후에 나타나게 되었음이 이미 지적한 바 있지만, 이 무렵이 미국에서는 경제대공황으로 인하여 시련을 겪던 시기이다. 경제대공황은 교과중심 교육과정에 큰 회의를 느끼게 하였으며 교육은 자아실현, 인간관계, 경제적 능률, 공민적 책임이라는 점에서, 잘 사는 사람을 육성하는 데 역점을 두어야 할 필요성을 절감하게 되었다.

셋째, 교육과정의 중심을 교재에 두지않고, 아동중심교육을 강조한다.

교과중심 교육과정에서는 '교과를 가르친다'는 입장을 취한다. 즉 국어를 가르치고 산수를 가르친다는 입장이다. 그러나 경험중심 교육과정에 있어서는 '아동을 가르친다'는 입장을 취한다. 따라서 교육은 아동의 필요, 흥미, 능력에 그 바탕을 두어야 한다고 믿고 있다.

넷째, 사회의 급격한 변화에 적응하는 인간을 육성코자 한다.

오늘날의 사회는 급격히 변하고 있다. 그렇기 때문에 장래생활을 예측하기 어렵게 되었다. 내다보이지 않는 미래를 위한 준비교육을 하는 경우 어디에 기준을 설정할지가 막연해진다. 따라서 교육은 아동들이 현재생활에 충실을 기하도록 하는데 중점을 두어야 한다고 주장한다. 즉 급변하는 사회에 보다 잘 적응하는 인간육성을 강조한다.

다섯째, 문제해결력의 함양을 강조한다.

사회가 급속히 변하고 지식과 기술이 폭발적으로 증가함에 따라 계속적으로 새로운 문제가 나타나며 이러한 새로운 문제는 고정된 가치관이나 지식에 의하여서는 해결할 수 없게 되었다. 사회적응을 그 특징의 하나로 하고 있는 경험중심 교육과정에서는 개인적 또는 집단적으로 부딪치는 문제들을 가장 현명하게 해결할 줄 아는 능력을 배양코자 한다.

여섯째, 전인교육을 강조한다.

생활인 육성을 그 특징으로 하는 경험중심 교육과정에서 전인교육을 강조함은 논리적으로 당연하다. 지 · 덕 · 체의 조화적인 발달을 이룩한 인간이 생활을 올바르게 영위할 수 있기 때문에 전인교육을 강조하고 있다. 특히 교육중심 교육과정에서 지식교육에 치중하는 것에 대한 비판이 있는데 전인교육은 이런 점에서 교육자 및 사회인의 지지를 받고 있다.

그러나 경험중심 교육과정은 다음과 같은 단점이 있다.

첫째, 교육과정의 기본적인 분류가 명확하지 않고 지적 계통이 없다. 학습자의 흥미나 요구가 활동영역을 결정하기 때문에 그 분류가 어렵고 명확하지가 않다.

둘째, 학습자의 흥미위주로 하다 보니 꼭 배워야 할 법칙, 원리 또는 기본교과를 소홀히 하게 되어 기본학력이 저하된다. 높은 학습단계에서는 추상적인 원리, 원칙적인 학습도 필요할 때가 있기 때문에 원리적인 사전지식도 필요한 것이다.

셋째, 행정적으로 통제하기 어렵고 통일성을 기하기 어렵다. 일정한 기준을 정할 수 없기 때문에 전체적인 조화와 평가가 어렵다.

넷째, 교직적인 교양과 지도능력이 미숙한 교사가 취급하면 비능률적인 결과를 초래한다.

다섯째, 학습과정에 많은 시간을 사용하게 되며 사회의 인식이 수용할 만한 여건으로 형성되지 못한 것을 들 수 있다.

3. 학문중심 교육과정

학문중심 교육과정은 생활적응을 목적으로 하는 경험중심 교육과정이 체계적인 지식 교육을 소홀히 한 결과 1950년대에 이르러 생겨난 교육과정이다. 경험중심 교육과정이 팽배해 있던 당시에 소련의 스푸트닉 쇼크라는 충격적 사건은 철저하고 체계적인 지식교육의 필요성이 요구하였고, 그 결과 수학과 과학을 중심으로 대대적인 개혁운동이 일어났다. 따라서 학문중심 교육과정에서는 학문, 즉 지식의 본질에 대한 탐구와 그것의 교육적 가치를 찾는 일을 가장 중요한 과제로 삼았으며, 대표적인 학자는 브루너(Bruner)이다.

학문중심 교육과정의 특징은 다음과 같다.

첫째, 교과내용은 '지식의 구조'를 핵심으로 조직한다.

학문중심 교육과정의 사조에 의하면 '교육과정은 각 학문에 내재해 있는 지식 탐구과정의 조직'으로 정의된다. 한 교과의 교육과정은 그 교과의 구조를 나타내는 일반적인 원리를 가장 깊이 이해하고 있는 사람들에 의하여 결정되어야 한다. 해당 학문분야의 폭넓은 기본구조와 관련을 맺지 않은 특수한 사실이나 기술을 가르치는 것은 몇 가지 근본적인 의미에서 비경제적이다.'(이홍우 역, 1973) 라고 지적하고 있다.

부르너에 의하면 교육과정은 곧 각 교과의 전문가들이 각 교과가 나타내고 있는 지식의 본질(즉 구조)을 가장 명백히 표현할 수 있도록 그 지식을 체계적으로 조직해 놓은 것을 가리킨다.

여기에서 '지식의 구조'라고 함은 '학문의 양면에 숨어 있는(underline) 기본적 아이디어', '지식의 기본개념', '지식의 기본원리', '지식의 핵심개념', '일반적 아이디어', '지식의 탐구과정' 등과 동의어로 쓰이는 개념이다. 그것은 각 학문을 이루고 있는 기본요소들 및 이 요소들이 서로 얽혀 있는 것을 나타낸다. 이와 같은 지식의 구조가 중요시되는 까닭은 몇 가지 이유에서이다. 이미 언급한 바와 같이 지식의 구조는 학습의 전이를 용이하게 한다.

둘째, 나선형 교육과정(spiral curriculum)이 되어야 한다.

학문에 내재해 있는 지식의 구조, 즉 기본적 개념, 일반 아이디어, 핵심개념은 각 학문분야에 따라 그렇게 많을 것 같지는 않다. 이와 같은 교과내용은 학년이나 발달의 정도와 관계없이 가르칠 수 있다는 가정이 성립되어야 한다. 즉 초등학교 아동부터 고등학교에 이르기까지 같은 내용을 가르치되 다만 그 수준을 달리해야 한다는 입장이다. 브루너는 이 점에 대하여 '어떤 교과든지 지적 성격을 그대로 두고 발달의 어떤 단계에 있는 아동에게도 효과적으로 가르칠 수 있다.'(이홍우 역, 1973)는 대담한 가설을 내세운 바 있다. 이 가설이 뜻하는 바는 어린이들도 그들의 사고방식에 맞게 그들이 알아듣는 말과 자료를 써서 가르치면 어떤 교과내용도 이해할 수 있다는 것이다.

따라서 이 교과내용은 고등학교 학생에 해당되며 초등학교 아동에게는 너무 어려워서 가르칠 수 없다는 말은 성립되지 않는다. 같은 교과내용을 발달단계와 관계없이 가르치되 다만 발달단계가 높아짐에 따라 그 내용의 깊이와 폭이 달라질 뿐이라는 것이다. 마치 달팽이 껍질의 선이 위로 올라갈수록 점점 크게 되는 것과 같은 비유이다. 즉 나선형 교육과정은 교과가 가장 완벽한 상태를 가상하고 일찍부터 그 교과에 담겨진 기본개념을 그들의 사고방식에 알맞게 가르치면 학년의 진전에 따라 점차로 심화 확대해 나가는 교육과정을 말한다. 이와 같은 나선형 교육과정의 생각이 나타남에 따라 교육과정의 변혁이 나타났다. 예를 수학에서 들면 집합이라는 수학의 기본개념을 종전에는 고등학교부터 취급하였으나 학문중심 교육과정이 나타남에 따라 초등학교 1학년 교과서에 수록하게 되었다. 집합이라는 교과내용은 초등학교 1학년부터 고등학교 3학년까지 동일하되 학년의 진전에 따라 그 수준이 달라지도록 되어 있다.

셋째, 탐구과정을 중시한다.

앞에서 학문중심 교육과정을 '각 학문에 내재해 있는 지식 탐구과정의 조직'이라고 정의한 바 있다. 그리고 그 특징으로 '지식의 구조'와 '나선형 교육과정'에 대하여 언급하였다. 이렇게 볼 때 학문중심 교육과정의 또 하나의 특징으로 탐구과정을 들지 않을 수 없다.

학문중심 교육과정에서 교과를 가르칠 때 그 교과에 내재해 있는 '기본원리', '핵심개념'을 교사가 찾아 내어 이것을 학생들에게 제시하고 주입하는 것이 아니라 해당분야의 학자가 한 것과 같이 '눈'과 '방식'으로 이를 찾아 내도록 한다. 즉 물리학을 공부할 때는 물리학자가 한 것과 같은 일을 학생들에게 하도록 한다. 물리학자는 해당분야의 학문을 탐구하고 있기 때문에 비록 그 수준은 다를지언정 학생들도 물리학의 구조를 탐구하는 활동을 하도록 한다. 즉 물리학을 올바르게 공부하려면 물리학자가 되어야 한다는 뜻이다.

브루너는 이 점에 대하여 '지식의 최전선에서 새로운 지식을 만들어 내는 학자들이 하는 것이나, 초등학교 3학년 학생이 하는 것이나를 막론하여 모든 지적 활동은 동일하다. 물리학을 배우는 학생은 다름 아니라 바로 물리학자이며 물리학을 배우는 데는 다른 무엇보다도 물리학자가 하는 일과 똑같은 일을 하는 것이 훨씬 쉬운 방법일 것이다.'(이홍우 역, 1973)라고 말하고 있다.

이와 같은 탐구과정에는 '발견의 희열'이 따른다. 학문적 탐구 자체에 오는 지적인 기쁨이기 때문에 그 기쁨은 순수하다. 이것은 유레카(Eureka)로 대표되는 발견의 기쁨이다. 「논어」에도 '知之者 不如 知之者, 好之者 不如 樂之者'라는 말이 있다. 지식을 탐구하지 않고서는 지식을 즐길 수는 없는 것이다. 이와 같은 학습방법(learning to learn)은 또한 이전가가 높다고 한다. 그러나 학문중심 교육과정은 다음과 같은 단점이 있다.

첫째, 학습능력이 상위권의 학생에 적합하다.

둘째, 지식을 너무 단순화 · 구획화시키므로 문제해결 능력을 기르지 못한다.

셋째, 보통 이하의 수준 학습자들에게 비인간화 현상이 나타난다.

4. 인간중심 교육과정

형식면에서의 인간중심 교육과정은 '학생이 학교생활을 하는 동안에 가지는 모든 경험'이라고 정의한다. 이 정의를 얼핏보면 경험중심 교육과정의 정의와 같은 것 같아 보이나 경험중심 교육과정의 정의보다도 훨씬 넓다. 즉 경험중심 교육과정에서는 '학교의 지도하에 학생들이 가지는 모든 경험'이라고 하였지만 인간중심 교육과정에서는 학생들이 '학교생활을 하는 동안에 가지게 되는 모든 경험'이라고 하였다. 학생들이 학교생활을 하는 동안에 가지게 되는 경험은 이를 둘로 나누어서 생각할 수 있는데 그 하나는 학교의 지도, 계획, 의도가 없는데도 가지게 되는 경험이다. 인간중심 교육과정에서는 이러한 모든 경험을 포함한다.

즉 학생이 학교생활을 하는 동안에 사람의 됨됨이(지적 · 정의적 · 기능적 · 신체적)에 영향을 주는 모든 경험을 인간중심 교육과정에서 중시한다. 따라서 경험중심 교육과정보다는 그 범위가 훨씬 넓어진다.

내용면에서의 정의는 '인간의 존엄성의 신념 아래 최대한의 자아실현을 가져오는 교육과정'이라고 정의한다. 이 정의는 앞에서 논의한 바 있는 교육의 본질관에 기초하고 있다.

이와 같은 형식 및 내용면에 걸치는 정의를 좀더 명백히 하기 위하여 인간중심 교육과정의 특징을 들면 다음과 같다.

첫째 인간존중을 핵심으로 하는 교육과정이다.

인간존중 사상은 인류의 역사가 시작되어 오늘에 이르기까지 인류의 이상이며 이념이다. 우리 나라의 옛 교과서인 「동몽선습」에는 '天地之間 萬物之衆 唯人最貴'라 하였고, 천도교에서는 '人乃天'의 사상을 최고가치로 삼고 있으며 예수는 '세상의 모든 것을 다 준다해도 그것을 너의 생명과 바꿀 수 있겠는가?'라고 말씀하셨으며, 석가모니는 '天上天下唯我獨尊'이라고 설파하였다. 인간중심 교육과정은 이와 같은 인간존엄성의 사상을 학생들에게 경험시키도록 하는 교육과정이다. 따라서 학생 간의 비교가 아니라 한 개인의 발전을 가장 존중한다. 예를 평가에서 들면 한 개인의 상대적 지위를 밝히는 상대평가, 목표나 준거도달 정도를 밝히는 절대평가보다는 한 개인의 전후간의 발전의 정도를 밝히는 자기지향 평가(self referenced evaluation)를 더 강조한다. 또한 금지와 억압과 체벌보다는 권장, 자유, 칭찬을 장려 함으로써 인간적인 학교분위기를 형성하기 위하여 노력한다.

둘째, 인간중심 교육과정에서는 잠재적 교육과정(latent curriculum)을 표면적 교육과정과 똑같이 경우에 따라서는 더 중시한다.

인간중심 교육과정은 학교의 지도, 계획, 의도에 의하여 학생들이 가지는 경험과 학교의 지도, 계획, 의도가 없거나 또는 이런 것들과 관계없이 학생들이 경험하는 것을 모두 포함시킨다고 하였거니와 전자를 표면적 교육과정 또는 노출된 교육과정이라고 부르고, 후자를 잠재적 교육과정 또는 숨은 교육과정이라고 부른다. 흔히 표면적 교육과정은 학생들의 지식, 기능의 신장에 영향을 미치며 잠재적 교육과정은 학생들의 사회적 발달, 정의적 발달에 영향을 미친다. 오늘날의 학교교육에서 문제되는 것이 지식, 기술의 발달보다 가치관, 도덕성 발달이 소홀히 됨을 생각할 때 잠재적 교육과정이 인간중심 교육과정에서 차지하는 비중을 짐작할 수 있을 것이다.

셋째, 학교환경의 인간화를 위하여 노력한다.

인간중심 교육과정은 그 정의 자체가 '학교생활을 하는 동안에 학생들이 가지는 모든 경험'이기 때문에 학교환경 전체를 인간중심적으로 조성을 해야만 비로소 학생들이 인간적인 경험을 할 수 있다. 그런데 학교의 인적 · 물적 환경 중에는 인간교육을 저해하는 요인이 허다하다. 예를 들면, 대규모학교, 과밀학급, 체위에 맞지 않는 책상과 걸상 등은 인간소외 현상, 반항심, 정서적 불안과 같은 문제를 야기한다. 또한 금지, 체벌, 강요와 같은 학교의 풍토는 자아실현에 결정적인 악영향을 미친다. 그렇기 때문에 잭슨(Jackson)은 '가장 시급한 교육적인 과제의 하나는 학교 안에 인간적인 환경을 창조하고 유지하는 방법을 배우는 데 있다.'(Jackson, 1968)라고 말하고 있다.

넷째, 자아실현을 목표로 설정한다.

인간중심 교육과정의 개념은 아직도 정립되지 않았지만 그 목표를 자아실현에 두어야 하는데 대하여서는 이론이 없는 것 같다. 패터슨(Patterson)은 '인간중심 교육목표는 자아실현을 계발하는 데 있는 것이다.'(장상호, 1980)라고 분명히 말하고 있다. 윤팔중도 인간중심적인 목적론의 전개라고 하는 제목 하에서 다음과 같이 말하고 있다. '인간중심 교육과정은 우선 그 목적이 인간중심적이어야 한다고 본다. 이러한 교육관에 입각한 사람들에 의하면 교육의 목적은 인간관과 분리해서 생각할 수 없으며 인간은 태생적으로 성장하고자 하는 욕구를 지닌다고 본다. 그리고 이 욕구를 끊임없이 실현하고 하는 동기도 동시에 지닌다고 보며 이 동기의 실현을 자아실현이라고 한다'(윤팔중, 1980).

매슬로우(Abraham H. Maslow)가 그의 '욕구(needs)'의 위계론에서 인간의 궁극적인 필요는 '자아실현의 욕구'라고 한 것은 널리 알려져 있다. 그리고 역사적으로 볼 때도 인간교육을 주장한 대부분의 교육자들이 자아실현을 역설하고 있다. 이렇게 볼 때 인간중심 교육은 곧 자아실현을 위한 교육이라고 할 수 있다(윤팔중, 1980). 이와 같은 자아실현이 과연 무엇을 의미하는지는 사람에 따라서 다를 수 있다. 윤팔중은 '인간의 내면에 숨겨져 있다고 상정되는 신성을 발견하여 그에 합일되도록 하는 것, 역신의 자량을 발휘함으로써 소명을 수행하는 것, 사회 · 문화적인 세력과의 조화를 통하여 인간성을 발전시키는 것, 가치 있는 과업을 성취는 것, 혹은 인간에게 잠재되어 있는 것으로 보이는 잠재 가능성을 사실화하는 것으로 설명되고 있다.'(윤팔중, 1980)라고 그 뜻을 풀이하고 있다.

다섯째, 인간중심 교육과정에서는 인간주의적인 교사를 가장 필요로 한다.

교육과정의 결정자는 교사이다. 교육부, 각 시도 교육위원회, 학교의 행정가 또는 전문가들은 교육과정에 대한 결정을 문서상으로 할 수 있다. 그러나 그것이 아동의 경험으로 번역되려면 교사가 결정적인 역할을 한다.

인간중심 교육과정에서는 '가르친다는 것은 하나의 체제나 방법들을 이용하는 것은 아니고 바로 하나의 인간적인 관계'(장상호 역, 1980)로 보기 때문에 교사의 인간적인 영향이 얼마나 중요한지를 알 수 있다. 그러면 인간주의적 교사는 어떤 교사인지가 규명되어야 할 것이다. 패터슨은 '진실된 교사, 한 개인으로서 아동에 대한 존중, 공감적 이해, 애정'을 그 특성으로 들고 있다. 특히 '진실된 교사'에 대하여서는 다음과 같이 말하고 있다. '교사는 하나의 인간이며 진실된 개인이기 때문에 그들은 그들이 아닌 어떤 것이 되려고 노력해서는 안 된다. 인간주의적인 교사는 솔직하고 진실하다. 그는 가면을 쓰지 않으며 신비스러운 교사의 역할을 수행하려고 하지 않으며 따라서 그가 아닌 어떤 것이 되려는 선입견에서 해방되며 그 선입관이 만들어 내는 긴장과 불안에서 해방된다'(장상호 역, 1980).

그러나 인간중심 교육과정은 다음과 같은 단점이 있다.

인간중심 교육과정은 비인간화를 막고 자아를 실현하려는 인간을 육성하려 하였지만 인간본성을 지나치게 낭만적으로 보았기 때문에 현대와 같은 경쟁사회에 필요한 인간으로는 부적합하다는 비판점이 있다. 인간중심 교육과정의 기본개념을 실천에 옮길 준거가 모호하며, 인간중심주의자들이 제안하고 있는 집단경험이나 가치명료화 등의 기법은 일선교사들이 현장에 적용하기에 문제점이 많다는 것을 들 수 있다.

첫째, 인간중심주의자들은 학습자의 학습결과를 평가하기보다는 학습방법과 경험을 중요하게 다루기 때문에 프로그램의 장기적 효과를 평가하는 데 애매한 점이 많다.

둘째, 인간중심주의자들은 각 개인의 차이에 관심을 두고 있지만, 각 개인에게 알맞은 경험이 무엇인지에 관하여는 구체적인 대안이 없다.

셋째, 인간중심주의자들이 의존하고 있는 심리적 기법과 이론이 잘못된 심리요법일 수도 있고, 과학과 지식으로부터 동떨어진 것일 수도 있다는 것이다.

넷째, 인간중심 교육과정이 모든 학습자에게 적절한 것이라고는 볼 수 없다.

인간중심 교육과정 이론은 우리 나라의 1981년 교육과정에 반영되었으며, 인간교육의 강화는 산업사회의 중요한 과제가 될 것이다.

제 3 절 교육과정의 요소

교육과정 구성요소는 교육목표를 설정하는 일, 그 목표달성에 필요한 학습내용과 경험의 선정, 선정된 내용과 경험의 조직, 그리고 학습 후 그 결과를 평가하는 요소를 포함하고 있다.

타바(H. Taba)는 교육과정 개발절차를 요구의 진단, 목표설정, 내용선정, 내용

조직, 학습경험의 선정, 학습경험의 조직, 평가내용, 방법, 수단결정, 균형과 계열성 검증의 단계로 보았으며, 이성호는 자료기초, 교육이념과 목표의 분석, 학습자와 사회 · 교과의 요구를 사정하여 교육과정 목적과 목표설정, 교육과정의 계획, 교육과정의 편성 및 시행, 교육과정 평가로 이어지는 순환적 관계로 보고 내면적인 상호작용 및 환류관계를 명시하였다.

1. 교육목표의 설정

1) 교육목표 설정의 원리

교육과정 개발에 있어 목적과 목표의 설정이 가장 기본이 되고 중심이 되는 것이다. 교육목표는 교육과정의 방향을 정해 주는 지침이 되므로 교육목표가 어떻게 설정되느냐에 따라 교육내용의 선정 및 조직의 방향이 달라진다고 할 수 있다. 그러므로 교육목표는 학습자에 타당한 것이어야 하는데 학습자의 흥미나 욕구, 발달을 충분히 반영해야 한다. 논리적으로 좋은 목표도 학습자의 생활을 고려하지 않은 것이라면 소용이 없고 교육의 효과도 기대할 수 없는 것이다. 또한 교육목표는 철학에 타당해야 한다. 올바른 세계관, 인생관, 역사관, 교육관 등 철학적 이념에 비추어 교육목표는 타당하게 설정하여야 한다. 어떠한 가치관에 기초를 두느냐에 따라 교육의 목표는 달라지게 되는데, 현대사회의 민주주의 철학에 바탕을 두어 검토되고 정선되어야 한다. 그리고 교육목표는 사회에 타당성이 있어야 한다. 교육이란 사회가 필요로 하는 인간상을 육성하는 과정이고, 사회와 국가를 존속시키고 발전시키는 데에 있기 때문에 교육목적은 국가, 사회의 필요와 유리되어서는 안 된다.

2) 교육목표 설정의 절차

(1) 교육목표 연구집단 구성

먼저 교육목표 연구를 위한 연구집단을 조직한다. 이 때 연구집단조직은 경우에 따라서 몇 개의 소 · 분과를 두기도 한다. 각 분과 인원은 교육목표 단계로 본 규모나 학교의 규모에 따라 일정치는 않으나, 1~12명 정도로 하는 것이 바람직하다.

(2) 교육목표의 자원확보

각 분과별로 교육목표의 여러 자원을 수집하여 확보한다. 학습자 조사연구분과의 경우 학습자의 성장 · 발달의 심리적인 제반요인, 능력, 동기, 흥미, 관심, 요구 등 여러 방법을 활용하여 다각적으로 연구하여 교육목표의 기초자원을 확보한다.

(3) 교육목표 추출

위에서 수집 · 확보한 각종 자원 속에서 바람직한 교육목표를 추출하는 작업을 한다. 여기서 이루어지는 작업이야 말로 교육목표 연구가의 전문적 소양이 필요하다. 교사는 전문가와 같이 통찰력과 창의성과 그리고 자신의 교육철학을 최대한 발휘해야 한다. 그리고 교육목표 원리에 입각하여 타당성이 검토되어야 한다.

(4) 추출된 교육목표를 종합 · 분석 · 정리 · 검증

위에서 추출한 여러 가지 목표들을 중점적으로 종합 · 정리한다. 이때 특히 강조할 것은 목표들의 타당성이 검증되어야 한다. 이렇게 하여 유사한 목표들은 한데 묶고, 상호 모순이나 대립되는 것은 적절하게 조정하며 교육적 가치가 별로 없는 것은 삭제해 버린다.

(5) 교육목표의 진술

마지막으로 교육목표를 진술한다.

각 분과별로 대표자 한두 명씩 특히 문장구성에 재능이 있는 사람이 협력해서 기술한다.

3) 교육목표 설정방법

(1) 전문가 중심의 의견조사

이것은 유효하게 토의할 수 있는 적당한 인원으로 교육목표 설정위원회를 구성해 놓고, 각 위원들이 교육목표에 대한 의견을 모아서 이것을 회의에 붙여 설정하는 방법인데, 간편하므로 많이 사용되나 주관에 흐르기 쉬운 결점이 있다. 그러므로 이와 같은 주관적 결정을 덜기 위해 교육목표에 관한 광범한 여론조사를 배경으로 구성법도 있으나, 이것도 의견의 수는 늘어도 주관적 의견의 수집이라는 점은 동일하다.

(2) 사회실태 조사법

이 방법은 사회 기능별로 혹은 사회 영역별로 나누어서 질문지 · 면접 · 관찰 등의 방법으로 사회실태를 조사하여, 사회가 지니고 있는 당면문제와 해결해야 할 과제를 분석한다. 분석된 과제 중 과제를 해결하는 데 피교육자에게 우선적으로 요구되는 지식, 기능, 태도 등을 교육목표로 설정하는 방법이다.

(3) 인간생활 분석법

전형적인 인간의 생활활동을 분석하여 이것을 유용도의 순서로 배열하고, 또다시 학습자들에게 유용한 순서로 수정하고 그 중에서 가정이나 사회에서 습득되는 것은 제외하고, 학교에서 지도해야 할 가장 중요한 항목만을 정하여 학습자들의 발달계열에 맞추어 교육목표로 정하는 방법이다.

2. 교육내용의 선정

1) 교육내용의 개념

교육내용은 설정된 교육목표를 달성하기 위하여 학습자에게 학습시키고자 하는 어떤 의도, 다시 말하면 교육목표의 구체적인 표현으로서 학습자가 학습할 내용이다. 교육과정의 구성작업에서 교육목표에 적합한 교육내용을 선정하는 일은 가장 어려운 일인 동시에 그 작업량도 제일 많다. 또 교육내용 선정작업 과정에서 교육목표에 적합한 내용의 선정이 어렵다고 해서 목표가 무시되는 수가 있는데 이것은 목적적인 교육작용이라고 할 수 없는 것이다. 또 경우에 따라서 많은 교사들은 기성 교육내용을 변화시키는 일이 교육을 그릇되게 하는 일이라고까지 생각하기도 한다. 그러나 그들이 그러한 생각을 갖는 것은 인간생활에 있어서의 교육내용의 역할을 모르고 있을 뿐만 아니라 종래의 교육내용의 선정이나 조직에 많은 편견이나 선입견이 개재되어 있다는 사실을 모르고 있기 때문이다. 이러한 이유에서도 먼저 교육내용의 뜻과 그것을 선정하는 데 기초가 되는 문제를 알아보아야 한다.

오늘날 교육내용을 선정하는 데 대하여 두 가지 사고방식이 있으니, 그 하나는 교육내용을 교과내용으로 보는 입장이고 다른 하는 학습경험으로 보는 입장이다. 교육내용을 교과내용으로 보는 입장에서는 교육의 목표를 객관적인 문화영역에서의 체계적이고 조직적인 지식, 기능, 가치 등을 강조하고, 학습경험으로 보는 입장에서는 교육의 목표를 개인의 능력이나 자질, 또는 행동방식의 개발이라는 방향에서 교육내용을 보는 것으로 학습자의 목표와 관심에 의한 자발적이고 적극적인 목표, 연구활동에서 요구되는 사고력, 기능, 태도 등을 강조한다.

(1) 교과내용으로 보는 입장

교육내용을 교과내용으로 보는 입장은, 교육의 가장 주된 내용은 인류가 애써 만들어 놓은 광범위한 각종의 문화를 영역별로 체계화하여 조직한 각종의 교과내용을 이해하고 새로운 경험을 해결하는 데에 도움이 되는 지식, 기능, 가치 등의 체계적이고 조직직인 교과 또는 학문이 가장 소중하다고 보고 있다.

교육내용을 교과내용으로 본 견해는 교육역사상 가장 오랫동안 믿어 왔으며 고대나 중세는 물론이고 근대교육에서 교육내용의 주종을 이루었고 또 오늘의 교육에서도 교육내용의 주종을 이루고 있다. 이러한 상황은 초등교육 분야에서만도 세계 여러 나라에서 교육목표 달성을 위해 각종 교과들이 과하여지고 있는데, 어떤 조사에 의하면 73개국에서 352종의 교과목이 있다고 보고하였다.

우리나라 초등학교 교육내용도 대부분이(저학년 제외) 교과내용으로 되어 있으며 현행 초등학교 교육과정령에 도덕, 국어, 산수, 사회, 자연, 체육, 음악, 미술, 실과 등 9개 교과를 정해 놓았다. 이와 같은 9개 교과를 초등학교 교육과정령에서 정한 기반은 말할 것도 없이 그 교육의 방침을 정해 놓은 교육법 제94조에 근거를 두고 있다.

교과내용에 관해서는 여러 가지로 그 분류를 시도하고 있는데 미국의 스미스(B. D. Smith) 등은 크게 두 가지로 분류하여 서술적 교과와 규범적 교과로 보았다. 서술적 교과는 어떤 현상이 생기는 과정과 결과에 관한 사실적 원리적인 것들의 진술로서, 예를 들면 역사적인 사건의 기술, 동식물의 구조에 관한 기술, 물리적 법칙 등이 여기에 속한다. 규범적 교과는 사람이 도덕적 · 심미적으로 선택할 수 있는 규범이나 기준으로 이루어진 것들로서, 실례로 정치 · 경제 · 사회 · 도덕적 견지에서, 바람직한 가정생활에서, 예술의 감상 등에서 교과가 이루어진 것들이다. 이 이외에 다음과 같이 분류하는 연구가 있으니 우리의 교과와 매우 가까운 양상으로 보인다.

① **내용교과** : 환경의 내용에 관한 교과(사회과, 과학과 등)
② **형식교과** : 환경의 형식에 관한 교과(언어, 수학 등)
③ **표현교과** : 심정의 표현에 관한 교과(음악, 미술 등)
④ **기능교과** : 생명보존의 기능에 관한 교과(체육, 실업, 가정 등)

이와 같이 교과를 4군으로 분류하였는데 그 중 형식교과를 모든 학습활동의 기초가 된다고 하여 때로는 기본교과 또는 도구교과라고 칭하기도 한다. 그러나 형식교과에 대한 그러한 생각은 은연중 낡은 형식도야주의적인 사상이 내표되고 있다는 점에 주의해야 할 필요가 있다. 교과내용의 분류는 어떻게 하든 간에 교육내용을 교과내용으로 보는 입장에서는 이와 같은 교과를 학습하게 함으로써 설정된 교육목표를 달성하게 한다는 것이다.

(2) 학습경험으로 보는 입장

교육내용을 교과와 같은 문화내용의 영역별 집약이나 체계화한 지식 등으로 보는 것이 아니고 특정한 문제를 학습자가 해결하는 과정이나 경험으로 보는 경험중심 입장에서는 체계화된 지식을 학습자에서 전달하는 것이 문제가 아니라, 경험을 통해서 지식에 도달하고 지식은 문제해결의 수단에 불과하다고 보는 견해이다. 그러므로 어떤 교육목표를 달성하게 하기 위하여 학습자에게 어떠한 경험을 마련해 주어야 할 것인가 하는 일을 생각하는 것이 학습과정의 내용선정에서 매우 중요한 일이다. 여기서는 어떤 교과내용을 학습자에게 제공하는 것인가가 중요한 것이 아니라, 어떤 학습경험을 하도록 할 것인가 하는 방향에서 교육내용을 선정하게 된다. 또 여기서는 학습자의 자발적이고 능동적이며 적극적인 목표의 연구 활동에서 요구되는 사고력이나 기능, 태도 등이 강조된다. 무엇을 아느냐의 문제보다도 어떻게 생각하고, 느끼고, 활동하는냐가 보다 중요시된다.

이와 같은 입장에서 볼 때 학습경험을 타일러(R. W. Tyler)나 정범모는 다음과 같이 분류하고 있다.

① **지식, 이해의 함양을 위한 학습 경험** : 정말로 필요한 지식이나 이해를 기르기 위한 목표를 달성하기 위해서는 지식내용 자체의 가치보다 기능적 가치에서 선택된 사실, 원리, 법칙, 정의, 이론 등이 중핵이 되는 학습경험을 말한다.

② **사고력 함양을 위한 학습경험** : 문제의 해결과정에서 요구되는 사고를 적

절히 기능적으로 할 수 있는 학습경험을 말한다.

③ **사회적 태도함양을 위한 학습경험** : 인성적 · 사회적 면에서 바람직한 인간관계나 사회적 관계를 유지 · 발전시켜 나아갈 수 있는 학습경험을 말한다.

④ **흥미함양을 위한 학습경험** : 다양한 활동의 동기, 체제의 역할을 할 수 있는 학습경험을 말한다.

⑤ **감상력 함양을 위한 학습경험** : 어떤 작품이나 현상을 깊이 그리고 폭넓게 음미 · 평가해 보려는 학습경험을 말한다.

⑥ **기능함양을 위한 학습경험** : 운동적 · 정의적 · 사회적 혹은 지적인 기능을 기르기 위한 학습경험을 말한다.

(3) 교육내용의 종합적 입장

이제까지 교육내용에 관한 두 가지의 다른 견해, 즉 문화 · 지식분야에 보다 중점을 둔 교과내용으로 보는 입장과 경험면에 중점을 둔 학습경험으로 보는 입장을 살펴보았다. 그러나 양자는 서로 완전히 분리된 것으로 보아서는 안 된다. 경험이나 활동은 학습의 주체인 학습장의 작용에 속해 있기 때문에 그 작용의 대상이 되는 교과와는 대립관계에 처해 있는 것 같고, 따라서 학습경험과 교과내용과의 관계는 작용과 대상과의 대립관계에 있는 것 같다. 그러나 실제로는 작용이란 진공 속에서 일어날 수 없는 것이고 대상으로서 어떤 장이나 터전이 있어 그 속에서만 일어나는 것이다.

작용과 대상, 교과와 경험과의 관계는 백과 흑과 같이 상반되는 관계가 아니다. 예로 지식, 이해를 기르는 학습경험을 마련한다 할 때 그 지식, 이해는 진공 속에서 길러지는 것이 아니고 어떤 매개의 대상을 통해서 길러지는 것이다. 그 매개물이 대상의 역할을 담당하게 되는데 곧 어떤 사실, 원리, 법칙 등을 내포하고 있는 교과가 그 역할을 하는 것이다. 이것을 역으로 본다면, 가령 사회적 태도를 기르고 개인과 사회와의 관계를 이해시키기 위해서 사회과라는 교과내용을 지도한다고 할 때 한낱 사회과란 교과서에 접했다고 해서 그런 목표가 달성되는 것은 아니고 학습자가 능동적으로 사회적 태도를 기르는 학습경험을,

또는 개인과 사회와 관계되는 여러 사실이나 원리 등을 이해하는 학습경험을 가지게 될 때 비로소 사회과라는 교과가 내세운 목표가 달성될 수 있다.

또 그러기 위해서는 종래의 지식의 집합체, 또는 문화유산을 논리적으로 체계화하고, 조직된 것으로서의 교과는 목표와 필요를 충족시키는 인간, 또는 학습자의 생활활동, 학습경험 속으로 면모를 바꾸어 융화되어야 할 것이다. 여기에서 교과나 문화의 생활이나 경험 또는 활동과의 융화를 위해서 다음과 같은 시도가 요청된다.

첫째, 생활경험 활동을 중심으로 교과내용이 이루어져야 할 것이다.

예로, 국어란 교과는 언어생활 또는 언어활동을, 사회란 교과는 사회적 · 공민적 생활 또는 활동을, 미술이란 교과는 미적 활동을, 체육이란 교과는 광의의 건강생활 보건, 체육활동 등을 내용으로 하게 되는 생활교과라는 성격을 갖게 된다.

둘째, 지식체계로서의 교과가 학습자의 경험생활에 봉사하게 되려면 그 자체의 논리적 체계를 해체하지 않으면 안 될 것이다.

예를 들면, 역사가 현재 및 장래생활에 소용이 되도록 취급하기 위해서 연대순 조직체계로 표기하는 것도 하나의 방법일 것이다.

셋째, 인간의 생활경험, 학습자의 목표와 필요를 분석하여 소위 생활교과의 내용을 이루어야 할 것이다.

이것은 생활활동, 목적연구 활동의 수행에 필요한 능력이 먼저 문제가 되며 일한 능력을 충족시키는 데 필요한 교과 내용이 마련되어야 한다.

넷째, 생활경험, 학습자의 경험활동을 중심으로 교과내용이 이루어지게 되면 각 생활교과 사이에는 상호중복 관련이 생기게 될 것이다.

여기에서 교과 간의 정리통합이 이루어져 상관형 또는 광역형의 교육과정으로, 또는 대담한 중핵형이나 활동형으로 발전할 수 있는 기저도 마련되게 될 것이다. 이상에서 교육내용을 보는 두 가지 입장인 교과내용과 학습경험은 결국 양자가 각각 분리될 수 없음을 알 수 있다.

한편, 같은 교과를 가지고 특정의 지식내용을 강조하는 입장과 지적과정을 강조하는 입장의 대립이 교과내용과 학습경험을 분리해서 생각하는 견해와 상통하는 점이 있다. 그러나 교과는 어디까지나 내용과 과정의 양면을 다 가지고 있는 것이며 그것은 분리될 수 없는 것이다.

특정한 지식이나 원리를 완전히 이해한다는 것은 그 지식의 과정을 이해해야 하며, 또 특정한 지식내용을 담지 않은 탐구과정이란 있을 수도 없지만, 있다고 해도 무의미한 형식이 되고 말 것이다. 여기에 내용과 과정의 통합이 불가피하게 이루어져야 할 이유가 있는 것이다. 이러한 점으로 보아 오늘날 교육내용을 지식의 내용과 탐구방식을 합친 것이 되어야 한다는 주장이 성립된다.

2) 교육내용 선정의 원리

교육내용은 교과내용과 학습경험의 두 가지 견해가 있으나 양자의 견해는 분리되기보다는 통합적으로 보는 것이 오늘날의 바라는 교육내용의 경향임은 앞에서 살펴본 바와 같다. 그러나 교과내용이라고 모두가 다 바람직한 교육내용이 될 수 없고, 또 학습경험이라고 아무거나 다 좋은 교육내용이 될 수 없는 일이다. 따라서 교과내용이나 학습경험을 선정함에 있어서 보다 바람직하고 교육적인 뜻이 있는 것들을 선정하기 위하여 몇 가지 원칙을 적용하여야 한다. 다음에 편의상 교과내용의 선정과 학습경험의 선정원칙을 따로 나누어서 살펴보기로 한다.

(1) 교과내용 선정의 원리

최근의 지식의 폭발적인 증가와 정보혁명(information revolution)은 교육의 혁신에 크게 작용하고 있다. 학교교육에서는 이제 지식의 전부를 가르칠 수 없는 일이 되고 말았다. 이와 같은 실정에서 최근에 와서는 교과내용의 현대화를 위한 노력은 충분하고도 중요한 연구문제를 우리에게 시사해 주고 있다. 그 중 하나로 미국의 스미스(Smith) 등의 연구에서는 다음과 같은 다섯 가지의 원칙을 제시하고 있다. 그러나 이러한 원칙들이 모든 교과내용을 선정하는 데에 동일하게 적용되지는 않을 것이며 그 내용에 따라 그러한 원칙이 한 가지나 몇 가지 또는 전부가 작용될 수 있을 것이다.

① **지식의 조직분야에서의 중요성의 원리** : 이 기준은 그 교육내용 또는 교재가 지식의 조직분야에 있어서 중요한 것인가 아닌가를 분별하여 가장 중요하다고 판단된 것을 선정하는 원리이다. 따라서 이것은 어느 지식이 어느 분야의 지식의 정통을 위해서 가장 기본적인 것이라고 생각되면 그러한 내용이 곧 교육내용으로 결정되는 기준이다.

② **생존의 원리** : 이 원리는 우리의 교육내용으로 선정해서 가르쳐야 할 것은 오랫동안의 역사의 과정을 통해서 시련을 견디어낸 것이어야 한다는 것으로 시대는 가치의 표현이라는 생각에 근거를 두고 있다. 그러므로 교육내용을 선정하는 기준으로 어느 것이 가장 적절한가를 결정함에 있어서 한낱 역사적 과정에서만 가치가 있었던 것만이 아니고 현대 인간의 요구와 나아가서는 미래의 요구조건까지도 계속하여 충족시킬 수 있는 능력이나 기능에 의하여 제정될 것을 요구하는 것이다.

③ **유용성의 원리** : 이 원리는 교육내용을 선정하는 기준을 그 교재가 학습자에게 어떤 유용성이 있는가에 두고 결정하는 것으로 현대사회가 가지고 있는 수많은 지식 중에서 현대인으로서 실생활에 가장 쓸모가 많은 내용을 선정하는 원리이다. 유용성이란 흔히 사용의 빈도로 해석하고 생활에서 가장 많이 사용하는 지식, 기능, 가치 등을 교육내용으로 삼으려는 생각이다. 그러나 이 유용성에서 주의해야 될 점은 현대생활에서만의 유용성이 아니라 사회능률의 이상에서 유용하게 봉사할 수 있는 유용성이 고려되어야 한다.

④ **흥미의 원리** : 이 원리는 교육내용의 선정기준을 학습자의 문제, 관심, 흥미, 욕구 등으로 삼자는 생각이다. 따라서 교육내용은 학습자들의 문제를 해결하거나 그들의 목표를 달성하는 데 필요한 내용으로 결정되어야 한다는 원리이다. 이 원리의 일반적인 해석은 교육내용이나 교재는 학습자의 필요를 충족시켜 준다는 것이다.

⑤ **사회발전의 원리** : 이 원리에서는 바람직한 교육내용이란 민주주의 사회의 성장과 발전에 공헌도가 높은 것이여야 하기 때문에 그러한 내용의 선정을 강조한다. 이 원리에서 사회발전의 원칙을 강조하는 기저에는 사회란 변화하는 것이며 사람은 이런 변화를 보다 나은 생활방향으로 이끌 수 있고 또 이끌어야 하며, 학교는 가장 바람직한 교육내용을 선정하여 사회변화와 발전을 바람직한 방향으로 이끌 수 있다는 생각이 가로놓여 있는 것이다. 여기에서 바람직한 사회변화에 관련된 문제들을 지적으로 취급하는 데에 요구되는 지식이나 기능을 가려서 선정하는 기준이 이 원리에서 뜻하는 것이다.

(2) 학습경험 선정의 원리

이미 앞부분에서 교육목표를 달성하기 위한 교육내용으로 어떤 학습경험을 학습자에게 마련해서 제공해야 할 것인가에 관하여 여러 가지 견해가 있다는 점과 학습경험의 유형에 관하여 살펴보았으나, 여기서는 그러한 학습경험을 선정하는 데에 연구자가 지켜야 할 몇 가지 원리를 다음과 같이 살펴보기로 한다.

① **타당성의 원리** : 이 원리는 기회의 원리라고도 말하며 바람직한 학습경험의 선정은 설정된 교육목표가 지시해 주는 바로 그 행동을 할 수 있는 기회가 마련되도록 하는 학습경험이 되어야 한다는 기준이다. 또 교육목표에 비추어 보아 목표가 지시한 대로의 학습활동이 마련되어야 그 내용이 타당성 있게 된다.

② **만족의 원리** : 이 원리의 설정된 교육목표에 알맞은 학습경험을 거치는 과정에서나 또는 경험하고 난 결과에서 학습자가 자기의 필요나 동기 등의 충족으로 어떤 만족감이나 성공감을 가질 수 있는 학습경험을 선정해야 할 기준을 뜻한다. 이것은 어떤 필요, 욕망, 흥미 등이 어떤 학습경험을 거치는 과정이나 결과에서 성공감이나 또는 만족스럽다는 느낌을 얻게 될 때 그 학습경험은 비로소 질적으로 좋은 경험이 된다는 것이다.

③ **가능성의 원리 :** 이 원리는 어떠한 학습경험을 선정함에 있어 학습자가 능히 학습할 수 있는 정도의 내용을 선정해야 한다는 기준을 뜻한다. 교사나 연구자의 입장에서 볼 때 그 경험내용이 학습자에게 꼭 필요하다고 판단되더라도 그들의 능력, 경험의 배경, 발달 정도로 보아 상당한 노력을 한다 해도 그것을 학습할 수 없는 곤란도나 차원이 높은 것은 학습경험으로 선정되어서는 안 된다는 기준이다.

④ **일목표 다경험의 원리 :** 이것은 한 가지 교육목표를 달성하기 위하여 여러 가지 경험을 하도록 가능한 한 광범위하고 다양한 경험과정을 밟도록 해야 한다는 원리이다. 따라서 이 원리는 어느 교육목표 달성을 위해서 꼭 하나의 학습경험만을 고집할 것이 아니라, 타당성만 있다면 신축성 있게 여러 가지의 적절한 학습경험을 선정해야 한다는 기준이다.

⑤ **일경험 다목표의 원리 :** 이 원리는 한 가지 학습경험을 선정함에 있어 가능한 한 그 경험을 학습함으로써 여러 가지 목표를 동시에 달성할 수 있는 경험을 선정해야 한다는 기준이다. 이것은 보다 바람직한 학습경험이 단 한 가지의 행동의 변화, 다시 말하면 한 가지의 학습효과만 얻게 하는 것이 아니라 동시에 여러 가지 학습효과를 얻을 수 있는 것이어야 한다는 논리에서 나온 원리이다.

이상에서 교육내용의 선정 원리를, 교과내용과 학습경험의 두 가지 견해를 각각 분리시킨 가운데서 살펴보았다. 그러나 최근의 교육과정의 특성을 고려하면 교육내용을 교과내용과 학습경험 과정을 분리시켜서 보는 입장이 아니고 교과 또는 지식내용과 그것을 취득하고 적용하는 데 필요한 인지적 과정, 다시 말하면 내용과 과정을 동시에 포함한 개념에서 교육내용을 보고 있다.

그러므로 교육과정 구성에서 교육내용을 선정한다는 것은 결코 쉬운 일은 아니다. 여기에는 교육학적 · 심리학적 · 사회학적 및 학문적인 연구 등 여러 측면에서 다각적인 접근이 동원되어야 한다. 특히 교육내용이 학습자들을 의식하고 선정되는 것이기 때문에 이들에 관한 깊은 연구가 계속되어야 한다.

(3) 교육내용의 선정방법

설정된 교육목표의 달성은 교육내용 여하에 따라 그 달성 정도가 달라진다. 다시 말하면 최고수준의 교육목표 달성을 위하여서는 교육내용의 선정이 가장 적절하게 이루어져야 기대할 수 있다. 또 이러한 이유에서 여러 가지 방법이 시도되었다. 그 동안 시도되었던 교육내용의 선정방법들을 살펴보면 어떤 것은 전적으로 사고, 추리나 판단에 기반을 두고 하는 방법이 있는가 하면 어떤 것은 엄격한 과학적 조사나 분석에 의한 방법이 있다. 또 어떤 방법은 성인의 활동분야를 선정 원리에 따라 교육내용으로 선정하기도 하며 어떤 방법은 교과서의 내용분석이나 사회기능 또는 청소년들의 욕구 등을 조사하여 교육내용으로 선정하려고 시도하였다.

이와 같은 여러 가지 시도 중 그 대표적인 연구가 스미스 등이 제시한 판단적 방법, 실험적 방법, 분석적 방법, 합의적 방법 등을 들 수 있고, 또 알버티가 말한 교과서법, 모방편집법, 활동분석법, 사회기능법, 청소년 문제법 등이 있다.

3. 교육내용의 조직

1) 교육내용 조직의 개념

교육목표를 달성하기 위하여 선정된 교육내용은 학습자가 학습현장에서 학습활동이 구체적으로 전개될 수 있도록 알맞게 조직해 놓아야 한다. 따라서 교육내용의 조직은 선정한 여러 가지 교육내용을 어떻게 배열하고 그 범위를 어느 정도로 한정시키느냐의 문제가 주가 되는 작업이다.

교육이란 단 한 번에 목표가 달성되는 것이 아니라 장기간에 걸쳐서 계속적이며 조직적으로 이루어 나아가야 할 작용이다. 학습자에게 시간단위의 학습부터 일일, 주간, 월간, 학기간, 학년간, 나아가서는 입학부터 졸업할 때까지 여러 가지 내용을 순서 있게 학습해 나아가도록 교육내용이 마련되어야 한다. 교육에서 바람직한 태도, 이해, 기능, 사고력, 판단력 등 전인으로서의 인간행동의 변화는 단기간에 조직적으로 일어날 수 없을 것이다. 따라서 선정된 교육내용을 학습자에게 제시하자면 학습자의 학습을 위한 내용의 계열, 순서, 범위, 관련 등과 나아가서는 각 학습내용의 조화, 균형이 이루어지도록 적절한 조직을 해놓아야 한다. 일반적으로 교육내용을 조직함에 있어서는 다음과 같은 세 가지 작업이 있어야 한다.

첫째, 교육내용의 수직적·종적 견지에서의 조직 작업이다.

이것은 선정된 학습내용을 어떤 순서와 계열에 따라 배열할 것인가가 작업의 초점이 되는 문제이다. 따라서 어느 때 무슨 내용을 학습시킬 것인가, 학년에 따라 무슨 내용을 어떻게 정치시킬 것인가 등의 문제로서 선정된 교육내용을 어떤 순서로 계열화하여 배열하느냐의 일이다. 다시 말하면 교육내용의 선습후습의 관계가 그 작업의 주요과업이 된다.

둘째, 교육내용이 수평적·횡적 견지에서의 조직 작업이다.

여기서는 선정된 학습내용을 서로 어떻게 통합적·병렬적으로 조직하느냐의 문제가 초점이 되는 것이다. 따라서 한 학습내용과 다른 학습내용과의 초점이 되는 것이다. 따라서 한 학습내용과 다른 학습내용과를 어떻게 상관 통합시키느냐의 문제이다. 다시 말하면 여기서는 내용과 내용과의 통합적·병렬적인 일을 함께 연구해야 하는 것이므로 이것은 교육내용의 기능적 좌우관계가 초점이 되는 작업이다. 예를 들면, 첫 번째의 작업이 1학년의 산수내용과 2학년의 산수내용을 어떤 내용으로 정하느냐의 문제이고, 두 번째의 작업은 동일한 교과내용을 학년에 따라 그 학습의 범위를 달리하는 것으로 이것은 학습의 심화 확대와 관계가 있을 뿐만 아니라 같은 학년에서 국사와 지리와의 관계도 따지는 작업이다.

셋째, 학습현장에서 실제적인 학습을 위한 핵심적인 주제나 문제 그리고 학습단원, 즉 학습을 조직하는 중심을 어떻게 결정하고 작성하느냐 하는 문제이다.

여기에서는 교육목표를 달성할 수 있는 학습을 위한 교육내용을 조직케 하는 핵심을 말한다. 이 때 조직하는 중심은 가르치려는 개요만 밝힌 일반적인 것도 있으나, 어떤 경우에는 매우 구체적이어서 자세한 자료단위에 의해서 학습의 도달점, 읽어야 할 책, 목록, 시험문제의 범위, 지도교사의 재량까지도 표시한다. 교육내용의 조직은 어디까지나 학습자의 학습을 위한 조직이 되어야 한다는 점을 특히 강조하며, 교사의 편의나 학문의 체계만을 내세운다는 것은 위험한 일이다. 이러한 점으로 보아 학습자의 학습의 효율을 높이기 위하여 교육내용을 조직하자면 여러 가지 조직상의 원리를 살려야 한다.

2) 교육내용 조직의 원리

교육내용을 조직함에 있어 지켜야 할 기준은 학자에 따라 여러 가지 원리를 제시하고 있으나, 그 중 가장 대표적인 것은 타일러(R. W. Tyler)가 제시한 계속성 · 계열성, 그리고 통합성의 원리이다.

(1) 계속성의 원리

이 원리는 반복의 원리라고도 말 할 수 있는 것으로 교육내용을 조직함에 있어서 중요한 개념, 원리, 사실 등의 학습이 어느 정도 계속해서 반복학습이 될 수 있도록 하기 위한 것, 즉 교육내용 조직에 있어서 횡적 관계와 관련되는 원리이다. 특히 이 원리는 학습심리면에서 망각의 법칙이 근거가 되는 것으로 학습자가 학습한 내용을 망각되지 않을 정도까지 학습되게 하기 위해서는 학습목표와 직결된 지식이나 과정 또는 행동양식이 어느 기간 동안 계속해서 반복학습되도록 조직해야 하는 것이다. 예를 들면, 애국심, 책임감, 협동성, 관용성이나 민주시민의 생활태도와 같은 학습은 단번에 또는 어느 학년이나 학기 동안에서만 학습한다고 완전할 수는 없다. 이러한 목표들은 여러 학습상황에서 몇 번이고 계속 반복 학습되도록 함으로써 학습자로 하여금 심성화되고 내면화, 생활화, 또는 습관화된 산지식이나 힘이 되도록 하자는 것이 여기서 말하는 계속성의 원리의 기본취지이다.

(2) 계열성의 원리

이 원리는 교육내용 조직의 횡적 관계에 관한 것으로 앞의 계속성과 같으나 계속성에서는 개념, 원리, 사실 등의 단순한 반복에 관한 원리였지만 계열성에서는 그 질적인 심화성과 양적인 확대성에 관한 원리이다. 그러므로 계열성에서는 선습과 후습을 정하는 데 있어 선습내용을 기초로 하여 다음의 내용은 학습량이 보다 많아지고 그 수준도 높아지도록 조직해 나가는 원리이다. 예를 들면, 초등학교 저학년에서 덧셈, 뺄셈에서 10자리 미만의 +, -가 고학년에서도 +, -의 원리는 똑같지만 분수나 소수의 덧셈이나 뺄셈, 또는 천만, 십만 등의 덧셈과 뺄셈으로 조직하는 경우가 그것이다.

교육내용을 조직함에 있어서 계열성을 살리기 위하여 그 기반이 되는 요인으로는 학습자의 성숙, 경험의 배경, 정신연령, 흥미, 실용성, 곤란도 등이 있으며, 또 실제로 이러한 여러 요인에 따라 교육내용을 계열화할 때에는 논리성, 연대순, 구체에서 추상, 단순에서 복잡, 사회권의 확대 등의 원칙이 고려되어야 한다.

(3) 통합성의 원리

이 통합성의 원리는 교육내용 조직에 있어 종적 관계를 강조한다. 통합성은 한 영역의 한 가지 내용이나 경험, 능력들이 다른 여러 영역의 그것들과 어떻게 상호관련을 가지도록 하느냐의 문제이다. 극단적으로 말하면 교과와 교과 간 또는 경험과 경험 간의 횡적인 조직관계의 원리이다. 이것은 여러 교과의 여러 학습상황에서 얻어진 내용이나 경험들이 서로 독립적으로 상호 연결되어 통합됨으로써 보다 효율적인 학습과 성장, 발달을 촉진할 수 있도록 조직하자는 것이다. 교육내용을 조직함에 있어 통합성이 고려되지 않는다면 교과내용이나 경험 사이에는 자칫하면 불균형 또는 부조화를 가져오게 되고 또 내용의 중복, 누락, 상반 등의 모순을 가져오게도 한다.

3) 교육내용의 조직방법

교육내용을 조직한다는 것은 선정된 내용들을 어떠한 순서와 계열로 배열하느냐의 문제가 주가 된다. 원래 교육과정을 구성한다는 것은 교육내용의 선정과 조직이 그 작업의 대부분을 차지한다고 볼 수도 있다. 교육과정의 구성에서는 교육내용이 학습자들의 발달단계에 따라 조직되어야 하는데 일반적으로 교육내용의 조직방법은 다음과 같은 세 가지를 들 수 있다.

(1) 논리적 방법

이 방법은 교육내용을 조직함에 있어서 교과나 학문의 논리적 구조에 따라 조직하는 방법이다. 논리적 방법에서 적용되는 원칙으로는 구체적인 것에서부터 추상적인 것으로, 쉬운 것에서부터 어려운 것으로, 단순한 데서부터 복잡한 것으로, 또는 연대순으로 사회권의 확대 등의 여러 원칙이 있다. 그리고 논리적인 방법은 교과중심이나 학문을 중심으로 한 교육과정 구성에 적용되는 방법이다. 학문중심 교육과정에서 교육내용을 학습자의 심리적 발달단계를 고려하지 않고, 그 학문의 기본개념이나 기본구조를 중심으로 하여 교육내용을 조직하려는 의도, 곧 논리적 방법이라 하겠다. 논리적 방법으로 조직된 교육내용은 대체로 학습자에게 제공되는 교과의 논리적 순서를 말한다.

(2) 심리적 방법

심리적 방법은 교육내용을 배열함에 있어서 학습자의 심리적인 여러 특성을 기반으로 하는 방법이다. 따라서 학습자의 성숙이나 성장 · 발달의 특징, 심리적 · 정신적인 경험의 민감성, 필요와 흥미 또는 관심, 학습의 곤란도, 그리고 성공이나 실패가 학습에 미치는 영향 등을 연구하여 교육내용을 조직하려는 방법이다. 이 방법은 주로 학습자의 심리적 특성이 토대가 된다는 점에서 논리적 방법에 비하면 진보적인 방법이라고 생각되지만, 이 경우에는 여러 가지 어려움이 많다. 교육현장에서 학습자 집단은 각자의 능력, 흥미, 관심, 취미 등이 다양하고 또 변화가 많으며, 서로의 환경이나 선행경험들이 다르기 때문에 개인차를 최대한으로 고려하지 않을 때에는 많은 문제가 야기된다. 어떤 문제나 내용이 아무리 학습자의 흥미나 지적 능력에 맞게 조직되었다 하더라도 학습자의 개인차에 따라 그것이 적절할 수도 있고 그렇지 못한 학습내용일 수도 있다.

(3) 절충적 방법

이 방법은 앞에서 살펴본 두 가지 방법을 절충한 것으로 학습자의 심리적 특성을 최대한 살리면서 한편으로는 교재의 논리적 순서나 그 발전이 보장되도록 배열하는 방법이다. 앞에서 살펴본 논리적 방법이나 심리적 방법도 다 같이 동일한 내용을 서로 다른 측면에서 강조한 것이나, 실제에 있어서는 양자의 극단보다는 통합과 조화의 견지에서 연구되어야 한다는 입장에서 절충적 방법이 제시된 것이다. 절충된 방법을 주장하는 학자들은 학습자의 활동에는 논리적인 발전의 순서가 있으며, 또 논리적인 교과나 교재에도 그 학습의 특유한 심리적 요소가 있다는 것을 인정하고 학습자의 발달순서와 교재의 논리적인 발전을 조화적으로 취하는 방법을 제안한 것이다.

현대 교육과정의 이론을 살펴볼 때, 특히 1960년대 이후 학문중심 교육과정 이론이 대두하면서 과거의 극단적인 교과중심 교육과정의 특성과는 다르지만 학문의 기본구조나 기본개념, 학습자의 지적 과정 등 만을 주로 강조하는 경향이 여전히 보이고 학습자의 사회적 · 정서적 · 심리적인 측면을 비교적 소홀히 하는 데에서 많은 문제점이 드러나고 있음은 학문중심 교육과정의 대표자인 브루너(J. S. Bruner) 자신도 고백하였듯이 교육내용의 조직방법에서 한 측면만을 위주로 하는 데에는 언제나 문제성이 있게 마련이다.

브루너는 60년대 초에 처음으로 학문중심 교육과정 이론을 발표하였다가 그 후 10년 만에 그보다 오히려 우리가 당면하고 있는 여러 가지 사회적인 문제와 관련하여 교육과정을 다루게 될 것이라고 말한 것은 교육내용 조직에서 어느 한 측면만을 강조할 수 없다는 것을 뜻한 좋은 본보기라고 하겠다. 따라서 교육내용을 조직함에 있어서 각 교과의 학문적 논리성과 학습자의 심리적인 제 특성을 함께 고려하면서 보다 더 양자의 조화를 이루도록 하는 연구가 필요하다.

4. 교수-학습 과정

교육목표가 설정되거나 학습내용이 선정, 조직되면 다음으로는 이에 기초하여 가르치는 과정이 된다. 이 교수-학습 과정은 교육과정 개발과정에 있어 중요한 단계이다. 왜냐하면 교수-학습 과정을 통하여 교육목표의 달성, 즉 학습내용이나 학습경험이 실현되기 때문이다.

5. 교육평가

교육과정 요소 중 마지막은 평가이다. 하나는 교육과정 구성요소에 대한 평가이며, 다른 하나는 학업성취에 대한 평가이다. 보다 효과적인 교육과정을 구성하려면 교육과정의 각 요소가 타당한 것인지에 대한 평가를 해야 한다. 먼저 교육목표는 제대로 설정되었는지를 평가한다. 교육목표가 철학, 심리학, 사회학적 원리를 반영하고 있는지, 목표는 실현가능한 것인지, 또 의미 있는 것인지를 평가한다. 그 다음 교육내용의 선정 및 조직에 대한 평가가 있어야 한다. 즉 내용선정의 원리와 조직의 원리에 타당한지의 평가이다. 끝으로 평가계획에 대한 평가로 평가계획이 교육과정이 의도하고 있는 교육목표를 평가할 수 있도록 되어 있으며, 평가절차 등이 타당한지를 평가해야 한다.

제 4 절 교육과정의 개발

교육과정 개발이란 학교교육에 대한 우리의 생각, 기대, 이미지 등을 학생들을 위한 프로그램으로 변환하는 과정이다. 1920년대에 다양한 관점에 따라 전개된 학교 교육과정 개발운동은 결과적으로 교육과정에 대한 원리 혹은 절차의 지식과 기능이 없으면 의도하는 교육적 결과를 기대하기 어렵다는 결론을 얻게 되었다. 개발에는 여러 사람들의 접근법이 있다. 여기서는 타일러(Tyler), 워커(Walker), 아이즈너(Eisner) 등을 중심으로 고찰한다(조영일, 2003).

1. 합리적 개발

타일러(Ralph W. Tyler, 1902-1994)는 1949년 교육과정 연구 개발에서 획기적인 저서 「교육과정과 수업의 기본 원리」(Basic Principles of Curriculum and Instruction)를 출간하였다. 이 책은 20세기 전반기 듀이(J. Dewey), 맥머리 형제(C. A. McMurry & F. W. McMurry), 보비트(F. Bobbit), 챠터스(W. Charters), 뉼런(J. Newlon), 케스웰(H. L. Caswell) 등의 교육과정 논의를 합리적이고 간결하게 종합 정리한 것이며, 20세기 후반기의 교육과정 논의와 개발에 지대한 영향을 미쳤다. 타일러의 영향은 교육과정 연구자의 개발자들에게 거대한 디딤돌이 됨과 동시에 넘어야 할 걸림돌이 될 정도로 매우 컸다. 타일러는 교육과정과 수업을 하나의 과정(process)으로 보고 이를 계획하는 사람은 누구나 다음의 네 가지 질문을 던져 보아야 한다고 하였다.

첫째, 학교에서 달성하고자 하는 교육목표는 무엇인가?

둘째, 수립된 교육목표를 달성하는데 유용한 학습경험은 어떻게 선정하는가?

셋째. 효과적인 수업을 위해 선정된 학습경험을 어떻게 조직할 수 있는가?

넷째, 학습경험의 효과는 어떻게 평가할 수 있는가?

이 질문들을 요약하면 교육목표의 설정, 학습경험의 선정, 학습경험의 조직, 학습결과의 평가로 볼 수 있다. 타일러의 모형은 교육과정을 개발하고자 하는 각 수준(국가 수준, 시 · 도교육청 수준, 학교 및 교사 수준)과 각 교과별로 그리고 더 세분화된 단계에서 교육과정의 핵심적인 질문인 '무엇'과 '어떻게'를 탐구할 수 있는 기본 틀을 제공하고 있다.

2. 실제적 개발

워커(D. F. Walker, 1971)는 교육과정 연구와 개발이 이론보다는 실제를 중심으로 이루어져야 한다는 슈왑(J. J. Schwab, 1970)의 생각을 수용하여 학교 교육과정이 일반적 상황보다는 특수한 상황적 맥락에 따라 좌우되는 것으로 보았다. 워커는 학교 교육과정이 실제로 어떻게 만들어지는가에 관심을 갖고, 여러 가지 교육과정 개발 프로젝트에 참가하면서 그 과정을 직접 관찰하고 평가하였다. 이러한 경험을 바탕으로 하여 그는 실제로 이루어지는 교육과정 개발 작업은 타일러가 제시한 목표설정, 경험의 선정과 조직 등의 일련의 방식대로 진행되지 않음을 확인하였다.

워커는 교육과정 개발과정에 대한 자신의 관찰과 거기에 참가한 사람들의 활동 및 교육과정 개발 자료에 대한 분석을 통하여 학교 교육과정 개발이 이루어지는 것을 다음과 같은 단계로 제시하고 있다.

첫째, 개발의 공통기반을 모색하는 강령 마련 단계(platform).

둘째, 각 대안으로부터 야기되는 결과들을 추적하여 대안들의 가치나 결과를 비교하여 최선의 대안을 선택하는 숙의 단계(deliberation).

셋째, 선택한 대안을 실제로 실행할 수 있도록 구체화하는 설계 단계(design).

1) 강령(platform) 마련 단계

강령은 교육과정을 개선하기 위해 교육과정 개발에 참여하는 사람들이 갖고 있는 여러 가지 신념과 가치체계를 의미한다. 참여자들의 신념과 가치체계는 교육과정을 개발하는 전 과정에서 이루어지는 의사결정에 강한 영향을 미치게 된다. 참여자들은 자신들이 해야 할 일을 인지하고, 교육과정 개발에서 중요한 문제가 무엇인가에 대한 각자의 생각을 갖고, 그리고 어느 정도의 대안을 갖고서 교육과정 개발에 참여하고 있다. 강령은 학교 교육과정의 현재 상태에 대한 이해와 인식, 교육과정의 지향점과 전망을 포함하고 있으며, 이는 교육과정 개발과 관련된 의사결정의 과정에서 자연스럽게 드러나게 된다. 강령은 앞으로의 교육과정 개발과정에서 이루어지는 숙의에서 합의를 해 나가는데 발판이 된다.

강령은 오랜 전통과 경험에 의해서 만들어진 것이며, 개념(무엇이 존재하고 가능한가에 대한 신념), 이론(현존하는 실체간의 관계에 대한 신념), 목적(무엇이 바람직한가에 대한 신념)으로 구성된다. 워커가 강령이라는 용어를 사용한 이유는 그것이 앞으로의 숙의과정에서 기준 또는 기초가 되기 때문이다. 이 단계에서 중요한 활동은 참여자들이 모여 강령이 무엇이고, 혹은 무엇이여야 하는가에 대하여 토론하고, 그 강령을 지지하는 자료들을 검토하는 것이다.

2) 숙의(deliberation) 단계

숙의는 설계를 결정하기 위해 신념과 정보가 사용되는 과정이며, 제안된 대안들 간의 충돌을 제거하는 것을 목적으로 한다. 참여자들은 적절한 정보를 확인하고, 그것이 가져올 결과에 비추어 제안된 대안들을 검토하고, 특정한 대안을 도출한다. 이를 위해서 이 단계에서는 강령 마련의 단계에서 제시된 자료에 대하여 지속적인 탐색을 한다. 참여자들은 탐색과정에서 토론을 통해 다양한 제안들을 검토하고 실행 가능한 특정 대안에 대한 합의를 이끌어 낸다.

그러나 숙의는 매우 감정적일 수 있고 혼돈스러울 수 있으며 참여자들에게 좌절을 안겨주는 경험이 되기도 한다. 공통기반이 될 합의를 이루지 못하고 지루할 정도로 논의가 길어지기도 하고, 개념이나 쟁점이 참여자들 사이에서 명료화되기도 전에 특정 대안이 만들어져서 옹호되기도 한다. 교육과정 개발을 통해 해결하고자 하는 문제는 참여자들 간의 복잡한 상호작용에 의해 일정한 합의점에 도달하게 되는 것이다. 숙의의 과정은 결국 참여자들이 가진 힘과 능력에 의해 유도되는 것이 일반적이라는 것을 주지할 필요가 있다.

3) 설계(design) 단계

설계는 숙의 단계에서 최종적으로 결정한 것을 구체적인 교육프로그램으로 만드는 것이다. 교육과정 설계는 일련의 의사결정에 의해 구체화되며, 의사결정 과정에서 '선택'을 통해 이루어진다. 이 단계에서는 숙의를 계속하면서 교육과정에 담으려고 하는 교육내용과 그러한 교육내용을 가르칠 수 있는 제반의 방법과 조건들에 대하여 상세하게 검토하고 결정하는 활동이 주로 이루어진다. 설계는 워커 모형에서 교육과정 개발의 최종 단계이지만, 특정 교육과정이 설계되었다고 하더라도 바로 실행되는 것은 아니라는 점에 유의하여야 한다. 개발절차가 전체적으로 선형적이지 않고 다양한 단위에서 순서의 검토와 협의과정을 거쳐 비로소 설계가 이루어지게 된다. 워커의 개발 모형에서 각 단계로의 이동은 인위적으로 이루어지기보다는 자연스럽게 이루어지며, 그 과정은 참여자들이 내리는 의사결정의 역동성이 반영되어 실제적이고 융통성있는 것이라고 하는데 특징이 있다.

3. 예술적 개발

아이즈너(E. W. Eisner)는 스탠포드 대학의 교육과정학과 교수로 제직하면서 교육과정 프로젝트를 다양하게 수행하였다. 그는 자신의 경험에 기초하여 저술한「교육적 상상력」(Educational Imagination, 1979)을 통해 교육과정 개발에 대한 새로운 접근법을 소개하였다. 아이즈너는 행동주의 목표를 중심으로 교육과정을 구성하고 개발하는 절차의 엄밀성을 어느 정도 인정하였다. 그러나 학교 교육과정에서 의도하는 교육적 결과는 그보다 훨씬 다양하고 광범위하기 때문에 교육적 의도에 맞게 우리의 교육적 상상력을 동원하여 최선의 프로그램을 만들어야 한다고 주장하였다. 아이즈너는 학교 교육과정에서 관습적으로 그리고 전통적으로 '선택'되는 것뿐만 아니라, '배제'되는 것들에도 주목하였다. 그는 교육을 기술적이고 처방적이기 보다는 확산적이고 예술적이라고 보았다. 그래서 교육과정 개발과정은 '교육적 상상력'을 발현하는 과정인 것이다. 그는 교육과정 개발을 작품 개발과정과 유사하게 진행되는 과정이라는 인식을 확고하게 하고, 예술적 접근이 교육과정 개발에 어떻게 적용되는가를 보여주고 있다.

1) 교육목표의 여러 측면

이이즈너는 교육과정 개발을 교육에 대한 우리의 생각이나 의도를 효과적으로 실현시킬 수 있는 프로그램으로 전환시키는 과정으로 보았다. 그는 교육에서 생각이나 의도를 집약적으로 표현하고 있는 목표가 행동에 초점이 맞춰지면서 가치 있는 교육이 매우 제한되고 있는 현실을 우려하였다. 아이즈너는 타일러가 학습자에게 구체적으로 나타나고 있는 측정할 수 있는 행동에 교육목표를 집중시킴으로써 다양한 교육활동의 결과가 무시 혹은 간과되어 교육의 고유한 가치가 오히려 배제되는 결과를 초래하고 있다고 보았다. 그가 제시한 행동 목표의 한계는 다음과 같다.

첫째, 교육을 통해 의도하고 기대하는 것을 모두 언어로 기술하거나 측정할 수 없다는 한계가 있다. 예컨대, 감수성이나 동정심 등 인간의 미묘한 감정이나 경험은 측정할 수 있는 특정 행동으로 나타나는 것이 아니다. 또는 통찰력, 지각, 통합성, 자긍심 등 교육목표가 될 수 있는 가치를 지닌 것들을 언어나 행동으로 표현하는 것도 어려운 일이다.

둘째, 목표를 그 목표의 성취여부를 판단하는 기준으로 적용하는데 한계가 있다. 일반적으로 설정된 교육목표는 그대로 평가기준이 되는 것은 가능하지만, 이 때는 그 목표가 교육적 목표 모두를 포괄하지 못하고 측정 가능한 내용들에 한정되어 버리는데 문제가 있다. 그래서 측정 가능한 행동목표는 특정 교육결과를 온전하게 평가해 내는 기준이 되지 못한다.

셋째, 목표를 미리 구체화시키는 과정이 논리적이어야 한다는 가정이 한계성을 지니고 있다. 사람들은 오랫동안 사물을 수단-목적의 관계로 바라보는 사고방식에 젖어 왔기 때문에 어떤 분명한 목표가 설정되어 있지 않으면 비합리적인 결과가 생긴다고 믿고 있다. 하지만 교실에서의 생활이나 교실 밖에서의 생활은 대부분 일목요연하거나 질서 정연한 것이 아니다. 목표가 항상 어떤 행위가 활동에 선행하여 설정되는 것은 아니며, 행위 도중에 형성될 수도 있는 것이다. 교실에서의 생산적인 활동은 대부분 목표에 도달하기 위해 이루어지는 것이 아니라 경이감이나 호기심에서 비롯되고 목표와 법칙은 활동하는 가운데 생겨나는 것이라고 아이즈너는 주장하고 있다.

이와 같이 아이즈너는 목표란 미리 구체적으로 정해져 있어야 하고, 성공적인 수업은 예정했던 결과를 얻어 내는 것이라는 도식적인 사고에 문제를 제시하였다. 그는 문제해결을 위한 목표는 지적인 융통성이나 지적인 탐구, 고도의 정신력을 길러줄 수 있고, 표현행위에서는 행위를 결과에 우선시킴으로써 교육적으로 가치 있는 다양한 경험을 하도록 유도할 수 있다고 보았다. 따라서 그는 교육과정을 구성하고 개발할 때 명백하게 규정할 수 없는 목표가 있다는 것을 상기시켜 주고 있으며 그에 대한 고려를 요구하고 있다.

2) 교육과정 개발 참여자의 영향

교육과정 개발은 선명하고 구체적인 목표를 갖고 시작하기보다는 일반적인 개념, 모호한 전망, 반짝하는 열망에서 출발한다. 하지만 우리가 생각을 완벽하게 논리적으로 표현하는 것이 힘든 것과 같이 교육에서 가치 있게 보이는 것, 열망하는 것, 소망하는 것 모두를 교육과정으로 개발하는 것은 어렵다. 그래서 교육과정 개발은 현재의 상황에서 타협하고 조정되는 과정을 거치게 되고 교육과정 개발에 참여하는 사람들에 의해 크게 좌우되고 있다.

교사의 역할과 영향은 교육과정 개발에 매우 중요하다. 교사의 지식과 인식의 정도는 학교 교육과정 개발의 중요한 기반이 되고 있기 때문이다. 교육에 대한 열망을 형상화하는 과정은 다양한 수준에서 참여하는 사람들에 의해서 이루어지는데 여기에 꾸준히 참여하는 집단은 교사들이다. 어떤 기능이 언제, 어떤 순서로 어떻게 가르쳐야 할 것인가와 관련된 교사의 재량권은 상당히 크다. 교사는 교과영역의 주제에 대한 일반적인 지침, 주제의 계열, 일련의 목표, 교재,

교수자료 등을 갖고 있다. 교사는 이런 자료들과 정해진 시간의 제약, 학교문화, 학생들의 특성을 고려하여 교육 프로그램을 설계한다. 프로그램을 결정하는 일은 장기적인 안목에서 조직적으로 이루어져야 한다. 어떤 계획이 선정되느냐 하는 것은 교육의 과정에 대한 교사의 관점에 달려 있다. 교사는 교육정책의 설명자로서, 그리고 학급에서 무엇을 가르쳐야 할 것인가를 중계하는 사람으로서 중요한 역할을 한다. 교육과정의 선택이다. 강조, 시간조절 등 여러 영역에서 선택권을 갖고 있는 교사들은 국가수준에서 만들어진 교육과정을 받아 시행만 하는 상황에서도 어떤 자료를 어떻게 사용할 것인가에 대해 결정권을 갖고 있다. 이처럼 교사의 결정에 따라 학습자가 가지게 될 학습과 경험의 종류가 달라지는 등 교사의 교육과정 전반에 대한 역할과 영향은 매우 크다.

다음으로 지역수준 참여자들의 역할과 영향을 고려해야 한다. 지역수준 교육과정 개발은 각 지역의 인적 자원을 충분히 살려서 그 지역에 알맞은 교육과정을 구성하고, 잘 만들어진 교육과정 자료들을 해당지역의 학교에 정규 교육과정의 일부로 제공할 수 있게 한다. 지역수준에서 교육과정 개발에 참여하는 사람들은 지역학교에서 사용할 교육과정 지침을 개발하게 된다. 그래서 교육과정 개발과정에서 그들의 역할과 영향력을 고려하는 것이 필요하다. 그리고 교육과 직접적으로 관련된 사람들 외에 교과서를 비롯한 교육과정 관련 자료를 출판하고 있는 각 출판사들도 교육과정 개발에 많은 영향을 미친다. 특히 교과서는 학생들의 무엇을 공부해야 하는가에 대한 분명한 내용을 담고 있고, 많은 교사들이 교육과정을 계획하는데 가장 비중 있는 기초 자료로 삼고 있다는 점에서 출판사의 영향력은 크다고 할 수 있다.

3) 교육과정 개발 영역

아이즈너에 의하면, 교육과정의 다양한 개념이나 이론들은 그것들을 기초로 하여 개발되는 실질적인 교육과정이 어떤 것인가에 의해 평가되어야 한다. 그런데 교육은 시간과 장소, 목적과 방법, 고유한 상황, 그 상황 속의 인물 등 여러 가지 요소들이 복합적으로 작용하는 가운데 이루어지기 때문에 교육과정 개발과 관련하여 절대적으로 적합한 개념이나 이론은 상정하기 어려운 일이다. 그렇지만 아이즈너는 교육과정을 개발할 때 고려해야 할 요소들에 대한 답을 공식화할 수 없지만 이 문제에 대한 우리의 인식을 높일 수 있는 개념이나 일반화는 제시할 수 있다고 보았다. 이러한 생각에서 아이즈너는 교육과정 구성과 개발하여 목표와 내용에 대하여 다음과 같이 고려할 것을 제안하고 있다.

첫째, 교육과정에서 목표를 프로그램의 실천을 통해 달성하려고 하는 구체적인 목적지를 목적(aims), 목표(goals), 학습목표(objectives)로 구분하고 있다. 목적은 어떤 집단이 교육에 대하여 갖고 있는 가치를 일반적인 진술형태로 공표한 것이다. 예컨대, "이 학교의 목적은 학생들이 민주주의적 생활방식에 효과적으로 참가하도록 돕는 것이다"는 목적에 해당된다. 목표는 목적과 학습목표 중간에 위치하는 것으로 어떤 과목이나 학교 프로그램을 개설한 의도를 진술한 것이다. 예컨대, "이 과목의 목표는 학생들에게 사회혁명의 원인을 이해시키는데 있다"와 같은 것이 목표에 해당된다. 학습목표는 교육을 받은 후에 학생이 어떤 능력을 갖추게 될 것인가를 구체적으로 밝힌 것이다. 교육과정에 대한 구체적인 설계는 교육에서 겨냥해야 할 것이 목적, 목표, 학습목표로 구체화된 이후에 시작된다. 하지만 이렇게 일반적인 것에서 구체적인 것으로 목표를 설정해 나갈 때 유의해야 할 것은 모든 교육행위에 반드시 분명한 목표가 있는 것이 아니며, 실제 행위는 목표설정 이전에 이루어질 수 있다는 점이다. 그리고 목표를 교육상황에서 보다 우선적으로 고려하거나 의도하여야 하는가는 전적으로 교육과정이 시행되는 고유한 상황에 달려 있다고 하는 것이다. 과목과 과목 사이에서 혹은 한 과목 내에서도 보다 우선되는 교육목표가 있을 수 있고, 우선성을 결정하는 데는 특정 상황 하에서 해당 목표의 달성 가능성을 고려해야 한다. 결국 현실적으로 가능한 것과 이상적인 것을 조화시키는 것이 교육과정 개발의 '운영의 묘'라고 할 수 있다.

목표는 일반적으로 그 목표를 달성하기 위해 사용할 수 있는 내용을 처방하지는 않기 때문에 교육과정 개발과 관련된 숙고에서 내용 선정에 대한 문제는 항상 중요시되어야 한다. 내용을 선택할 결정권은 내용 선정의 준거가 될 수 있는 기준에 근거하여 개발과정에 참여하는 교육과정 개발자들이 행사하게 된다. 이이즈너는 일반적으로 적용할 기준으로 두 가지를 제시하고 있다. 하나는 그 내용이 목적달성에 유용한 것인가 하는 유용성 문제이고, 다른 하나는 그 내용이 학습하는 학생들에게 의미가 있는 것인가 하는 유의미성 문제이다.

둘째, 교육과정 개발에서 내용영역들의 구분은 그 영역간의 차이가 분명할 수도 약할 수도 있는 분류(classification)의 일종에 지나지 않는다. 아이즈너는 번스타인(R. J. Bernstein, 1975)과 분류를 하나의 내용과 다른 내용이 차지하는 영역이 어느 정도로 분명하게 격리되어 있는 것을 보여주는 것으로 보았다. 학문중심 교육과정이라면 분명하게 구분되는 각 영역들이 교과의 형태로 조직된다. 그러나 교과를 중심으로 교육과정을 개발하면 여러 가지 문제가 있게 된다. 문제점들을 보면, 학교중심으로 교육과정을 개발하면 여러 가지 문제가 있다. 문제점들을 보면, 학교에서 실제적으로 마주치게 되는 다양한 문제나 사건을 다룰 수 있는 교사의 양성에 방해가 되는 점, 교사가 자신의 전공과목의 범위를 넘어서려하지 않아 과목을 연계시켜 가르치는데 어려움이 생기는 점, 각 교과를 가르치는데 요구되는 것이 많아 전문영역 밖의 프로그램에 시간과 정력을 투입할 여유가 없다는 점, 학생들에게 교과 이외의 경험을 하지 못하게 하는 점 등이다. 더구나 일반적으로 사람들이 일상에서 부딪치는 문제들은 학문적인 형태로 나타나지 않기 때문에 교과중심의 교육과정은 일상적 문제와 거리가 멀게 된다. 일상의 복잡한 문제를 다루는 데는 다양한 종류의 지식이 요구되고 다양한 학문영역에 걸친 판단력이 필요하다. 따라서 초 · 중등학교에서 가르치는 내용은 학문이 엄격하게 분리되어 있는 대학과는 다른 차원에서 선정되어야 하는 것이다.

셋째, 목표와 내용이 학생들에게 교육적 결과를 가져올 수 있게 하는 사태를 만들기 위해서는 교육적 상상력을 동원해야 한다. 교육적 상상력은 교사나 교육과정 개발자의 전문성을 바탕으로 했을 때 기대할 수 있다. 개념은 학자들이 제공하지만 그 개념을 학생들이 이해할 수 있도록 교육적으로 적절한 문제를 설정해서 학생들 스스로 그 문제에 부딪쳐 볼 수 있는 기회를 갖는 학습사태를 설정하는 문제는 궁극적으로 교육내용의 성격에 달려 있지만, 같은 내용이라도 다른 형태로 설정할 수 있다. 거기에는 학습기회를 설정하는 사람들의 교육에 대한 관점이나 선호가 개입된다. 과정을 중요시하는 사람들은 학생들의 탐구정신을 길러 주도록 질문하고, 답하고, 행동하는 과정으로 학습기회를 설정한다. 그러나 결과를 중요시하는 사람들은 학습의 결과로 무엇을 배우게 되었는가에 주목하게 된다. 어떤 경우든 목표가 수업시간에 학생들에게 흥미롭고 교사들이 다룰 수 있고 충분히 교육적인 학습상황을 만들어 주어야 한다.

넷째, 학생들이 배운 것을 표현하는 방법과 학생들이 사물을 대하는 양식에 관한 것을 교육과정 개발에서 간과해서는 안 된다. 학교 문화가 문자로 이루어지지 않은 활동, 즉 '장식적인 활동'으로 간주하는 분위기를 아이즈너(Eisner, 1981)는 비판하고 있다. 학교는 문자나 말에 의해 장악되어 있는데, 이는 인간의 문화가 아주 넓은 범위의 다양한 인간의 기능에 의하여 이루어지고 있다는 것을 간과하고 있는 것이다. 그 결과로 학교가 학생들의 다양한 표현의 기회를 차단하는 것은 결국 교육의 기회를 학생들에게 균등하게 제공하지 않고 있는 것이다. 교육과정의 내용은 대부분 글이나 말로 전달되고 그 내용을 공부하거나 공부한 결과를 확인하는 평가의 장면도 학생들이 글이나 말로 표현하도록 되어 있다. 이것은 어떤 지식이나 이해를 표현하고 머리에 축적하는 형태는 다양하다는 것을 무시하고 있는 것이다. 이러한 문제점을 바로잡기 위해서는 학생들이 어떤 상황을 이해하고 그 상황을 설명하는데 사용되는 여러 가지 형태의 표현방식에 접할 수 있는 기회를 제공하고 학생들 역시 알고 있는 것을 하나의 표현방식에만 의존하지 않도록 하여야 한다.

제7장

교수방법의 탐구

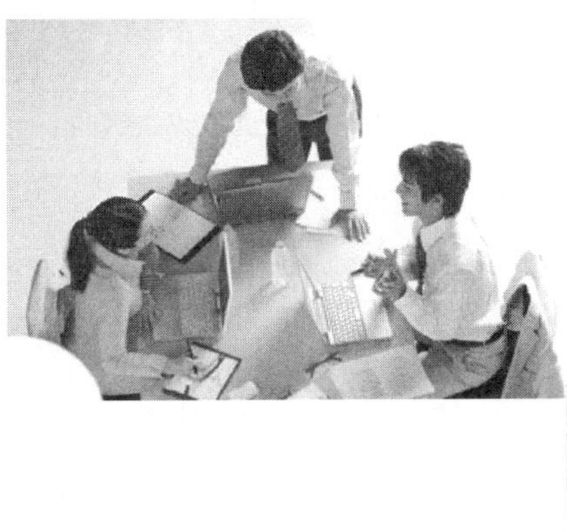

제1절 교수의 기초개념

가르치고 배우는 사상을 가리키는 것으로서 전통적으로 교수법이 가장 오래된 명칭이라고 볼 수 있다. 우리나라에서는 해방 후 '새교육' 운동으로 나타난 진보주의 교육이론의 핵심인 아동학생 중심의 교육관에 따라서 학습지도라는 획기적인 개칭을 보기에 이르렀던 것이다. 이 명칭에는 전통적 교육에서 악명높은 '교사중심', '지식주입'의 인상이 말끔히 가셔 있는 반면, 아동학생의 흥미와 욕구에 기초한 학습을 북돋우고 안내한다는 아이디어가 그 중심을 이루고 있다. 영어로는 'Teaching method'로부터 'The guidance of learning activity'로 호칭상의 대전환이 나타나기도 하였다. 그리하여 학습지도는 법정용어로 사용되어 왔다.

그런데 근자에 다시 교육방법, 교수-학습, 교수 등의 용어가 사용되고 있는데, 이것이 곧 학습지도 개념이나 사고방식이 옛날의 '교수법' 개념으로 후퇴 · 복고되고 있는 듯한 추세를 가리키는 것은 아니다. 학생의 학습을 뒷받침하며 안내한다는 학습지도관과, 교수-학습과 수업의 주체는 교사가 아니라 바로 학생학습자라는 기본상정 내지 신조를 굳게 가진 채 우리는 본서에서 수업과 교수-학습이라는 용어를 주로 사용하겠다.

수업의 정의에서 가르치고 배우는 과정의 개념을 규정하겠거니와 여기서 잠깐 '수업'과 '교수'를 비교해 보자. 먼저 영어와 대비시켜 본다. 수업은 'instruction'에, 그리고 교수는 'teaching'에 해당되는 것으로 파악하는 것이 일반적인 관례인 듯하나, 그 반대의 시각도 있다. 이성진(1985)은 교수(instruction)와 수업(teaching)으로 대비시키기도 한다. 가게(Gage)와 코레이(Corey) 같은 사람은 teaching은 instruction에 비하여 넓은 의미를 내포하는 것으로 파악하여 전자(teaching)는 구체적인 계획과 의도의 의식이 후자(instruction)에 비하여 덜 분명하고 무의도적인 가르치는 행위도 포함하고 있으며, 지나치게 총칭적인 용어이기 때문에 계획적이고 체계적인 활동인 후자와 구별해서 사용해야 한다는 것을 지적한 다음, 특히 코레이(Corey)는 후자를 전자의 한 특수한 형태로 규정하고 후자, 즉 instruction을 주로 사용하였다.

한편 수업이론, 수업설계 · 개발, 교육공학분야에서 커다란 성취를 이룩하고 있는 가네(Gagné)와 브리그스(Briggs)는 teaching을 협의로, instruction을 광의로 파악한 다음, instruction이라는 용어를 선호하고 그 이유를 다음과 같이 설명한다. '우리는 교사라는 어떤 한 개인의 행위에 의하여 조성되고 전개되는 사상이 아니라, 인간의 학습에 직접 효과와 영향을 미칠 수 있는 사상 전부(all of the events)를 기술하기 위하여 instruction이라는 용어를 사용하고자 한다.' 이렇게 볼 때, teaching은 교사의 수업행동만을 가리키는 것으로 규정하는 한편, instruction은 수업, 실행은 물론, 수업목표를 설정 · 진술하고 평가문항을 작성하며 수업방략을 결정하고 수업매체를 선정하거나 개발하는 등의 활동전반을 포괄하는 것으로 규정할 수 있다(진위교 외, 1988).

김순택은 수업과 교수의 개념의 차이를 다음과 같이 설명하고 있다.

첫째, 교수는 학습자에게 전달하려는 '내용의 성질'이나 자극하려는 '학습자의 제특성'의 종류 면에서 수업보다 포괄적이다. 즉 수업은 학습자의 지적 탐구적 특성을 주로 자극하는 내용을 전달하는 데 적용되는 말임에 대하여 교수는 학습자의 모든 능력을 자극하는 포괄적 내용의 전달을 의미하는 것이다.

둘째, 교수는 학습자가 보인 변화 중에서 의도적인 것과 비의도적인 것을 모두 포함한다는 점에서 수업보다 포괄적이다. 이 말은 수업은 보다 의도적인 목표달성을 계획한다는 뜻이다.

셋째, 교수는 교사와 학생간의 인격적 상호작용을 전제하고 있는데 비하여 수업은 반드시 인격적 상호작용을 전제로 하지 않는다. 이런 점에서 교수는 수업보다 덜 포괄적이다(진위교 외, 1988).

교수는 교사에 의한 수업이라는 의미로 해석할 때 교사와 학생 간의 인간적 교류를 전제로 하는 수업이다. 그리고 가게(Gage, 1964)의 말과 같이 교사의 자격으로서 교사가 행하는 모든 것이 교수라고 하면 학습지도, 생활지도, 학급경영

등 모든 활동이 포함됨으로 단일한 통일된 현상이 아닌 매우 포괄적인 개념이다. 그에 비해 수업은 교수처럼 반드시 교사를 전제로 하지 않는다. 이런 점에서 교수는 수업보다 덜 포괄적이다. 교사가 수업을 할 수도 있으나 프로그램 자료나 시청각매체, 전산기 등도 학습자의 학습목표를 달성할 수 있도록 수업할 수 있는 것이다. 그러기 때문에 수업은 생활지도나 학급경영과 같은 내용이 포함될 수 없으며, 수업의 목표도 교수보다 한정되며, 수업의 설계는 보다 의도적이고 계획적인 성격을 띠게 된다.

본서에서는 수업(instruction)을 넓은 의미로 규정한 것에 동의하면서 상황에 따라서는 수업과 교수를 구별하지 않고 사용하도록 한다.

제 2 절 수업설계

1. 수업설계의 의미와 필요성

학교학습에서의 표면적인 교육목표들은 수업의 과정을 통하여 달성된다. 그래서 수업의 설계는 학교학습의 성패를 좌우하는 기준이 된다.

전통적인 교육에서는 교수자의 기준에만 충실해 왔으며, 그 결과에 대해서는 그다지 큰 관심을 갖지 않았었다. 그러나 현대의 학교교육에서는 교수자의 기준과 학습자의 기준이 잘 조화될 것을 강조한다. 그래서 학교의 여러 가지 교육활동 중에 가장 핵심적인 수업에 대한 설계가 더욱 중요한 것이다.

수업설계란 수업의 과정에서 이루어질 예상되는 모든 결과들에 대한 계획이다. 이 수업설계는 하나의 수업과정이 성공하기 위한 최초의 수업구조의 작성이다. 수업의 효율성을 최대로 높이기 위하여 수업설계의 내용은 수업의 적절한 수준의 결정을 위한 수업목표, 교육내용의 선정과 조직, 그리고 수업의 실질적

과정, 결과의 평가 등이 된다.

수업은 교수과정과 학습과정이 하나의 과정으로 통합되어 교육목표를 달성하는 활동이다. 그러므로 교수자의 목표와 학습자의 목표를 일치시키는 일이 일차적인 과정이다.

게일스(Gayles)는 수업의 설계에서 고려되어야 하는 내용을 다음과 같이 제시하고 있다.

① 어떠한 목표가 성취되어야 하는가?
② 어떤 구체적인 내용이 학습되어야만 하는가?
③ 학습자에 의한 어떤 활동들이 그 목표를 성취하게 할 것인가?
④ 교수자는 적절한 학습활동을 어떻게 조직하고 이끌어 갈 것인가?
⑤ 목표를 실현하는 데는 어떤 구체적 방법들이 사용될 수 있는가?
⑥ 학습활동을 학습자에게 보다 의미 있게 하기 위해서는 어떤 자료 및 자원들이 필요한가?
⑦ 목표가 어느 정도 성취되었는가를 결정하는 데 사용될 수 있는 평가적 전략으로서 어떠한 것이 적절한가?

이상과 같은 고려 점을 기초로 수업설계가 이루어져야 한다. 수업설계의 필요성을 김광자(1993)는 다음과 같이 제시하고 있다.

① 충분하고 세밀한 계획을 수립하고 수업을 하면 효과가 높을 것이라는 기본 가정 때문이다.
② 현대사회는 지식과 정보의 폭발시대라고 할 정도로 가르쳐야 할 내용이 너무 많고 다양하다. 급변하는 사회에 뒤떨어지지 않기 위해서 가장 가치 있고 효과적인 교육내용을 선정해야 하기 때문이다.
③ 수업을 어떤 상황에서도 개별화 원칙에 위배되지 말아야 하므로 학습자의 개인차를 고려하여 수업내용, 수업매체, 수업방법 등을 선별해야 하기 때문이다.
④ 급변하고 다변화해 가는 산업계에 필요한 인적 자원을 배출하기 위해서 학교 수업내용과 조직은 산업계의 관찰과 연구를 수반해야 하기 때문이다.

⑤ 수업의 경제성 때문이다. 최소의 투자, 최대의 효과란 경제원칙에 입각해 어떠한 자료와 방법을 사용하면 수업 진행과 결과에 비교적 효과적인가를 고려해야 하기 때문이다.

⑥ 교수-학습 활동이란 인간이 하는 일이므로 완벽할 수는 없으나, 어떤 종류든 수업에서의 오류나 실패는 쉽게 교정되거나 돌이키기 어렵기 때문이다.

⑦ 하급 학년일수록 예상 이외의 일들이 수업시간에 일어날 수 있으므로 수업 진행에 차질이 있을 수 있다. 수업계획은 교사와 학생, 교사와 학교, 교사와 학부모 간의 교육계획을 약속하는 의미가 있으므로 가능한 한 약속이행을 해야 한다는 교사의 양심 기준이 될 수 있기 때문이다.

2. 수업설계의 기본 원리

수업설계는 수업의 기본 방향과 과정을 설계하는 것이다. 이 수업설계를 통해서 수업의 목표와 학습자의 목표가 적절한 수준으로 접근된다. 그러므로 수업설계에서는 수업절차에 관련된 모든 요소들이 잘 통합되어야 한다. 수업설계에 관련된 몇 가지 중심 원리를 살펴보면 다음과 같다(김봉수, 1982).

① 수업설계는 수업목표의 달성을 최대한 보장해야 한다. 그것은 수업의 최대 관심사가 수업목표 달성의 정도에 귀착되기 때문이다.

② 수업설계는 학습자의 능력 특성에 적합해야 한다. 수업설계는 학습자의 학습을 도와주는 절차와 방법을 설계하는 것이기 때문이다. 수업목표와 관련되는 학습자의 학습적성, 경험적 배경, 준비성, 성취 수준, 흥미, 태도 등은 수업설계를 하는 교수자의 측면에서 중요한 관심사가 되어야 한다.

③ 수업설계에서는 자료의 특성이 반영되어야 한다. 교과는 각각 특수한 지식의 내용적 탐구방법이 있고, 인간의 생활과 사교체계에 특수하게 관련되기 때문이다.

④ 수업설계에서는 학교 또는 학급의 특수한 장에서 전개되는 상황적 조건이

고려되어야 하다. 수업은 학교 또는 학급의 상황적 조건에 영향을 받기 때문이다. 수업설계에서는 지역사회의 물리적 · 심리적 조건, 시설과 교구 및 학습자료 등이 고려되어야 한다.

⑤ 수업설계는 경험의 계속성과 계열성이 유지될 수 있도록 계획되어야 한다. 학교학습은 일정한 계열 위에서 전개되고 학습은 계속성과 계열성이 유지되어야 효과적으로 달성될 수 있기 때문이다.

⑥ 수업설계는 각 교과 간에 통합성이 유지될 수 있도록 설계되어야 한다. 교육목표는 흔히 여러 교과와 관련되어 있으며 다른 교과와의 관련성 위에서 보다 조화된 행동의 학습이 조성될 수 있기 때문이다.

⑦ 수업설계는 융통성 있게 계획되어야 한다. 수업은 다양하고 개인차가 많은 학생들과 교사가 상호작용하는 복잡한 과정이며 이에 따라 전혀 예측할 수 없는 돌발적인 사태가 전개될 수도 있는 것이다. 이러한 경우에 즉각적으로 대치하고 그것을 효과적으로 이용할 수 있도록 충분히 융통성을 지니고 있어야 한다.

⑧ 수업설계는 계절적 특수성이나 학교 또는 사회적 행사 등이 충분히 고려되어야 한다.

3. 수업설계의 변인

일반적으로 수업설계는 과정모형적 접근과 개념모형적 접근의 두 가지 방법이 있다. 과정모형적 접근이란 수업의 진행절차, 내용의 배열, 수업의 목표와 결과 등과 같이 수업의 전반적인 과정에 초점을 둔 모형으로서, 글레이저의 수업모형이 대표적이다. 개념모형적 접근이란 수업절차를 중시하는 것이 아니라 수업설계의 여러 요인들에 대한 분석에 초점을 맞춘 모형이다.

4. 수업설계의 내용

수업설계의 내용은 기본적으로 네 가지로 요약될 수 있다. 첫째는 수업목표의 수준이고, 둘째는 수업내용의 선정과 조직이며, 셋째는 수업실행의 절차와 과정이며, 넷째는 수업결과의 평가이다.

첫째, 수업의 목표는 수업의 궁극적 결과를 설정하는 일로써 학습자의 심리적 · 신체적 발달을 고려하고, 선행학습 경험의 성취도를 고려하여 설정되어야 한다. 수업목표가 적절히 선정되었다면 그 수업의 과정은 적어도 반 이상 성공을 거두었다고 볼 수 있다.

둘째, 수업내용의 선정과 조직은 제시된 수업목표를 달성하기 위한 준비과정이다. 수업목표를 구체화시키기 위해 학습단위들을 선정하고 이를 배열하는 일이 이 과정의 일이다.

학습내용 선정에서는 ① 이 내용이 다음 단계의 학습에 꼭 필요한 것인가? ② 이 내용은 다른 내용들과 한 구조 속에서 통합된 것인가? 등과 같은 점을 충분히 고려하여야 한다.

여기서 수업내용의 조직이란 위계성, 통합성을 고려하여 학습내용을 체계화하는 것이다.

셋째, 수업 실행과정은 선정되고 조작된 내용을 실질적으로 달성해 내는 핵심절차이다. 이 과정에서는 수업의 효율성을 높이기 위해서 수업매체의 사용과 수업방법의 선택이 중요한 문제이다. 여러 가지 수업방법들 중에서 달성하고자 하는 수업내용에 가장 적합한 방법을 선택해야 목표의 성취도가 높아진다.

넷째, 최종적으로 설계되어야 하는 것은 평가의 방법과 도구, 절차에 관한 것이다. 평가란 목표의 달성 여부를 결정짓는 절차이므로 정확한 준거를 설정해야 한다. 목표의 달성은 철저하게 평가의 결과이므로 평가도구를 제작하는 일이나 평가절차를 구성하는 일은 소홀히 할 수 없는 계획이다.

제3절 교수방법의 유형

교육 또는 교육과정의 중심적 문제는 "왜, 무엇을, 어떻게 가르치느냐" 하는 것이다. 이 중 "왜"는 주로 교육 또는 교육과정의 이유나 목적을 묻는 것이라면, "무엇을"은 교육내용 또는 교과, "어떻게"는 교수방법에 해당하는 질문이라 할 수 있다.

교육의 목적 · 내용 · 방법은 모두 관련되어 있고, 일반적으로 목적이 결정되고 그에 따른 내용이 선정되면 그 내용을 가장 잘 학습할 수 있는 방법이 선정되는 순서를 밟는다.

어떤 교육목적이 설정되면 그 목적 속에 이미 일정한 내용, 방법이 함축되듯이, 특정 내용도 그 속에 이미 일정한 목적을 전개하며 방법을 내포하고 있다. 특히, 교육내용 또는 교과는 대부분 특정 학문 영역과 관련되어 있고, 그러한 학문들은 각기 나름의 교육방법 역사를 가지고 있다.

그 동안 교과를 가르치기 위한 여러 가지의 교수-학습방법이 등장하였지만, 가장 효과적인 교수-학습방법이란 없다는 것이다. 지식의 구조를 가르치기 위한 브루너의 발견학습방법, 학습자 경험 · 흥미 · 필요 등을 중심으로 반성적 사고를 동원하여 생활 속의 문제를 해결하는 방법으로 가르쳐야 한다는 듀이의 경험중심 · 아동중심 교육방법, 교과 속의 지식 도야에 가치를 둔 형식도야 이론가들의 반복된 훈련이나 암기 교육방법들은 각각의 교육관 · 교과관과 밀접하게 관련된 교육방법들이다.

결국, 교수방법은 무엇을 가르칠 것인가에 대한 문제와 함께 학습자의 특성을 함께 고려하여 이것을 실천으로 옮기는 것이라고 개념화할 수 있다.

대부분의 학생과 다양한 교육내용에 모두 효과적인 교수방법이란 없기 때문에, 특정학생과 특정의 교과에 가장 적합한 교수방법을 선택해야 하는 문제는 결국 교수자 자신의 몫인 것이며, 구체적인 방법을 소개하면 다음과 같다.

1. 강의법

강의법(lecture method)은 지식이나 기술을 교사가 설명과 해설을 통해 학생에게 전달하는 수업방법이다. 이 수업방법은 가장 오랫동안 수업의 방법으로 존중되어 오던 것이었는데, 교육의 과학적 접근이 시작되면서 점차 그 가치가 적어지고 있다.

근대 이전까지만 하여도 교제로 사용할 수 있는 서적이 한정되어 있었고, 그 서적조차 교사와 같은 소수의 지식인이 독점하였기 때문에 서적 속에 들어 있는 지식을 다수자에게 강의를 통해 전달하여 왔다. 인쇄술의 발달에 따른 교재의 대량 유통과 수업에 대한 철학적 인식의 변화에 따라 강의법은 점차 배척당하고 있다고 볼 수 있다. 그러나 아직도 현대의 많은 수업과정에서 강의에 의한 수업방법이 존속되고 있는 실정이다.

2. 문답법

문답법은 소크라테스의 교육방법으로 널리 알려진 것으로서 진리는 전달되는 것이 아니라 교사와 학생의 문답을 통해 발견되어야 한다는 입장에서 출발하였다. 소크라테스가 아테네의 청년들에게 대화를 통하여 자신의 무지함을 깨닫고 진리를 찾도록 한 것에서 알 수 있듯이, 이 방법은 근본적으로 학생의 자기 개발 능력을 인정하는 것이 특징이다.

문답법은 교사와 학생이 진술과 응답을 반복하는 과정에서 지식의 개념을 명확하게 하고 논리적으로 추리해 낼 수 있는 능력을 기르며 자기 발달에 대한 확신을 갖게 해 준다.

3. 토의법

토의법(discission method)은 학습자 상호간의 의사교환을 통해 결론에 도달하는 학습활동이다. 토의법은 하나의 주제를 놓고 각자의 의견을 밝히고 남의 의견을 청취하는 집단과정을 통해서 문제의 해결점에 도달하는 방법이다. 그러므로 이 수업 방법은 학습자 개개인의 참여의식을 높이고 자유롭게 의사를 표현하는 개방된 태도를 기를 수 있다. 토의의 과정을 통해 무엇보다도 민주적인 의사결정 능력을 기를 수 있는 방법이다.

4. 구안법

구안법(project method)은 과제 해결법이 발전된 형태이다. 프로젝트(project)란 마음 속에 생각나는 것을 표현하여 객관화시키는 활동 방법이다. 그러므로 구안법은 학습자 스스로 계획하고 실천하는 방법으로써, 자발적이고 창의적으로 과제를 해결하는 방법이다.

구안법은 1900년 리차드(Richards)가 컬럼비아(Columbia)대학에서 학생 스스로 과제 목표를 세우고 실천하는 방법을 사용한 데서 비롯되었다. 이후 1917년 킬패트릭(Kilpatrick)이 대표적 수업 방법으로 발전시킨 뒤 널리 보급된 수업방식이다.

킬패트릭은 프로젝트의 종류를 다음과 같이 세 가지 형태로 제시하였다.

① **구성**(construction) **프로젝트 :** 계획하고 구성하는 것을 목적으로 삼은 프로젝트

② **향락**(enjoyment) **프로젝트 :** 즐거움을 목적으로 삼은 프로젝트

③ **문제**(problem) **프로젝트 :** 지식이나 기능을 학습하기 위한 프로젝트

5. 발견학습

발견학습(discovery learning)은 결론에 도달하는 발견의 과정을 강조하는 학습 방법이다. 여기서 발견하는 것은 이미 잘 정리된 지식체계이지만, 학습자에게는 아주 새로운 지식체계이다. 그러므로 학습자는 언제나 물리학자나 천문학자가

새로운 사실을 발견해 내는 것과 동일한 발견과정을 거친다. 즉, 학자나 학습자는 근본적으로 동일한 발견 과정을 갖고 있다는 말이다.

발견학습은 1957년 소련의 인공위성 스푸트니크(sputnik) 발사 이후 강조되기 시작하여 브루너에 의해서 1960년대에 이론적 기초를 튼튼히 하며 널리 알려졌다.

특히 브루너는 '지식의 구조'를 형성하는 것에 학습의 목표를 두고 있다. 지식의 구조란 그 구조로부터 많은 명제를 생성해 낼 수 있는 지적 체계를 말한다. 그러므로 지식의 구조는 사실, 개념, 명제, 원리, 법칙 등을 통합적으로 체계화한 것이다. 이와 같은 지식의 구조는 간결성, 경제성, 생산성을 특징으로 한다.

6. 탐구학습

탐구학습(inquiry learning)은 1960년대에 미국을 중심으로 발달한 학습방식이다. 탐구학습 또는 탐구수업이라고 불리는 이 방법은 전통적인 암기위주의 지식수업이 현대와 같은 지적 팽창에는 적용의 한계가 있다는 점을 지적하고 지적 결과보다는 탐구과정을 강조한 수업방식이다.

이 방법을 고안한 사람은 마시알라스와 콕스로서 사회과 수업에 적용하기 위한 사회탐구 모형(socal inquiry model)의 개발에서 시작되었다.

탐구란 중요한 아이디어를 만들어 내고 그것을 실험하고 입증하는 일련의 사고 과정이다. 이와 같은 탐구학습은 근본적으로 듀이의 반성적 사고에 이론적인 기초를 두고 있어서 탐구과정과 반성적 사고과정은 유사한 형식을 가지고 있다.

7. 자기 주도적 학습

자기 주도적 학습은 넓은 의미로는 자기 스스로 학습을 선택하고 실행하는 것을 총칭한다. 이러한 포괄적인 의미에서 자기 주도적 학습을 지칭하는 용어는 매우 다양하다. 이들 가운데에는 자기조절 학습(self-regulated learning), 자기계획 학습(self-planning learning), 독립학습(independent learning), 자기교수(self-teaching), 독학(autodidaxy), 개별학습(individualized learning) 등이 있다. 그러나 자기 주도적 학습(self-directed learning)이라는 용어가 가장 일관되게 사용되고 있다.

자기 주도적 학습이란 타인의 조력 여부와는 상관없이 학습자가 학습의 주도권을 가지고서, 자신의 학습욕구를 진단하고, 학습 목표를 설정하며, 그 학습에 필요한 인적 · 물적 자원을 확보하고, 적합한 학습 전략을 선택, 실행하여 자신이 성취한 학습 결과를 스스로 평가하는 과정 및 활동을 의미한다는 것이다(나일주 편저, 1999).

8. 협동학습

협동학습의 개념은 새로운 것은 아니다. 성경에도 "두 사람이 한 사람보다 나음으로 너희가 함께 수고함으로 좋은 상을 얻을 것이라…… 한 사람이면 패하는 것을 두 사람이면 능히 잘 견디니, 세 겹줄은 쉽게 끊어지지 아니하느니라(구약 전도서 4장 9절-13절)"는 구절이 있다. 탈무드에도 학습을 하려면 함께 학습하는 동료가 있어야 한다고 지적한다. 「Quintilian」과 「대교수학」을 저술한 Comenius는 학생들이 서로 가르치고 배움으로써 학생 모두가 지적 성장을 한다고 주장했다. 1700년대 후반 Lancaster와 Bell이 협동학습을 영국에서 실제 적용하였고, 미국에서는 Lancastrian학교가 1806년 뉴욕시에 설립되어 1800년대 전반에 협동학습이 미국에 널리 보급되었다. 1870년대 Paker는 민주주의와 관련하여 협동학습의 중요성을 역설했고, Dewey는 학교를 사회의 축소판으로 간주하여 사회생활에 필요한 협동적인 반성적 사고를 강조하였다.

1929년의 세계경제공황으로 1934년에 설립된 미국의 자유연맹은 경제침체를 회복하기 위해 교육이론과 실천에 대인관계의 경쟁을 요구하게 되었다. 그 이후 1960년대까지는 경쟁을 이용한 교육방법이 지배적이었고, 1960년대 후반부터 Bloom의 완전학습으로 대표되는 개별화 학습이 대두되었다. 즉, 1960년대와

1970년대에 학교학습의 연구는 학생의 주의집중, 흥미유발, 학습과제의 참여를 효율적으로 유도하는 교사의 교수행동에 초점을 두었다. 그러나 1970년대 말부터 학교학습의 연구 초점이 교사의 교수행동이 아니라 학생의 학습행위로 전화되었다.

특히 1960년대 이후 인지심리학의 대두로 인해 학습자를 능동적이고 자기결정적인 개인으로, 복잡하고 독특한 방식으로 정보를 처리하는 유기체로 인식하게 되었다.

이러한 인지적 관점에서는 학습이란 학습자의 내부에서 일어나는 것이며, 학습자는 교사가 제시하는 자극의 수동적인 수용자가 아니라 보다 적극적인 해석자이고 정보처리자임을 강조한다. 이에 따라 학생의 효과적인 학습행위에 대한 연구도 다양한 교실상황에서 의사소통을 분석하였는데 언어학, 사회심리학, 인지심리학, 현상학, 생태학 등의 간학문적 접근의 성격을 지닌다.

그러나 이와 같은 연구도 여전히 30~40명의 인원이 학습하는 전통적인 대집단 수업을 대상으로 한 것이었다. 전통적인 대집단 수업에서 교사는 수업의 주체로서 설명 지향적이고, 학생은 여전히 수업의 객체로서 수동적인 존재로 간주되어 왔다.

인간은 사회생활을 하는 데 있어서 협동이 없이는 공동생활을 영위할 수 없다. 그러므로 학교학습에서 동료 간에 상호작용을 하는 협동학습은 교육이 삶 그 자체라는 점에서 중요하고 필요하다. 협동학습을 통한 상호작용은 동료 간의 우정, 서로에 대한 적극적인 태도, 다른 사람에 대한 책임감, 타인에 대한 존경심을 가져온다.

또 협동학습에서는 모든 집단 구성원들이 그 집단의 학습목표를 달성하는데 다 같이 기여하기 때문에 각자는 상당한 성공경험을 갖게 된다. 이러한 성공경험은 학습태도 및 학습동기의 유발에 기여한다(변영계, 1996).

제 4 절 교수매체

1. 교수매체의 정의와 역할

1) 교수매체의 정의

매체(media)는 medium의 복수형으로 의사소통의 채널을 말한다. medium은 라틴어 medius에서 나온 말로 무엇과 무엇의 사이(between)를 의미한다. 따라서 매체는 의사소통에 있어서 송신자(sender)와 수신자(receiver) 사이를 연결하는 매개체 혹은 전달체로서 필름, TV, 도표, 인쇄 자료, 컴퓨터 등이 이에 속한다. 이러한 일반적인 매체들이 수업내용을 전달하는 데 사용될 때 교수매체란 교육목표가 효과적이고 효율적인 방법으로 달성되도록 하기 위해 교수자와 학습자, 학습자와 학습자 사이에 필요한 의사소통을 도와주는 다양한 형태의 매개수단이라고 정의할 수 있다.

교수매체는 기술적 속성, 내용적 속성, 상황적 속성, 상징적 속성의 네 가지 속성을 지니고 있다(권성호, 1990). 이러한 속성들은 서로 밀접한 관계를 맺고 있으면서 매체를 이용한 교수-학습의 상황에 영향을 미친다.

첫째, 기술적인 속성은 매체를 구성하는 재료 및 기기의 속성으로 정보의 전달 방법에 영향을 준다. 예를 들면, 라디오, TV 등은 전파를 통해 전달이 되며, 영사기, 녹음기, 투사기 등은 기계를 통해 전달된다. 이러한 기술적 속성은 기술의 발달과 함께 새로운 매체가 등장하게 되는 원인이 되며, 상황과 장소에 따른 매체의 선택과 효과에 영향을 미친다. 예를 들면, TV를 사용할 때와 영사기를 사용할 때 메시지 전달의 범위와 학습자들의 참여도에 영향을 미친다. 또한 컴퓨터를 이용할 때는 공간의 활용과 상호작용의 기능성도 달라진다. 따라서 매체의 기술적인 속성은 새로운 전달 방법과 전달 내용을 포함하게 되며, 수업에의 활용 방법에도 영향을 미치게 된다.

둘째, 내용적 속성은 모든 매체는 특정한 내용을 포함하고, 전달한다는 것을 나타낸다. 매체의 효과는 단순히 매체 자체의 기술적인 속성보다도 그 매체가 어떤 내용을 전달하느냐에 따라 달라질 수 있다. 예를 들면, TV나 컴퓨터가 어떤 내용을 전달하느냐에 따라 유용한 교수매체가 될 수도 있고 청소년의 생활에 유해한 매체가 될 수도 있다. 또한 아무리 최신의 좋은 매체라 할지라도 전달하는 내용이 잘 설계가 되어 있지 않다면 그 효과는 기대에 미치지 못할 것이다. 또한 동일한 내용을 전달할지라도 매체에 따라 그 효과는 달라진다. 따라서 효과적인 의사소통을 위해서는 전달 내용의 설계와 매체의 특성에 따른 전달 효과의 차이점을 고려해야 한다.

셋째, 상황적 속성은 메시지가 전달되는 사회적 환경이 매체의 효과에 영향을 미친다는 것이다. 동일한 매체가 전달하는 동일한 내용일지라도 그 매체를 활용하는 상황에 따라 의사소통의 효과가 달라진다. 예컨대, TV를 통한 학습 효과에 대한 연구에 따르면, 엄마가 아이와 함께 TV를 시청할 때 아이들이 더 많이 학습하는 경향이 있다. 교실에서도 비디오나 슬라이드를 학생들만 시청할 때보다는 교사가 같이 보면서 설명을 할 때 학생들은 학습을 더 잘하게 된다.

넷째, 상징적 속성은 매체에 따라 내용을 전달하기 위해 문자, 음성, 기호 및 언어 등의 특정한 상징체계를 사용한다는 것이다. 상징체계의 차이는 매체를 특징짓는 가장 중요한 속성으로 동일한 내용도 다양한 상징체계를 사용해 전달할 수 있다.

상징체계는 실물을 그대로 나타내는 실물계와 그림의 형태로 나타내는 영상적 체계, 무용이나 동작으로 표상되는 활동적 체계로 구분될 수 있으며, 어떤 상징체계를 사용하느냐에 따라 메시지의 전달 효과가 달라진다. 예를 들면, 흡연이 건강에 좋지 않다는 내용을 음성으로만 설명하는 것과 실제 흡연이 신체에 미치는 영향을 생생한 영상을 통해 전달하는 것은 비록 동일한 내용이라 하더라도 심리적으로 미치는 영향이 달라진다.

이러한 매체의 속성은 매체를 이해하는 데 도움을 주며, 또한 매체 활용 방식과 학습 효과에 영향을 줄 수 있다.

2) 교수매체의 역할

교수매체는 정확하고 효율적인 교육적 의사소통을 위한 매개체의 역할을 한다.

교수행위와 학습행위도 하나의 나눔의 과정으로 볼 수 있으며, 교수매체는 이러한 나눔의 과정을 도와주는 전달 수단이 된다. 쉬람(Schramm, 1954)의 의사소통 모형은 이러한 과정을 잘 나타내 주고 있다. 의사소통은 메시지를 만들어 보내는 송신자와 메시지를 받아들이는 수신자간에 일어나는 현상이다. 송신자는 자신이 전달하고자 하는 지식이나 기술, 가치를 언어나 비언어적, 또는 시청각적 형태로 제시하면 수신자는 그 기호를 해독하여 의미를 산출하고 이해한다. 이 때 메시지는 의사소통의 채널을 통해 전달되는데 이 채널의 역할을 하는 것이 바로 매체이다. 매체는 시각, 청각, 시청각 등 여러 가지 상징체계를 이용해 메시지를 전달하게 되고, 어떤 상징을 사용하느냐에 따라 정보의 의미와 정확도가 달라질 수 있다. 이 때 메시지의 정확성에 영향을 주는 요소가 소음이다. 소음은 교실 환경과 집단의 크기, 물리적인 잡음뿐만 아니라 메시지나 매체의 정확성과 적절성 등 심리적인 소음도 포함한다. 잡음을 최소화시켜 주는 것은 결국 커뮤니케이션이 잘 이루어지도록 하는 것이며 학습효과를 극대화하는 것을 의미한다. 수신자로서의 학습자는 감각을 통해 메시지를 받아들이고, 메시지에 주의를 기울인 다음, 메시지를 해석하고, 평가하며, 메시지 내용을 보존하고 재생시켜 발신자, 채널, 환경, 잡음 및 메시지에 대해 반응하고 이에 대한 피드백을 제공하게 된다. 그런 피드백이 있어야만 교사는 학생의 반응에 따라서 투입을 조정하고 해독의 오류나 그 체제 안의 소음에 해당하는 제반 요소들을 줄이거나 제거할 수 있다.

2. 교수매체의 유형

1) 시각매체

(1) 실물과 모형

교육에서 가장 좋은 최적의 결과를 가져오기 위해서는 학생이 교육의 장을 떠나 직면하게 될 현실과 가능한 한 가까운 환경 속에서 학습할 수 있도록 하게 하는 것이다. 특히 실물이나 고도의 모형물 등의 사용은 학생들에게 작업을 가능케 하는 중요한 자극을 제시하게 되고 이러한 수업은 특정기계의 도구를 조작하는 학습 내 모든 심체를 동원하게 되므로 학습효과를 기할 수 있게 될 것이다. 이런 점에서 실물이나 모사물의 사용에 관한 일련의 규칙이나 선택은 상황에 따라 개별적으로 분석되어져야 한다.

① **실물 :** 교수매체로서 실물만큼 효율적인 교수매체는 없다. 왜냐하면 학습 현장을 실물이 있는 현장으로 옮겨서 그 실물을 생생하게 교과자료로 사용할 수 있기 때문이다. 물체에는 평면적인 것도 있고 입체적인 것도 있다. 그런데 이와 같은 실물을 구하려면 교실 내로 가져올 수 있는 것도 있고 유동이 불가능한 것도 있어서 학생들이 실물이 있는 현장으로 가야만 하는 불편도 있다. 그러기 때문에 학습자들이 여행이나 견학으로 실생활에 기여할 수 있는 교육을 체득하여 학습효과를 높일 수도 있지만 거리와 시간적 소비, 경제적인 부담 등으로 불가능한 점이 적지 않다. 그럼에도 불구하고 실물은 학습자로 하여금 만져 보고 두드려 보고 촉각으로 느껴 볼 수 있는 매체이기 때문에 경우에 따라서는 실물만큼 교육적인 효과가 있는 것도 없다.

② **모형 :** 실물교재의 단점을 보완하기 위하여 만들어진 것이 모형이다. 모형은 실물이 가지고 있는 특성을 단순화시키거나 축소, 확대 또는 단면, 실물 크기 등 필요와 사용목적에 적합하도록 재구성시킨 형체이다. 축소시킨 모형으로는 우주모형, 도시모형, 건축모형, 교통 파노라마 등과 같은 것 등이 있다. 단순화시킨 모형으로는 실물이 매우 복잡해서 전체구조를 파악하기 곤란한 기계나 조직의 전체 또는 일부의 중요한 부분을 노출시켜 간단한 구조로 특성화시킨 것들이 있다. 단면화 시킨 모형은 예컨대, 증기기관의 단면이나 지층의 단면을 동작화시켜 실물의 내부구조와 동작을 볼 수 있도록 한 것이다. 실물 그대로를 단축시킨 모형은 실물표본이나 고고학의 유물이나 모조품을 만들어 보여주기 위한 것이 있다. 마지막으로

확대시킨 모형은 미생물이나 원자의 모형 등을 실물보다 확대시켜 그 구조와 동작을 볼 수 있게 한 것이다.

(2) 도표와 그래프매체

교사중심의 집단수업의 폐단을 극복하려는 시도는 학생중심의 개별학습방식으로 옮겨져 수업자체의 변화에 탄력성 있게 대처할 수 있을 뿐만 아니라 교수전략에 도표를 제시함으로써 기대하는 학습결과를 가져올 수 있고 또 복잡한 내용을 설명코자 할 때는 보다 쉽고 능률적으로 설명할 수 있어 좋다. 또 교사는 학습의 내용을 뚜렷이 밝힐 수 있고 적은 비용으로 학습내용, 자료설명, 시간과 계획 등 학습과 관계되는 선행연구를 통하여 지식을 활용함으로써 창조적인 학습경험을 구성할 수 있어 효과를 기할 수 있다.

(3) 프로그램매체의 교재

프로그램매체 학습이 개발된 것은 선다형으로 객관적인 테스트의 채점자동화를 위주로 한 것, 교수-학습 개선을 목적으로 교사를 지원해 주고 교사의 기능을 확충하는 것 등 컴퓨터 이용에 관한 관리정보시스템이다. 따라서 학습자의 학습성과 진도 등을 위해 사용하여 개별 학습지도를 가능케 하는 정보처리, 사무처리, 시간편성 등의 업무를 컴퓨터로 처리하는 방법으로 학습의 개별화 내지 교수기술 변화에 새로운 아이디어를 창출해 가자는 데 있다. 이런 점에서 프로그램 학습은 그것이 어떤 특정한 매체를 가리키는 것이 아니고 수업 내지는 학습의 방법이라는 점에서 간단히 정의하기가 매우 어렵다.

(4) 다이얼 정보매체 시스템

프로그램 수업이 더욱 다양화됨에 따라, 그 실행방법과 문제들이 더욱 복잡하게 되었다. 이와 같은 문제를 해결하기 위하여 나타난 가장 현대화한 방법이 다이얼 접근 정보검색 시스템(DAIRS : Dial-Access Information-Retrieval Systems)이다. 다이얼 접근 정보검색 시스템이 설치된 특수 카렐(carrels)이나 다른 본부에서 학생들은 여러 가지 형태의 프로그램에 접근하기 위하여 전화 다이얼을 돌려 프로그램이 나오면 그 프로그램의 내용을 학습하기도 하고 평가시험, 미적 흥미, 기타 목적에 적합하게 학습을 하는 것이다.

이와 같은 카렐은 흔히 도서관, 수업자료센터, 학습활동실, 학습실 또는 기숙사 등에 설치되어 있다. 한 학생이 특정한 학습프로그램의 다이얼을 돌리면, 전자 스위치 기구가 필요한 저장된 정보에 연결되게 된다. 그리하여 그 학생은 자기가 원하는 대로 그 정보를 얻게 되고 또 학습프로그램에 따라 개별학습을 한다. 이와 같은 다이얼 접근 정보검색 시스템은 언어실습실에도 적용할 수 있으며 또 이러한 원시자료로서 녹음테이프, 레코드 등 마치 도서관처럼 대출해 가서 자기가 원하는 어떤 곳에서도 학습할 수 있다. 이러한 자료의 대출은 대체로 정해진 학생이나 코스에 기재된 학생에게만 제한되기도 한다. 왜냐하면 한정된 자료로 모든 학생과 한정된 시간 내에 학습하도록 하기 위해서이다.

최근에는 전자기술의 발달과 새로운 교재기술의 발달로 거의 자동적 또는 반자동식으로 수백 개의 프로그램을 수백 명의 학생들에게 셀프서비스법(self-service)으로 제공하기도 한다. 현재까지 청각기구는 3가지 기능수준으로 활용될 수 있는데 그것은 수동적 청취, 능동적 청각, 능동적 비교청각(듣고, 응답하고, 기록하기)이다. 풀트랙(full-track) 녹음기들은 투트랙(two-track)과 포트랙(four-track), 릴투릴(reel-to-reel) 기구 또는 카트리지나 카세트식이 있다. 그래서 포트랙 테이프를 30개 갖고 있는 테이프 도서관은 120개 프로그램을 녹화 저장할 수 있다. 그러므로 가격을 저렴하게 사용하기 위해서는 이와 같은 풀트랙을 사용하면 편리하나 사용기간의 중복, 자료의 검색방법 또는 목록작성상의 혼란이 올 수 있다.

이와 같은 청각 테이프의 다이얼 접근뿐 아니라 요즈음은 비디오 자료, 즉 필름, 비디오테이프, 텔레비전 프로그램, 심지어 차트나 다이아그램까지도 가능할 뿐 아니라, 컴퓨터 터미널에 의한 접근도 가능하다. 그리고 단위학교나 지역 학교들이 협동적 노력으로 한다면 상당한 경비절감을 할 수 있을 것이다.

(5) 컴퓨터보조수업(CAI : Computer Assisted Insturuction)

컴퓨터는 앞에 말한 다이얼 접근시설에 활용할 수 있으며 기대 이상의 효과를 얻을 수 있다. 컴퓨터의 풍부한 정보기재력 때문에 컴퓨터는 학생과 직접 학습활동을 할 수 있다. 예컨대, 컴퓨터는 학생에게 옳고 그름을 알려줄 뿐만 아니라 학생에게 새로운 과업이나 과제를 제공하기도 한다. 또한, 그 과업이 테스트이면 컴퓨터는 테스트 점수를 기록할 뿐 아니라 잘못된 내용을 분석해 주기도 한다. 그리고 지난번 점수나 다른 학생과의 비교도 해 준다. 전자 컴퓨터들의 자료들은 여러 가지 형태가 있다. 예를 들어, 키펀치 카드나 종이테이프로부터 기호화하고 문서화된 자기 테이프, 드럼, 디스크 같은 거의 모든 형태의 정보를 기록, 조직, 분류, 축적, 검색, 전달할 수 있는 것들이 있다.

이러한 기계들의 효율성은 그것을 어떻게 사용하고 어떠한 자료를 쓰느냐에 달려 있다. 컴퓨터는 매우 복잡하고, 값이 비싸며 사용하거나 유지시키기 위해서 특별한 기술이 요구된다. 컴퓨터가 일일 또는 주간별로 한 학생의 학습 진도를 프린터에 찍어내게 되면 이것을 가지고 학생이나 교사는 그들에게 필요한 학급 계획을 판단하여 명실공히 개별화 수업을 할 수 있게 된다.

컴퓨터는 수업에 활용하는 방법 이외에도 평가도구제작, 학급경영관리, 각종 데이터의 분석 등 행정업무도 수행하게 된다. 각종 수업자료나 학습 자료를 보관하고 있는 도서관이나 학습자료센터 등에 수록된 데이터나 학습교과를 컴퓨터 터미널에 연결하여 필요시에 언제나 컴퓨터 터미널 키보드만 누르면 필요한 자료를 찾아 내고 이용할 수 있도록 하고 있다. 이러한 일은 도서관이나 학습자료센터의 자료가 컴퓨터로 데이터 처리가 되어 있을 때 가능하다.

(6) OHP와 TP매체

OHP는 1개의 그림 속에 수천 개의 말과 같을 뿐만 아니라 수천 년 혹은 수천 마일의 거리만한 가치를 지닐 수 있다. 또한 교실에서 여러 사람이 볼 수 있고 프로젝트로 불투명체인 실물이나 실물사진 또는 그림을 그대로 확대해서 투사할 수 있어 그 용도의 범위가 넓어 생동감 있는 교육으로 이끌 수 있다. 또 OHP는 사용에 신축성이 있고, 활용이 용이하고 잘 활용하면 상당히 많은 이득이 된다. 또 슬라이드는 교사의 강의를 보충해 주고 교수보조물로 쓰일 수 있어 유용하게 이용되며 또 한편으로는 소리를 녹음하여 합성된 프로그램 수업으로 쓸 수 있고 독립된 수업매체로 쓸 수 있고 손쉽게 순서를 배열하기도 하고 일부를 바꿀 수도 있어 교육적으로 효과적이다.

(7) 슬라이드와 필름스트립

슬라이드와 필름스트립은 평면 투시물로서 정보를 제시하는 양식이나 효과에 있어서 같은 것이다. 즉 어떤 비용을 슬라이드용 필름에 촬영하여 현상하고 현상된 내용을 환동기를 통해 스크린에 확대해서 제시한다는 점에서는 정보제시의 기술적 측면이나 형식이 같다. 따라서 정보전달의 기능에 있어서도 동일하다고 볼 수 있다. 다만 외형적인 면과 사용상의 차이점이 있을 뿐이다.

2) 녹화교재와 영화매체

(1) 녹화교재

시각적 자극과 마찬가지로 소리의 세계도 학습에 이르는 수단으로서 대단한 가능성을 갖고 있다. 교육이 시작된 이래 지식전달의 매체로서 교사의 목소리는 항상 중요한 역할을 담당해 왔다. 오늘날을 시청각매체의 발달로 교사의 역할이 확대되어 보다 계획적인 소리의 이용까지를 포함하고 있다. 최근 학습목표의 새로운 강조와 빠른 속도로 발전하는 기술혁신은 보다 계획적인 소리의 녹화이용에 박차를 가하여 보다 넓게 교육에 반영하고 있다.

영상과 음성을 전자적 방식에 의해 자기케이프나 디스크에 기록해 놓은 것을 녹화자료라고 하며, 교육용으로 사용되는 것을 녹화교재라고 부른다. 녹화자료는 영상과 음을 수록하여 재생시킬 수 있다는 점에서 영화(film)와 같다고 하겠으나, 광학적 방법이 아닌 전자적 방법에 의해 이루어진다는 점에서 영화와는 다르다.

(2) 영화매체

영화매체는 평면화나 투사정화물이 갖고 있는 여러 가지 장점을 갖고 있을 뿐만 아니라 동적인 매체라는 이점을 갖고 있다. 이는 또 학습의욕을 높이는 데 매우 도전적이고 역동적인 효능을 가짐과 동시에 학습의 장애요인이 되고 있는 시간과 공간 사이의 간격을 좁힐 수 있는 좋은 학습매체이다.

제 5 절 수업의 공학적 방법

1. 교육공학의 개념과 영역

1) 교육공학의 개념

최근에 인정받는 교육공학의 개념은 미국교육공학회(AECT)의 개념이다. "교육공학이란 학습을 위한 과정과 자원의 설계 · 개발 · 활용 · 관리 및 평가에 관한 이론과 실제이다"(Seels & Richey, 1994).

(1) 학습

학습이란 경험에 의해 개인의 지식이나 행동이 비교적 지속적으로 변화하는 것이다. 즉 학습자는 학습과정을 통해 메시지를 인식하고 해석한 후 자극에 반응하고 반응의 결과로서 배우게 되는 것이다.

(2) 과정과 자원

과정이란 어떤 특정한 결과를 향한 일련의 조작 혹은 활동으로서 구체적으로 투입 · 활동 · 산출을 포함한 하나의 계열을 의미한다.

자원이란 학습을 지원하는 원천으로서 지원체제, 교수자료 및 교수환경을 포함한다. 즉 자원이란 교수-학습과정에서 사용하는 고안물과 자료뿐만 아니라 요원, 예산 및 시설까지를 지칭한다.

(3) 설계 · 개발 · 활용 · 관리 · 평가

이 다섯 가지의 용어들은 교육공학의 기본적인 활동영역 혹은 기능을 지칭하는 것이다. 이들은 상호 독립적이기는 하지만 이론과 실제를 통해서 관련되어 있어 그 관계가 선형적이지 않다. 각 기능들은 독자적인 분야로 발달할 수 있을 정도의 충분한 특성과 범위를 가지고 있는 것이다.

(4) 이론과 실제

어떤 학문분야든지 이론은 이론적 토대 내지 지식기반에 기초하여 이루어져야 하는 한편 실제는 경험으로부터 얻어진 정보를 통해 지식기반에 기여할 수 있다.

2) 교육공학의 영역

교육공학의 영역은 다음 그림에서 볼 수 있듯이 설계 · 개발 · 활용 · 관리 · 평가의 5가지로 구성되어 있다(Seels & Richey, 1994).

(1) 설계(design)영역

설계란 학습의 조건들을 분석하면서 구체적인 교수목적을 달성하고자 다양한 방법과 전략을 계획하는 이론과 실제의 영역이다. 즉, 설계는 학습이 일어나도록 하는 교수명세서를 작성하는 일과 미시적, 단계뿐만 아니라 기획 같은 거시적인 단계를 포함한다.

(2) 개발(develop)영역

교수매체의 제작에 기원을 두고 있는 개발영역은 설계영역에서 산출된 명세서를 구체적인 형태의 교수자료를 만드는 과정이다. 즉 교수에 적용되는 하드웨어와 소프트웨어를 통합한 것이며, 시각과 청각자료 및 여러 부분을 통합한 프로그램 또는 패키지의 개발을 포함한다. 따라서 개발은 이론과 설계에 근거하여 이루어지고, 평가를 거친 후의 수정 · 보완을 해야 하며 활용과 관리에 관련된 요구 등에 민감해야 한다.

(3) 활용(utilization)영역

기존의 교수자료를 교수-학습 상황에 적절하게 활용하고자 노력한 1920년대의 시각교육 운동과 함께 시작되었다. 활용기능은 학습자와 교수자료 및 체제 사이의 상호작용을 의미하는 것으로 학습을 위해서 절차나 자원을 사용하는 것이다.

(4) 관리(management)영역

매체센터, 매체프로그램과 서비스의 운영으로부터 발전된 관리영역은 환경에 관계없이 기본적인 관리기술의 실시를 그 목표로 한다. 즉, 프로그램을 조직하고 직원을 관리하며, 예산과 시설을 기획하고 집행하며, 변화에 대처하는 교육공학을 조절하는 운영체제이다.

(5) 평가(evaluation)영역

활동의 과정이나 결과에 대한 장점, 가치 등을 규명하고자 하는 절차이다.

따라서 교육에서의 평가는 교육 프로그램, 산물, 프로젝트 과정, 목표, 교육과정의 질, 효과, 가치 등을 결정하고자 하는 것으로서 결국 교수와 학습간의 관계가 적절한가를 판단하는 것이다. 이를 위해서는 판단기준의 선정, 관련정보의 수집, 기준의 적용이 단계적으로 이루어진다.

<교육공학의 영역>

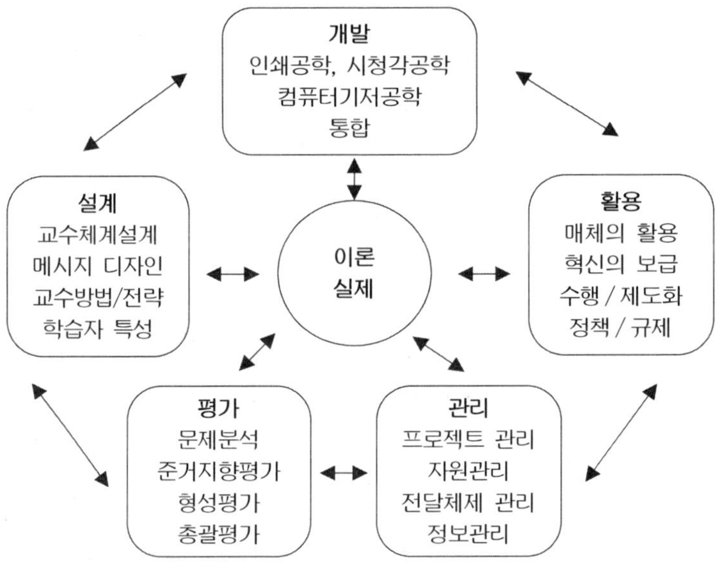

2. 인터넷과 교육

1) 인터넷의 개념 및 등장 배경

'인터(inter)'라는 용어는 '가운데', '사이', '상호'라는 의미이다. 이러한 의미에서 본다면, '인터네트워크(internerwork)' 혹은 '인터넷(internet)'은 네트워크와 네트워크를 상호 접속한 것을 말하며, 일반적으로는 LAN간의 전용 회선을 통해서 접속한 상태를 지칭한다.

그러나 요즘 전세계적으로 관심사가 되고 있는 '인터넷(The Internet)'은 이것과는 다른 의미로서, 영문 대문자를 사용해서 세계적인 네트워크의 고유명사로서 사용된다. 이러한 인터넷에 각 조직의 LAN을 접속시키면 이 LAN은 자연스럽게 인터넷의 일부가 된다. '인터네트워킹'은 인터넷 또는 네트워크 간을 연결하여 인터넷워크를 구축하는 기술을 의미한다(김종근, 1998).

인터넷의 등장은 1960년대 후반부터 시작된다. 당시에 미국 국방성이 주축이 되어 통신 기술의 연구 개발 및 실험을 추진 중에 있었는데, 이 때 보다 효율성이 높고 확실한 통신 수단으로서, 패킷을 이용한 통신방식이 등장하게 되었다. 패킷 통신은 데이터를 특정의 크기로 분할하고, 각각의 패킷에 목적지 어드레스와 자신의 어드레스를 붙여서 공유 회선으로 보내기 때문에, 여러 사용자가 동시에 1개의 회선이나 네트워크를 사용해도 각각을 식별할 수 있어서 회선의 공유가 가능하게 되었다.

2) 인터넷의 특징 및 기능

인터넷의 가장 두드러진 특징으로는 다음의 세 가지를 들 수 있다. 첫째, 방대한 양의 정보 공유로서, 인터넷에 연결되어 있는 사용자들은 전자우편, 전자게시판, 고퍼나 웹서비스 등을 통해 전세계에 분산되어 있는 방대한 양의 정보를 마음껏 이용할 수 있다. '정보의 바다'로 불리는 인터넷의 정보망은 하이퍼텍스트를 기반으로 하여 전 세계인들에게 인터넷으로 구축된 정보 데이터베이스를 최대한 활용할 수 있게 해 준다.

둘째, 신속한 정보 검색 및 교환으로서, 인터넷은 첨단 통신 기술을 기반으로 정보 검색 및 자료의 송수신이 초고속화되고 있다. 처음에 56Kbps의 회선 속도로 네트워크를 이루었으나, 곧 T1회선(1.522Mbps)에서 T3회선(45Mbps)까지 빨라지게 되었고, 이후 사용자 증가에 따른 통신 장애를 해소하기 위해 회선 속도가 더욱 증가하고 있다. 이에 따라, 사용자들은 전세계 어디에든지 거의 실시간으로 정보를 교환하고 검색하는 것이 가능하게 되었다.

셋째, 멀티미디어 형태의 정보 제공으로서, 문자 외에도 그래픽, 동영상, 음성 등을 검색하고 송수신할 수 있게 되었다. 특히 그래픽 구현 방식(GUI)의 웹은 하이퍼텍스트를 기반으로 사용자가 원하는 각종의 정보나 자료를 얼마든지 검색하고 이용할 수 있게 하였다.

여기서는 인터넷이 수행하는 다양한 기능을 중심으로 인터넷의 특징을 보다 구체적으로 살펴보고자 한다. 인터넷에 접속해서 받을 수 있는 서비스는 매우 다양하지만, 현재 인터넷에서 널리 이용되고 있는 주요한 서비스는 다음과 같다.

(1) 전자우편(E-Mail : Electronic Mail)
(2) 파일전송(FTP : File Transfer Protocol)
(3) 뉴스그룹(News Group)
(4) 텔넷(Telnet)
(5) 고퍼(Gopher)
(6) 인터넷 채팅(IRC : Internet Relay Chatting)
(7) 인터넷 전화(Internet Phone)
(8) 웹(WWW : World Wide Web)

3) 인터넷의 교육적 활용방안

첫째, 인터넷은 수업보다는 학습위주의 교수-학습 환경을 제공한다.
둘째, 인터넷은 창의성과 종합적인 사고를 배양할 수 있다.
셋째, 인터넷의 활용을 통해 글쓰기와 커뮤니케이션 능력을 함양할 수 있다.

3. 멀티미디어와 교육

1) 멀티미디어의 개념

멀티미디어에 대한 정의는 무척 다양하지만 몇 가지만 보면 다음과 같다. 멀티미디어는 교육적이고 복수의 매체와 관련되어 있고, 단속적(segmented)이며, 의도적으로 설계된 것이고, 일관성이 있는 것이다(Schwier & Misanchuk, 1993). 멀티미디어란 컴퓨터를 기본으로 하여 문자, 그림, 청각정보 등은 이용한 정보망을 만들고, 저장하고, 보내고, 재생하는 상호작용적인 통신체계이다(Gayeski, 1993).

이러한 멀티미디어에 대한 정의들은 하드웨어와 소프트웨어가 어떻게 구성되어 있으며 그 특징은 어떠한가에 준거를 두고 다양한 매체의 복합성과 상호작용성을 그 주요 개념 원으로 보고 있다.

2) 멀티미디어의 교육적 효과

멀티미디어의 교육적 가치에 있어서 가장 기본적인 원리가 되는 것은 "여러 매체의 적절한 복합은 하나의 매체보다 교육적 효과가 좋을 것이다"라는 가정이다. 이들을 보다 자세히 알아보면 다음과 같다(김영환, 1996).

① 시각정보와 청각정보의 적절한 결합은 학습효과를 높인다.

② 정보가 단편적으로 제시될 때보다 상황과 관련되어 제시되었을 때보다 효율적으로 기억된다.

③ 주어진 학습환경과 상호작용이 높을수록 학습효과는 향상된다.

4. ICT 활용 교육

ICT 활용 교육이라는 용어는 2000년부터 한국교육학술정보원을 중심으로 활발하게 사용되기 시작했으나 이미 선진국에서는 90년대 중후반부터 WBI (Web-based instruction : 웹기반 교육)와 함께 사용되어 왔다. WBI가 교육학적으로 통용되고 있는 용어라면 ICT는 정책적인 함의를 담고 있는 용어라 볼 수 있다.

1) ICT의 정의

ICT(Information & Communication Technology)란 정보기술과 통신기술을 통합한 것으로 정보 기기의 하드웨어, 소프트웨어와 이들 기술을 이용하여 정보를 수집, 생산, 가공, 보존, 전달, 활용하는 모든 방법을 말한다. ICT는 정보를 취급할 수 있는 하드웨어, 소프트웨어, 통신 측면의 도구와 같은 구체적인 사물 뿐만 아니라 이들 도구들을 활용하여 자기에게 필요한 자료를 수집하고, 가공하고, 재창출할 수 있는 기능을 포함한다.

2) ICT 활용 교육

ICT 활용 교육은 각 교과에서 정보통신 기술을 도구나 매체로 활용하여 그 교과의 목표를 효과적으로 달성하려는 교육 활용이다. 즉, 정보통신기술을 도구나 매체로 활용하여 학생들의 학습 동기를 유발하고, 자기주도적인 학습 능력을 신장시키려는 교육 활동을 의미한다.

3) ICT교육의 장점

(1) 학습의 자율성 및 유연한 학습활동 제공

지식 전달 위주의 교육방법과 교실중심의 제한된 교육환경에서 탈피하여 학습자의 자율과 특성을 존중하며, 다양하고 유연한 학습활동을 수행할 수 있게 한다.

(2) 자기 주도적 학습 환경 제공

ICT를 활용한 정보검색 및 의견교환을 통해 학습목표와 전략 수립, 결과 평가 등 일련의 학습과정에서 학습자의 주도적인 역할을 지원함으로써 자기 주도적 학습 환경을 제공할 수 있다.

(3) 창의력 및 문제해결력 신장

다양한 ICT를 활용하여 정보검색 및 수집, 분석, 종합 등 새로운 정보 창출과정에 직접 참여함으로써, 창의력과 문제해결력을 신장시킨다.

(4) 다양한 교수-학습활동 촉진

문제해결학습, 프로젝트학습, 상황학습, 협동학습 등 다양한 수업활동을 지원함으로써 교수-학습의 질적 · 양적 향상이 이루어질 수 있다.

(5) 교육의 장 확대

시공간의 제약성을 극복할 수 있는 다양한 ICT의 활용을 통해 교육의 장을 더욱 확대함으로써 보다 사고의 폭을 넓히고, 고차적인 사고 능력을 신장시킬 수 있다.

5. 원격교육

원격교육이란 교수자와 학습자가 직접 대면하지 않고 인쇄교재, 방송교재, 오디오나 비디오 교재 등을 매개로 하여 교수-학습 활동을 하는 하나의 교수전략이다. 지리적으로 산재해 있는 학습자들이 강의실에 오기 힘든 경우 교수자와 학습자들은 지리적으로 떨어져 있지만 교수매체를 통해 상호작용을 하며 학습 자료와 결과를 교환하여 교수-학습이 이루어진다.

원격교육은 교수자가 교실이나 학교 내에서 지속적이고 직접적인 관리 · 감독을 하지 않고 개별 지도체제에 의해서 가르치고, 계획하고, 지도하는 모든 수준의 다양한 학습 형태를 포함한다(Peters, 1993).

원격교육의 기능(Heinich et al., 1996)은 다음과 같다.

첫째, 수업의 유형에 관계없이 수업의 기본적인 요소는 학습자에게 학습 내용을 전달하는 것이다.

둘째, 교수자와 학습자 간에 상호작용이 이루어져야 한다.

학습은 학습자가 학습내용에 적극적으로 참여할 때 가장 효과적으로 일어난다. 교수자는 질의응답, 피드백을 수반한 연습, 테스트나 과제물 등 다양한 방법으로 학습자가 적극적으로 수업에 참여하도록 유도해야 한다.

셋째, 학습자와 학습자간에 상호작용이 이루어져야 한다.

학습자와 학습자간에 상호작용을 위해서 소그룹 토의, 역할 놀이나 게임과 같은 보다 구조화된 그룹 활동, 그룹 프로젝트 등을 통해 유도한다.

넷째, 학습 자원을 활용한다.

학습자는 수업시간 외에도 개별적으로 과제물, 그룹 프로젝트 등을 위해 교재나 참고도서 같은 인쇄 자료, 오디오, 비디오, 멀티미디어, 시디롬과 같은 시청각 자료, 온라인 검색을 위한 데이터베이스, 실험기재나 실물 모형 등의 학습자원을 활용한다.

따라서 원격교육이란 교수자와 학습자들이 지리적으로 떨어져 있지만 교수매체를 사용하여 전통적인 교실 수업에서 제공되는 것과 같이 교수자와 학습자, 학습자와 학습자간에 상호작용이 이루어지는 교수-학습 형태를 말한다.

제8장

교육평가의 탐구

제1절 교육평가의 기초개념

1. 교육평가의 정의

1) 교육평가란

교육평가라는 개념의 뜻은 어떻게 정의될 수 있는가? 몇 학자들의 견해를 제시하고 종합적으로 정의를 해 보고자 한다(길형석 · 손충기, 1995).

① R. W. Tyler : 평가의 과정이란 본질적으로 교육과정 및 수업의 프로그램에 의하여 교육목표가 실지로 어느 정도까지 달성되었는지를 밝히는 과정이다.

② Cronbach : 어떤 교육 프로그램에 관한 결정을 내리기 위하여 정보를 수집하고 사용하는 과정이다.

③ Stufflebeam 등 : 평가는 의사결정의 대립안을 판단하기 위해서 필요한 정보를 결정 · 수집 · 제공하는 과정이다.

④ Groulund : 평가란 측정 또는 비측정된 결과정보에 의하여 가치를 판단하는 과정이다.

교육평가에 대한 이해를 돕기 위하여 항을 달리하여 교육측정과 교육평가의 차이점을 비교하여 설명하겠다.

2) 교육측정과 교육평가

교육과정에 있어서 측정이나 평가는 교육의 가능성을 예측하고 교육의 방법이나 효과를 검토하는 데 절대적인 역할을 한다. 그러나 엄밀히 따져 본다면 측정과 평가의 개념은 발달의 순서에 있어서도 다르고, 그 개념에 내포되어 있는 뜻으로 볼 때에도 차이가 있는 점을 알 수 있다.

첫째, 발달순서로 볼 때에 교육측정 운동은 교육평가보다 먼저 일어났다. 교육측정 운동은 20세기에 이르기까지 오랫동안 실시되어 온 시험방법이 너무도 주관적이고 비신뢰적이었다는 점에 대한 비판과 더불어 일어났다. 이런 운동은 특히 영국과 미국을 중심으로 일어났는데 영국의 퓌셔(R. G. Fisher)와 미국의 라이스(M. Rice), 그리고 손다이크(E. L. Thorndike, 1874-1945)는 초기 교육측정 운동의 선구자적인 역할을 한 학자들이다.

특히 손다이크는 1904년에 「지능측정과 사회측정 이론에 관한 입문」을 저술하여 인간의 능력과 특성을 객관적으로 측정할 수 있다는 통계적 방법을 기술함으로써 교육측정의 기초를 닦아 놓았다. 교육측정 운동을 이론적으로 뒷받침하기 위하여 손다이크는 1918년에 다음과 같은 명제를 제시했다. 즉 '존재하는 것은 무엇이든지 모두 양적으로 존재한다. 양적으로 존재하는 것은 측정할 수가 있다'는 것이었다. 이 명제는 그 당시 교육측정 운동을 촉진시켜 준 원동력이 되었다. 그리하여 1922년에 맥콜(W. A. McCall)은 교육측정법을 발표하여 검사의 제작, 결과의 처리 등에 관해서 새로운 분야를 개척하였다. 이 때부터 지능 · 적성 · 성격 · 학력 등을 측정할 수 있는 검사도구들이 대량으로 만들어졌다. 그러나 교육측정이 객관적이고 신뢰롭기는 하였지만 심리학이나 교육학분야에서 새로운 이론들이 출현함에 따라 1930년대 초부터는 교육측정에 대한 비판이 일어나기 시작했다.

먼저 심리학에 있어서의 새로운 동향으로서는 부분보다 전체를 중요시하는 형태심리학(Gestalt Psychology)의 영향을 들 수 있다. 그 영향이란 종래에 인간을 요소론적 존재로 보아 인간의 여러 요소들을 측정하여 이 모든 것들을 기초로 하여 인간을 이해하려고 하였던 요소론적 심리학에 비판을 가하고 인간을 전인적 존재, 통일적 존재, 유기체적 존재로 보았다. 그리하여 객관적으로 측정할 수 있는 것만을 가지고 인간을 이해하는 것과 대단히 위험하다는 인식이 생기게 되었다. 이러한 비판적인 움직임에 더욱 박차를 가한 것은 진보주의 교육사조였다. 진보주의자들은 교육의 효과에 있어서 측정할 수 있는 것보다는 측정할 수 없는 것이 보다 더 중요하고 가치가 있다고 믿고 측정이 비교적 쉬운 지적 영역만이 아니라 측정이 어려운 창조적 사고, 사회적 태도, 흥미, 감상력, 개인적 · 사회적 적응성에 대한 측정을 강조하였다.

교육평가 운동은 이상과 같은 새로운 이론 위에서 싹텄다고 볼 수 있으나 이 운동에 가장 큰 공헌을 한 것은 타일러(R. W. Tyler)의 성취도 검사의 구성에 관한 2개의 논문과 진보주의 교육협회가 1933~1941년에 걸쳐서 실시한 8년 연구이다. 이 연구의 결과로 교육평가는 진보주의적 교육과정의 구성과 개선에 절대로 유익하다는 것을 실증하였으며 새로운 교육목표와 가치의 실현을 평정하는데 유효한 방법임을 보여주었다.

둘째, 측정은 객관성을 강조한 나머지 수량적 자료를 찾아내는 일에 주안점을 두었다고 한다면, 평가는 교육목표가 얼마나 달성되었는가에 주안점을 둔다. 평가는 측정 그 자체를 이용하면서도 그 결과를 교육목표에 준하여 가치여부를 밝혀서 다음의 교육의 과정에 이용할 수 있도록 자료의 해석과 의미화에 중점을 두고 있다고 할 수 있다. 다시 말하면 측정이 순수과학적이고 실험심리학적인 측정기술의 중심이 되는 것이라면 평가는 교육의 가치를 알아보는 일이므로 평가자의 목적의식이나 교육에 대한 가치관이 중심이 되어 교육의 과정 · 효과 · 가능성의 교육적인 가치를 검토하는 것이라고 할 수 있다.

셋째, 측정은 어의로 보아서도 알 수 있듯이 신뢰도에 더 관심을 두고 있는 반면에 평가는 타당도에 더 관심이 있다. 즉 측정이 얼마나 오차 없이 엄밀하고도 정확하게 파악했느냐가 중요한 반면에, 평가는 얼마나 목표에 타당하게 교육이 되었으며 교육할 수 있는가를 검토하는 것이다.

이 밖에도 측정은 표준도구의 개발에 힘쓰는 데 비해, 평가는 구체적인 상황에 필요한 도구개발에 주력하며, 측정이 규준집단에 비추어 본 개인의 양적 기술인 데 비해, 평가는 교육목표에 비추어 본 양적 · 질적 기술이다.

또 측정은 환경변인을 무시하거나 오차변인으로 간주하는 데 비해서 평가에서는 환경변인을 행동변화의 자원으로 한다. 또 측정이 흔히 횡단적 방법에 의한 검사를 실시하는데, 평가는 종단적 방법에 의해서도 검사를 실시한다는 차이점이 있다.

지금가지 측정과 평가에 관한 의미상의 차이를 살펴보았다. 그러나 실제로 이렇게 의미를 구분하여 사용하는 경우는 전문적이고 학술적인 연구를 제외하고는 거의 없으며 대개는 같은 의미를 사용하는 것이 보통이다. 측정의 결과가 평가의 기초가 되고 평가 또한 측정을 중요한 수단으로 사용하지 않으면 안 된다는 점에서 측정과 평가는 서로 떼어 생각할 수 없는 것이다.

2. 교육평가의 기능

교육평가는 그 목적과 형태에 따라서 다양한 기능을 갖는다. 또 교육평가란 그 자체로서는 개선이나 반성, 방향설정 등 긍정적 기능 또는 순기능을 응당 지니는 것으로 이해되고 있다. 그러나 시험이나 측정의 결과, 또는 평가자나 주요 타자(significance others)의 태도, 행동양식 등에 따라 부정적 기능 또는 역기능을 하기도 한다. 따라서 교육평가의 순기능 뿐만 아니라 역기능을 잘 이해하고 그것의 억제방법에 대한 탐구가 요청되고 있다.

학교교육에 관련하여 교육평가의 기능을 살펴보면 다음과 같다.

레머스와 가게(Remmers & Gage)는 기준의 유지기능, 선발의 기능, 학습동기화 기능, 학습지도의 조력기능, 교사 · 교수법 · 교재 · 교과내용 등의 평가 · 판단 기능, 교육경험의 제공기능 등 6대 기능으로 구분하였고, 린드퀴스트(Lindquist)는 학습촉진 기능, 학습지도 개선기능, 생활지도 기능, 교육정치 기능 등 4가지 기능을 제시하였다. 또 김정권은 교육평가의 기능을 크게 심리적 기능(비목적 기능)과 교육활동의 효율화 기능으로 나누고 전자에는 학습자에게 미치는 정적 · 부적 영향, 학생의욕의 환기기능, 인간형성적 기능 등으로 세분화하고, 후자에는 학습의 진단과 치료, 생활지도, 상담의 자료제공, 학습촉진, 학습자 자신의 자기평가 기능, 교육과정과 학습지도법의 개선, 교육정치의 기능, 학교교육의 수준유지의 기능, 기타 기능 등 8개 항목을 포함시켜 설명하고 있다.

이상의 여러 학자들의 견해를 종합하면 교육평가의 기능은 다음과 같이 정리할 수 있을 것이다(길형석 · 손충기, 1995).

첫째, 개개 학생의 학업성취도를 평가하는 기능이다. 일정한 목표와 목적을 지니고 체계적으로 이루어지는 활동이 교육이므로 이러한 교육목표가 어느 정도(집단적으로 뿐만 아니라 개인의 경우) 달성되고 달성되지 못했는가, 달성되지 못한 주요 원인은 무엇인가 등에 대한 통찰을 얻도록 돕는 기능을 갖는다.

둘째, 첫번째의 기능과 관련하여 개인차원과 집단차원에서 학습상의 곤란점이 무엇인가를 파악할 수 있는 기회제공의 기능을 갖는다. 학습 곤란점은 매우 다양하게 파악될 수 있다. 즉, 학습자가 지니고 있는 곤란점, 교사가 지니고 있는 곤란점, 교수-학습 과정상의 곤란점, 교육환경이 안고 있는 곤란점 등을 고려할 수 있으며, 교육평가는 결국 어떤 점이 학습을 곤란하게 하며 교육목표 달성을 어렵게 하고 있는가를 이해하는 데 도움을 준다.

셋째, 학습촉진의 기능을 지닌다. 평가는 학생의 학습촉진을 위해 필요한 학습동기 유발기능을 수행한다. 물론 이러한 교육평가의 기능이 순기능으로서 이해될 수 있는가의 문제가 있다. 즉, 교육평가의 학습촉진 기능이 진정한 의미에서 자율적인 학습동기를 유발시키는 것인가, 아니면 학생들의 스스로 하고자 하는 마음에서 우러나는 학습촉진이라기보다는 강제된, 타율적인 힘에 못이겨 수행하는 학습이냐 하는 문제다. 두말 할 나위도 없이 교육평가가 긍정적인 학습촉진 기능을 수행하기 위해서는 자율적이고 자의적인 학습동기 유발을 가능토록 되어야 한다. 그러기 위해서는 학생들의 개인차에 부응하는 평가, 시험이나 검사 · 측정 등의 무기화를 지양하는 평가가 되어야 하며 평가자의 사려깊은 평가방법에 대한 탐구가 요청된다고 하였다.

넷째, 교육평가는 교육과정, 수업자료, 수업과정, 그리고 학급조직 등의 여러 측면에 대해 교육적 효과성을 점검하고 개선할 자료제공 기능을 수행한다. 따라서 교육평가란 결과로서의 교육성취도 뿐만 아니라 투입요소와 과정요소에 대한 평가도 포함되는 매우 광의의 개념이며 활동임을 이해할 만하다.

다섯째, 교육평가는 교육정책 결정을 위한 자료제공의 기능을 수행한다. 이 기능은 전국적인 규모 또는 특정지역 단위의 교육평가시에 드러나는 기능인

셈이다.

여섯째, 교육평가는 생활지도 및 상담을 위한 기초자료 제공기능을 수행한다. 어느 면에서는 생활지도 과정이나 상담 과정도 교육평가 영역에 포함될 수 있다. 그러나 교육평가의 1차적인 기능을 학생 이해에 둔다고 할 때 그 이해에 바탕한 생활지도나 상담이 보다 효과적으로 수행될 수 있는 것이다.

이상의 여러 기능과 더불어 고찰해야 할 것이 교육평가의 역기능이다. 교육평가란 위에서 살펴본 순기능만을 수행하는 것이 아니라, 학생들에게 부정적인 영향을 미치는 측면이 있음을 간과해서는 안 된다. 교육평가의 순기능 측면은 주로 학생들의 정의적 특성을 왜곡시키는 기능으로서 불안감의 조성, 정서적 안정감의 파괴, 부정적 자아개념의 형성, 부적절한 우월의식의 형성, 자포자기 등 다양하게 나타날 수 있다. 물론 이러한 현상들이 교육평가의 본질적 기능은 아니라 하더라도 그 과정에서 나타나는 것이 사실이다. 이러한 역기능 측면이 나타나는 원인은 매우 다양하겠지만 가장 중요한 것은 평가자의 평가관과 평가과정, 평가결과의 해석 등의 부적절성 등을 지적할 수 있다.

제 2 절 교육평가의 형태

1. 상대평가와 절대기준평가

1) 상대평가

상대평가라 함은 개인의 지위(학력, 지능, 성격 등)를 타인과의 비교에 의하여 상대적으로 판단하는 평가를 말하며, 규준(norm)지향평가라고도 한다. 즉 평가의 기준은 타인, 즉 규준이 된다. 가장 대표적인 예는 1976년 이전에 생활기록부에 학력평가의 결과를 공식적으로 기재할 것을 요구하던 평가의 방법이다. 일개 학년 또는 일개 학급을 단위로 하여 성적이 좋은 순서에 따라, 수 10%, 우 20%, 미 40%, 양 20%, 가 10%로 평가하도록 하는 방법이다. 이와 같은 평가방법은 개인의 상대적 지위는 알려주지만, 그 개인이 설정된 교육목표를 어느 정도 달성하였는지는 제시해 주지 못한다. 예를 들면, A학교의 6학년의 한 학급 아동이 60명이며 이들은 모두 우수한 학생이고 또한 등질적인 학생이어서 90점에서 98점까지 퍼져 있어도 수 6명, 우 12명, 미 24명, 양 12명, 가 6명으로 평가해야 한다. 반대로 B학교의 6학년의 특정학급은 60명인데 이들은 비교적 열등한 등질적인 아동으로 구성되어 있어서 그 성적이 40점에서 60점까지 분포되어 있다고 가정해 보자. 이 경우에 있어서도 수는 6명이 될 것이다. 그리고 그들이 55~60점의 점수분포에 속하는 아동이라고 하면 A학교의 수는 90점인데 B학교의 수는 55~60점이라고 하는 모순이 나타난다. 물론 이 때의 소점은 설정된 교육목표에 도달 정도를 의미하는 것으로 보아야 한다.

상대평가는 개인차를 변별하고, 경쟁을 통하여 외적 동기유발을 꾀하는 데는 유리하지만 지적인 계급의식을 형성시킬 수 있고, 인간발달의 신념이 약하며, 정신건강을 해칠 우려가 있는 약점이 있다.

2) 절대기준평가

절대기준평가라 함은 주어진 교육목표 달성도 확인평가이며, 즉 준거지향측정(criterion-referenced measurement) 또는 목표지향평가라고도 한다. 이 때의 준거는 교육목표가 된다. 교육평가의 기준은 목표인 바 목표달성도를 평가할 수 있는 평가도구를 제작하고 이 도구에 따라 평가된 결과를 타인과 비교함이 없이 그대로 기록하는 평가의 방법이다. 예를 들면, 수, 우, 미, 양, 가로 평가하고 수는 교육목표의 90% 이상 달성자, 우는 80~89% 달성자 등으로 정한 경우 어떤 학급의 전원이 90% 이상의 달성 정도를 나타내면 전원에게 '수'의 성적을 주는 평가의 방법이다.

절대평가는 인간발달의 가능성에 대한 신조가 강하며, 부적편포를 전제로 하고, 협동학습을 가능케 하며, 정신위생을 크게 저해하지 않는 이점이 있지만 개인차는 변별과 외적 동기를 유발시키는 데는 적절치 못하다는 약점이 있다.

2. 진단평가 · 형성평가 · 총괄평가

평가의 유형을 수업의 과정과 관련시켜 분류할 때 진단평가, 형성평가, 총괄평가로 분류한다.

종래 학력평가라고 하면 총괄평가(summative evaluation)가 대부분을 차지하고 있다. 그러나 최근에 수업이론의 발달과 더불어 평가의 개념도 다양해졌으며 진단평가(diagnostic evaluation), 형성평가(formative evaluation)의 개념과 기술이 보편화되기 시작하였다. 훈련평가는 과거에도 특수한 필요에 따라 실시되었지만 형성평가는 최근에 도입된 개념이다. 형성평가의 개념은 1967년 스크리븐(Scriven)에 의하여 처음 소개되었다.

1) 진단평가

진단평가는 학생들의 정치(placement), 선수학습의 결핍 여부의 판정, 학습곤란의 진단을 위하여 실시된다.

정치는 학생들을 그들의 능력에 알맞는 위치를 찾아내어 그곳에 배치함으로써 학습효과를 얻기 위한 활동을 의미하여 정치를 위한 검사는 대부분의 경우 단원, 학기, 학년 초에 실시한다. 예를 들면, 학기 초에 특정과목에 대한 능력별 분단편성을 하고자 할 때는 그 과목 이수에 필수적인 기본요소를 찾아 내어 이에 대한 검사를 실시한다.

선수학습의 결핍 여하에 대한 판정을 위하여 실시되는 진단검사도 단원, 학기, 학년 초에 실시한다. 이 검사는 대부분의 경우 수입처방의 목적을 위하여 실시되며 선수학습이 결핍된 학생이 찾아지면 이들에게는 특별과정을 제공하여 이를 보충하도록 한다.

학습곤란의 진단을 위한 검사는 반복되는 오류의 심층적 원인을 알기 위하여 수업과정에서 실시된다. 예를 들면, 산수계산에서 저지르는 오류의 종류를 찾아내는 검사 같은 것이다.

또한 진단평가는 학습실패의 교육 외적인 원인을 밝혀 보완하는 활동이기도 한다. 즉 학습실패를 유발하는 신체적 · 심리적 · 환경적 요인을 진단하고 처방하고자 한다.

2) 형성평가

형성평가는 수업이 진행되는 과정에서 그 수업이 주어진 수업목표의 달성을 위하여 정상적인 진전을 보여주고 있는지를 수시로 점검하는 과정을 말한다.

형성적 평가의 목적은 학습성취 정도를 기록하고, 보고하고, 보관하는데 있는 것이 아니라, 학습과제의 숙달 정도를 결정하고, 미숙달한 부분을 지적하는데 있다. 따라서 형성적 평가는 종래 생각하던 평가의 개념과는 다르며 수업의 일부이다. 하나 또는 두 개의 학습과제를 수업한 후에 과연 이 학습과제의 어느 부분이 학생들에게 미숙달되었는지를 파악한 후 즉각적으로 수업을 개선 또는 재지도함으로써 단원목표를 완전히 달성하고자 하는 것이 그 주안이다. 따라서 형성평가 계획은 단원목표 및 학습과제와 직결되어 있는 절대평가의 방법이다. 학생 상호간의 학업성취의 우열을 비교하는 데는 관심이 없고 설정된 목표에의 도달 정도 및 분석된 학습과제의 숙달 정도를 문제삼는다.

형성평가는 학생들에게 그의 학습곤란이 특별히 어디에 있는지를 지적해 줌으로써 학습교정에 대한 방향을 제시해 주는 동시에 학습동기 강화에 도움을 주기도 한다. 이 밖에도 형성평가는 자기학습 속도를 조절하는 기능, 학습에 대한 자기강화의 기능 등이 있다. 이러한 형성평가에 대한 계획은 총괄적 평가계획보다 세밀하게 짜여져야 할 것이다. 총괄적 평가는 단원 종료 후에 1회 정도로 끝나기 때문에 모든 학습요소를 포함시킬 수 없으나 형성적 평가는 2~3시간의 수업이 끝난 후 짧은 시간을 잡아 수업시간 중에 실시하기 때문에 비교적 포괄성 있게 중요 학습요소를 망라할 수 있다.

3) 총괄평가

총괄평가라 함은 일정기간의 수업이 끝난 후 그 동안의 학습성과를 총괄적으로 사정하는 평가이며 흔히 말하는 월말고사, 중간고사, 학기말 고사, 학년말 고사 등이 이에 해당한다.

종래의 학습성과의 평가라고 할 때는 총괄평가를 의미하였다. 총괄평가는 형성평가와는 달리 학습성과의 총합적인 평가이기 때문에 목표달성 정도의 절대평가의 성격을 지니지만 경우에 따라서는 학생 상호간의 우열을 비교하는 상대평가의 성격을 띠기도 한다. 그리고 그 결과는 기록되고 보존되며 학생 및 학부모에게 통지용으로 쓰인다. 또한 장래 성적의 예측 및 생활기록부 작성의 기본자료로 활용되며 필요에 따라서는 취업의 구비서류, 상급학교 진학을 위한 내신성적의 작성과 같은 행정적 목적에도 쓰여진다.

3. 주관식평가와 객관식평가

객관식과 주관식의 구분은 검사문항에 근거한 평가유형의 분류이지만 엄격히 따지면 출제된 문제를 채점하는 과정에서 채점자의 주관성 개재여부에 따른 구분이다.

주관식평가와 객관식평가는 교육계 및 사회에서 많은 논쟁을 일으키는 문제이다. 흔히 전자를 기술식평가, 논문형평가, 서답형평가라고도 하며 후자는 ○×식평가, 선다형평가 등으로 불리워진다. 이중 ○×식평가라 함은 잘못된 표현이다. 왜냐하면 객관식평가에 여러 유형이 있는데 그 중의 하나가 ○×형이라는 별명을 가진 진위형이기 때문이다. 종래는 주관식평가 밖에 없었으나 1950년에 있었던 중학교 입학을 위한 국가고사가 나타남에 따라 객관식평가가 보편화되기 시작하였다. 그 후 표준화검사의 발달은 객관식평가 보급에 더욱 박차를 가하고 있으며, 최근에 이르러서는 고등학교 배치고사, 대학입학 학력고사의 영향을 받아 초·중등학교에서는 거의 객관식 고사 일색으로 되고 있다. 이에 따라 객관식 고사의 폐단에 대한 비판이 강하게 나타나고 있으며 교육부에서도 학교사태에서는 주관식 고사의 시행을 적극 권장하고 있다.

주관식 고사와 객관식 고사의 구분 중 중요한 것이 수험자의 반응방식이다. 전자는 수험자가 답을 구상하거나 상기하여 기입하는 형식인데 후자는 제시된 답지들 중에서 수험자가 선택을 하도록 되어 있다.

양자의 차이점에 대하여 김호권은 다음 〈표 8-1〉과 같이 비교하고 있다(김호권 외, 1978).

표 8-1 주관식평가와 객관식평가의 비교

	주관식평가	객관식평가
① 반응의 자유도	넓음	좁음
② 반응의 특색	문항이 요구하는 관계지식 뿐만 아니라 구상력, 표현력 등이 내포됨	문항이 요구하는 관계지식만 내포됨
③ 반응의 강조점	종합적인 이해가 요구됨	정확한 지식이 요구됨
④ 문항표준	일반적으로 부족함	충분히 할 수 있음
⑤ 채점의 객관도	비교적 낮음	상당히 높음
⑥ 추측의 작용	적음	비교적 큼
⑦ 출제 소요시간	많음	많음
⑧ 채점 소요시간		적음

이 이외에 주관식평가는 비교적 차원이 높은 정신기능인 적용력, 분석력, 종합력, 평가력을 재는 데 알맞으나 객관식평가는 자칫하면 지식이나 이해평가에 치우칠 가능성이 있다. 또한 객관식평가는 문항제작에 고도의 기술을 요한다. 특히 차원이 높은 정신기능의 평가문항의 제작을 위해서는 특별한 교육을 받아야 하며 내용도 깊이 알고 있어야 한다.

제3절 평가도구의 조건

평가도구가 믿을 만한지 양호한지를 검증해야만 그 도구를 사용하여 검사한 결과를 믿을 수 있을 것이다. 예를 들어, A, B 두 사람 중의 영어실력이 평소에 A가 월등히 좋은데도 불구하고 평가결과는 B가 높은 점수를 얻었다면 그 측정 도구인 시험문제가 잘못된 것일 수 있다.

평가도구의 질을 판단하는 준거로는 타당도(validity), 신뢰도(reliability), 객관도(objectivity) 등을 들고 있다. 이들 기준이 모두 좋으면 질이 좋은 평가도구라 할 수 있다. 여기서는 이들에 대한 극히 개략적인 설명만 하기로 한다.

1. 타당도

어떤 측정이 재려고 하는 것을 어느 정도로 충실히 재고 있는가, 즉 무엇을 재고 있느냐에 관련된 질문이 타당도에 관한 질문이다. 타당도의 기본개념은 규준지향평가와 준거지향평가에서 동일하며 검사가 측정하려고 하는 것을 측정하는 정도라고 규정할 수 있다.

예를 들어, 지능을 재려면 지능 자체를 정확하고 충실하게 재야 하며 다른 것을 재서는 안 되고 부정확하게 재서도 안 된다.

타당도에는 논리적 타당도, 예언타당도, 공인타당도, 구인타당도 등이 있다. 논리적 타당도는 안면타당도(face validity), 내용타당도(content validity)라고도 한다. 이 타당도는 교수-학습 과정에서 설정한 교육 목표를 검사 도구에 의해 어느 정도로 충실하게 재고 있느냐를 결정하기 위하여 사용하는 개념이다.

예를 들어, 영어학력 검사의 경우라면 영어교육의 목표를 분석적으로 진술한 후 검사내용 자체가 영어교육 목표를 충실히 재고 있는지를 전문가가 판단하는 방법이다.

예언타당도(predictive validity)란 그 평가가 장래의 행동이나 학습결과를 어느 정도로 예언해 주느냐를 보는 것이다. 예를 들어, 대학수학 능력 시험의 결과가 우수한 학생이 대학에 입학한 후 대학의 교육과정을 훨씬 잘 수행할 것이라고 할 때 예언타당도가 높다고 할 수 있다.

공인타당도는 예언타당도와 같이 검사 X와 준거 Y와의 상관관계에 의해서 결정된다. 구인타당도는 검사점수가 심리학이론에서 설명하려고 하는 구인을 설명할 수 있는 정도로 정의한다.

2. 신뢰도

신뢰도는 이 검사가 얼마나 오차 없이 측정되었는가의 문제에 관한 개념이다. 즉, 측정대상이 되는 내용을 얼마나 안정성, 일관성 있게 재고 있느냐의 문제이다. 예를 들어, 같은 저울에서 체중을 측정하였는데 처음에는 65kg, 두 번째는 62kg, 세 번째는 67kg이었다면 어느 것이 실제의 체중인지 알 수 없으며 따라서 이 저울은 신뢰도가 낮은 저울이 된다. 같은 검사를 두 번했을 때 동일한 점수 혹은 순위가 된다면 그것은 신뢰롭다고 할 수 있다.

검사의 신뢰도를 높이기 위해서는 검사문항이 포괄적이어야 하며, 검사도구가 객관적이어서 우연히 정답을 맞출 가능성을 줄여야 하고, 검사실시 상황이 균일해야 한다. 또한 피험자의 상태가 최적의 상황이어야 하며, 채점이 객관적으로 실시되어야 한다. 신뢰도를 확인하는 방법으로는 측정의 표준오차에 의한 방법과 재검사, 동형검사, 반분검사 등에 의한 방법이 있다.

3. 객관도

객관도는 채점자 또는 평가자 신뢰도(teacher's reliability)로서 측정결과의 채점이 채점자 간에 또는 동일채점자의 경우 시간의 흐름에 따라 어느 정도 일치하느냐 하는 정도를 말한다. 다시 말하면 하나의 측정결과를 여러 사람이 각기 채점했을 때, 또 같은 채점자가 시차를 두고 여러 번했을 때도 그 채점이 일치하는 정도에 의해 객관도가 결정된다. 따라서 선다형 문항은 객관도가 매우 높다고 할 수 있고, 서답형의 논술형 문항은 객관도가 다소 떨어진다고 볼 수 있다.

객관도를 높이는 방법은 다음과 같다.

첫째, 평가도구와 채점기준이 객관적이고 명료화해야 한다. 논술형의 경우에도 채점기준이 명확히 서 있을 때는 객관도가 높게 유지될 수 있다.

둘째, 채점자 채점의 소양을 높이는 일이다. 훈련받고 소양 있는 채점자들의 경우에는 채점자 간의 차이가 별로 나지 않는다.

셋째, 다수 채점자들의 채점결과의 평균을 사용하는 방법이다. 이 경우 양극단 점수는 배제하는 경우도 있다. 올림픽에서 체조선수들의 실기점수나 입시에서 예 · 체능 실기점수의 채점에서 객관도를 높이는 방법으로 이런 채점방식을 볼 수 있다.

넷째, 반응내용에만 충실한 채점을 한다. 글씨를 깨끗이 썼거나, 평소에 학습태도가 좋은 학생이라든지 하는 식의 반응한 내용 이외의 것에 영향을 받지 않도록 주의한다.

다섯째, 논술형 문항이 여러 개일 경우 한 학생의 답지 모두를 채점하는 대신에 문항별로 전체 학생의 답지를 채점하면 객관도를 높일 수 있다.

제 4 절 교육평가의 당면문제

1. 수행평가의 개념

1) 수행평가의 정의

수행평가(performance assessment)에서 수행(performance)은 학습행동 또는 학습활

동을 의미한다. 그리고 수행으로서의 학습활동은 과정으로서의 학습활동, 결과로서의 학습활동, 그리고 학습활동을 할 수 있는 학습 잠재력을 모두 포함하고 있다. 이러한 의미의 수행을 평가의 대상으로 하는 평가방식을 수행평가라고 한다. 따라서 수행평가는 학습과정, 학습결과, 학습 잠재력을 모두 평가하는 활동이다.

많은 학자들이 수행평가를 정의하고 있다. 몇 가지 예를 들면 다음과 같다.

첫째, 학생이 수행과정에서 보여주는 기능 및 능력을 관찰하여 판단하는 평가이다(McMillan, 1997).

둘째, 교사가 학생이 학습과제를 수행하는 과정이나 그 결과를 보고, 그 학생의 기능이나 태도 등에 대해 전문적으로 판단하는 평가방식이다(백순근, 1999).

셋째, 수행평가란 학생으로 하여금 학습과제를 수행하도록 요구하고 그 과정과 결과를 통하여 보여주는 지식, 기능, 태도를 관찰하고 판단하는 평가방식이다(배호순, 2000).

이상과 같은 정의를 바탕으로 수행평가를 정의하면, 수행평가란 학생이 학습과제를 수행하는 과정이나 수행의 결과를 관찰과 검사 등의 방법으로 평가하여 학습능력을 판단하는 과정이라고 할 수 있다. 이 정의에 나타나는 수행평가의 특징은 다음과 같다.

첫째, 수행평가는 수행과정과 수행결과를 평가한다. 과거의 결과중심 평가에서 벗어나 과정과 결과를 평가의 중요한 대상으로 여기고 있다.

둘째, 평가방법은 관찰과 검사 등의 여러 가지 방법을 사용한다. 과거에 지필검사에만 의존하던 것에서 벗어나 관찰 방법을 중요시하며 평가에 도움이 되는 다른 다양한 평가방식을 이용한다.

셋째, 수행평가는 학습활동으로 나타나는 지식, 기능, 태도 등 총체적인 학습능력을 평가하여 판단하는 방식이다. 과거의 지식편중의 평가에서 벗어나 총체적인 학습능력을 평가하고자 한다.

넷째, 수행과정의 평가를 중요시하기 때문에 평가장면과 학습장면이 분리되지 않는다. 과거에 학습장면과 평가장면을 분리시켜 평가하던 것에서 벗어나 수행평가는 학습과정에서 평가가 동시에 이루어지도록 하고 있다.

2) 수행평가의 특징

수행평가가 지니고 있는 일반적인 특징은 다음과 같다.

첫째, 수행평가는 학생이 문제의 답을 자기 스스로 작성 또는 구성하거나 행동으로 표현하도록 한다. 과거의 평가방법은 주로 정답으로 학습한 것을 재생하도록 하였다.

둘째, 수행평가는 추구한 교육목표의 달성여부를 가능한 한 실제 상황에서 파악하고자 한다. 과거의 평가방법은 필기구에 의하여 종이에 표현하도록 하였다.

셋째, 수행평가는 단편적인 영역에 대해 일회적으로 평가하기보다는 학생 개개인의 변화와 발달과정을 전체적이고 지속적으로 평가한다. 과거에는 주로 단편적이고 일회적인 평가를 하였다.

넷째, 수행평가는 교수－학습의 결과 뿐만 아니라 과정도 함께 중요시한다. 과거에는 결과에 치우친 평가를 하였다.

다섯째, 수행평가는 개개인을 단위로 해서 평가하기도 하고 집단에 대한 평가도 한다. 과거에는 개개인 단위 평가가 주로 이루어졌다.

여섯째, 수행평가는 학생의 학습과정을 진단하고 개별학습을 촉진하려는 노력을 중요시한다. 과거의 개별학습은 결과의 평가에 의해서 이루어졌고 학생을 주로 실패와 성공으로 규정하기 위한 것이었다.

일곱째, 수행평가는 학생의 창의력과 문제해결력 등 고등정신기능 뿐만 아니라 개개인의 행동발달 상황이나 정의적 영역과 신체적 영역에 대한 종합적인 평가를 한다. 과거에는 기억력 중심의 지적 영역에 대한 평가가 주로 이루어졌다.

이상과 같은 수행평가의 특징은 종전의 지필 검사 일변도, 지적 영역평가 편중, 객관식평가 형식 중시, 결과중심 평가 중시, 간접적 평가 일변도의 평가에서 벗어날 수 있게 하고 있다.

2. 수행평가의 필요성

수행평가를 필요하게 만드는 요인들은 여러 가지가 있다. 그 중에서 중요한 몇 가지를 살펴보면 다음과 같다.

첫째, 정보화 사회는 고등정신 능력을 요구하고 있다. 현대사회는 급속한 정보기술의 혁신으로 사회구조 전반에 걸쳐 정보와 지식의 확산과 보급이 빨라지고 있다. 이러한 정보사회에서는 단편적, 사실적 지식을 암기하고 이해하는 능력보다는 정보를 탐색, 수집, 분석, 비판, 종합, 창출하는 능력이 필요하다. 따라서 학교교육은 정보사회가 요구하는 능력을 길러 주기 위한 노력을 하여야 한다. 그리고 그러한 능력을 타당하게 측정하고 평가하는 방법이 필요하다. 이러한 필요성에 의해서 하나의 대안적 방법으로 수행평가가 등장하게 되었다.

둘째, 교육의 본질에 대한 직접평가가 요구되고 있다. 교육의 본질은 '전인적 인간' 의 양성에 있다고 할 때, '전인적 인간'은 지적이고 사회적이고 도덕적인 인간을 의미한다. 즉, 지 · 정 · 의가 완전히 조화된 인격자로서의 인간을 의미한다. 그런데 기존의 평가는 전인적 인간의 특성을 직접적으로 평가하지 않고 주로 지필검사를 이용하여 간접적으로 측정하고 평가하였으며, 주로 지적인 측면에 치우쳐 있었다. 이러한 간접적으로 측정하고 평가하였으며, 주로 전인적 특성을 평가하기 위한 하나의 대안적 방법으로 수행평가가 필요하게 되었다.

셋째, 기억위주의 교육 상황의 개선이 필요하다. 평가방법이 지필검사로 이루어지기 때문에 교육상황은 그러한 평가에 맞추어 기억위주로 전개되어 왔다. 정답 찾기가 교육상황을 지배하는 중요한 요소가 되어 있었다. 따라서 다른 고등정신 능력, 즉 응용력, 종합력, 비판력, 창의력과 같은 능력을 길러 주지 못하는 교육이 되었던 것이다. 고등정신 능력을 길러 주는 교육상황을 만들기 위해서는 평가가 그러한 능력을 측정하고 평가하여야 한다. 평가가 다른 능력을 평가한다면 교육상황은 평가에 맞추어 변질되고 왜곡될 수밖에 없다. 따라서 교육상황을 자기 주도적이고 창의적인 상황으로 바꾸기 위해서는 수행평가가 필요한 것이다.

넷째, '아는 것'과 '행해지는 것'의 차이를 절실하게 인식하게 되었다. 학생들이 인지적으로 아는 것도 중요하지만, 아는 것을 실제에 적용할 수 있는 능력도 중요하다. 흔히 '볼 줄 아는 것'과 '할 줄 아는 것'을 구별하고 전자를 후자보다 가치 있는 것으로 차별화하여 왔다. 그러나 실제로 잘 알기 위해서는 볼 줄도 알아야 하고 할 줄도 알아야 한다. 예컨대, 야구경기를 제대로 알기 위해서는 야구의 경기규칙, 역사, 선수들의 신상명세, 상대팀의 전적과 승률 등에 관한 정보를 볼 줄 알아야 하지만, 훈련과 실전의 경험을 통해서 실제로 야구를 할 줄 알아야 한다. 교육적인 측면에서 볼 때, 잘 볼 줄 아는 사람과 잘 할 줄 아는 사람을 양성하는 것도 중요하지만, 그 보다는 두 가지를 모두 다 잘 할 수 있는 사람을 양성하는 것이 더 바람직한 일이다. 따라서 두 가지를 모두 평가하는 수행평가가 필요하다.

다섯째, 진리관, 지식관, 학습관의 변화에 따라 교육도 변하게 되었다. 포스트모더니즘의 등장과 더불어 기존의 객관적 · 절대적 진리관과 지식관이 주관적 · 상대적 진리관과 지식관으로 변화하고 있다. 여기에 수동적이고 관람자적인 학습자관이 능동적이고 참여자적인 학습자관으로 바뀌고 있다. 기존의 평가는 객관적이고 절대적인 지식을 평가하는데 적절한 방법이었으나, 포스트모더니즘 시대의 지식관과 학습자관에는 부적합한 방법이다. 따라서 주관적이고 상대적인 지식과 능동적이고 참여적인 학습자를 평가할 수 있는 방법으로 수행평가가 필요하게 되었다.

3. 수행평가의 방법

널리 사용되고 있는 수행평가 방법으로 논문형 검사, 포트폴리오법, 관찰법,

면접법, 구술시험, 연구보고서법, 토론법, 실기고사, 실험실습법, 컴퓨터 시뮬레이션법, 자기 평가 및 동료 평가 보고서법 등이 있다. 수행평가는 학습자의 수행에 관한 모든 자료를 평가 자료로 활용한다. 몇 가지 방법을 고찰하면 다음과 같다.

1) 논문형 검사

논문형 검사는 수험자가 답을 선택하는 것이 아니라 답을 구성하는 지필검사의 한 형태이다. 논문형 검사에서는 수험자가 갖고 있는 지식과 기술을 이용하여 실제로 답을 구성하여 자신의 수행능력을 나타내 보이는 것이 중요하다. 따라서 수행평가의 방법으로서의 논문형 검사는 수험자가 자신의 생각이나 주장을 창의적이고 논리적이면서 설득력 있게 조직하여 작성해야 한다. 논문형 검사를 실시하기 위해서는 다음과 같은 준비를 하여야 한다.

첫째, 평가할 영역을 구체화하여 검사 목표를 설정한다.

둘째, 검사목표에 알맞은 문제 상황을 설정한다.

셋째, 모범 답안이나 채점 기준표를 작성한다.

이상의 준비를 철저히 함으로써 임의적으로 평가가 이루어지지 않도록 할 수 있다. 그리고 평가를 보다 타당하고 객관적으로 시행할 수 있다.

2) 포트폴리오법

포트폴리오(portfolio)는 학생 개개인이 수행한 일련의 과제 중에서 대표적인 것으로 선정된 몇 가지를 교사 또는 평가자로부터 평가받는 방법이다. 포트폴리오는 하나 이상의 분야에서 노력, 진보, 성취 정도를 보여주는 학생들의 작품을 의도적으로 모은 작품집이다. 또 포트폴리오는 학생의 경험과 성취를 기록한 다양한 정보를 포함하고 있는 서류철이다. 따라서 포트폴리오는 성취 기록의 요약, 공식 기록, 일지 등을 포함한다.

포트폴리오는 학생의 학습을 평가하는데 전통적인 방법과는 아주 다른 방법을 사용한다. 성취 검사는 계산할 수 있는 단위로 산출하는 기회를 제공하는 것이라면, 포트폴리오 평가는 보다 넓은 상황에서 학생들을 관찰할 수 있는 기회를 제공한다. 보다 넓은 상황에는 위기에 처했을 경우, 창의적인 해결책을 개발하는 경우, 자신의 수행을 판단하는 것을 배우는 경우 등이 포함된다. 무엇보다도 포트폴리오에서는 학생이 독립적이고 자기 주도적인 학습자가 되는데 필요한 능력을 개발하도록 북돋아 주고자 하는 토론과 비판이 제공되어야 한다.

3) 관찰법

관찰법은 관찰을 통해 일련의 정보를 수집하여 평가하는 방법이다. 다양한 상황에서 정보를 수집하는 하나의 방법으로서 관찰법은 목적, 구성요소, 기록방법 등에서 특징을 나타내고 있다. 관찰을 위한 절차는 관찰자 목표 설정, 관찰자의 선정 및 훈련, 관찰기록 유형의 결정 및 기록지 제작, 관찰의 실제 수행, 분석 및 정보 등이며 관찰을 통해 수집된 자료를 분석하여 의사결정에 필요한 형태의 정보로 요약하는 방법은 다양하다.

4) 면접법

면접법은 일정한 조건에서 질문을 하여 응답을 얻어 내는 언어적 상호작용 과정을 통하여 피면접자가 내적으로 가지고 있는 무엇을 알아 내는 평가방법이다. 면접법은 구조화된 면접, 비구조화된 면접, 반구조화된 면접으로 분류되는데 구조화된 면접법은 미리 준비된 질문지에 따라 질문의 내용과 순서를 지키면서 진행되는 면접방법이다. 평가문제에 관한 정보를 획득하기 위해 세심하게 제작된 면접조사표를 사용한다. 비구조화된 면접법은 면접계획을 세울 때 면접의 목적만을 명시하고 면접할 내용이나 면접방법은 면접자에게 일임하는 방법이다. 필요한 정보를 알아내기 위한 문항구성이나 질문의 순서 및 방법이 면접자의 재량에 속하기 때문에 상황에 따라 융통성 있는 면접을 진행할 수 있다. 면접의 분위기가 자유스럽고 응답의 내용도 자유반응의 형식을 취하게 된다.

반구조화된 면접법을 사용할 때는 사전에 면접에 관해 치밀한 계획을 세운다. 그러나 실제 면접상황에서는 면접을 융통성 있게 진행시키는 것이 보통이다. 이 방법은 구조화된 면접과 비구조화된 면접의 장점을 절충한 것으로 실제로 가장 많이 사용되고 있다. 그러나 이 방법은 고도로 훈련된 면접자가 사용할 수 있는 방법이다.

5) 구술시험

구술시험은 학생에게 특정 교육내용이나 주제에 관하여 자신의 의견이나 생각을 발표하도록 하여 학생의 준비도, 이해력, 표현력, 판단력, 의사소통 능력 등을 직접적으로 평가하는 방식이다. 구술시험은 학생들이 대학이나 대학원을 졸업하기 위해서 졸업시험이나 논문심사의 한 과정으로 거쳐야 하는 관문으로 알려진 시험의 한 형태이다. 그러나 초 · 중등학교에서도 쉽게 사용할 수 있는 방법이기도 하다. 예컨대, 중학교 국사 시간에 학생들에게 '삼국시대의 문화'에 대해서 공부하도록 한 다음, 구술시험에서는 학생들에게 '삼국의 문화가 갖고 있는 특징을 비교하여 설명하라'고 요구하는 것이다.

구술시험은 학생들에게 특정 주제나 질문을 제시하고 학생들에게 응답하도록 한다는 점에서 면접법과 유사하다. 그러나 면접법이 정의적 영역(인성, 태도 등)을 중심으로 이루어지는데 반하여 구술시험은 인지적 영역을 중심으로 학력평가 형태로 이루어진다는 점에서 차이를 보이고 있다.

이상의 평가방법 외에도 여러 가지 방법이 있다. 필요에 따라서 가능한 방법을 이용하여 평가를 실행하는 것이 바람직하다. 그리고 평가의 결과는 학생을 규정하기위해서 이용되기보다는 학생을 이해하고 더욱 성장할 수 있도록 도와 주기 위해서 사용되어야 한다.

4. 입학사정관제

1) 입학사정관제의 개념

한국 교육의 여러 문제 중에서 가장 중요하게 여겨지는 문제가 바로 대학입학제도와 관련된 내용이다. 해방 이후 여러 차례 바뀌어 대학 단독 시험제, 대학입학 연합고사제 및 대학별 본고사 병행제, 대학별 단독시험제, 대학입학 예비고사와 대학별 본고사병행제 등으로 변화하였다. 1981년 이후에도 부분적인 변화는 있었지만, '대학입학 학력고사와 대학별 본고사' 그리고 '고등학교 내신 성적'의 두 전형자료를 근간으로 학생을 선발하고 있다.

2008년 새 정부가 들어서면서 의욕적으로 교육의 자율화를 강조하여 이제까지 정부의 대학입학제도에 대한 과도한 간섭을 줄이고 대학에 선발권을 맡김으로써 교육에의 신뢰성 확보에 대한 처방을 고려하던 차 교육 선진국인 미국의 고등 교육제도인 입학사정관제도를 도입하게 되었다. 입학사정관제도란 대학이 입학업무만 담당하는 전문가인 '입학사정관'을 채용하여 신입생을 선발하는 제도이다. 이에 입학사정관은 학생부 등 계량적인 성적뿐 아니라 개인 환경, 특기, 대인관계, 논리력, 창의력 등 잠재력까지 종합적으로 평가해 합격 여부를 가리는 것이다. 한국에서도 이러한 입학사정관제도의 도입이 조심스럽게 진행되고 있으며 이미 여러 개의 대학에 입학사정관제도를 도입하여 학생 선발을 진행하고 있으며 그에 따른 예산지원까지 받고 있는 형편이다.

신원동(2008)은 한국 대학에서의 입학사정관제도 도입에 대한 의의를 첫째, 점수위주의 획일적 평가에서 종합적인 평가로의 전환 둘째, 교육 환경의 격차를 해소하고 학생 구성의 다양성을 확보 셋째, 공교육의 정상적인 운영 기여 등을 설명했다.

2) 입학사정관제의 선행문제

입학사정관제가 교사, 학생, 학부모들이 지적하는 모든 문제를 해결할거란 기대를 모으나 더욱 효과적인 제도로 정착하려면 몇 가지 고려될 사항이 있다.

첫째, 한국 대학의 대내외적인 여건을 분명하게 확인할 필요가 있다. 미국 대부분의 대학에서 일부 입학사정 전 과정을 통하여 입학사정관을 활용하고 있다. 그러나 대학 응시생들의 규모가 아주 많은 주립대학이나 대규모 사립대학의 경우 입학사정관제도의 도입은 제한을 받고 있는 것이 사실이다. 비교적 활발하게 입학사정관제도를 활용하는 대학들은 한결 같이 응시생들의 수가 적은 소규모 사립대학들이다. 그 이유는 입학사정관 한 사람이 다룰 수 있는 응시생들의 수가 한정될 수밖에 없다는 것이다. 대부분의 대학에서 입학사정과 관련한 자료를 모으고 응시생들을 면담하는 일들이 일년 내내 이루어지고 더욱이 많은 시간을 필요로 하기 때문에 응시생들이 수만 명을 넘어서는 한국의 대부분의 대학에서 얼마나 심도 있게 적용할 수 있는 제도인가를 먼저 고려할 것이 아니라 물론 농어촌 학생 특별전형이나 일부 수시모집 단계에서의 적용가능성을 살핀다고 하지만, 대부분 대규모 대학에서의 적용 가능성을 살피는 일 자체가 잘못된 판단을 불러일으킬 수 있다는 점에서 충분하게 고려해야 할 문제일 것 같다. 결국 한국 대학에서의 입학사정관제도의 정착은 평가의 신뢰성 담보와 공정성 확보가 필수적인 일이 될 것이다.

둘째, 질 높은 입학사정관들의 확보 문제를 심각하게 고려해야 한다. 2008년 한국의 각 대학에서는 수시입학 과정에 입학사정관제도를 도입하여 활용하겠다는 의사를 적극적으로 나타내고 있으며 많은 대학에서 입학사정관을 모집한다는 광고를 제시하고 있다. 그러나 그 과정에서 입학사정관으로 활동할 수 있는 자격 요건에 대한 분명한 내용을 제시하지 못하고 있는 형편이다. 단순하게 교사경력을 요구하기도 하고, 통계에 익숙한 경력 또는 컴퓨터 활용 능력 등만을 제시하고 있다. 따라서 입학사정관으로 갖추어야 할 기능이나 역할이 무엇인지에 관한 분명한 기준이 제시되어야 한다. 그리고 이들 기준을 제시하고 유지하며 교육시킬 수 있는 전국 단위의 기관이 설립될 필요가 있다. 뿐만 아니라 입학사정관제도와 관련한 연구 등이 지속적으로 계속될 수 있는 구체적 방안들이 마련되어야 한다.

셋째, 입학사정관들을 통하여 수집하고 입학사정 과정에서 판단의 근거로 활용할 수 있는 자료들에 대한 전국 단위 또는 대학별 유형 및 기준이 하루 빨리 마련되어야 한다. 그리고 이들 자료의 선정에 관한 내용은 고등학교의 입학 담당 교사들과 활발한 논의가 우선되어야 한다. 특별히 학생들의 학업능력에 대한 객관적 검증 방법, 학교생활기록부의 준비에 대한 문제, 학생들의 잠재력, 직업적성과 전공과의 연관 교사 및 다른 인사들의 추천서, 특기능력, 실제적인 봉사나 사회활동에 관한 평가, 자기소개서 등 다양한 자료들의 준비나 내용 등이 개발되어야 한다.

넷째, 미국의 경우 대학 입학과정에 대한 각 응시생들의 가정의 참여는 놀랄만 한다. 미국의 부모들은 아이들의 대학 입학을 위하여 어렸을 때부터 적극적으로 간여한다. 아이들의 소질이나 개성을 살펴 과외활동을 소개하며 지원하는 것은 물론 고등학교 2학년부터는 학생들의 자기소개서 준비에서부터 누구에게서 추선서를 받을 것인지까지 항상 자녀들과 의논하며 준비한다. 단지 한국의 부모처럼 성적을 올리기 위하여 과외만을 준비하는 것이 아니라 전인적인 관점에서 장기적으로 자녀의 대학입학을 준비하기 위한 자기소개서 작성을 위하여 거의 일년 이상을 자녀들과 함께 노력하고 있다. 입학사정관제도를 한국의 대학에 적용하기 위해서는 교육당국이나 대학만이 나서서는 결코 성공할 수 없다. 전 사회적으로 준비하고 협력하는 것은 물론이고 특별히 각 가정의 학부모들이 앞장서서 제도의 정착을 위한 일에 앞장 설 수 있어야 한다.

다섯째, 각 대학에서는 입학업무를 지속적으로 연구하고 제도를 개선할 수 있는 상설적인 입학처를 설치 · 운영해야 하고, 입학사정관의 활용을 특정한 시기에만 할 것이 아니라 일년 내내 유지할 수 있어야 한다. 아울러 전문적인 입학사정관들의 선발, 교육 훈련을 실시할 수 있어야 하고 입학사정관들의 독특한 전문성을 고려한 처우개선은 물론 충분한 인력을 확보할 수 있는 여건을 갖추어야 한다.

한국의 여러 교육문제를 해결할 수 있다고 주장하는 새로운 제도가 곧 대학

입학사정관제도를 면밀히 분석하고 새로운 제도라고 해서 별다른 검토 없이 섣부르게 무작정 도입하여서는 안 된다는 결론을 얻을 수 있었다. 우선 응시생 수가 적은 대학에서부터 실제적인 제도의 도입을 적용해 보고, 관계 당국과 대학 그리고 무엇보다 학부모들과 고등학교 담당 교사들의 의견을 들어 점차적으로 제도의 적용을 확대할 필요가 있다. 아울러 입학사정관들의 역할을 분명하게 제시하고 필요한 전문가들을 확보할 수 있는 구체적인 방안을 마련하여야 한다. 이를 위하여 입학사정관의 교육, 훈련 및 지속적인 적용 기준안을 마련하고 연구를 계속할 수 있는 제도적 장치로서 전문적인 독립기관의 설치가 필요하다. 그러나 무엇보다 중요한 것은 제도의 도입을 위한 선결 요건으로서의 입학과정과 결과에 대한 교육적 신뢰를 확보할 수 있는 방안의 마련이 필수적이며, 대학입학 준비를 위한 내용들은 단 시일 내에 준비하는 것이 아니고 장기적으로 전 사회가 함께 지혜를 모아 나가야 한다는데 대한 의견이 모아져야 한다. 이를 위한 전문가들의 준비 또한 필요하다.

제9장

교육행정의 탐구

제1절 교육행정의 기초개념
제2절 교육조직론
제3절 장학행정론
제4절 교육재정
제5절 교육제도

제1절 교육행정의 기초개념

1. 교육행정의 개념

교육행정이 무엇인가에 대해서는 여러 학자들이 다양한 정의를 내리고 있다. 그 대표적 입장에는 일반행정의 일부로 보는 관점과, 교육조건을 정비하기 위한 수단적 봉사활동으로 보는 관점, 그리고 행정과정의 초점을 두는 입장 등이 있다. 이 중 교육행정을 일반행정의 일부로 보는 관점과 교육조건을 정비하기 위한 수단적 봉사활동으로 보는 관점은 현대 교육행정학이 발달되기 이전의 개념이라면 행정과정에 초점을 두는 입장은 현대 교육행정학의 발달과 더불어 대두된 개념이다(박도순 외, 1994).

1) 일반행정의 일부로서 교육에 관한 행정

교육행정이란 일반행정의 일부로서 '교육에 관한 행정'으로 규정하는 관점을 흔히 공권력 해석적 관점 또는 법규해석적 관점이라 한다. '교육행정은 국가의 구성원인 각인으로 하여금 지능을 계발하고 덕성을 함양하고, 건강을 증진시킴으로써 공공생활의 향상 · 발전을 꾀하려는 행정이며, 내무행정의 일부를 차지하는 것이다.' 교육행정은 내무행정 중 경찰행정과 구별되는 조장행정 내지 보육행정으로 교육관계법규와 교육정책의 테두리 내에서 교육제도와 시설을 유지 · 관리하는 작용이다.

교육행정에 대한 법규해석적 정의는 유럽 대륙법 학자들의 영향을 받은 것으로 교육보다는 행정을 그 우위에 두는 입장이다. 법규해석적 관점의 교육행정은 위에서 밑으로(from the top down)의 상명하달의 권위주의적 행정으로, 교육을 획일적으로 통제하여 그 자율성을 침해한다는 비판을 받아 왔다. 특히 법규해석적 교육행정은 제2차 세계대전을 전후하여 중앙집권적 권위주의 국가들에 의해서 널리 받아들여졌다. 일제 식민지시대의 우리 나라 교육행정은 그 대표적인 예이다. 이러한 일제식민지 교육행정의 잔재는 해방 후 오늘에 이르기까지 그대로 남아 있다. 이를 테면 교육을 지시, 명령, 통제의 대상으로 인식하는 것은 그 구체적 증거이다.

2) 수단적 봉사활동으로서 교육을 위한 행정

교육행정이란 수단적 봉사활동으로서 '교육을 위한 행정'이라고 규정하는 관점을 흔히 기능적 해석 또는 조건정비론의 관점이라고 한다. 이러한 관점은 교육행정의 본질을 국가권력으로부터 연역적으로 해석하려는 법규해석적 관점과는 달리, 교육실제의 필요에 입각해서 기능적으로 파악하려는 입장으로 행정보다 교육을 강조하는 입장이다. 이를 지지하는 대표적 학자로는 몰맨(Arthur B. Moehlman), 캠벨(Roald F. Campbell), 리더(Ward G. Reeder) 등을 들 수 있다.

몰맨은 '행정이란 본질적으로 하나의 봉사활동이며 교육과정의 기본목표를 더욱 충실하고 효과적으로 구현하기 위한 작용이다.'라고 하였다. 또 캠벨은 '행정이란 교수와 학습의 질을 높이는 것을 그 중심목적으로 하며, 학습활동에 필요한 인원과 물자를 동원하고 관리하는 것'이라고 주장하였다. 그리고 리더는 '교육행정은 그 자체를 위해서 있는 것이 아니다. 즉 그것은 수단이지 목적이 아니다. 학교는 교육을 베풀기 위해서만 유지되는 것이다.'라고 하였다.

기능주의에 입각하고 있는 몰맨, 캠벨, 리더 등의 교육행정에 대한 정의는 교육행정을 교육의 기능인 교수와 학습의 효율화를 기하기 위한 제반조건을 정비하는 수단적 · 봉사적 활동으로 파악하는 입장이다. 이러한 교육행정에 대한 정의는 미국을 중심으로 발전한 개념이며, 행정이 교육을 통제하는 것이 아니라 교육활동을 보조하는 봉사활동으로 이해하는 관점이다. 즉 조건정비적 교육행정에서 행정행위는 교육활동에 필요한 교육목표를 설정하고, 그 목표달성에 필요한 교육적 조건을 마련하여 그 목적을 달성하도록 도와 주는 조장적 · 봉사적 활동으로 이루어져야 한다. 보다 구체적으로 말해서 교육부, 교육위원회, 교육청 등에서 이루어지는 교육행정은 교육활동이 직접 이루어지는 학교를 돕는 봉사적 성격을 가져야 한다는 것이다.

3) 행정과정으로서 교육행정

행정과정으로서 교육행정을 설명하기 시작한 것은 1950년 이후의 일로, 최초의 교육행정의 과정을 주장한 사람은 시어즈(J. B. Sears)이다.

페이욜(H. Fayol)이 일반행정 과정론을 주장한 이래 1937년에 귤릭(L. Gulick)과 우익(L. Urwick), 그리고 1950년에 뉴먼(W. H. Newman) 등이 일반행정 과정을 주장했다. 교육행정 과정은 시어즈에 의해 1950년 처음으로 주장된 이래, 그는 교육행정과정을 기획(planning), 조직(organizing), 지시(direction), 조정(coordinating), 통제(controlling) 등 다섯 단계로 구분했다. 그 후 미국교육행정가연합회(A.A.S.A)는 교육행정의 과정을 기획, 자원배분(allocating resoures), 자극(stimylating), 조정(coordinating), 평가(evaluating) 등으로 구분하고 있는데, 시어즈의 '조직이 자원배분'으로, '지시가 자극'으로, '통제가 평가'로 바뀐 것이다.

그레그(R. T. Gregg)는 교육행정 과정을 의사결정(decision-making), 기획(planning), 조직(organizing), 의사소통(communicating), 영향(influenceing), 조정(coordinationg), 평가(evaluating) 등 7단계로 구분하였다. 그는 교육행정이란 인간자질 개발을 효과적으로 촉진시키기 위해서 인적 노력을 통합하고 자원을 적절하게 결합하는 과정이라고 하였다. 또 크네츠비치(Stephen J. Knezevich)는 교육행정이란 학교체제 내의 공식적·비공식적 조직형태를 갖는 인적·물적 자원을 확인, 유지, 자극, 통제, 그리고 통일하는 사회적 과정으로 정의함으로써 교육행정 과정론의 입장을 더욱 분명히 하였다.

교육행정을 설명함에 있어 법규해석적 관점이 입법적 작용을 통해 법제화된 교육정책을 실현하는 공권적 작용을 강조하여 지휘·감독의 활동을 중시한다면, 조건정비적 관점은 교육조건을 정비·확보하기 위한 봉사행정에 교육행정의 초점을 두며, 교육행정 과정론적 관점은 일련의 교육활동이 진행되는 동적 과정을 중시해 교육행정을 정의하는 것으로 볼 수 있다.

2. 교육행정의 성격

교육행정은 공동목표 달성을 위한 합리적인 협동행위라는 점에 있어서 그리고 교육행정이 주로 인사 · 재정 · 시설의 관리와 지도 · 감독을 한다는 점에 있어서 일반행정과 공통된 점도 많지만 교육행정 고유의 특수성 내지 독자성도 있음을 알아야 한다(이형행, 1994).

교육행정은 일반행정이 지니고 있는 성격과 교육행정만이 가지고 있는 독자성을 다같이 공유하고 있다. 여기에서는 교육행정의 독자적인 성격에 대해서 개괄적으로 논의하고자 한다.

1) 교육행정의 조성적 · 봉사적 성격

공법학적으로 교육행정의 개념을 밝혀 볼 때, 교육행정은 내무행정 중 보육행정에 속한다. 보육행정은 본래 조성적 성격을 강하게 띠고 있다. 따라서 보육행정에 속하는 교육행정은 경찰행정이 소극적으로 사회공공질서 유지를 목적으로 하는 것과는 달리 적극적으로 사회의 공공복지를 증진시키는 것을 목적으로 하고 있다. 그렇기 때문에 교육행정은 경찰행정처럼 권력의 행사에 의존하는 것이 아니라, 정신적 · 물질적 봉사에 역점을 두는 지도 · 조언을 수단으로 하는 행정이다. 또 조건정비적 정의에 입각한 교육행정이 인적 · 물적 여러 조건을 정비 · 확립시키는 것을 목표로 함을 볼 때 교육을 위한 행정으로서 조성적 성격을 강하게 지니고 있음을 알 수 있다. 미국의 교육행정은 지원적 · 조성적 · 봉사적 성격을 띠고 발전해 왔는데, 이것은 교육 본래의 성격이 조성적이고 봉사적이기 때문이기도 한다.

2) 교육행정의 수단적 · 기술적 성격

교육행정이 교육목표 달성을 위하여 필요한 인적 · 물적 제반 조건을 정비 ·

확립하여 그 실천을 위한 것이라고 한다면 교육행정은 수단인 동시에 기술적인 성격을 갖추고 있어야 할 것이다. 교육행정이 행정을 위한 행정이 아니고 어디까지나 교육을 위한 행정, 교육의 민주화를 위한 행정이기 때문에 거기에 수단과 기술이 필요하게 됨은 당연한 일이다.

오늘날 교육의 내용과 방법이 매우 복잡해지고 그 규모도 더욱 확대되고 있기 때문에 실제 교육행정을 수행해 나가는 데도 많은 기술적인 문제와 어려움에 부딪치게 된다. 그러므로 교육목표를 가장 효율적으로 달성하기 위해서는 능동적이고도 신속한 기술이 필요하다. 그것은 교육행정 활동이 고정적인 것이 아니라 유동적이고 진보적이며, 발전적인 성격을 가지고 있다는 것을 의미한다.

3) 교육행정의 민주적 · 중립적 성격

교육의 민주화는 필연적으로 교육행정의 민주화를 요구한다. 따라서 교육행정의 성격 가운데 민주적 성격은 가장 중요시되어야 한다. 교육기본법 제5조에는 '국가와 지방자치단체는 교육의 자주성을 확보하며 공정한 민의에 따라 각기 실정에 맞는 교육행정을 하기 위하여 필요적절한 기구와 시책을 수립 · 실시해야 한다'고 규정함으로써 교육행정의 민주적 성격의 기본원칙을 밝히고 있다. 이것은 헌법 제31조 제4항 '교육의 자주성 · 전문성 · 정치적 중립성 및 대학의 자율성은 법률이 정하는 바에 의하여 보장된다.'에 근거한 것이다. 즉 교육은 자주성과 중립성을 보장받으며 외부의 간섭 없이 그 전문성과 특수성에 비추어 독자적인 견지에서 교육본래의 목적에 의거하여 운영 · 실시되어야 한다. 이때 정치적 중립성을 보장하기 위한 방법으로 교육행정이 일반행정으로부터 분리 · 독립되어야 하며 특히 교육재정의 분리 · 독립이 선행되어야 한다. 그리고 공정한 민의의 반영과 그 지방의 실정에 적합한 행정의 실시를 위해 교육자치단체로서의 교육위원회제도가 실시되어야 하겠다.

4) 교육행정의 전문적 성격

사회가 복잡 · 다양해짐에 따라 각 부문의 행정에는 고도의 전문성과 특수성이 요청되고 있다. 특히 교육은 그 자체가 전문성을 갖고 있으므로 교육행정도 전문성을 전제로 행해져 왔고, 교육행정의 각 분야가 전문적이기 때문에 교육행정은 전문적 교육과 훈련을 받은 전문가에 의해 수행되어야 한다. 구체적으로는 교육감제도와 교육장 · 교장 · 교감 · 장학진 · 연구진 등이 전문적으로 되어 있음을 알 수 있다.

5) 교육행정의 특수한 성격

위에서 논의한 교육행정의 성격들은 다른 부문의 행정에서도 그것과 유사한 것을 찾아볼 수 있을 것이다. 그러나 교육행정의 특수한 성격은 교육행정에서만 찾아볼 수 있는 것으로, 행정보다는 교육에 더 강조점을 둠으로써 교육행정이 다른 부문의 행정과는 구별되는 특수한 성격이 드러나게 된다.

교육행정의 특수한 성격으로는 첫째, 교육은 하나의 장기적 투자이며 교육의 성과를 평가하기도 지극히 어렵다는 점이다. 교육에 투입되는 돈은 긴 안목으로 보지 않는다면 긴요하거나 긴급하지도 않고 때로는 비생산적일 수도 있다. 국방비 · 경찰비 · 방역비 등은 삭감할 수도 없고 지출은 연기할 수도 없으며 지출을 하지 않을 수도 없는 특징을 지니고 있으나, 교육경비는 일시적으로 지출을 연기하거나 정지하더라도 국가재산이나 국민의 생명을 직접 좌우하거나 촌각을 다투는 문제는 발생하지 않기 때문에 비긴요 · 비긴급성을 지닌다고 할 수 있다. 교육행정, 특히 교육재정이 일반행정으로부터 분리 · 독립되어야 하는 이유도 여기에 있다.

둘째, 교육행정의 특수성은 교육에 관여하는 사회집단의 독자성에 있다. 교사집단은 전공지식과 독특한 기능을 가진 전문직임을 특징으로 하며, 학생집단은 지적 · 신체적 · 정서적 · 사회적 발달에 있어서 아직 미숙한 세대의 전형이다.

또한 교육은 교육전문가와 비교육전문가의 참여한 한계가 분명하지 않을 정도로 전 사회의 관심사이다. 이와 같이 이질적인 사회집단들을 상대로 공동목표 달성을 위하여 수많은 사람들의 노력을 조정해 나가는 일은 결코 단순하지 않다. 교육행정의 개념을 이해하는 데 있어서 이상과 같은 교육활동의 전문성과 교육활동에 관여하는 사람들의 특수성을 충분히 이해해야 한다.

3. 교육행정의 원리

교육행정의 원리란 교육정책의 집행, 교육제도 운영의 기본방침 내지 그 원칙이라 할 수 있다. 김종철은 '교육정책과 교육제도는 사회에 따라 통일성(unity)과 독자성(uniqueness)을 가지고 있으며, 특정사회의 특정한 역사적 단계에 있어서 어떠한 교육정책이 취해지고 어떠한 교육제도가 수립되고 있는가는 개별적 · 구체적으로 파악되어야 할 문제'임을 전제로, 우리 나라 교육행정의 기본원리를 '법제면에서 본 기본원리'와 '운영면에서 본 기본원리'로 나누어 설명하고 있다.

1) 법제면에서 본 기본원리

교육행정의 기본원리는 교육정책과 교육제도의 구체적 표현인 교육법규면에서 찾아볼 수 있다. 그리고 법규란 본래 규범적인 것일 뿐만 아니라 비교적 안정성을 가지고 있기 때문에 이와 같은 기본원리를 찾기는 어려운 일이 아니다.

법제면에서 본 교육행정의 기본원리로서는 법치행정의 원리, 자주성 존중의 원리, 기회균등의 원리, 적도집권의 원리 등을 들 수 있다(박도순 외, 1994).

(1) 법치행정의 원리

법치행정의 원리는 일반행정의 원리로서도 강조되고 있다. 법치행정은 모든 행정이 법에 의거하고 법이 정하는 범위 내에서 이루어지는 것을 원칙으로 한다는 것이며, 본래는 입법과 행정을 분리시킴으로써 행정부의 전횡적 권리행사를 막으려는 데서 출발된 것이었다. 오늘날 행정의 개념이 입법과 행정을 엄격하게 구분하기가 어렵게 되고, 행정과정에 자유재량의 여지가 크게 작용하고 있다는 것도 부인하기 어렵지만, 행정이 법에 의하여 이루어지고 있는 것은 엄연한 사실이다. 교육행정은 헌법을 비롯하여 교육기본법, 초·중등교육법, 고등교육법, 교육공무원법, 사립학교법 등의 여러 법률과 그것을 기초로 하는 각종 대통령령·교육부령 및 훈령·통첩 등에 의거하여 집행되고 있다. 교육행정이 법치행정의 원리를 따른다는 것은 법에 의한 행정뿐만 아니라 행정이 교육관계법규의 제정이나 수정과정에 참여한다는 것도 의미한다. 법치행정의 원리야 말로 법률주의에 의한 행정으로서 모든 민주국가에 있어서 행정의 생명이라고 할 수 있다.

(2) 자주성 존중의 원리

자주성 존중의 원리는 문자 그대로 교육의 자주성과 독자성을 존중해야 한다는 원리이다. 교육기본법 제6조에 '교육은 교육 본래의 목적에 기하여 운영·실시되어야 하며 어떠한 정치적·파당적 및 개인적 편견의 선전을 위한 방편으로 이용되어서는 안 된다'고 규정되어 있고, 국·공립학교에서 특정한 종교교육을 금지하고 있는 것도 교육의 자주성을 선언한 것이라 하겠다. 또한 교육자치제를 실시해 오는 것도 교육의 자주성과 정치적 중립성을 제도적으로 보장받기 위한 조치로서 자주성 존중의 원리가 지켜지고 있는 산 증거이다.

(3) 기회균등의 원리

기회균등의 원리는 민주주의의 기본원리로서 특히 교육행정에 있어 가장 뚜렷하게 실현되고 있는 원리이다. 헌법 제31조 제1항에 '모든 국민은 능력에 따라 균등하게 교육을 받을 권리를 가진다'고 하였으며, 교육기본법 제4조에 '모든 국민에게 그 능력에 따라 수학할 기회를 균등하게 보장하기 위하여' 국가와 지방공공단체가 시행할 방책으로서 학교의 지역적·종별적 공평배치, 장학금제도, 직업을 가진 자의 수학을 위한 정시제학교의 설치 등을 규정하고, '모든 국민으로 하여금 신앙, 성별, 사회적 신분, 경제적 지위 등에 의한 차별이 없이 그 능력에 따라 균등하게 교육을 받게 하기 위하여' 여러 가지 종별을 달리하는 학교를 설치할 것을 규정한 것 등은 그 구체적인 예라고 할 수 있다. 오늘날 취학전 교육의 확대, 의무교육의 확충, 특수교육의 실시, 평생교육의 추진 등 제반 교육행정시책은 모두 기회균등의 원리를 구현하려는 조치이다.

(4) 적도집권의 원리

중앙집권과 지방분권 사이에 적도의 균형점(optimal balance)을 발견하려는 것을 말한다. 지방분권이 지나칠 정도로 발전되었던 미국에서는 이제 중앙집권을 지향하는 현저한 노력을 하고 있으며, 전세계적으로 본다면 중앙집권적 통제를 강화하려는 것은 일반적인 현상이다. 그러나 우리 나라의 교육행정은 본래 고도의 중앙집권체제 하에서 발전하여 왔기 때문에 요즈음에는 지나친 중앙집권제를 지양하고 지방분권을 도모함으로써 양극간에 균형을 얻으려는 노력이 지속되고 있다. 대체로 집권주의는 현대사회에 있어서 행정의 능률을 올리는 데 필요한 보장이 되며, 분권주의는 민주주의적 권한의 이양과 참여의 기회를 보장하는 지표가 된다고 할 수 있다. 따라서 적도의 균형을 취한다는 것은 현대 교육행정의 절실한 요청인 것이다.

2) 운영면에서 본 기본원리

실천적 활동으로서의 교육행정에 관한 규범이 되는 원리를 체계적으로 연구한 것으로는 미국의 교육행정학자 모트(P. R. Mort)의 저서가 가장 유명하다. 모트는 민주사회에 있어서 교육행정의 운영면에서 본 기본원리를 상세히 다루었는데 그 중 몇 가지를 제시하면 타당성의 원리 · 민주성의 원리 · 능률성의 원리 · 적응성의 원리 · 안정성의 원리 등을 들고 있다.

(1) 타당성의 원리

타당성의 원리는 교육행정이 바람직한 교육계획을 세우고 그것을 운영해 나가는데 있어서 보조활동이 되어야 하는 것을 의미한다. 본래 교육행정은 그 자체의 목적을 가지고 있다기보다 교육활동을 위하여 봉사하는 수단적 활동이며, 바람직한 교수-학습활동이 이루어지게 하고, 효과적인 교수-학습지도의 성과를 얻게 하는데 그 목적이 있다. 교육행정은 항상 올바른 교육목표를 세우고 그 목표달성에 필요하고 충분한 조건을 정비·확립하여야 한다는 것이 곧 타당성의 원리이다.

(2) 민주성의 원리

민주성의 원리는 교육행정을 수행하는 데 독단과 편견을 배제하고, 교육정책을 수립하는 데 광범위한 참여를 통하여 공정한 민의를 반영하며, 결정된 정책의 집행과정에 있어서도 권한의 위임을 통하여 전횡과 독단을 막는 것을 의미한다.

각종 교육기관 또는 교육행정기관의 장은 그 기관을 운영하는 데 궁극적인 책임을 가지고 있음에도 불구하고, 여러 가지 위원회나 변호회 같은 것을 두어 시책의 결정과정에 있어서 중지를 모으는 것이나, 직원회·협의회·연구회 등을 통하여 의사소통의 길을 열고 일방적인 명령이나 지시보다도 협조와 이해를 기초로 하여 사무를 병행해 나가는 것 등이 곧 민주성의 원리이다.

(3) 능률성의 원리

능률성의 원리는 합리적인 모든 활동에 있어서 공통적으로 강조되는 하나의 경제적 원리라고 할 수 있다. 교육활동에 있어서도 최소한의 노력·시간·비용을 투입하고 낭비를 극소화시킴으로써 최대한의 효과, 즉 교육목표 달성을 기하는 것이 교육행적의 주요 임무인 것이다. 교육행정에 있어서 능률성의 원리는 단기적 평가보다 장기적 평가에 의한 능률과 단순한 경제적 능률보다는 사회적 능률을 더욱 강조하여야 한다.

또 이 원리는 민주성의 원리를 희생하면서까지 강조될 수 없는 것이며, 양자 사이에는 조화와 균형이 이루어져야 한다.

(4) 적응성의 원리

적응성이란 새롭게 발전되어 나가는 사태에 대하여 신축성 있게 대응해 나감으로써 조화적 관계와 능률적 성과를 계속 확보하여 나가는 것을 말한다. 교육활동이 사회변화를 고려하여 대처해 나가는 한편, 사회변화를 바람직한 방향으로 조절해 나가기 위해서는 교육행정상 적응성의 원리가 큰 역할을 해야 한다는 것이다. 또한 적응성의 원리는 시간적인 변화에 적응해 나가는 면에 국한되는 것이 아니라, 공간적인 변화에 적응해 나가는 면도 고려해야 한다.

교육행정상 획일적 통제의 폐단을 시정하고, 구체적인 환경에 적응하는 조치를 강구할 필요성이 강조되는 것도 적응성의 원리에 입각한다고 하겠다.

(5) 안정성의 원리

안정성의 원리는 적응성의 원리에 반작용한다. 교육활동에 대하여 지속성 · 안정성을 주기 위하여는 전통을 계승하고, 그 안에 있는 좋은 부분을 강화 · 발전시켜야 하는 좋은 의미의 보수주의가 필요하다. 끊임없이 변하는 가운데도 변하지 않고 이어져 나가는 그 무엇이 있어야 한다는 것을 잊어서는 안 된다. 물론 시대와 장소에 따라서 적응과 안정에 대한 요청도 정도를 달리한다.

예를 들어, 1980년 7 · 30 교육개혁 조치로 여러 가지 혁신적인 문교시책이 과감하게 실천되는 과정에서 적응성이 강조된 경우도 있고 학제개편을 거론할 때마다 신중을 기해야 한다는 이유로 보류되는 경우와 같이 안정성이 존중되는 경우도 있다.

제 2 절 교육조직론

1. 조직의 개념

인간은 조직 속에서 태어나서 조직 속에서 살다가 조직 속에서 죽는다. 이와 같이 인간의 삶과 조직과는 상호불가분의 관계가 있다. 조직을 떠난 인간생활을 생각할 수 없듯이 행정활동도 조직을 전제로 했을 때만 성립될 수 있다. 조직은 인간을 위해 존재하며 인간은 조직의 공동목표를 달성하기 위해 봉사한다.

이와 같은 조직은 오늘날 교육행정에 있어서 가장 기본적인 개념으로 되어 있다. 교육행정에 있어서의 조직의 문제는 다른 분야에 있어서와 마찬가지로 교육체제가 지향하는 공동목표를 달성하기 위하여 조직구성원의 협동적인 노력을 요구함으로써 조직목표 달성에 최대의 효과를 거두는 데 의의가 있다. 환언하면 조직은 그 자체로는 의의가 없고 지향하는 목적을 성취시키는 수단으로서 기능을 발휘할 때 그 의의를 찾을 수가 있다. 교육행정조직은 모든 교육행정 활동의 주체가 되고 있으므로 교육행정 현상에서 차지하는 비중이 매우 크다.

이러한 조직의 정의는 학자들에 따라 다르다.

버나드(Chester Barnard)는 "조직이란 두 사람 이상에 의한 의식적으로 조정된 활동이나 노력의 체계"라 하였고, 가우스(John M. Gaus)는 "조직이란 여러 가지 기능과 책임의 분배를 통하여 합의된 목적의 수행을 촉진하기 위한 인원의 배정"이라 말하고 있다.

에치오니(A. Etzioni)는 "조직이란 일정한 환경 하에서 특정한 목표를 추구하며 이를 위하여 일정한 구조를 가진 사회적 단위"라고 하였으며, 샤인(Edgar H. Schein)은 "조직을 업무와 기능의 분배, 권한과 계층의 위임을 통하여, 어떤 특정한 조직구성원의 공통된 목적 달성을 위한 다수인의 활동을 합리적으로 조정한 것"이라고 보았다. 또한 카츠(D. Katz)와 칸(R. L. Kahn)은 체제모형을 도입하여 조직을 개방체제인 사회적 체제의 일종이라고 규정하고 있으며, 파슨스(Talcott Parsons)는 "조직을 그 조직이 속해 있는 더 큰 사회의 기능에 공헌하는 특정한 목적을 달성하기 위한 사회단위"라고 규정하고 있다(이상기 외, 2002).

2. 조직의 구조

조직을 구성하는 과정이나 절차에 따라 다양하게 구분된다고 할 수 있으나 여기서는 공식조직과 비공식조직, 계선조직과 막료조직, 관료제에 관해서 설명하고자 한다.

1) 공식조직과 비공식조직

조직의 발생 원인이 인위적이냐 아니면 자연발생적이냐에 따라 공식조직과 비공식조직으로 분류된다(곽영우 외, 1993).

(1) 공식조직(formal organization)

공식적 조직은 인위적 조직으로서, 조직구성원들이 추구하는 공동목표가 있어 그 조직의 공적인 목표를 추구하기 위하여 과학적 합리성을 근거로 하여 공식적인 의사통로가 있고 권한의 배분이 이루어지는 조직이다. 그리고 조직구성원들의 각 개인에게는 그 직위에 따라 공동목표를 달성하기 위한 업무수행의 역할이 명확하게 부여되며 능률성의 논리가 존재한다. 따라서 공식적 조직은 권위의 계층, 명료한 책임분담, 표준화된 업무수행, 비정의 인간관계 등을 특징으로 하는 조직이다.

(2) 비공식조직(informal organization)

비공식조직은 자연발생적 조직으로서 형식적인 조직체 안에 있는 조직구성원

간에 직접적인 면접관계를 통해서 이루어지는 것이며 준거집단의 성격을 지닌다. 비공식조직의 발생 근원은 인간의 사회적 속성과 유사성을 추구하려는 경향, 그리고 자아실현적 욕구에서 찾을 수 있다. 따라서 공식조직의 내부에서 자연적으로 발생하는 소집단 또는 자생조직으로, 공식조직과는 달리 조직 특유의 생활양식을 발전시킨다.

2) 계선조직과 막료조직

조직은 그 조직 내에서의 권한과 책임의 정도에 따라 구분되는 의무의 등급에 따라 계선조직과 막료조직으로 구분할 수 있다(곽영우 외, 1993).

(1) 계선조직(line organization)

계선조직은 명령통일의 원칙하에서 조직존립의 목적이 되는 업무를 수행하면서 권한과 명령권을 독점하는 일차적 조직이다. 이 조직에서 계선의 권한은 조직체의 효과적인 목적의 수행을 위해서 계선적이며 수직적으로 행사된다. 따라서 조직 내의 업무는 지시 · 명령단일화의 원리에 따라 경영자의 명령과 의사가 상부에서 하부로 직선적으로 전달된다.

또한 조직 내의 업무내용과 목표는 그 성격에 준하여 수직적으로 분화된 권리와 책임이 부여되고 업무의 내용이 지시 · 전달되어 수행된다. 그러므로 계선조직은 구성원 상호간의 권한과 책임의 한계가 명백하고 의사결정이 신속히 이루어짐으로써 강력한 통솔력을 발휘할 수 있다.

교육조직에서 계선조직은 교육부총리, 교육감, 교육장, 일선 학교의 교장, 교감, 그리고 주임 교사와 일반 교사의 구조로 이루어지는데 여기에서 교사의 기본적인 직능은 교수와 학습은 물론 교직원으로서의 모든 역할까지를 포함한다. 또 권한의 위임관계는 계선조직상의 상사는 부하에게 명령을 내리며 부하는 상사로부터 지시된 명령을 수행하고 보고하는 책임을 진다.

(2) 막료조직(staff organization)

막료조직은 계선조직으로 하여금 효과적인 목표를 성취할 수 있도록 지원 및 보조해 주는 조직으로 일명 참모조직이라고도 한다. 이 조직은 계선의 상층부에 위치하여 계선조직에 필요한 계획, 정보, 인사, 서무, 예산, 통계 등의 업무를 담당함으로써 계선조직의 활동을 횡적인 측면에서 지원 및 보조하는 조직이다.

이 막료조직은 에머슨(H. Emerson)이 제창한 것으로 그 주요 특징은 계선조직에서 최고위층의 독자적 지휘통제의 장점을 살리고 참모부서를 설치하여 보조적 · 조언적 효과를 얻으려는 데 있다.

(3) 보조조직

보조조직은 보조기관의 조직을 말하는 것으로 계선조직 기능을 보조하기 위하여 계선조직과는 별개로 외곽 또는 내부에 설치되어 있는 기관을 말한다. 예로서 교육인적자원부 장학편수실의 편수관리관이라는 계선조직의 국정교과서 편찬에 관한 업무를 보조하기 위하여 설치되어 있는 국정교과서 주식회사와 그 산하에 있는 국정교과서 인쇄공장의 조직이 있다.

보조조직은 그것이 행정운영을 보조하는 기관이며 계선조직의 주요시책에 직접적으로 관련을 가지는 일은 없는 데 비하여 막료조직은 계선조직의 주요시책에 관한 계획과 자문의 기능을 수행한다는 점에서 차이가 있다. 그러나 보조조직이나 막료조직이 다같이 계선조직에 협조하고 그것을 지원하는 것이라는 점에서 공통된 점이 있다(김종철 외, 1995).

3) 관료제의 개념

관료제는 사람에 따라서 다양하고 혼란스런 개념이다. 라스키(Harold J. Laski)는 관료제의 개념을 '정부의 통제력이 완전히 관리들의 수중에 장악되어 있기 때문에 그 권력이 일반시민의 자유를 침해할 우려가 있는 정치체제'라고 규정하였으며, 선례의 답습, 신축성의 결여, 행정처리의 완만 등을 특징으로 하는 것으로 보았다(김종철 외, 1995). 이것은 통속적으로 관료제를 관료주의와 동일시하는 입장과 일맥상통된 점이 있다. 즉, 일반적으로 관료제라 하면 획일주의, 형식주의, 비밀주의, 무사주의, 할거주의 등의 병리적 현상을 수반하는 것으로 해석하게 된다. 영국의 파킨슨(C. N. Parkinson) 역시 이른바 파킨슨의 사회법칙을 발표하여 관료제를 통렬히 비판하였다. 그에 의하면 관리들은 되도록 많은 부하를 거느리고 자기들 서로를 위하여 일을 만들어 냄으로써 계속 비대화해 나간다는 것이다.

그러나 이와는 대조적인 입장에 서서 관료제의 의의를 높이 평가하고 그것이 현대 대규모 조직체에 있어선 조직관리의 합리화를 위하여 불가결한 것으로 인정하는 견해가 있다. 이와 같은 견해의 대표적인 것은 베버(Max Weber)의 관료제 이론이다.

베버는 조직체에는 반드시 통제와 권위가 불가결한 것이며, 그와 같은 절대적인 통제(imperative control)의 기초가 되는 정당한 권위(legitimate authority)에는 합리적(rational), 전통적(traditional), 신비적(charismatic) 권위의 세 가지가 있다고 하였다.

3. 조직의 원리

모든 조직은 설정한 목적을 달성하기 위해서 많은 노력을 하고 있다. 이러한 목적을 달성하기 위해서는 조직운영과 관리의 원리, 즉 기준이 있어야 한다.

이러한 행정조직의 원리는 일반적인 조직의 원리를 행정에 적용한 것으로 많은 행정학자들이 여러 가지로 표현을 달리하여 논의해 왔다. 일찍이 페이욜(Henri Fayol)은 모든 조직체에 공통적으로 적용할 수 있는 원리로서 ① 분업의 원리, ② 권위의 원리, ③ 규율의 원리, ④ 단일지휘계통의 원리, ⑤ 방향성 통일의 원리, ⑥ 전체이익 우선의 원리, ⑦ 정당보수의 원리, ⑧ 적도집권의 원리,

⑨ 계층의 원리, ⑩ 적재적소의 원리, ⑪ 공정성의 원리, ⑫ 신분보장의 원리, ⑬ 창발성 존중의 원리, ⑭ 단결정신확립의 원리 등 14개의 기본적인 조직원리를 들었으며, 무니(James D. Mooney)와 레일리(Alan C. Reily)는 조직의 3대원리로서 ① 조정의 원리(coordinative principle), ② 계층의 원리(scalar principle), ③ 기능주의의 원리(functional principle)를 들고 있고(김종철 외, 1995), 몰페트(Edgar L. Morphet) · 존스(Roe L. Johns) · 렐러(Theodore L. Reller) 등은 공저인 「교육조직과 행정」에서 조직의 효과성과 관련하여 ① 최고책임자 단일화의 원리(single executive), ② 목적일원화의 원리(unity of purpose), ③ 명령일원화의 원리(unity of command), ④ 권한 및 책임위양의 원리(delegation of authority and responsibility), ⑤ 분업화의 원리(division of labor), ⑥ 표준화의 원리(standardization), ⑦ 통솔범위 제한의 원리(span of control), ⑧ 안정성의 원리(stability), ⑨ 융통성의 원리(flexibility), ⑩ 안전성의 원리(security), ⑪ 인사정책의 원리(personel policies), ⑫ 평가의 원리(evaluation)와 같은 열두 가지 원리를 제시하였다(김병한 외, 1996).

4. 우리 나라의 교육행정조직

1) 중앙교육행정조직

중앙교육행정조직이란 중앙정부가 교육행정을 담당하는 기관으로서 교육행정의 법률주의의 원칙에 따라 헌법을 정점으로 정부조직법, 교육부 직제 등의 규정에 의거하여 대통령과 국무총리도 교육행정조직에 포함시켜야 한다. 따라서 우리 나라 중앙교육행정조직을 대통령, 국무총리, 교육부로 나누어 고찰하고자 한다.

(1) 대통령과 국무총리

대통령은 행정부의 수반으로서 교육행정을 포함한 국가행정권의 정점에 위치하고 있다. 대통령의 교육행정에 관한 주요 권한으로는 교육에 관한 대통령령의 발포, 주요 교육공무원 임명, 교육행정기관에 대한 지휘 · 감독, 그리고 국무회의 의장 역할 등을 들 수 있다.

① **대통령령의 발포** : 대통령은 법률에서 구체적으로 범위를 정하여 위임받은 사항과 법률을 집행하기 위하여 필요한 사항에 관하여 대통령령을 발포할 수 있다.

② **주요 교육공무원 임명** : 대통령은 법률이 정하는 바에 따라 국립대학의 총 · 학장이나 국 · 공립학교의 교장들의 주요 교육공무원을 임명한다.

③ **교육행정기관에 대한 지휘 · 감독** : 대통령은 정부의 수반으로서 교육행정기관을 지휘 · 감독한다.

④ **국무회의 의장** : 대통령은 국무회의의 의장으로서 주요 교육정책수립 및 심의에 영향력을 행사한다.

국무회의는 대통령과 국무총리 및 국무위원으로 구성되는 합의제기관으로, 정부의 권한에 속하는 중요한 정책을 심의하는 행정에 관한 최고심의기관이다. 국무회의는 교육정책에 관해서도 최고심의기관이 된다. 국무총리는 국무회의의 부의장으로서 국무회의를 통해서 교육행정에 영향력을 행사할 뿐만 아니라, 행정에 관하여 대통령의 명을 받아 행정 각부를 통할하는 권한과 총리령을 발하는 권한을 가지고 있다. 국무회의나 국무총리는 각 부처간의 정보를 분배하고 교환하는 수평적 조정기관으로서의 역할을 통해 교육정책에 관한 다른 부처의 이해를 넓히고 협조를 촉진시킨다. 또한 국무회의에서 대통령의 교육정책에 관한 지시사항을 토의하고, 교육문제를 국무총리와 대통령에게 상달하는 수직적 조정기능도 한다. 한편 교육에 관한 중요 계획이나 정책은 국무회의에 상정되기에 앞서 관련부처와의 합의를 거쳐야 하기 때문에 관련부처도 중앙의 교육행정에 영향을 주게 된다.

(2) 교육부

중앙교육행정조직의 중추인 교육부는 교육과학기술부에서 개편되어 학교교육, 평생교육 및 학술에 관한 사무를 관장하며, 교육관계 법령과 대통령의 지시 · 명령 및 국무회의의 결정에 따라 국가의 교육에 관한 정책을 입안하고 집행하는 최고의 교육행정기관이다.

2) 지방교육행정조직

지방교육행정조직은 지방교육자치에 관한 법률 의해서 교육의 자주성, 전문성과 지방교육의 특수성을 살리기 위하여 지방 자치 단체의 교육, 과학, 기술, 체육 그 박의 학예에 관한 사무를 관장하는 기관의 설치와 그 조직 및 운영에 관한 사항을 규정함으로써 지방교육의 발전에 이바지함을 목적으로 한다.

5. 교육자치제도

1) 교육자치제의 본질

(1) 교육자치제의 개념

우리 나라 교육자치제의 법적 근거는 헌법 제31조 제4항에 "교육의 자주성 · 전문성 · 정치적 중립성 및 대학의 자율성은 법률이 정하는 바에 의하여 보장된다"와 교육기본법 제5조에 "국가와 지방자치단체는 교육의 자주성을 확보하여 공정한 민의에 따라 각기 실정에 맞는 교육행정을 하기 위하여 필요 적절한 기구와 시책을 수립 · 실시하여야 한다"라고 규정되어 있다.

따라서 교육자치제도는 교육행정에 있어서 지방분권의 원칙하에 교육에 관한 의결기관으로서의 교육위원회와 교육위원회의 사무장 격으로 또는 의결된 교육정책의 집행기관인 교육감을 두고 민주적 통제와 전문적 지도 사이에 조화와 균형을 얻게 하여 인사와 재정을 비롯하여 교육행정을 일반행정으로부터 분리 · 독립시킴으로써 행정의 제도조직면에서 교육의 자주성을 보장하려는 것이 교육자치제도이다(김종철 외, 1995).

(2) 교육자치제의 이념과 원리

교육자치의 이념이란 교육자치를 행함에 있어서 목표로 삼고 지향해야 할 지침이나 준거 또는 가치체제를 의미하며 교육자치를 이행할 목표의 구실 뿐 아니라 교육자치의 문제를 해결하는 데 가치판단과 평가준거의 구실을 함으로써 교육자치제의 합리성과 일관성을 보장케 한다.

교육자치가 '교육에 관한' 또는 '교육을 위한' 지방자치 또는 지방행정이라는 관점에서 교육자치의 이념을 두 가지로 도출할 수 있다. 첫째는 민주성의 이념이요, 둘째는 전문성의 이념이다. 전자는 지방자치에 보다 중점을 둔 이념이며, 후자는 교육에 보다 중점을 둔 이념이다. 그런데 민주성이나 전문성의 이념이 고도의 일반성과 추상성을 면치 못하기 때문에 현실에 의미를 부여하고, 소정의 목표를 달성하는 행동지침이 되도록 구체성을 띠기 위해서는 교육 자치의 원리로 표현된다. 그리하여 민주성의 이념은 주민자치의 원리와 지방분권의 원리로, 전문성의 이념은 일반행정으로부터의 분리 · 독립의 원리와 전문적 관리의 원리로 구체화된다.

주민자치의 원리란 교육사업을 그 지역의 실정과 특수성을 고려하여 그 지역 주민의 공정한 의사에 따라 자율적으로 실시되어야 한다는 것이다. 지방분권의 원리란 중앙의 획일적이고 직접적인 통제에서 벗어나 중앙으로부터 권한을 이양받아 지방의 교육행정기관이 독자적 · 창의적 교육을 해야 한다는 것이다. 일반행정으로부터 분리 · 독립의 원리란 교육의 특수성과 자주성을 확보하기 위해 교육행정을 일반행정의 예속으로부터 벗어나서 교육의 정치적 중립성을 견지해야 한다는 것이다. 전문적 관리의 원리란 교육의 본질을 이해하고 교육행정에 관한 전문지식과 기능을 겸비한 인사가 교육행정을 담당해야 한다는 것이다(남정걸, 2006).

2) 교육자치제도의 발달

(1) 우리나라 교육자치제도의 전개 과정

1945년 해방 이후부터 1952년 이전까지 교육자치제 실시 이전의 준비단계이다. 해방 후 미국의 영향을 받아 교육행정의 민주화가 추진되어 미국의 교육위원회 제도를 받아들여 교육자치제를 창설하려는 운동이 이루어져 교육자치제도에 관한 법령이 기초되고, 1948년 8월 12일 '교육구령의 설치에 관한 법령'(군정법령 제27호)이 공포되었으나 6 · 25사변으로 연기되었다. 1952년 4월 23일부로 교육법 시행령(대통령령 제633호)이 공포됨에 따라 교육자치제 실시의 법적 기초가 마련되었다.

1952년 6월 4일 교육자치제의 발족부터 1961년 5 · 16에 이르기까지 교육자치제의 초창기로 소단위 교육자치제의 시기이다. 역사상 처음으로 교육자치제가 실시됨에 따라 제도와 운영상에 많은 문제점이 나타나서 내 · 외부로부터 거센 반발이 일어났다. 새로이 발족된 교육자치제는 ① 종합행정의 원칙에 위배되므로 행정의 능률을 저해한다는 점, ② 기구의 팽창으로 행정의 낭비를 초래한다는 점, ③ 민도가 낮고 자치에 대한 전통이 서 있지 않다는 점 등을 제시하였다. 내부로부터의 비판은 교육자치제의 결함을 개선하여 계속 유지하자는 교육부와 교육자들의 주장이 그 중심을 이루고 있었다.

1961년 5.16군사 쿠데타로 교육자치제가 폐지되었다가 64년에 시 · 도 단위로 부활되다가 1988년 대한민국 헌법에 규정된 지방자치의 정신을 바탕으로 1991년 3월 지방교육자치에 관한 법률이 제정 · 공포되면서 진정한 교육자치제가 실시되었다.

그 이후 2000년 1월 지방교육자치에 관한 법률이 개정되어 학교운영위원에 의해 선출되던 교육위원과 교육감 선거가 각급 학교운영위원에 전원으로 구성된 선거인단에서 선출하도록 변경하였다. 2006년 다시 개정되어 교육위원회가 시 · 도 의회의 상임위원회가 하나가 되었고 시 · 도 의회의원과 교육의원으로 구성되게 하였다. 결국 정당을 배경으로 정치적 색채가 강한 시 · 도 의회에서 의결이 이루어지게 되어 정치적 중립성이 훼손되는 문제점을 안게 되었다.

제 3 절 장학행정론

1. 장학행정의 기초

1) 장학의 개념

장학이란 원래 영어의 supervision으로서 이것은 super와 vision의 합성어이다. super는 위에(above) 또는 보다 우수한(superior to)이란 뜻이고, vision은 보기(sight) 또는 바라보기(view)란 뜻으로서 supervision은 '위에서 바라본다', 또는 '우수한 사람이 높은 곳에서 본다'라는 뜻이 되어 전통적으로는 시학(視學, inspection) 또는 감시 · 감독의 개념으로 쓰여 왔다. 그러나 오늘날에는 그 의미가 학교교육에 초점이 맞추어짐에 따라 학생의 학습행위를 돕는 교사의 교수활동을 향상시키는 데 필요한 전문적 · 기술적 · 봉사적 활동으로 일반화되고 있는 추세이다.

장학의 개념은 크게는 교육행정과 작게는 학교경영이라는 전체적 맥락에서 파악되어야 한다. 교육행정의 궁극적 목표나 학교경영의 기본 목표는 어디까지나 교수와 학습의 성과를 극대화하려는 것이며, 교육의 중핵적 활동은 일선 학교에서 이루어지는 교사의 교수와 학생의 학습임을 아무도 부인할 수 없는 사실이다.

수업목표의 성취란 아동 · 학생의 학습의 증진에 있으므로 장학을 학습과 관련하여 정의하는 것도 보편적인 현상이다. 오토(Otto)는 장학의 기본기능은 아동의 학습성격과 질 및 양을 개선하는 것이며 장학의 초점은 교수-학습과정에 있다고 하였다. 스툽스(Stoops)도 장학은 단지 수업의 개선에 한정되는 것이 아니라 아동의 성장과 발달 및 교육에 영향을 주는 모든 요소의 개선과 관련되어야 한다고 하였다. 로벨(Lovell)은 장학은 교사-학생체제 밖에서 학생의 학습을 용이하게 하도록 교사의 행위에 직접 그리고 의도적으로 영향을 주는 것이라고 정의하였다.

이상과 같은 고찰을 통하여 우리는 장학을 학생들의 성장과 발달을 증진시키기 위하여 교사들의 활동을 전문적으로 개선 향상시키는 일이라고 정의할 수 있다.

그러나 우리 나라의 경우 통념적으로 장학이라 하면 교육부나 시·도교육청 또는 시·군 교육청의 공식적으로 임명된 전문직인 장학관이나 장학사의 활동을 장학이라고 부르고 있다(이상기 외, 2002).

2) 장학의 기능

장학의 궁극적인 목적은 교사의 교수활동을 향상시켜 학생의 학습행위를 돕는데 있다. 따라서 장학의 기능도 이와 같은 장학의 기본 목적을 실현하는 일과 일치해야 할 것이다.

맥너니(McNerney)는 장학의 기능으로 ① 교수과정에 대한 방향 제시, ② 교수과정에 대한 효과의 평가를 들었다. 橋本勝三은 장학의 기능을 ① 진단, ② 치료, ③ 예방, ④ 개선 등 일련의 과정으로 해석하고 있다. 맥키인(McKean)과 밀즈(Mills)는 장학의 기능으로 ① 지도성의 발휘, ② 조정, ③ 자원과 봉사의 역할, ④ 평가 등을 제시하고 있다. 김종철은 전술한 바와 같이 장학의 기능을 ① 교사의 전문적 성장을 돕는 활동, ② 교육운영의 기획과 평가를 돕는 활동, ③ 학습활동을 개선하는 활동이라 하였다(김창걸, 2005).

3) 장학의 발달

장학의 발달은 일반적으로 근대 및 현대의 사회에 있어서 ① 공교육제도의 발달, ② 교육의 양적 팽창, ③ 교육내용의 복잡화, ④ 교육기술과 방법의 발달, ⑤ 교육자의 전문화, ⑥ 교육사조의 변천 등 교육활동 일반의 발달에 수반된 것이며, 교육행정 활동의 문화발달과 궤를 같이 한 것이었음은 의심할 여지가 없다. 장학의 발달과정은 논자에 따라 저마다 다양한 데 여기서는 대표적인 몇 가지를 살펴보기로 한다(김창걸, 2005).

구인(Gwynn)은 1920년에서부터 1960년까지의 장학발달 과정을 과학적 장학(1920-1960), 민주적 교육지도성 장학(1930-1960), 창의적 장학(1930-1960)으로 구분하였다. 과학적 장학은 전문가의 지도에 의한 실험과 연구, 교사에 의한 일반실험, 전문가와 교사에 의한 현장연구 또는 협동연구를 주요 내용으로 하고 있다. 그리고 민주적 교육지도성 장학은 중앙집권적 교육제도 하에서의 전제적 교육지도성, 시학으로서의 장학, 지방분권적 교육제도하에서의 민주적 교육지도성과 협동지도성으로서의 장학을 주요 내용으로 하고 있다. 또한 창의적 장학은 숙련교사를 배출하기 위하여 과학적 장학과 민주적 교육지도성의 장학은 물론 지도로서의 장학, 교육과정개선으로서의 장학, 집단과정으로서의 장학, 교수팀으로서의 장학과 연관되어 있다. 그리고 현직교사의 재능과 능력을 계발하기 위하여 협동계획과 인간관계 및 집단과정의 기술, 전문가와 기술봉사와 장학자원의 조정, 다른 자원과의 협동계획, 연구와 실험, 탐구정신 등을 내용으로 하고 있다.

서지오바니(Sergiovanni)와 스타라트(Starratt)는 장학의 발달과정을 전통적 과학적 관리, 인간관계장학, 신과학적 관리, 인간자원장학으로 분류하였다.

전통적 · 과학적 관리(traditional scientific management)는 장학에 대한 고전적이고 전제적인 철학을 대표하는 것으로, 교사를 관리의 부속물로 보고 엄격한 통제, 책무성, 능률성, 상사와 부하 간의 명백한 구별이 강조된다.

인간관계장학(human relations supervision)은 전통적 · 과학적 관리에 대한 극복의 수단으로 장학사는 교사를 하나의 전인으로 관심있게 봄으로써 교사들에게 만족감을 주려는 노력을 보인다. 그럼으로써 교사들은 만족감을 갖고 함께 열심히 일하고 공동으로 참여한다. 또한 개인감정(personal feelings)과 부드러운 관계성(comfortable relationships)을 유지한다.

신과학적 관리(neoscientific management)는 통제, 책무성, 효율성에 관심을 둔다는 점에서는 전통적 · 과학적 관리와 상통하는 점이 있다. 그러나 신과학적 관리는 교사의 능력(teacher competencies), 직무수행목표(performance objectives), 비용-효과분석(cost benefit analysis)이 주요 용어로 사용된다. 그리고 비정적, 기술적, 합리적 통제기제가 엄격한 대면적 감독을 대신하게 된다. 여기서는 만일 직무수행, 직무수행목표, 자질에 대한 관찰 가능한 표준이 확인될 수 있다면 교사들로 하여금 이 표준에 대하여 책임을 지게 함으로써 교사를 통제하고 그래서 행정가, 장학담당자, 일반대중에게 보다 잘 가르칠 수 있다는 보장을 해 줄 수 있다고 가정하기도 한다.

인간자원장학(human resources supervision)은 수정주의 운동의 한 형태로 교사의 직무만족을 교사가 일하게 되는 바람직한 목적으로 보며, 장학담당자는 교사들이 학교 효율성을 증대시킬 잠재력을 가지고 있다고 보기 때문에 교사를 의사결정에 참여시킨다. 그리고 보다 나은 의사결정이 이루어지고 이러한 결정에 교사가 적극 참여하고, 또 주인의식이 증대되면 일에 대한 성공 가능성, 학교 효과성의 조건은 증가한다고 가정하고 인간과 조직, 인간의 성취에 대한 양면을 통합하려는 것이다.

2. 장학의 유형

1) 행정조직상 장학

(1) 중앙행정장학

중앙행정장학은 중앙교육행정의 조직수준으로 교육부의 장학이다. 이러한 중앙행정장학은 주로 교육부의 장학관, 교육연구관, 교육연구사을 중심으로 그 인접부서의 관리행정과 관련하여 장학활동이 이루어진다. 교육활동의 전반적인 기획, 조사, 연구, 관리, 지도, 감독을 통하여 중앙의 교육행정업무를 보좌하

는 참모활동을 주축으로 하고 있다

대부분 중앙행정장학의 업무권한이 시 · 도 교육청으로 이관되었기 때문에 장학행정의 영역이 교육과정 운영과 학생 생활지도 및 학교경영 개선 영역에 국한되어 지도 · 감독된다.

(2) 지방학무장학

지방학무장학은 조직수준으로 보아 지방교육 자치조직에 해당되는 장학으로 서울특별시를 비롯하여 각 광역시와 도교육청 및 그 산하의 교육청에서 이루어지는 장학활동이다. 시 · 도 교육청과 그 하급교육기관인 교육지원청에서 장학사가 학교를 순회하면서 학교경영 상태, 즉 교원의 인사관리, 학생 생활지도, 교육기관의 감독을 통해 지방교육행정업무를 관할하는 활동이다.

(3) 교내장학

교내장학은 학교조직 수준은 단위로 이루어지는 장학으로 학생의 학습을 촉진시키고 학교조직의 목적을 달성하기 위하여 교사들의 행동에 직접적인 영향을 줄 수 있도록 학교 내 공식적으로 지정된 활동으로 학교 내 교육활동 개선을 위하여 자율적으로 교장과 교감을 중심으로 하여 전체 교직원들이 공동으로 노력하는 활동이다.

2) 장학방법상의 유형

(1) 임상장학

임상(clinical)이라는 말은 원래 병리(pathology)를 함축하는 말이긴 하나 교사와 장학담당자의 대면성(face to face relationship)과 교실 내에서 이루어지는 교사의 실제행위에 초점을 두고 있는 의미로도 사용된다. 학급 내에서 일어난 교수,

학습간의 상호작용을 기록한 것과 수업에 관련된 교사의 지각, 신념, 태도, 지식에 대한 정보로 구성된다. 임상장학(clinical supervision)은 1950년 말에 코간(Cogan)에 의해 처음으로 사용되었으며 수업장학(instructional supervision)과도 같이 쓰인다(송미섭 외, 1991).

에치슨(Acheson)과 겔(Gall)은 임상장학을 교실 내에서의 교수 활동에 대한 합리적인 수정에 관심을 두고, 수업계획, 관찰, 분석의 순환과정을 통한 수업개선에 초점을 둔 장학이라고 정의하였다.

(2) 동료장학

학교조직에서의 동료장학은 1970년대부터 교사들의 수업개선에 대한 관심이 고조되고 반면에 전통적인 장학에 대한 불신감과 부담감이 증대되면서 새롭게 대두된 장학형태이다(송미섭 외, 1991). 일반적으로 동료장학은 수업자와 관찰자가 공동으로 추구하는 목적을 수업개선에 두고 있는데, 이는 수업자와 관찰자 사이의 상·하위계층 관계를 떠나서 상호존경과 지지 그리고 이해의 도움을 주는 동료적 관계를 전제로 한다. 즉 이러한 동료장학에 있어서의 동료적 관계는 관찰자(참가자)와 자유의사로 함께 일하는 사람 사이의 계층없는 상태로서 수업자와 관찰자 사이에는 강한 동료의식(colleagueship)이 작용하는 데, 그것은 인간정신 구조의 내적 상태로부터 발현되어 수업자와 학습자 및 관찰자를 동일시함으로써 태도화된다. 그러므로 동료장학은 수업자와 관찰자 사이의 친밀한 동료적 인간관계에서 출발하며 수업개선에 공동목적을 두고 수업을 관찰하고, 그 결과에 대하여 환류를 제공해 주고 공동관심에 대한 협의를 전개함으로써 서로 도움을 주는 상호협동체제적 장학이라고 할 수 있다.

(3) 자기장학

임상장학을 필요로 하지 않거나 원하지 않는 교사에게 제공할 수 있는 세 번째 선택 대안은 자기장학이라 이름붙인 것으로 한 교사가 혼자 독립적으로 자신의 전문적 성장을 위하여 일하는 과정이다(주삼환, 1986).

이것은 외부의 강요나 지도에 의해서보다는 교사 자신이 전문적 성장을 위하여 스스로 계획을 세우고 실천해 나가는 자율적 장학을 말한다. 따라서 이 경우에, 장학사(관)나 행정가는 개인 교사의 자율적 활동에 대한 하나의 자원 인사로서 봉사할 뿐이다. 이 자율적인 자기장학은 비교적 교직경력이 많고, 혼자 일하기를 좋아하는 유능한 교사들에게 적합한 효과적인 장학방법이다.

교사 자신이 자기의 수업장면을 녹화 또는 녹음하였다가 계속 되돌려 보거나 들으면서 수업개선을 위해 노력할 수도 있으며, 학생들의 피드백 자료를 분석하여 스스로 수업개선을 위해 노력할 수도 있다. 또한 혼자 전문서적을 읽거나 전문가를 찾아가 협의할 수도 있다.

능력있는 교사들은 대체로 다른 사람의 지시에 의해서 행동하기를 싫어하는 경향이 있다. 스스로 자신이 전문적 성장을 위해 노력하는 교사들은 일반적 장학대상에서 제외시킨다면, 그만큼 장학지도를 필요로 하는 사람에게 장학지도를 증가시킬 수 있게 될 것이다.

(4) 전통적 장학

이것은 전통적으로 실시해 온 장학방법으로서 행정적 감독(administrative monitoring)을 말한다. 이것은 교사가 부과된 과제와 책임을 전문적인 방법으로 수행하고 있는지를 확인하기 위하여 교장이나 교감이 예고 없이 잠시 방문하여 감독하는 '불시방문장학(drop-in-supervision)'이다(주삼환, 1986).

이 불시방문장학은 행정가(교장이나 교감)에 의한 잠깐 동안의 비공식적 방문이기에 관찰 전에 관찰계획이 서 있지 않고, 관찰자가 교사의 행동 형태를 기록할 수 있을 만큼 충분히 오랫동안 머물지 않으며, 사후협의회도 따르지 않으므로 장학담당자와 교사들은 이를 비효과적이라 보고 있다.

(5) 인간자원장학

장학은 과학적 관리장학에서 인간관계장학을 거쳐 신과학적 장학이라는 외적 권위에 의한 장학의 형태로 발달해 왔다. 그 후 수정주의 운동의 한 부분으로 나타난 새로운 장학 형태가 인간자원장학이다(송미섭 외, 1991). 인간자원장학(human resources supervision)은 인간의 무한한 잠재력을 중시하여 인간의 활동성과 책임감 그리고 인간적이고 전문적인 성장에 기반을 두고 있으며, 학교에서의 교육과정 계획과 교육활동은 인간조직 내에서만 이루어질 수 있다는 기본가정을 하고 있다. 따라서 개인의 욕구와 학교목표 및 과업을 통합시키려고 하는 것이다.

특히 인간자원장학에서는 직무만족에 대한 중요성을 강조하고 있다. 이러한 직무만족에 대한 관심은 인간관계장학에서도 같은 맥락에서 중시하고 있는데, 인간관계장학에서의 직무만족은 학교운영의 효율화를 위한 수단적 의미로 본다는 점에서 인간자원장학과 다르다.

즉, 인간관계장학에서는 교사들을 의사결정에 참여시킴으로써 교사들의 직무만족을 증가시키고 이로써 조직목표 달성을 위한 효과성을 증가시킬 수 있다는 가정을 하게 된다.

그러나 인간자원장학은 학교의 효과성을 증대시킬 목적으로 교사들을 의사결정에 참여시키고, 그 결과 교사들은 중요하고 뜻있는 일을 성취하는 경험을 통하여 직무만족을 느끼게 된다고 보고 있다.

3. 장학행정의 문제점과 과제

1) 장학행정의 문제

(1) 문교장학의 문제

일선학교 교원들에 의하여 일반적으로 지적된 교육부 장학의 문제들로서 ① 일선학교의 실정파악 부족, ② 일부 비교육전문가들의 장학담당, ③ 장학방침의 빈번한 변경, ④ 형식상의 참모기능 수행, ⑤ 교사의 전문적 성장에 대한 지원의 미약 등이 있다.

(2) 학무장학의 문제

일선학교 교원들의 지각을 통해 학무장학에서의 문제점을 알아본 연구들은 ① 점검 · 지시 · 확인으로 일관, ② 일선학교의 독창성 및 자율성 무시, ③ 계선조직기능의 성격, ④ 학교특성 무시, ⑤ 인사행정에 지나치게 결부시키는 일 등을 문제점들로 지적하였다.

(3) 수업장학의 문제

일선 초 · 중등학교 교감들은 수업장학의 문제로 ① 장학요원의 수업개선에 대한 이해 부족, ② 전시효과적 장학, ③ 장학요원의 지도성 개발 부족, ④ 교사의 교직전문성 개발에 대한, ⑤ 비민주적인 점들을 빈번히 지적하였다.

(4) 임상장학의 문제

일선 초 · 중등학교 교감들이 지적한 임상장학의 가장 핵심적인 문제는 수업개선을 위한 임상장학의 여건조성의 미흡이었다. 여건조성이 미흡하거나 갖추어지지 않았을 때 학급 내에서 이루어지는 교수-학습활동의 개선은 기대할 수가 없다고 보았다.

2) 장학행정의 과제

(1) 장학조직 기능의 강화

장학행정조직의 개선방향은 장학기능을 충실히 수행하여 장학조직의 목적을 최대로 달성하고, 또한 인적 · 물적 자원은 최소한 투입하면서도 장학요원의 욕구를 충족시켜 사기를 높일 수 있는 방안의 길잡이가 되어야 한다.

(2) 장학요원의 전문화

장학업무를 전문적으로 수행하기 위해서는 장학직도 교사직과 마찬가지로 전통적 전문직의 특성을 지녀야 한다. 그러기 위해서는 장학요원의 자질과 자격이 전문직 업무를 충실히 수행할 수 있을 만큼 질적으로 우수한 수준을 유지할 수 있어야 한다. 또한 학교에서의 교단 경력을 통해 교사의 입장을 이해할 수 있어야 하고, 장기간의 교육과 훈련을 통해 교과지식, 일반교양, 교직지식, 행정 전문지식 면에서 교사보다 우수해야 하고, 교사와의 좋은 인간관계를 통해 교사들로부터 존경받고 신뢰받을 수 있도록 노력해야 한다.

(3) 장학업무의 간소화

어떤 조직이든지 목적 달성을 위해서 수행해야 할 업무가 있다. 조직의 목적을 효과적으로 달성하기 위해서는 한 직책이 담당해야 할 업무가 그 직책에 맞는 성질의 것이어야 하고, 또 업무의 양이 적절해야 한다. 그러나 교육업무의 폭증, 중앙집권화의 경향, 업무분량의 비체계성 등으로 해서 업무수행에 있어 문제가 생기게 된다. 이는 조직의 목적을 효과적으로 달성할 수 없도록 할 뿐만 아니라 조직원의 불만을 초래하게 하여 능률면에서도 저조하게 된다. 이를 막기 위하여 장학업무가 간소화되어야 한다.

(4) 재정적 지원의 강화

재정적 지원이란 장학담당자들이 학교교육의 질적 향상을 도모하는 데 전념하도록 하는 하나의 열쇠가 될 수 있다. 재정적 지원이 부족할 때 장학업무 수행에 있어서 효과적으로 소기의 목적을 달성하기 어려울 뿐 아니라 장학요원이 전문직 자질과 의욕을 가지고 있다고 해도 결코 업무수행에 만족감을 얻지 못할 것이다.

(5) 현직교육의 효율화

장학의 직접적인 관심은 교원을 돕는 일이고, 교원을 돕는 일은 곧 교원의 성장 · 발달을 돕는 일이며, 현직교원의 성장 · 발달은 현직교육을 통해서 가능하다. 따라서 현직교육에 관련된 문제들이 해결되어야 하고, 이를 위하여 현행 현직교육이 효율적으로 이루어져야 한다.

제 4 절 교육재정

교육활동을 지원하는 데는 많은 경비가 필요하다. 바로 교육활동에 필요한 경비를 조달하고 운영하는데 관련된 교육재정은 공경제활동이다. 먼저 교육재정의 개념과 그 개념이 갖고 있는 특성을 살펴본다. 그리고 교육예산과 교육재원을 고찰해 본다.

1. 교육재정의 개념

교육재정(educational finance)이란 국가나 지방공공단체가 교육활동의 운영을 지원하기 위하여 필요한 경비를 조달 · 관리 · 사용하는 활동을 의미하며 교육에 관한 공공경제를 교육재정이라 하며 공공재정 주체의 범위 설정방식에 따라 정부의 교육예산과 공교육비의 개념으로 정의될 수 있다.

2. 교육재정의 특성

교육재정이 갖는 특성은 공경제활동, 교육활동의 지원 수단, 교육경비의 조달과 운용으로 나타나고 있다. 이 특성들을 자세히 고찰하면 다음과 같다(김종철, 1982).

첫째, 교육재정은 공경제활동이다. 국가나 지방공공단체가 행하는 일반재정을 통한 경제활동은 공경제활동이다. 교육재정은 국가재정의 일부분을 차지하고 있으므로 공경제활동에 속한다. 재정은 화폐를 매개체로 하는 유통경제면에서 볼 때 가계중심의 사금융(private finance)이나 사기업체중심의 회사금융(corporation finance)으로 이루어지는 사경제활동과 구분되는 공금융(public finance)에 의해서 이루어지는 공경제활동이다. 사경제와 공경제의 차이점은 몇 가지가 있다. 사경제는 개인이나 사기업체의 이윤추구가 목적이나, 공경제로서 재정은 국민전체의 공동복지의 향상을 목적으로 한다. 사경제에서는 개인이나 기업의 활동이 가격화되고 교환관계에 의해서 보상을 받으나, 공경제의 재정은 국민으로부터 소득의 일부를 조세정책 등을 통하여 강제 징수한다. 그리고 사경제는 양비제출(量備制出)의 원칙에 따라서 수입과 지출관계를 규제하지만, 공경제는 양출제입(量出制入)의 원칙을 따른다. 교육재정도 공경제의 특성을 지니고 있다.

둘째, 교육재정은 교육활동을 지원하는 것을 목적으로 하는 수단이다. 현대국가의 교육활동은 고도의 사회성과 공공성을 지니고 있어서 교육경비의 부담을 수익자부담의 원칙을 적용하면서도 공비부담의 원칙을 확대하는 방향으로 진전되고 있다. 오늘날은 국가와 지방공공단체가 의무교육비의 부담을 늘리고 있고 공교육의 지원을 위한 재정적 지원도 강화하고 있는 경향이다. 교육재정이 교육재정의 규모를 결정하는 것이 논리적 순서가 된다. 그러나 현실적으로는 수단으로서의 교육재정이 목적으로서 교육활동을 규제하는 실질적인 제약조건이 되기도 한다.

셋째, 교육재정은 교육경비의 조달과 운용을 다루고 있다. 교육재정은 교육비의 수입과 지출에 관한 예산, 예산의 집행과 회계, 결산과 감사 등에 관한 업무를 포함하고 있다. 좀더 구체적으로 보면, 교육재정은 교육비의 수입 보관 지출은 합법적인 절차로서의 회계뿐만 아니라 회계와 지출의 적부와 합법성을 감사하는 활동까지를 포함하고 있다. 우리나라의 경우 교육재정이란 교육행정의 대상이 되는 제반 활동을 지원하기 위한 경비의 조달과 운용을 포함하고 있다고 볼 수 있다.

3. 교육예산

교육예산이란 교육에 관한 일정 기간의 수입과 지출을 화폐액으로 계상해 놓은 견적서이며, 1회계연도를 단위로 하는 교육재정의 계획표이다(김창걸, 2004).

1) 교육예산의 원칙

교육예산을 포함한 일반예산은 다음과 같은 원칙에 의해서 규제된다.

(1) 사전승인의 원칙

예산은 집행하기 전에 국회의 의결을 거쳐야 한다는 원칙이다. 헌법 제54조 제2항에 의하면 정부는 회계연도마다 예산안을 작성하여 회계연도 90일 전까지 국회에 제출하고, 국회는 회계연도 개시 30일 전까지 이를 의결하여야 한다고 규정되어 있다.

(2) 공개성의 원칙

예산안의 편성, 심의, 의결과 의결된 예산의 집행과 결산의 전과정이 국민들에게 공개되어야 한다는 원칙이다. 예산의 대부분이 국민이 부담한 조세로 이루어져 있기 때문에 재정적 민주주의하에서 예산의 공개를 정부의 의무로 규정한 것이다.

(3) 명료성의 원칙

예산은 국민에게 이해될 수 있도록 명료하게 편성되어야 한다는 원칙이다.

예산의 항목이 합리적으로 분류되고 수입의 출처와 지출의 용도가 명확해야 한다는 것이다.

(4) 완전성의 원칙

세입과 세출은 모두 예산에 편입되어야 한다는 예산 총계주의의 원칙이다. 일체의 세입과 세출을 예산에 포함시켜야 한다는 것이다.

(5) 단일성의 원칙

국가의 회계연도를 종합적으로 밝히고, 예산 항목간의 상호관련성을 명확히 하기 위하여 예산이 단일해야 한다는 원칙이다. 특별회계예산이나 추가경정예산도 별도로 작성한다.

(6) 엄밀성의 원칙

예산과 결산이 일치되어야 한다는 원칙이다. 예산은 정확한 자료의 수집과 분석을 통하여 편성되고 심의되고 의결되어 집행되어야 한다는 것이다.

(7) 한정성의 원칙

예산의 각 항목은 서로 분명한 한계를 지녀야 한다는 원칙이다. 이 원칙은 예산의 목적 외의 사용을 금지하고, 계상된 금액 이상의 지출을 금지하고, 회계연도 경과 지출을 금지하는 것이다.

(8) 통일성의 원칙

특정한 세입과 특정한 세출을 직결시켜서는 아니 되며, 모든 세입과 세출은 각각 통일적으로 정리되고 전체의 세입에서 세출이 지변(支辨)되어야 한다는 원칙이다. 이것은 수지간의 담보금지(擔保禁止) 원칙이다.

이와 같은 원칙들은 전통적으로 입법부가 행정부의 경제활동을 통제하기 위한 것이다. 오늘날은 행정부에 어느 정도의 자유재량권을 부여하여야 한다는 주장도 대두되고 있다.

2) 교육예산의 과정

교육예산이란 국가예산 중에서 교육부에 해당된 예산이라고 할 수 있다. 예산의 편성, 심의, 집행, 결산의 과정을 살펴보기로 한다(김창걸, 2004).

(1) 편 성

예산의 편성은 다음 해 정부가 수행할 정책이나 사업을 금액으로 표시한 계획을 작성하는 과정이다. 교육예산의 편성과정은 기획예산위원회의 예산편성 지침의 시달, 교육인적자원부의 기획관리실에서 예산요구서 작성, 예산청의 예산총괄국의 예산사정, 국무회의의 심의와 대통령의 승인으로 정부의 예산안이 결정되는 것으로 되어 있다.

(2) 심 의

예산 심의는 국회에 의해서 이루어진다. 심의과정은 대통령 시정연설, 교육위원회 예비심사, 예산결산위원회 종합심사, 국회 본회의에 상정되어 의결을 얻는 것으로 되어 있다. 본회의는 예결위원회의 안을 별로 수정하지 않고 의결하는 것이 관례이다. 확정된 예산안은 회계연도 30일 전까지 행정부로 이송된다.

(3) 집 행

교육예산의 집행과정은 예산배정요구서를 예산청에 제출, 예산배정요구서에 따라 예산청은 분기별로 예산을 배정, 배정된 세출예산을 지출원인행위(교육부총리와 그 위임을 받은 재무관)·지출행위(교육부총리가 임명한 지출관)·현금지급의 과정으로 이루어지며, 교육부총리나 재무관이 지출관에게 지출원인행위 관계서류를 송부하고, 지출관은 지출원인행위에 의거하여 한국은행을 지급인으로 하는 수표를 발행하는 절차를 밟는다. 한국은행은 지출관이 발행한 수표에 대하여 현금으로 지급한다. 예산집행에서 부족한 소액의 경비나 긴급을 요하는 것은 일정한 한도 내에서 다른 비목에서 유용한다.

(4) 결 산

결산과정은 수입과 지출의 출납사무의 완결을 위한 출납정리기간, 결산보고서 작성(세입과 세출 결산보고서, 계속비 결산보고서, 채무 계산서를 포함), 감사원의 결산 확인과 국회의 결산심의에 의한 결산의 심사로 이루어진다.

4. 교육재원

교육재원은 국가재원인 국세와 지방세로부터 나온다. 국세는 국가가 징수하는 조세로서 소득세가 대표적이다. 지방세는 지방자치단체가 징수하는 조세로서 재산세가 대표적이다. 교육재원 가운데 국세의 비중이 크면 재정에 대한 중앙정부의 영향력이 강해지므로 중앙집권으로 흐르기 쉽다. 반면에 지방세의 비중이 크면 지방정부의 재정적 자립도가 높아지기 때문에 지방분권으로 흐르기 쉽다. 우리 나라는 지방세보다 국세의 비중이 매우 높기 때문에 교육의 중앙집권이 유지되어 왔다. 그래서 교육 지방자치를 위해서는 재산세의 비중을 높이는 것이 과제이다.

1) 교육재원의 원칙

교육수입(educational revenue)은 교육재원을 형성한다. 교육수입은 일반적으로 공비수입(公費收入)을 의미하나, 넓은 의미에서는 교육수입으로 들어오는 각종 사비수입(私費收入)까지도 포함된다. 교육수입을 유형에 따라 분류하면 다음과 같다(이형행 외, 1999).

(1) 경상수입과 임시수입

경상수입은 규칙적으로 매년 반복하여 유입되는 수입(예, 조세, 관업수입, 사용료, 수수료, 수업료, 기성회비 등)이고, 임시수입은 불규칙적이고 임시적으로 유입되는 수입(예, 공채, 물품매각대금, 기부금 등)이다.

(2) 임의적 수입과 강제적 수입

임의적 수입은 국가권력의 행사 없이 유입되는 수입(예, 공채, 기부금, 이자 등)이고, 강제적 수입은 국가권력의 행사에 의하여 유입되는 수입(예, 조세, 수업료 등)이다.

(3) 목적수입과 일반수입

목적수입은 특정한 경비에 충당할 목적으로 징수하는 수입(예, 교육세)이며, 일반수입은 특정한 목적 없이 일반경비에 충당하기 위하여 징수되는 수입(예, 조세)이다.

(4) 확정수입과 불확정수입

확정수입은 급격한 증감이 불가능한 수입으로 일명 고정수입(예, 교부금)이다. 불확정수입은 증감이 급격한 수입으로 일명 가동수입(예, 지방자치단체의 일반회계로부터의 전입금)이다.

교육부 예산은 정부예산에 관한 단일성과 통일성의 원칙이 적용되어 거의 전액이 일반회계에 계상되고 있으며, 조세수입과 전매수입금 등으로 이루어진 일반재정수입을 세입의 재원으로 하고 있다. 따라서 일반회계로 계상되는 교육부 예산은 모두 국고에서 충당하고 있다. 한편 교육부 예산 중에서 특별회계로는 국립대학 부속병원 특별회계가 있다. 이 특별회계의 세입은 병원 운영에서 나오는 모든 수입과 일반회계로부터 충당되는 전입금으로 구성된다.

2) 지방교육재정의 재원

지방교육재정은 교육의 특수성을 감안하여 시·도의 교육과 학예에 관한 경비를 경리하기 위하여 지방자치단체에 설치한 예산을 말한다. 지방교육비는 특별회계에 속한다. 지방교육자치에 관한 법률 제4장은 지방교육재정의 주요 재원과 지방교육비 특별회계의 원칙 및 지방교육비의 국가보조 등에 관하여 규정하고 있다. 즉, 교육·학예에 관한 경비는 교육에 관한 특별부과금·수수료·사용료 기타 교육·학예에 관한 제 수입, 지방교육재정교부금, 지방교육양여금 및 당해 지방자치단체의 일반회계로부터의 전입금, 기타 교육·학예에 속하는 수입으로 충당한다(조영일, 2006).

(1) 지방교육재정교부금

지방교육재정교부금은 지방교육재정에서 가장 큰 재원을 이루고 있다. 이 교부금은 지방자치단체가 교육기관 및 교육행정기관을 설치·경영하는데 필요로 하는 재원의 전부 또는 일부를 국가가 교부하여 교육의 균형 있는 발전을 도모함을 목적으로 하고 있다(지방교육재정교부금법 제1조).

(2) 지방교육양여금

지방교육재정을 확충하여 지방교육의 균형 있는 발전을 도모할 목적으로 국가가 지방자치단체에게 시·도의 인구비례에 따라 양여(讓與)하는 재원이다. 이 양여금의 재원은 교육세 전액으로 하고 있다. 주요 지출은 교육기관 및 교육행정기관 등의 시설 및 교직원의 인건비 등에 대한 충당이다. 교육세는 1981년 12월 5일 재정·공포된 교육세법에 의하여 1982년부터 1986년까지 5년간의 시한부

임시 목적세로서 학교시설과 교원의 처우개선을 목적으로 시행되었다. 그 후 교육세는 다시 연장되어 1991년까지 징수하였다. 이후 1991년 1월부터 교육세를 영구세로 전환하고 지방교육양여금법을 제정하여 교육세 전액을 양여금의 재원으로 하여 보다 안정적인 재원확보를 뒷받침하도록 하였다.

(3) 지방자치단체로부터의 전입금

지방자치단체의 일반회계로부터의 전입금은 제도상 교육비특별회계(교육위원회의 교육예산)의 중요한 재원이다. 그러나 현재 우리나라 지방자치단체의 일반회계로부터의 전입금은 미미한 수준이다.

(4) 자체수입

지방교육자치단체 수입으로는 시설 사용의 보상인 사용료(학생납입금), 역무(役務)에 대한 보상인 수수료(증명수수료 등), 공유재산 수입이 있으며, 그 외에 지방교육공채 · 기부금 · 과년도 수입 등이 있다(조영일, 2006).

3) 재원확보의 방안

교육재원을 확보하기 위한 원천은 정부, 사회, 학생 등 세 가지로 나누어 볼 수 있다. 정부로부터의 재원확보 방안에는 지방자치단체의 일반회계로부터의 전입금 확대, 교육세의 세율 인상과 과세 대상의 확대, 지방교육재정교부금법 중 특별교부율 상향조정, 국토개발이익환수금제도 확립 등이 있다. 사회로부터의 재원확보 방안에는 기부금 및 교육성금의 유치와 확보, 기업체의 교육투자 유치, 고등교육발전 특별기금 설치, 인력활용세 도입, 사학육성기금 설치 등이 있다. 학생으로부터의 재원확보 방안으로는 등록금과 육성회비의 인상이 있다.

(1) 지방자치단체로부터의 전입금 확대

지방자치단체로부터의 전입금을 증대시키기 위해서는 지방재정의 자립도 및 재원과 연결시켜서 지방교육비특별회계의 특정 세출항목 또는 안정적인 재정수입의 일정률을 헌법 및 교육관계법규에 명시하여 교육에 대한 지방자치단체의 책임과 역할을 분명히 하는 것이 필요하다.

(2) 교육세의 세율 인상

과밀학급 해소, 중학교 의무교육실시, 교원처우개선 등 한국 교육발전을 위한 정책과제들을 고려하여 교육세의 세율 인상 및 과세 대상의 확대가 필요하다.

(3) 지방교육재정교부금법 중 특별교부율 상향조정

특별교부금의 법정교부율을 안정적으로 확보할 수 있도록 하여야 하고, 특별교부율을 점차 증대해 나갈 필요가 있다.

(4) 기부금 및 교육성금의 유치 및 확보

기부금이나 교육성금에 대해서 세제상의 혜택을 부여하여 교육에 대한 기여를 사회적으로 인정하여야 하고, 기부금의 효율적인 운영을 위한 기부금관리체제를 확립하여야 한다.

(5) 국토개발이익환수금제도의 도입과 운영

교육시설을 확충하는데 소요되는 재원을 확보하기 위해서 국토개발이익환수금의 일부를 지방교육에 투자하는 방안을 마련하는 것이다.

(6) 학생으로부터 재원 확보

재원확보의 한 방안으로 학생들이 납부하는 등록금과 육성회비를 인상하는 방법이 있다. 그러나 이 방안은 교육의 기회균등이라는 측면에서 신중하게 고려해야 할 문제이다.

이상과 같이 볼 때, 교육재정은 교육활동을 지원하는 공경제활동이며, 교육예산은 정부의 회계연도마다 국회의 의결에 의해서 확정되고, 교육재원은 현재 국세의 비중이 크고 지방세의 비중이 작은 실정이다.

제 5 절 교육제도

1. 교육제도의 의미

교육제도라는 말을 할 때 흔히 우리는 학교라는 조직체를 연상한다. 본래 영어의 institution이라는 말이 기관을 뜻하는 단어이기도 하다. 그러나 입학시험제도도 교육제도의 일부이며, 초 · 중 · 고등교육의 6 - 3 - 3 - 4제의 학제도 교육제도이다. 그러고 보면 기관, 조직, 집단같은 외형적인 것이 교육제도인가 하면, 절차, 활동, 규범, 가치관에다 지위, 구실, 관계와 같은 무형의 요소들도 포함하는 셈이다(정진환, 1994).

김종철에 의하면 "교육제도라 함은 국가 사회의 의도적 교육활동이 특정한 형식과 조직을 통하여 비교적 안정되고 영속적인 형태를 갖추게 된 것을 말하며, 특히 그것이 법제화됨으로써 표준화와 안정성을 가져옴을 의미한다. 교육제도 중 가장 핵심이 되는 것이 학교제도 또는 학제임은 물론이다." 또한 그는 교육제도 성립의 주체로서 국가를 지목하고, 교육제도의 성격으로서 형식성과 안정성을 들고 있다. 국가의 지배적인 교육이념을 교육정책을 통하여 실현시키기 위해서는 그 형식이 표준화되고, 안정적으로 운영되어야 한다는 것이다.

따라서 교육제도란 국가의 교육이념 및 교육목적을 달성하기 위한 국가적 차원의 인위적 장치로서 교육활동(교육목적, 교육내용, 교육방법, 교육평가 등), 학생, 교원, 교육기관, 교과용 도서, 그리고 조직 및 기구 등에 관한 표준은 물론 기준을 총칭하는 개념이라 할 수 있다.

2. 교육제도의 인접 및 유사개념

1) 교육이념

교육이념이란 교육의 본질과 기본목표에 관한 이상과 당위성, 교육과 국가, 사회와의 관련성에 관한 기본적 개념, 그로부터 나오는 교육운영의 기본원리 등을 포함하는 광범한 개념이다. 좀더 자세히 말하면, 교육이념은 교육의 목표와 본질에 대한 기본원리이고, 교육운영의 원리에 대한 기본논리이며, 교육에 있어서의 가치체계, 교육을 바라보는 인식체계, 교육활동에 있어서의 행동체계 등을 제시해 주는 원리적 사고의 틀이다. 그것은 우리가 교육을 어떻게 인식하고 운영하며, 교육을 통하여 무엇을 달성할 것인가에 대한 목표와 방향의 준거와 논리를 제공해 준다. 따라서 교육이념은 고도의 추상성을 가지면서도 실천의 저변에 깔려 있는 기본적 원리로서 강력한 힘을 가지고 있다. 교육이념은 교육발전을 위한 이상과 목표를 제시해 주는 동시에 현실을 이끌어 나가는 원동력이 되기 때문이다(정진환, 1994).

2) 교육정책

교육정책이란 사회적 · 공공적 · 조직적 활동으로서의 교육활동에 관하여 국민의 동의를 바탕으로 하면서 국가의 공권력을 배경으로 강행되는 기본방침 또는 지침을 의미하며, 그것은 교육활동의 목적, 수단, 방법 등에 관한 최적의 대안을 의도적 · 합리적으로 선택한 것이라 할 수 있다(정진환, 1994).

3) 교육기획

교육기획은 교육정책, 교육계획, 교육행정이 맞물려 돌아가게 하는 톱니바퀴와 같다. 따라서 교육정책 및 교육행정의 성공적인 수행여부는 교육기획에 의하여 좌우될 수 있다. 좁은 의미에서 교육기획은 세부적인 교육계획이 수립되기 이전의 모든 과정을 의미하며, 넓은 의미에서 교육기획은 교육계획 수립 이전의 단계와 교육계획 수립 단계의 모든 과정을 포함할 뿐만 아니라 교육계획의 단계에 있어서도 학자들 사이에 반드시 논점이 일치하지는 않는다(정진환, 1994).

4) 교육행정

교육이념은 교육정책에 반영되고, 교육정책은 교육계획의 단계를 거친 후 교육행정의 지원에 의하여 비로소 실현되어진다. 교육제도는 사회제도의 하나로서 교육정책을 구체적으로 법제화한 것이며, 교육행정은 법제화된 교육제도를 운영한다. 교육행정은 좁은 의미에서 교육조직의 목적을 달성하기 위한 활동으로서 교육활동이 그 목적에 적합하게 수행될 수 있도록 도와 주는 지원활동이라고 할 수 있다. 그러나 오늘날의 교육행정은 광범위하고 적극적인 개념으로 확대되고 있다(정진환, 1994).

5) 학교제도

학교제도(school system, school ladder system)는 학제 또는 학교교육제도와 동의어로 사용되며 교육제도의 핵심을 이루는 부분으로 학교계통과 학교단계에 따른 교육목표, 교육내용, 수업연한, 취학연령, 학교 간의 종적 연결(접속 내지 분화관계)과 계열간, 학교간의 횡적 연결(연계관계) 등에 관한 제도와 운영 등을 의미한다. 여기서 학교계통은 여러 유형의 학교를 의미하고 학교단계는 학교급별간의 구분을 의미한다. 그러므로 학교제도는 교육제도의 하위체제 중의 하나라고 볼 수 있고, 교원양성제도, 교육행정재정제도 및 사회교육제도들과의 상호작용 속에서 유지, 발전될 수 있으므로 교육제도와는 불가분의 관계에 있다(정진환, 1994).

(1) 학교계통

학교계통(school stream)은 학교제도라는 포괄적 개념 가운데 계열별로 구성된 종적, 수직적인 학교종별, 즉 각종의 학교계열을 의미한다. 이러한 학교계통은 국가의 사회계층 구성여부에 따라 계급사회의 복선형적 학교계통(dual school system)과 평등사회의 단선형적 학교계통(single school system)으로 구분될 수 있다. 영국, 프랑스 등의 유럽형 학제는 학교계통이 복선형적 성격을 띠고 있고, 미국, 일본 등의 학제는 단선형적 성격을 가지고 있다. 이러한 학교계열로는 보통교육 학교계통, 교사교육 학교계통 및 특수교육 학교계통 등이 있다.

(2) 학교단계

학교단계(school level)는 여러 가지 유형의 학교들을 횡적, 수평적으로 분단 내지 구분한 학교계제(school ladder)를 의미한다. 이러한 학교단계는 일반적으로 학습자의 심신발달단계, 교육의 목적, 내용 및 사회적 적절성 등에 따라 구분된다고 볼 수 있다. 학교단계는 초등교육(primary education), 중등교육(secondary education), 고등교육(higher education)의 3단계로 구분하는 것이 일반적이다. 그러나 이러한 학교단계의 구분은 국가와 지역에 따라 상이한 경우가 많기 때문에 UNESCO에서는 취학전(pre-primary education), 초등교육(first-level education), 중등교육(secondary education) 및 고등교육(third-level education)으로 분류하여 사용하고 있다.

(3) 기간학제

기간학제는 학제의 주류를 이루는 학교교육 형태로 우리 나라의 경우 현행 6-3-3-4제의 정규학교교육에 관한 제도를 뜻한다. 그러므로 여기에는 초등학교, 중학교, 고등학교, 대학(교육대학, 전문대학 포함) 및 대학원이 포함된다.

(4) 방계학제

방계학제는 기간학제의 보완적 기능을 수행하거나 사회교육의 성격을 가지고 정규학교의 교육과정에 준하는 교육을 실시하기 위한 학교제도를 뜻한다. 여기에는 방송통신고등학교, 방송통신대학, 공민학교, 고등공민학교, 기술학교, 고등기술학교 및 각종학교 등이 포함된다.

3. 교육제도의 특성

교육제도의 개념은 여러 수준에서 파악될 수 있다. 교육제도의 개념적 수준을 어디에 두느냐에 따라 그 특성과 기능도 달라질 수밖에 없다. 교육제도는 그 형식성과 포괄하는 범위에 따라서 흔히는 학교제도, 사회교육제도 그리고 이를 지원하는 행정제도, 제도의 뿌리라고 할 수 있는 관습과 사회적 전통 등으로 분류해 볼 수 있다. 이러한 교육제도는 다음과 같은 특성을 지니고 있다고 하겠다(정진환, 1994).

첫째는 형식성(formality)이다. 교육제도는 사회의 유지발전, 그 구성원의 자아실현을 위해 고안된 하나의 사회적 기구이므로, 교육의 형태, 내용, 방법, 평가, 기간 등에 걸쳐서 나름대로의 형식화된 기준을 갖게 마련이다. 더욱이 국민교육제도가 확립된 나라에서는 대개 교육기관의 형태와 교육내용, 교육기간 등에 있어서 전국적인 통일성을 갖는 것이 보통이다. 이것이 그린(T. F. Green)이 학점이나 과정, 졸업장 등 교환이 가능한 동종학교, 그리고 이들 학교가 단계별로 계열화된 학교체계만을 교육제도라고 주장하는 근거이기도 하다.

둘째는 안정성(stability)이다. 교육제도가 사회적 유용성을 발휘하기 위해서는 제도의 안정성이 확보되어야 한다. 국가사회의 의도적 교육활동은 보통 특정한 형식과 조직을 통하여 비교적 안정되고 영속적인 형태를 갖게 마련인데, 그것은 대체적으로 법제화됨으로써 교육제도의 안정성이 확보된다.

셋째는 민주성이다. 현대에 이르러 교육은 더 이상 시혜나 은전의 대상으로 주어지거나, 계몽수단으로서 이용되지 않는다. 오히려 국민의 학습권을 보장하고 국민의 능력에 따라 교육받을 수 있도록 제도적으로 기회를 균등하게 보장해야 한다는 것이다. 다만 여기서 유의해야 할 것은 교육참여의 기회를 개방적으로 허용해야 한다는 의미에서 뿐만 아니라, 학습결과의 평등을 보장할 수 있는 제도적 장치의 개발이 강구되어야 한다는 것이다.

넷째는 복지성이다. 교육은 국민들로 하여금 자아를 실현하고, 장래의 직업을 준비시켜 줌으로써 사회에 대한 적응능력을 배양시켜 준다. 교육제도의 발달사에서 볼 수 있듯이, 교육이 소수 귀족의 독점에서 다수 대중과의 공유로 넘어오게 된 것은 교육이 갖는 복지성 때문이었다. 따라서 국민 각자가 충분히 자기 성취를 할 수 있도록 교육제도가 이를 보장해 주어야 한다.

다섯째는 적응성(adaptability)이다. 교육제도는 효과적인 교육을 위해서 통일적이고 안정적으로 운영될 필요도 있지만, 사회변동과 그때 그때의 시대적 상황을 반영하여 유연하게 대처해야 한다. 오늘날과 같이 지식의 폭발과 급속한 사회변동의 시기에는 더욱 그러하다.

여섯째는 정의성(justice)이다. 정의의 개념은 적어도 모든 형식적 제도의 규범이다. 교육도 하나의 사회제도로서 운영되는 한, 그것이 실현시켜야 할 가치는 무엇보다도 '정의'의 개념에 일관된 원리를 다루면서 학습의 장을 제공하는 것이어야 한다. 교육에서의 정의의 문제는 교육제도가 창출하는 가치를 어떻게 배분해야 하는 문제에 관한 것이다.

따라서 교육에서 정의란 교육제도가 창출하는 가치의 배분을 위한 규칙과 그것을 준수하는 사회적 행위가 정의로와야 한다는 것이다.

4. 교육제도의 원리

1) 공교육의 원리

국민교육제도는 국가의 발전과 국민의 복리증진을 전제로 확립되는 것이다.

국민교육제도를 운영하기 위해서는 국가가 모든 국민에게 교육을 받을 수 있는 기회를 공적으로 마련해 주어야 한다는 원리이다. 즉, 교육을 받을 권리를 보장해 주는 원리이다. 그런데 이와 같은 교육을 받을 권리를 보장해 주기 위해서는 먼저 의무성과 무상성 및 중립성이 전제되어야 가능하다. 의무성이란 어린이를 가정이나 직장으로부터 자유롭게 교육기관에 접근시키는 의무를 말한다. 무상성이란 교육에 필요한 경비를 모두 공비로 처리함으로써 어린이들이 경제적인 문제에서 벗어나 자유로이 교육기관에 접근할 수 있음을 뜻한다. 중립성이란 정치적 · 종교적 · 당파적 또는 교사의 가치관 등의 문제가 어린이의 교육기관에의 접근에 방해가 되어서는 안 된다는 의미이다(김창걸, 2004).

2) 기회균등의 원리

이것은 민주주의의 자유와 평등사상을 실현시키기 위한 교육적 장치인 것이다. 따라서 어떠한 조건, 즉 인종 · 사상 · 빈부 · 지역적 조건 · 사회적 지위 · 경제적 지위 · 신체적 조건 · 종교적 문제 등에 구애됨이 없이 모든 사람에게 교육을 받을 기회를 제공해 주어야 한다는 원리이다. 우선 기회균등의 원리를 실현하기 위해서는 각종의 학교를 어느 곳에나 조화롭게 설치해야 한다. 물론 기회균등이란 학습능력에 대한 차이를 고려하지 않고 교육의 기회를 균등하게 부여하는 의무교육단계의 교육이 중심이 되지만, 능력주의에 입각하여 학습을 계속할 능력이 있으나 사회 · 경제적인 여건이 학습을 방해할 때는 장학제도나 사회보장제도 등을 통해 그의 능력을 충분히 발휘할 수 있는 기회를 제공해야 한다(김창걸, 2004).

3) 의무교육의 원리

전술한 두 원리는 의무교육의 원리와 밀접한 관계를 가지고 있다. 그러므로 다소 중복이 되지만 의무성과 무상성과 함께 교육을 받을 권리를 보장하는 것이다. 교육을 받을 권리를 보장하기 위해서 국가나 지방자치단체는 취학 아동들을 수용할 학교를 설립할 의무가 있고, 학부모는 아동들을 취학시킬 의무가 있으며 그 누구도 취학을 방해해서는 안 된다는 의무가 또한 있는 것이다. 오늘날 의무교육은 확대 · 연장이 될 뿐만 아니라, 공권력 기관에 의한 교육조건보장의 의무가 강화되고 있으며 보상교육(compensatory education)의 측면이 강조되고 있다(김창걸, 2004).

5. 현행학제의 구조

기본학제는 이미 앞에서 설명한 바와 같이 유치원, 초등학교, 중학교, 고등학교, 대학 및 대학원으로 이어지는 정규 학교교육제도이다(윤정일, 1999).

1) 유치원

취학전 교육으로서 유치원은 유아를 교육하고 적당한 환경을 주어 심신의 발육을 조장하는 것을 목적으로 한다. 유치원에 취학할 수 있는 연령은 만 4세부터 초등학교 취학시기 전까지이며, 교육일수는 매학년 180일 이상으로 규정되어 있다.

2) 초등학교

초등학교는 국민생활에 필요한 기초적인 초등보통교육을 하는 것을 목적으로 하며, 기초학교인 동시에 의무교육기관으로서의 성격을 지닌다. 초등학교의 수업연한은 6년이며 수업일수는 매학년 220일 이상이다.

3) 중학교

중학교는 초등학교에서 받은 교육의 기초 위에 중간학교로서의 중등보통교육을 하는 것을 목적으로 한다. 중학교는 전기 중등교육기관으로서 현재 의무교육기관으로 되어 있다. 수업연한은 3년이며, 수업일수는 매학년 220일 이상이다.

4) 고등학교

고등학교는 중학교에서 받은 교육의 기초 위에 고등보통교육과 전문교육을 하는 것을 목적으로 한다. 고등학교는 중간학교로서의 고등보통교육과 종국학교로서의 전문교육을 실시하는 후기 중등교육기관으로서의 이중의 성격을 갖는다. 이에 따라 고등학교에는 보통교육을 주로하는 인문고등학교와 전문실업교육을 주로 하는 농업 · 공업 · 상업 · 수산 및 해운 등의 실업고등학교가 있으며, 이 둘의 기능을 모두 가지고 있는 종합고등학교가 있다. 고등학교의 수업연한은 3년이며, 수업일수는 매학년 220일 이상이다.

5) 고등교육기관

우리나라의 현행 교육법상 고등교육기관에는 대학, 사범대학, 교육대학, 전문대학, 방송통신대학, 개방대학, 대학과정의 각종학교 등이 있는데, 여기서는 기본학제에 속한다고 보는 대학, 교육대학, 사범대학, 전문대학에 관한 것만을 살핀다.

① 대학(교육대학과 사범대학 포함)은 국가와 인류사회 발전에 필요한 학습의 심오한 이론과 그 광범하고 정교한 응용방법을 교수 · 연구하며, 지도적 인격을 도야하는 것을 목적으로 한다. 대학의 수업연한은 4년 내지 6년이며, 수업일수는 1년에 두 학기로서 매학기 16주 이상이고, 대학졸업에 필요한 학점은 140학점 이상이다. 대학원은 독립적인 교육기관이 아니고 대학을 구성하는 기관으로서의 성격을 지니고 있다.

② 교육대학은 초등교사 양성을 목적으로 하며, 사범대학은 중등교사 양성을 목적으로 한다. 다만 사범대학의 경우 교육대학과 달리 독립적으로 설치되어 있는 경우는 없으며, 종합대학 내에 설치되어 있기 때문에 여기서는 교육대학에 대해서만 언급한다. 교육대학은 초등학교의 교원을 양성함을

목적으로 하며, 현재 국립 또는 공립에 한하여 설립하도록 되어 있다. 대학과 마찬가지로 교육대학의 수업연한은 4년이며, 수업일수와 졸업소요 학점도 각각 연 32주 이상, 총 140학점으로 규정하고 있다.

③ 전문대학은 사회 각 분야에 관한 전문적인 지식과 이론을 교수 · 연구하고 재능을 연마하여 국가사회의 발전에 필요한 중견직업인을 양성함을 목적으로 한다. 전문대학의 수업년한은 2년 내지 3년이며, 전문대학 졸업자는 대학에 편입할 수 있으며, 수업일수는 대학과 마찬가지로 매학년 32주 이상이다.

6. 학제의 유형

학교제도의 유형은 그것을 분류하는 학자의 관점에 따라 여러 가지로 분류된다. 곧 학교의 계통성을 중심으로 한 분류, 이념적 기조를 중심으로 한 분류, 개인들이 선택하는 전략적 범위를 중심으로 한 분류 등이 있다. 이하에서는 이들 분류를 중심으로 고찰하고자 한다(한국교육행정학회, 1995).

1) 계통성을 중심으로 한 분류

가장 일반적으로 논의되는 것은 계통성을 중심, 곧 계통성과 단계성을 관련시켜 분류한 것이다. 이것은 세 가지 유형으로 구분된다. 곧 학습자의 성장 · 발달의 단계성을 중심으로 구성되는 단선형과 계통성을 중심으로 구성되는 복선형으로 구분된다.

(1) 단선형

단선형 학제(single ladder system)는 전 국민에게 단일한 학교제도가 적용되는 것이다. 곧 단선형 학제는 '연속한 단일의 학제'(one track school system)로서 지배계층과 서민계층 사이에 존재하는 교육제도상의 차등을 없애고 공통의 초등학교로부터 시작하여 수업연한이나 자격이 동등하게 주어지는 중등학교에 연결되는 통일적 학제이다. 그것은 또한 단일한 사다리를 올라가는 것 같은 제도라는 데서 계제형(ladder system)이라고도 한다.

(2) 복선형

복선형 학제(dual ladder system)는 단선형의 대류형으로 하구형 학교계통과 상구형 학교계통이 이중조직(dual system)으로 병존하는 학제이다. 곧 복선형 학제는 지도자 계층의 학교계층과 시민계통의 학교계통이 분리되어 있는 제도이다. 그러므로 복선형은 단계성보다 계통성이 우선되며, 그것도 사회계급적 또는 계층적 계통성으로 되어 있는 제도로 사회계급 또는 계층을 재생산하는 기능을 담당하여 사회계급 또는 사회계층을 고정화하기 때문에 계급적 학제(caste school system)라고도 불린다. 이 때문에 복선형 학제는 교육에 대한 계획적인 국가의 통제를 용이하게 하는 비민주적이며 지배계층의 학제라는 비판을 받는다.

(3) 분지형

분지형 학제(gabelungs system)는 복선형과 단선형의 중간형태로서 상호관련을 가지지 않는 하구형 학교계통과 상구형 학교계통이 이중조직으로 병존하는 학제인데, 복선형의 기초 부분이 통일되고 그 위의 부분에서 복수의 학교계통이 병존하는 학교제도이다. 이것은 각 나라의 현실적 학제를 설명하기 위하여 독일의 비교교육학자 힐커(F. Hilker)에 의하여 분류된 학제의 한 유형이다.

2) 이론적 기초를 중심으로 한 분류

(1) 서구 자본주의형

명시적으로 민주적임을 표방하나 본질적으로는 계급적인 성격을 띠고 있다. 이 유형에서는 능력위주로 조기선발 방식이 채택된다. 물론 피지배계급의 저항을 완화하기 위한 타협적 장치가 학제 내에 도입되기도 하여 지역에 따라 상당히 진보적인 학제가 현실화하기도 하였으나, 근본적으로는 부르주아 계급의 지배를 배제할 정도의 개혁이 달성된 것은 아니다.

(2) 미국 자본주의형

미국 자본주의형 또한 '자유경쟁'의 원리에 토대를 둔 민주성을 강조하나 실질적으로는 빈곤계층에 대한 교육기회의 박탈효과를 가져와 역시 계급적인 성격을 극복하지 못한다. 의무교육의 무상화나 진학에 있어서 상대적 자유가 민주적 학제의 요소를 구비하고 있으나, 기층민중에게는 계속교육이 현실적으로 어렵다. 특히 우수한 고등교육을 받기 위해서는 매우 많은 비용을 지불하여야 하기 때문에 실질적으로 교육기회의 평등이 실현되기 어려운 실정이다.

(3) 북유럽의 사회민주주의 유형

북유럽의 사회민주주의 유형은 자본주의와 사회주의의 결합을 목표로 구성된 학제이다. 이 유형에 있어서 경제는 본질적으로 자본주의적 시장경제의 원리에 의하여 지배되지만 학교는 사회주의적 이념에 의하여 운영되는 것을 의미한다.

(4) 사회주의형

사회주의형 학제는 생산노동과 교육의 결합을 중시하는 제도이다. 단선형의 무상 의무교육의 보장은 가장 특징적인 조건의 하나이다.

(5) 제3세계 신식민주의형

제3세계 신식민주의형 학제는 중심지배국(대표적으로 미국)의 학제를 모방하고 있으나 실지로는 반민주적, 반민중적, 반민족적인 특성을 지니는 학제이다. 지배계급은 자신의 계급적 이익을 관철하기 위한 교육정책을 주도한다.

(6) 제3세계 사회주의형

사회주의 이념을 교육의 구심점으로 삼는 제3세계 사회주의형 학제는 노동자 계급을 교육주체로 정치시켜 교육평등을 강조하는 학제이다.

제10장

교직과 교사

제1절 교직의 기초개념

1. 교직의 의의

교직의 참뜻을 살펴보기 위해서는 먼저 직업의 의의를 밝혀 볼 필요가 있다. 그 이유는 교직이 직업의 하나이기 때문이다.

사람은 누구나 그 자신의 생활을 영위하기 위해서 활동하는 것이며, 따지고 보면 생활의 기본문제인 의 · 식 · 주의 해결을 위하여 활동하는 것이다. 이와 같은 사람의 활동에서 의 · 식 · 주의 문제를 해결하기 위해서 종사하는 주업을 직업이라고 말할 수 있다.

우리가 살고 있는 사회에는 수많은 직업의 종류가 있다. 가령 단순한 육체적 노동만을 필요로 하는 노무직이 있는가 하면 반대로 정신적 노동을 요구하는 직업이 있고, 계속적인 반복만을 요구하는 직업이 있는가 하면 높은 창의력이나 고등정신 능력을 요구하는 직업이 있고, 장기간의 훈련과정을 필요로 하는 직업이 있는가 하면 별다른 훈련 없이도 감당할 수 있는 직업도 있다(김봉수, 1993).

이와 같이 직업에는 여러 가지 특성이 있다는 점으로 볼 때 교직도 다른 일반적인 직업과 공통되는 점도 있겠으나 반면에는 교직만이 요구하는 다른 점도 많다.

교직이 일반직에 비하여 다른 점을 구체적으로 열거하면 다음과 같다.

첫째, 교직은 사람을 대상으로 하는 직업이다.

기술자나 기사(技師)는 기계를 상대로 하여 일을 하고 목공은 나무를 다루는 직업이며 농부는 농사와 곡식을 상대로 하지만 교사는 어디까지나 사람을 대상으로 하는 직업이다.

그러나 사람을 대상으로 하는 직업이 교직만은 아니다. 법률가 · 의술가 · 의사 또는 서비스업에 종사하는 사람도 모두가 사람을 대상으로 하는 직업이다. 그러나 그들이 사람을 대상으로 하는 경우 인간 그 자체를 주 대상으로 하기보다는 법률이나 의술작품, 경제적 상품 또는 인간의 신체적 혹은 정신적 기능의 어느 일부분만을 다룬다.

이에 비하여 교육에서 교사가 대상으로 하는 인간이란, 사람의 어느 부분적 기능을 말하는 것이 아니고 전인(지적 · 정신적 · 신체적 · 사회적 · 정서적 등)으로서의 한 인간을 대상으로 한다.

둘째, 교직은 주로 사람의 정신생활을 대상으로 하는 직업이다.

의술직도 사람을 대상으로 하지만 그의 주된 대상은 사람의 육체이다.

최근에는 사람의 정신을 다루는 의학이 발달되고 있지만 그 대상은 정신적 기능의 한 부분에 지나지 않으며 의사의 관심의 주종은 사람의 신체면이다. 그러나 교직에서 교사는 피교육자의 신체적 건강과 발달에도 적지 않은 관심을 가지지만 그의 주된 관심사는 역시 정신적 과정과 정신적 생활면이다.

셋째, 교직은 미성숙자를 대상으로 하는 직업이다.

교사는 대체로 사회생활에 아직 익숙치 못하였거나 성장 · 발달과정에 있는 미성숙자를 대상으로 하는 것이 그 특징이다. 따라서 교사는 미성숙자를 대상으로 하여 기성 세대가 젊은 세대에게 누적되어 온 문화유산이나 가치관 또는 생활양식이나 생활재를 계획적으로 전달하고 가르쳐서 적응능력을 길러 주고, 나아가 미래에 대한 지향성을 가지도록 지도해 주는 일을 교직 이외의 다른 전문직에서는 찾아볼 수 없는 것이다. 교사는 주어진 현재의 미성숙자인 아동이나 학생으로 하여금 바람직하고 이상적인 인간으로 성장 · 발달해 나가도록 교육하는 일이 주요 업무로서, 결국 교사는 미성숙자를 대상으로 하여 훌륭한 인간상을 이상으로 하는 직업인이다.

넷째, 교직은 봉사직이다

교직이 직업의 한 종류라는 점은 아무도 부인할 수는 없다. 따라서 교직도 직업이 갖는 의의와 상통하는 의 · 식 · 주 해결의 한 수단임에는 틀림이 없다. 그러나 교직은 전문직(profession)으로서 봉사직을 뜻하며, 다른 여러 가지 전문직에 비하여 봉사직 사명을 더욱 필요로 하는 전문직이다. 따라서 교직자의 사명은 어디까지나 봉사에 있는 것이지 결코 영리나 물질적 보수를 얻는 데에 목적을 둔 직업이 아니다. 교사도 인간인 한 먹어야 살고 따라서 경제적 조건을 무시할 수는 없지만 교사생활의 주목이 경제적 생활이 되어서는 안 된다. 교사가 받는 물질적 경제적 보수는 그가 활동하는 노동의 대가가 아니라 공공에 대한 봉사에 대하여 공공으로부터의 답례에 지나지 않는다. 다시 말하면 물질적 보수나 경제적 조건이 교직의 궁극적인 목적이 아니라는 것이다. 교직은 하나의 소명과 사회봉사 정신에 의하여 부름을 받는 직업으로서 결코 경제조건의 해결이나 물욕을 채우기 위한 노동이 될 수는 없다. 그러기 때문에 흔히 교직을 가리켜 성직이라고 말하며, 성직은 곧 인류와 사회에 대한 봉사직이며 희생을 감수해 나가는 직업이기도 하다.

다섯째, 교직은 국가와 민족에 대하여 지대한 영향을 주는 공적 사업이다.

교직은 개인적으로 볼 때에는 피교육자와의 가장 친근한 사적인 성질의 것인 동시에 사회적 입장에서 보면 국가나 민족의 장래에 대하여 지대한 영향을 미치는 공적 사업인 것이다.

다시 말하면 교직은 민족과 국가의 운명과 밀접한 관계를 가지는 전문직이라는 것이다. 물론 어떤 직업이나 모두가 직접, 간접으로 국가사회나 민족의 운명과 관계를 갖는 것이라고는 할 수 있으나 교직은 민족이나 국민의 정신적 문화의 주역이 되는 것이며 나라가 당면한 여러 가지의 요청을 가장 효과적으로 해결할 수 있는 근본동력을 가지고 있다는 점에서 교직은 곧 국가나 운명과 직결되는 것이다. 이와 같은 점에서 나라마다 국민교육을 공적 사업으로 보고 막대한 경비를 교육에 투자하며, 직무교육제를 취하고 있다. 뿐만 아니라 사학에 대해서도 국가에서 적극적인 경제적 후원을 베풀어 나가고 있다는 것은 모두가 교육이 곧 국가와 민족의 흥망성쇄와 깊은 관계가 있기 때문이다.

여섯째, 교직은 사회진보에 있어 중대한 역할을 맡아야 하는 직업이다.

모름지기 교사는 인류가 이룩해 놓은 문화유산을 다음 세대에 전달해야 할 임무를 가지고 있는 동시에 현재를 출발점으로 하여 보다 나은 문화창조의 주역으로 활동해야 하며, 나아가서는 보다 살기 좋은 사회를 건설하는 과업에 주동적 역할을 해야 할 역군이라는 사명을 가진다. 따라서 교직은 현상유지에 급급하는 보수적 성격이나 소극적인 것이 아니라 보다 나은 내일(來日)을 위하여 사회 개척(開拓)과 사회진보를 위하여 선도적 입장에서 힘써야 할 성격이다(김봉수, 1993).

이제까지 교직의 특성에 대하여 살펴본 내용을 종합하면 "교직이란 미성숙자를 대상으로 하여 그의 바람직한 이상적인 인간으로의 성장 · 발달을 조성하고 국가와 민족의 중흥을 기하며 인류사회의 진보 발전을 이룩할 수 있는 전문적이고 봉사적이며 공적인 직업이다."라고 정리할 수 있다.

2. 교직의 중요성

일반적으로 교직의 중요성은 교육의 중요성과 정비례하여 인정하고 있다. 교육이 중요하다면 교직의 중요성도 함께 인정되어야 한다는 것이다. 이와 같은 논리에서 교직의 중요성은 교육 그 자체의 중요성을 재확인해 봄으로써 더욱 뚜렷해 질 것이다.

교육은 기본적으로 인간을 보다 이상적인 인간으로 형성시키는 작용이므로 인간에게 있어서 그것보다 더 중요한 일이 따로 있을 수 없기 때문에 교육은 인간생활 기능에서 가장 중요한 위치를 차지하고 있다.

학교교육은 과거 · 현재 · 미래에 걸친 가장 중요한 기능을 발휘한다. 학교교육의 기능을 변천하는 사회의 차원에서 볼 때는 과거를 중시하는 유형유지 기능이 있고, 현재를 강조하는 사회적응 기능이 있으며, 미래를 중요시하는 사회개조 기능이 있다.학교교육의 유형유지 기능이란 제도화된 문화유형의 계속적인 안전을 유지하기 위한 기능, 즉 사회의 유지 존속을 위한 문화유산의 전달 기능을 말한다.

학교교육에서의 문화유산의 전달은 근본적으로 청소년의 사회화에 관계된다. 구체적으로 설명하면, 학교의 교사는 아동들에게 ① 사회생활과 복지에 필요한 언어와 기술을 훈련시키고, ② 사회의 규범과 관습에 숙달하게 하며, ③ 문화의 기본적 가치인 진선미성에 친근하도록 한다. 또한 교사는 아동들에게 문화유산을 전달하되 그들이 비판적으로 학습하도록 지도해 나간다.

학교교육의 사회적응 기능이란 크게 두 가지로 나누어 생각할 수 있다. 그 하나는 사회변화에 순응하는 교육기능이고, 다른 하나는 교육을 받는 아동 개인에 역점을 두어 변화하는 사회에 능동적으로 적응할 수 있는 능력을 길러 주는 개인의 사회적응적 기능으로서의 교육 기능이다.

학교는 본래 사회적 필요에 의해서 설립되었고 사회에 의하여 유지되어 왔기 때문에 사회변화에 민감하지 않을 수 없다. 끊임없이 변화하는 사회는 학교에 대하여 늘 새로운 사회적 요구를 제기하고 있다.

학교가 사회변화에 따라 그 제도를 재정비하고, 교육목표를 수정하고 교육과정을 개편하며, 새로운 교육방법을 개발해 가는 일련의 작업들이 다름 아닌 사회 적응적 기능의 한 모습이다.

또 학교는 아동들에게 변화하는 사회에 능동적으로 적응할 수 있는 능력을 길러낸다. 학교교육은 아동으로 하여금 사회변화에 수동적으로 적응만 하는 사람이 되게 하는데 머물지 않고, 능동적 · 창조적으로 적응할 수 있는 사람이 되게 교육해 낸다. Bruner 이후 지식의 구조화나 발견학습, 탐구학습, 생산적 사고력, 창의성, 전이능력의 배양 등의 용어들이 교육개혁을 논의하는 자리에서 자주 쓰이고 있는 것도 급속도로 변천하는 사회에 능동적 · 창조적인 적응을 할 수 있는 능력을 갖게 하자는 것이다.

학교교육의 사회 개조적 기능이란 곧 사회개조, 사회발전에 교육이 원동력으로서의 기능을 가지고 있고, 사회발전의 선도적 기능을 가지고 있다는 것을 말한다(심진구, 1997).

위에서 살펴본 바와 같이 교육은 인류 문화를 유지발전하게 하고, 인간에게 사회변화에 잘 적응하여 행복하게 살아갈 수 있는 힘을 길러 주며, 국가사회를 무한으로 발전하게 한다. 그런데 이와 같은 중요한 교육을 직접 담당하여 구체적으로 실현시키는 직업이 바로 교직이므로, 교직은 어떤 직업보다도 중요한 공적인 봉사직이다.

3. 교직의 전문성

1) 교직에 대한 관점

교원은 인간의 성장과 발달, 또는 개인의 자아실현을 돕고 바람직한 사회의 성원으로서 적응할 수 있는 인간의 형성을 안내하는 고귀한 임무를 수행하는 사람들이다. 이러한 교원이 몸담아 일하는 직종이 바로 교직이다. 다시 말하면 교육현장에서 학생들을 가르치는 임무를 수행하는 직종(teaching profession)이 바로 교직이다.

이러한 교직이라는 직업을 보는 관점을 흔히 세 가지 유형으로 구분한다. 즉, 성직관(성직관) · 노동직관, 그리고 전문직관이 그것이다.

여기서 성직관은 교직을 종교적인 관점에서, 특별한 소명의식(mission or calling)을 가진 사람들이 감당할 수 있다고 보는 입장이라고 할 수 있다. 말하자면 교원은 목사나 신부 또는 승려 등과 같이, 인간의 정신면과 영적인 면을 다루기 때문에 세속적인 직종과는 다른 자세로 교직에 종사해야 할 것을 강조하는 입장이라 할 수 있다.

그래서 교직자는 성직자다운 자세를 가지고 끝없는 사랑과 헌신, 희생과 봉사, 그리고 고도의 이상을 추구하면서 교육활동에만 전념할 것을 강조한다. 어떤 의미에서 이는 전통적인 교직관이라 할 수 있다.

노동직관은 교직도 정신적 노동을 주로 하는 노동직으로서 본질적으로 다른 직종과 차이가 없다고 보는 교직관이다. 따라서 교원도 노동의 보상으로서 보수를 받고 처우개선과 근무조건 개선을 위해 노동3권을 행사할 필요가 있으며, 집단행동을 통해 정부나 경영자 또는 고용자와 맞서 투쟁해야 한다고 본다. 다시 말하면 노동자로서의 권리와 의무를 이행함으로써 교원의 지위향상을 도모할 수 있다고 보고 실리적인 주장을 행동으로 옮겨야 한다는 것이다.

전문직관은 교직을 성직이나 노동직으로 보지 않고 전문직으로 보는 입장이다. 여기서는 교직을 지성적 · 정신적 활동을 위주로 하는 애타적 봉사성과 고도의 자율성과 윤리성을 필요로 하는 직업으로 규정하고, 교원의 자질향상과 사회 · 경제적 지위향상 등을 위해 교직단체를 구성하여 적극적인 노력을 기울여야 한다고 주장한다. 이러한 견해는 오늘날 광범위하게 받아들여지고 있다(김윤태 외, 1984).

2) 전문직의 기준

흔히 교직은 전문직이라고 한다. 어떤 사람들은 준전문직이라고도 한다. 만약 교직이라면 어떤 점에서 그러한가? 이러한 논의는 먼저 전문직의 기준을 살펴보는 데서 출발한다(김윤태 외, 1984).

스티네트와 후제트(Stinnet & Huggett)는 전문직의 기준으로서 다음 몇 가지를 들고 있다.

① 전문적인 지식을 필요로 한다.
② 장기간에 걸친 준비교육을 받아야 한다.
③ 계속적인 연수를 통해 성장해야 한다.
④ 영속적인 근무와 경력을 필요로 한다.
⑤ 자체 기준을 설정해야(sets its own standards) 한다.
⑥ 개인적 이익보다도 봉사기능이 위주가 되어야 한다.
⑦ 강하게 결속된 전문적 집단과 조직을 가지고 있어야 한다.

또한 호일은 다음과 같이 들고 있다.

① 본질적인 사회봉사를 수행한다.
② 조직적인 지식의 체계에 근거한다.
③ 장기간의 학문적이며 실제적인 훈련이 필요하다.
④ 고도의 자율성을 지니고 있어야 한다.
⑤ 일정한 윤리규정이 있어야 한다.
⑥ 연수를 통한 성장이 필요하다.

이외에도 리베르만(Lieberman), 러그(Rugg)와 브룩스(Brooks), 미국 NEA교육청책위원회, 세계노동기구(ILO)의 〈교원의 지위에 관한 권고〉 등에서도 전문직의 특성 내지 조건을 내세우고 있다.

이러한 제반 논의들을 종합하고 그 공통점을 찾아보면 전문직의 기준으로서 다음 몇 가지를 들 수 있다.

① 고도의 지적 능력이 필요하다.
② 장기간의 준비교육 및 계속적인 성장이 요청된다.
③ 애타적 봉사성을 그 특성으로 한다.
④ 윤리강령을 가지고 있다.
⑤ 전문적 활동을 위한 단체조직 활동 등을 들 수 있다.

3) 전문직으로서의 교직

앞에서 살펴본 전문직의 기준에 비추어 볼 때 분명히 교직은 전문성을 띤 전문직이다. 이러한 전문직으로서의 교직에 종사하고 있는 교원에게는 보다 높은 자질과 풍부한 교양과 투철한 교직윤리 의식이 요청된다. 교원의 전문성이 더욱 심화·제고되어야 할 것임은 다음 몇 가지 측면에서 볼 때 더욱 절실하다고 보겠다(김윤태 외, 1984).

먼저, 고도 산업사회 도래에 따른 비인간화·인간소외·인간주체성의 상실 현상을 직시하고 교원은 인간성 회복을 위한 인간교육을 실천해야 한다. 이러한 인간교육면에 교직의 전문성이 발휘되어야 한다. 그리고 고도 산업화에 따른 제반 역기능에 대비하여 적절한 교육공학의 활용과 교육 프로그램의 도입·적용에도 교원의 전문적인 지식과 기술이 더욱 요청되는 것이다.

또한 급속하게 팽창하는 지식과 정보사회에 대처하기 위해서도 교원은 전문성 향상을 위해 계속 노력해야 할 것이다. 지식과 정보의 팽창에 따라 평생교육의 필요성이 제기되고 있거니와 교원은 앞으로 학교교육의 담당자로서 전문적 소양을 갖추어야 할 것이다.

지식·정보의 팽창과 산업의 고도화는 고학력 사회를 요구하고 있다. 그래서 일반 사회인의 학력이 높아지고 있는 반면, 상대적으로 교원의 학력은 낮아지고 있는 면도 없지 않다. 그러므로 교원의 학력수준도 더욱 높여가야 할 필요에 직면하게 되었다.

아울러, 사회의 개방화 · 국제화에 따라 서구문물의 수용과정에서 전통문화의 재해석 · 발굴의 필요성이 제기되고 있다. 이것은 교원의 전문성 향상을 요청하는 또 다른 하나의 측면인 것이다. 또한 투철한 국가관과 문화적 전통에 대한 자부심을 기반으로 하는 국제이해 교육의 실천을 위해서도 교원의 전문성 제고가 요청된다.

지식의 폭발 또는 혁명의 시대로 대변되는 현대 산업사회에서 교육을 담당하는 교원은 전문성 향상을 위해 끊임없이 노력해야 할 것이다. 왜냐하면 '천부적인 교사'는 없기 때문이다.

4) 교직의 자율성

교직이 전문직이라고 한다면 교직에 종사하는 교원들은 그들의 업무를 추진함에 있어 고도의 자율성을 보장받아야 한다. 왜냐하면 교원이 주로 수행하는 수업계획 · 교수-학습 지도활동 · 평가 · 생활지도, 기타 현장연구 등은 자율적인 의사결정을 요청하기 때문이다. 만약 교원이 교육활동 과정에서 외부의 간섭과 통제를 계속받는다면 그들의 전문적인 능력과 창의성을 발휘할 수가 없게 되며, 이는 교육활동의 위축을 가져오게 될 것이다. 그래서 교원이 자유롭게 창의적으로 교육활동을 수행할 수 있도록 헌법(제31조 4항)과 교육법에서도(제14조 1항) 교육의 자주성에 관하여 법적으로 규정하고 있다. 그런데 이러한 교원의 자율성은 법적 · 제도적인 보장에 의해서만 확보되는 것은 아니며 전문직으로서의 교직에 종사하는 교원들이, 그들의 의무를 충실히 이행하고 고도의 전문적 지식과 기술을 가지고 질 높은 교육을 실천할 때 더욱 확충될 수 있는 것이다.

교원에게 최대한의 자율성이 허용되어야 하지만 여기에는 전제가 있다. 그것은 교원의 자율성이 학생의 자유와 복지증진에 저해가 되어서는 안 된다는 점과 국가 및 사회적 요구의 테두리 안에서 교원의 자율성이 확보되고 향상되어야 한다는 점이다. 그것은 교사의 자율성이 학생의 자유와 복지향상에 공헌할 수 있는 상대적 관계에서 규정되어야 하며 교육의 중요한 기능은 국가적 · 사회적 필요에 부응해야 하기 때문이다.

그런데 실제로 여러 가지 현실적인 상황은 교원들로 하여금 교육활동을 수행함에 있어 고도의 자율성을 행사하지 못하게 하는 면이 없지 않다. 오히려 그들의 자율성을 직접 또는 간접으로 침해하고 제약하는 경우가 허다하다. 교육풍토의 관료화, 행정우위의 분위기는 그 대표적인 예가 될 것이다.

학교교육 활동에 있어서 교사의 자율성은 교육이 이루어지는 기본이 된다. 따라서 교원이 전문적인 교육활동에 전념할 수 있도록 자율성이 최대한 허용되어야 할 것이다(김윤태 외, 1984).

제 2 절 교직의 역사와 교직관

1. 교직의 역사

1) 서양 교직의 역사

(1) 직업적 교사의 출현 : 그리스 · 로마

기원전 6세기와 5세기 이후에 아테네에서 본질적으로 세 가지 유형의 교사들, 즉 음악교사, 체육교사, 그리고 문자교사가 어린이들의 공식적인 수업에 종사했다(정영수 외, 1998).

상류계층 그리스인들과 후기 로마인들은 어린 소년의 교육을 감시하도록 노예들을 고용하였다. 이들에게 '어린이를 안내하고 지도하는 자'라는 의미를 지닌

파이다고고스(paidagogos : 교복)라는 이름이 붙여졌다. 이들은 일반적으로 전쟁에서 체포된 죄수들로서 대부분 잘 교육된 사람들이었다. 그러나 스파르타인들은 자신의 자녀들을 노예나 외국인 같은 비천한 신분의 사람들의 감독하에 두지 않으려고 세심한 주의를 하였다.

철학자들이 그 당시에 가장 높은 수준의 교육을 제공하였다. 그들 중의 일부는 교사로서보다는 학자로서 더 많이 유명하였다. 철학이나 수사학 같은 고급학문을 맡은 교사들의 지위는 꽤 높았다. 그리스의 이소크라테스(Isocrates) 같은 수사학자나 로마의 퀸틸리안 같은 수사학자는 상당한 수입과 대중들로부터 존경받는 지위에 있었다. 그러나 고급학문을 담당한 초기교사들로서 소피스트(Sophist)들은 대중의 존경을 얻는데 곤란을 겪었다. 그 곤란의 이유는 그들의 과격한 교육이론에 기인하는 점도 있었지만 교육에 대한 대가를 보수로 받았다는 점에 있었다.

한편 소피스트들은 보수를 받고 학생들에게 지식과 기술을 제고함으로써 가르치는 일을 생계유지의 수단으로 삼았다. 그들은 보수를 받는 것을 정당한 일로 여김으로써, '가르치는 일을 직업으로 삼은' 최초의 직업적인 교사가 되었다. 이러한 소피스트들이 그 당시에 가장 큰 교사집단을 이루고 있었다. 그러나 많은 사람들은 국가를 이롭게 하는 생각들을 나누는 대가로 돈을 받는 것이 비도덕적이라고 생각하였다. 위대한 철학자 소크라테스도 돈을 받고 지식을 파는 소피스트들의 교육장사를 날카롭게 비판하였다. 그에 의하면 지식은 물질이 아니기 때문에 결코 상품처럼 매매될 수 없는 것이었다.

(2) 전문분야의 교사 양성 : 중세유럽

서구세계에서 중세 전세기를 걸쳐서 가르치는 일의 기능을 수행한 사람들은 기독교 성직자들이었다. 가톨릭교회는 사람들에게 기독교도로서의 책임을 수행하기 위한 방법을 가르치기 위해 고안된 종교적 학교를 운영하였다. 이러한 학교의 교사들은 훈련과 사고방식, 가르침에 있어서 도그마적이고 편협하였다. 그들은 전문적이지 않았으며, 교회와 관련된 하나의 부가적인 의무로서 젊은이들을 교육하는 일을 맡았던 것이다.

교회가 대부분의 학교를 통제하였기 때문에 직업적이고 세속적인 수업은 거의 없었다. 중세 후기에 교역의 증가와 그에 수반해서 나타난 전문 일자리의 증가에 따라 비공식적인 세속교육이 자극되었다. 그 결과 직업적 교육이라고 부르는 도제교육제도가 생겨났다. 여기에서 마스터인 교사는 처음에는 기능인이었으며, 우연히 전문적 교수자가 되었다. 교사와 교수자가 있었던 또 하나의 중세의 세속교육 형태는 기사교육이었다. 기사양성을 위하여 특별한 학교가 만들어지지는 않았고 영주의 궁정에서 지도되었다. 교수자는 성직자, 기사, 음유시인 등 그 배경이 다양하였다. 아마도 그들은 일반적으로 부유하고 사회의 존경받는 지도자들이었을 것이다.

교사의 전문교육은 최초로 중세대학에서 활발히 이루어졌다. 중세대학은 그리스 · 로마문명 쇠퇴 후, 지적 생활을 부활시키려는 최초의 시도였다. 그러나 법학, 시학, 의학, 문학 등의 분야에서 광범위하게 흥미를 불러일으키는 데는 학식 있는 교사를 양성하는 것이 필요했다. 중세대학에서 교사를 위해 마련한 주요한 훈련은 교과분야였다. 법학, 신학, 의학의 전공학부 교사들은 주로 특수분야의 전문교과를 숙지하고 있지 않으면 안 되었다. 교양학부의 주요 필수요건은 고대에서 전해 내려오는 7자유 교양과목(seven liberal arts)에 대한 지식이었다. 이 7자유 교양과목들은 그 자체가 교사의 주요한 비법을 구성하고 있었다. 그러나 이 비법은 의도적인 방법으로 교육되지 않았으며, 따라서 교양학부 학위취득희망자는 직접 가르쳐 봄으로써 가르치는 일을 배우는 일이 통례가 되었다. 이를 위해 특별한 강의와 토론에 가담하는 기회가 주어졌다(정영수 외, 1998).

(3) 형식적 교사훈련의 시작 : 르네상스 · 종교개혁기

르네상스는 교육의 초점과 방향을 철저하게 변화시켰다. 그리스어와 특히 라틴어 고전에 대한 관심이 재생되었다. 동시에 상인과 무역상, 사업가 등 새로운 중류계층이 등장함에 따라 상업적 활동이 빈번해졌다. 이러한 변화가 끼친 가장 큰 영향은 가톨릭교회의 속박으로부터 대부분의 교사와 학생들을 자유롭게 만든, 교육의 세속화였다. 중류계층의 등귀는 교사들이 봉사할 때보다 많은 범위의 인구를 의미했다. 많은 새로운 학생들이 상인과 사업주 가정출신이었다. 학교들은 도시생활과 사업생활의 실제적인 준비로서의 교육에 초점을 맞추었다. 그 결과 인문주의적 중등학교가 발달하였다. 그것은 중세에서보다 더 높은 질을 지닌 전문적 교사들을 요구하였다. 이러한 새로운 학교의 교사들은 성직보다는 대학으로부터 더 많이 유입되었다. 대체로 대학의 훈련과정으로 인하여 중세 후기와 르네상스기 동안에 학문의 전문분야에 유능한 교사가 확보되었지만, 중등교육에서는 그 여건이 만족스럽지 못했다. 몇몇 이름을 날린 인문주의 교사들도 있었지만 대부분의 교사들은 질이 낮았다. 교사들은 무지했을 뿐만 아니라 자신들에게 주어진 교사로서의 권한을 악용하는 교사들도 많았다.

16, 17세기에 보다 잘 준비되고 높은 질을 지닌 교사계급을 발달시키기 위한 시도가 있었다. 프로테스탄트와 가톨릭은 비슷하게 교사훈련 프로그램에 착수하였다.

교사가 중요하며, 또 자격이 있는 특별히 훈련된 전문가들이라는 점이 인정됨에 따라 교사의 사회적 · 경제적 지위가 천천히 높아지기 시작하였다. 독일에서 교사들의 보수는 여전히 주로 학생들의 수업료를 통하여 지불되었지만, 보다 크고 보다 많은 정규적인 기금이 국가와 교회의 금고에 준비되어 있었다. 몇몇 주에서 교사들에게 사회 보장과 연금, 질병보조금들이 제공되었다. 1642년 독일의 고타 주는 학교에서 일하는 교사들의 월급을 자진해서 올려 주기까지 하였다 (정영수 외, 1998).

(4) 전문직업인으로서의 교사양성 : 산업혁명 이후

유럽과 아메리카에서 그리고 프로테스탄트와 가톨릭 국가 모두에서 16세기 종교개혁의 시기와 18, 19세기의 산업혁명의 시기 사이에 가르치는 직업에서 많은 변화가 발생하였다. 이러한 변환기에 있어서 가장 중요한 변화는 교육의 통제가 교회로부터 점차 국가로 교체된 것이었다. 종교개혁에 이어서 새로운 교육의 개척자들이 국가로부터 재정적 도움과 법적 허용을 얻으려고 힘썼다.

18세기 말까지 많은 움직임들이 교육의 총체적 세속화를 도와 주었다. 그러나 이러한 전환기에 가르치는 일의 방법적 진전은 거의 없었다. 직업적 훈련이 부족했고 교사가 되고자 하는 대부분의 사람들은 가르치는 기술을 결코 공부하지 못하였다. 일반적으로 그들은 그 시대의 기독교 교리를 따랐으며, 그것은 어린이들이 악하게 태어나며 좋은 교수자는 이러한 악을 찾아 내서 쫓아 내기 위하여 전력을 다해야 한다고 강조하였다. 신체적 벌과 정신적 훈육이 교사의 교수기술의 초석이었다. 언어적 모욕과 조소 또한 교사의 본질적인 도구였다. 훈육은 전형적인 교사가 마음대로 쓸 수 있는 또 하나의 중요한 교수기술이었다. 초등학교가 모국어를 도입했지만, 라틴어가 여전히 대부분의 중등학습의 핵을 형성하였다. 교사들 스스로가 라틴어의 중요성에 사로잡혀 있었기 때문에 발견, 통찰, 창조성의 과정으로서의 교육에 대한 사고가 거의 없었다.

18, 19세기에 확고한 기반 위에서 교사훈련에 큰 성과를 보인 나라는 유럽의 프러시아였다. 프러시아가 처음으로 교사를 조직적이고 체계화된 방법으로 훈련하게 된 것은 국가의 지원에 힘입어 국가교육제도를 설립하였다.

프러시아에 이어 프랑스와 미국에서도 교사양성기관이 설립 · 운영되었다.

이상과 같은 교사양성기관의 설립으로 교직은 전문직으로 본격적으로 분화되었다. 그러나 비록 교사훈련이 대단할 정도로 공식화되고 증진되었지만 대부분의 교사들은 직업적 준비가 빈약했다(정영수 외, 1998).

(5) 교직의 직업적 성숙 : 현대

교직의 질을 증진시키기 위한 움직임은 20세기에 들어서기까지 계속되었으며, 그 결과 교사는 전적으로 새로운 이미지와 지위를 얻게 되었다. 몇 가지 사회적 변화들이 직업적 성숙을 위한 돌파구를 제공하였다.

사회과학, 특히 심리학에서의 진전들이 어린이와 교육적 과업에 대한 현재의 견해에 대해 심오한 영향을 끼쳤다. 어린이들을 개체와 학습자로서 더욱 존중되었다. 분명히 20세기 교사는, 특히 학생이 점차 수업과정에서 수동적이기보다는 능동적인 행위자로서 수용되기 때문에 이전보다 행동관리 기술에 있어서 보다 잘 훈련될 필요가 있게 되었다(정영수 외, 1998).

2) 한국 교직의 역사

(1) 관리로서의 교사의 지위 : 삼국 · 고려 · 조선시대

한민족이 원시 부족국가의 형태를 벗어나 고대국가의 체제를 갖춘 것은 삼국시대부터이다. 고구려 · 백제 · 신라 세 나라는 유교 · 불교 · 도교 및 문자의 전래와 더불어 교육이 확립될 수 있는 기반을 갖추었다. 특히 문자의 사용과 유학의 보급은 중국의 선진적인 학교제도와 내용이 삼국으로 유입되었음을 짐작케 하며, 이 때부터 본격적인 제도교육이 시작되었다고 볼 수 있다. 삼국은 중앙집권적 통치기구를 확립하고 유학을 국가통치 이념으로 삼아 유학의 교양을 갖춘 관리를 양성하였다. 그리하여 유학을 중심으로 하는 교육기관들이 설립되고 학교교육이 발전하게 되었다(김영우 외, 1995).

고려시대는 건국 초에 왕권강화를 위해 교육의 필요성이 요구됨에 따라 태조 왕건 때부터 학교교육이 실시되었고 성종 때에 와서 교육제도가 정비되었다. 고려시대의 교육제도는 관학으로는 국자감(國子監), 동서학당(東西學堂)과 오부학당(五部學堂), 향교(鄕校)가 있었으며, 사학으로는 십이도(十二徒)와 서당(書堂)이 있었다. 국자감의 교수는 유학계 교육의 삼학(三學)인 국자학(國子學), 태학(太學), 사문학(四門學)에서는 박사와 조교가 각기 경서를 분담하여 가르쳤다.

조선은 유교를 국가 통치이념으로 채택하고 강력한 왕권의 확립을 위하여 과거제도의 개선과 함께 교육체제를 확장 · 정비하는 것에 많은 노력을 기울였다. 조선전기는 관학의 정비와 서원의 성립 등, 성리학(性理學)에 기초한 교육체제의 정비를 그 특징으로 한다. 조선 후기의 교육제도는 전기에 비해 뚜렷한 변화를 보이지 않으나 실학자들이 교육을 포함한 사회전반에 대한 개혁의 논리를 제공함으로써 교육사적으로 큰 의의를 남기게 되었다(김영우 외, 1995).

이상과 같이 한국에서는 고대국가가 성립되면서 학교가 성립되었고 그 때부터 교사가 생겼다고 볼 수 있다. 그러나 이 때의 교사는 학식과 경륜, 덕망이 뛰어난 자로서 관직에 있는 관리가 겸임하는 경우가 많았다. 직급 또한 일반관리에 준하여 설정되었다. 이와 같이 전통사회에서는 가르치는 일의 전문성이 고려되지 않았으므로 가르치는 일에 대한 특별한 준비없이 교사가 될 수 있었던 것이다.

(2) 최초의 교사 양성기관의 성립 : 개화기

개화기에 이르러 신학제가 수립되면서 전문적인 준비를 갖춘 사람이 교사가 되는 시대가 되었다. 1895년 2월에 고종이 근대교육 이념을 분명히 하는 교육입국조서(敎育立國詔書)를 공포하였으며, 4월에 내각관제의 공포에 따라 학무아문이 학부로 명칭이 바뀌고 한성사범학교 관제 등 각종 학교관제가 제정되어 근대학교 교육체제가 법적으로 제도화되었다.

한성사범학교 관제가 각종 근대학교 관제 중에서 가장 먼저 마련되고 이에 따라 학교설립도 가장 먼저 이루어졌다는 점이 주목할 만하다. 사범학교를 가장 먼저 설립하였다는 것은 근대적 신교육을 실시하기 위해서는 가르칠 교사의 양성이 가장 시급한 과제임을 인식하였다는 것을 말해 준다(김영우 외, 1995).

(3) 사범교육 정책과 교사운동 : 일제식민지

교육을 이용한 한국민족의 일본인화라는 식민지 교육정책을 본격적으로 집행하기 위하여 일제는 네 차례에 걸쳐 조선교육령을 발표하였으며, 한국민족을 철저히 일본화하여 한국민족을 말살하기 위한 통치정책을 효과적으로 수행하기 위한 가장 철저한 수단으로서 관 · 공립학교를 중심으로 한 식민지 교육체제를 정비하였다. 이러한 의도는 교사양성교육, 즉 사범교육정책에서 분명하게 드러났다. 일제는 식민지정책의 변화에 따라 사범교육정책을 계속 변경하였다. 일제는 1906년 8월에 종래의 한국의 학제를 전면적으로 개편하면서 초등학교 교사를 양성하기 위한 조치의 하나로 사범학교령 시행규칙을 새로 제정하고, 종래의 한성사범학교를 관립한성사범학교로 개편하여 보통학교 교원을 양성하였다.

그러나 합방 후 교육을 식민지정책 구현의 주요 수단의 하나로 삼은 일제는 조선교육령으로 새 학제를 마련하고 초등교사 양성에 있어서 종전의 관립사범학교를 없애고 관립의 고등보통학교와 여자고등보통학교에 사범과와 교원속성과, 임시교원양성소 등의 단기초등학교 교사양성과정을 부설토록 하였다(김영우 외, 1995).

(4) 교사양성 교육체제의 정비와 교사의 전문성 : 광복 후

1945년 8월 15일 일제의 식민통치로부터 광복된 한국의 교육은 새로운 전기를 맞이하게 되었다. 그러나 갈라진 남북한에서 남쪽은 미군정의 통치하에 놓이게 되었다. 이러한 역사적 상황 속에서 한국의 교육은 일제의 제국주의 교육으로부터 벗어나서 자연스럽게 미국식 민주주의 이념을 토대로 재건하는 방향으로 전개되었다. 광복 초기 3년간의 미군정 기간에 조선교육 심의회를 통하여 새로운 교육체제와 교육제도가 마련되었다. 이 때 마련된 학제는 민주주의 교육사상에 바탕을 둔 것으로 유치원, 국민학교, 중학교(초급중학교, 고급중학교), 초급대학과 대학 등으로 되어 있었고, 교사양성기관으로는 사범학교와 사범대학(2년제, 4년제)을 두도록 되어 있었다.

광복과 함께 한국에 정규 중등교원 양성기관으로 사범대학이 설치되기 시작하였다. 미군정기에 정규 중등교원 양성기관으로서 2년제 사범대학과 4년제 사범대학이 설치되었으며, 1960년대에 이르러 사범대학은 4년제로 통일되었다. 한편 중등학교 교사양성의 속성과정으로 여러 가지 형태의 중등교사 양성기관이 설치되었다. 즉, 미군정기에는 중등교원양성소, 중등교원양성과, 국어교육양성소 등이 설치되었다. 1950년대에는 특설 교원양성소, 대학의 교직과정이 개설되었다. 1960년대에는 교육연수원, 실업교육과, 교육대학원, 임시 중등교원양성소, 일반대학 교육과, 일반대학 교직과정 등에서 중등교원 양성교육이 실시되었다. 1970년대에는 공업교육대학이 신설되어 공업계 교원 양성교육이 실시되었다. 1980년대에는 한국교원대학교가 신설되어 제 2, 제 3대학에서 중등교원 양성교육이 실시되었다. 그리하여 현재 중등교원은 사범대학, 실업교육과, 일반대학 교직과정, 일반대학 교육과, 한국교원대학교의 제 2, 3, 4대학 등에서 양성 교육이 실시되고 있다(김영우 외, 1995).

2. 교직관

1) 교직관

수많은 직업 또는 직종 중에서 교직을 택한다는 것은 이 직업을 택한 교원 자신의 생애를 통하여 중요한 사실일 뿐만 아니라 국가사회의 오늘과 내일을 위하여도 매우 중대한 결정이라 아니할 수 없다.

교직관이란 교직이라는 직업의 본질을 어떻게 보느냐 하는 문제이며 교직이라는 직업 내지 교원이라는 직무의 기본성격을 어떻게 파악하느냐 하는 것과 관련되어 있는 개념이다. 교직관은 교직에 대한 지각을 의미하나, 거기에는 인지적 측면만이 아니라 교직에 대한 태도나 가치관도 함께 수반하는 개념이라 할 수 있다. 교원들 자신은 물론 학생 학부모 사회인사 등이 교직을 어떻게 지각하고 그것에 대하여 어떠한 태도와 가치관을 갖느냐의 문제는 매우 중요한 문제이며 교원의 사회적 지위의 향상이나 교권의 확립과 신장을 위해서도 중대한 의의를 가진다고 할 수 있다.

교원들 자신을 비롯하여 그 주위에서 교육에 관련을 가지고 관심을 쏟고 있는 각계 계층의 인사들이 교직에 대하여 건실한 관념을 가지며 올바른 교직관을 정립한다는 것은 교육의 발전을 위해서 중요한 조건의 하나가 될 수 있을 것이다.

오늘날 교직관은 크게 세 가지 유형으로 구분될 수 있다. 그 하나는 성직관이요, 두 번째는 노동직관이요, 다른 또 하나는 전문직관이다. 이 들은 그 명칭이 시사하듯이 서로 다른 철학적 기초, 현실적 감각과 문제인식을 가지고 있다(김종철 외, 1994).

(1) 성직관

교직을 목사직이나 승려직과 같이 세속적인 다른 직업과 구분하여 성직으로 생각하는 데는 그럴만한 사유가 있다고 보여진다. 교직이 주로 인간의 인격형성을 돕는 일을 담당하며 단순한 지식과 기술보다도 참다운 사람을 만들어야 한다는 생각이 지배적이었음은 예로부터 전래된 전통이었다. 그것이 고도의 정신적 봉사활동으로서 세속적인 것, 이를테면 돈, 명예, 권력 따위와는 거리가 먼 직업이 되어야 한다는 생각은 많은 교직자들 자신은 물론 사회 각계 인사들이 바라는 바였다. 사실 오늘날의 물질 만능주의 사조 속에서도 비교적 물질의 세계보다도 정신의 세계에 보다 많은 주의와 관심을 집중시켜야 한다는 것이 교직자에 대한 일반적 인식의 기초가 되어 있다. 뿐만 아니라 교직자는 그 활동이 주로 미래지향적이기 때문에 현실사회보다도 다가오는 이상사회를, 그리고 그 실현을 위하여 학생들의 힘과 마음을 기르고 닦아야 된다는 생각이 지배적이다.

(2) 노동직관

교직에 대한 견해 가운데 성직관과 극히 대조적인 입장을 취하는 것은 노동직관이다. 교직도 하나의 노동직이며 본질적으로 다른 직업과 차이가 없다는 것이며 그것이 비록 정신적 노동을 위주로 한다 할지라도 정신적 노동과 물질적 노동을 구분함은 도리어 부당하다는 전제에서 출발한다. 그와 같은 견해에 동조하는 사람들은 노동의 대가로서 보수를 받고 보수와 근무조건의 개선을 위하여 노동조합을 결성한다거나 심지어 단체 행동권까지를 포함하여 집단적으로 투쟁하는 것은 당연한 것이라고 생각한다. 우리 나라에서는 1961년 교육에 관한 임시특례법(臨時特例法)과 1963년에 개정된 교육공무원법에 의하여 교원은 노동조합을 결성할 수 없게 되었으나 1960년 4 · 19를 전후하여 교원노조 문제가 사회적으로 크게 여론화되었고 교육계의 중요한 논쟁점으로 부각된 사실이 있었다. 다시 1989년 전국교원노동조합이 결성 출범됨으로써 오늘에 이르기까지 일부 교사들의 노동조합운동은 한국교직사회의 중대한 시련과 도전으로 부각된 바 있다. 이와 같이 우리 나라에서 일부 교원노조에 가입한 사람들이나 미국의 교원조합(AFT)이나 일교조와 같은 조직이 시사하고 있듯이 역사적 · 세계적인 시야에서 본다면 이와 같은 교직관에 동조하는 사람들도 상당수가 있음을 인정하지 않을 수 없다.

(3) 전문직관

교직의 본질을 단순히 성직이나 그와는 대조적인 노동직으로 보는 입장을 초월하여 그것을 전문직으로 규정하려는 견해는 오늘날 광범히 받아들여지고 있다. 그것은 전양자(前兩者)의 변증법적 통합이요, 그 장점을 통합하려는 관점이요, 입장이라 할 수 있다. 교직을 단순한 노동직이 아니고, 지성적 · 정신적 활동을 위주로 하는 직업으로 보는 점에 있어서나 그것을 이기적인 활동이 아니고 애타적 동기에서 출발한 봉사활동으로 규정짓는 점, 고도의 자율성과 윤리성을 강조하는 점 등에 있어서 그것은 성직관에 접근한다. 그러나 전문직관에 있어서는 교원의 자질 향상과 교권 확립, 경제적 · 사회적 지위 향상을 위하여 교직단체를 구성하고 보다 적극적으로 그리고 진취적으로 교원의 권리신장과 지위향상을 쟁취하여야 한다고 주장한다. 다만 일부 국가를 제외하고 대부분의 경우에 있어서 교원의 단체 행동권, 즉 동맹파업권에 대하여는 이를 부인하거나 유보하는 것을 전제로 하고 있다는 점에 있어서 노동직관의 입장과 상이하다.

오늘날 교육의 전문성이 강조되고 교원의 전문직화가 촉진되고 있으며 1947년 이래 대한교육연합회와 그 산하에 교육회가 전국적으로 조직됨으로써 1993년 현재 전국 교원의 61%를 점하는 26만 명 회원을 가지고 있는 한국 교원단체총연합회가 주로 제창하고 있는 것도 이와 같은 전문직관이라 할 수 있다.

2) 교사상

사회가 다르고 시대가 변함에 따라서 교육관, 교직관에 변화가 생기고 따라서 기대되는 교사상도 변천하기 마련이다. 이는 새삼스러운 사실이 아니다. 양반층이나 일부 한정된 엘리트들을 위한 교육이 대중교육으로 탈바꿈한 점을 보아도 알 수 있고, 비교육학적 견지에서 서로 정치이념과 교육이념을 달리하는 사회를 비교하여 보아도 손쉽게 알 수 있는 일이다(김종철 외, 1994).

그러므로 여기에서는 2000년대에 기대되는 한국의 교사상을 지적하고자 한다.

첫째, 자기가 가르치는 교과에 대하여 넓고 깊은 지식을 가지며 실력이 있어야 하며 동시에 자기가 가르치는 교과를 좋아하여야 한다. 교사의 첫 번째 임무는 교수-학습지도에 있으며 스스로 가르치는 교과에 대하여 충분히 알고 튼튼한 실력을 지녀야 함은 너무나도 당연하다. 학생이나 학부모를 막론하고 예나 지금이나 그리고 세계 어느 곳에서나 변함없는 기대의 하나는 교사 자신이 자기가 가르치는 교과에 대하여 철저하고 정확한 지식을 가져야 되겠다는 점이다. 이것 없이는 교직의 전문성 확립을 기대할 수 없기 때문이다.

둘째로, 똑같은 이치로 교사는 학생을 사랑하고 학생 개개인을 바르게 이해하고 잘 알고 있어야 한다. 학생의 개성을 존중하고 그 능력과 적성 및 발달의 단계에 맞게 교육하는 것이 교육에 있어서의 정도이다. 영국의 교육법에서 3A(Age, Ability, Aptitude)의 원리를 강조하는 것은 이와 같은 이치에서이다. 그것은 연령의 발달단계, 능력 및 적성에 맞는 교육을 실시하여야 한다는 것이다. 이는 한국에서도 마찬가지로 적용되어야 할 원리이다.

셋째로, 교원은 스스로 자기의 품성과 자질, 능력 등을 꾸준히 발전시키고 향상시키는 데 앞장 설 것이 기대되며 만사에 솔선수범하여야 한다. 교원은 학생들로 하여금 끊임없이 자기갱신과 분발을 하게 하며 그 잠재적 능력을 개발 신장하도록 도와 주어야 한다. 남을 지도하면서 스스로 노력하지 않는다면 위선자가 되거나 무능한 자가 되기 쉽다. 갈지 않는 칼은 녹슬기 일쑤이다. 제아무리 훌륭한 실력을 가졌다 하더라도 오늘날과 같이 급격히 변동하는 사회에 있어서 꾸준히 노력하지 않고서 탁월한 실력을 유지하기란 힘들다. 우리는 이 원리를 운동선수의 세계에서 매일 같이 보고 있다. 매일 갈고 닦지 않으면 제아무리 명성이 높은 챔피온도 패하고 만다는 것이 냉혹한 현실임을 우리는 되풀이해

보고 있는 셈이다. 꾸준히 자라나는 세대에 대하여 참다운 선생으로서 존경을 받고 신뢰를 받기 위해서는 피눈물 나는 노력을 스스로 계속함으로써만 가능하다 할 것이다.

넷째로, 교사는 교직에 보람과 긍지를 가져야 하며 자기의 맡은 바 책임을 완수하여야 한다. 그리고 그 전제조건으로서 교권의 확립은 필수적이다. 누구나 자기가 하는 일에 대하여 100% 만족감을 느끼기란 어려운 것이 오늘의 직업체계의 현실이다. 그러나 자기가 하는 일에 대하여 어느 정도 만족하지 아니하고서 자기의 책임과 임무에 충실할 수 없음은 자명하다. 자기가 하는 일에 보람과 긍지를 갖는다는 것은 교육과 같은 전문적인 업무에 있어서는 더욱 절실히 요청되는 일이다. 고도의 자율성과 책임성을 다같이 가지고 그 업무를 수행하여야 하기 때문이다.

다섯째로, 교사는 교육혁신에 대하여 수동적 · 방관적 태도를 버리고 이에 능동적으로 참여하여 스스로의 위치에서 교육의 혁신을 추진하고 실천하는 변화의 촉진자 구실을 할 것이 기대된다. 교육혁신과 문화창달은 국정지표로 제시된 바도 있거니와 그것은 정책적 제도적 차원에서의 변화는 물론 제일선 교단에서 보다 새로운 교육풍토를 이룩하고 교육의 운영과 방법에 관해서도 끊임없는 쇄신과 발전을 기하고자 하는 정책지향을 추상적으로 표시한 것에 불과하다. 백년대계인 교육제도나 정책의 변화에 신중을 기해야 한다는 논의나 주장도 당연한 것이며 교육혁신을 잘못 해석하거나 졸속적이고 마구잡이식으로 정책변화를 추진해 나가는 것으로 오해해서는 안 되는 것이다.

끝으로, 새로운 국제화시대, 세계 속의 한국으로 크게 부각되고 있는 개방사회지향의 시대적 · 사회적 요청을 받아드려서 보다 넓은 시야와 관점에서 자라나는 세대의 젊은이들을 이끌어 나갈 수 있는 안목과 능력, 태도 등을 가져야 할 것이 기대된다.

교사들 스스로가 세계적인 교육이나 교육정책의 사조와 추세를 이해함은 물론 자라나는 청소년들로 하여금 자주적 정신과 더불어 세계를 향하여 개방된 진취적 태도를 견지할 수 있도록 유도하여야 할 것이다.

제 3 절 교사의 자질과 역할

1. 교사의 자질

교사에게 필요한 구체적인 내용은 다음과 같다(윤종건 외, 1994).

1) 성향적 접근

교사의 자질을 성향적인 측면에서 얘기할 때는 다분히 선천성, 즉 천직적으로 타고난 인간성을 중심으로 다루게 된다. 그러나 앞에서도 지적되었듯이 이 세상의 모든 삼라만상은 변화한다는 변화관의 입장에서 볼 때 인간의 천성, 즉 인성도 변할 수 있으며 변화시킬 수도 있다고 보아야 할 것이다. 그러나 그것이 선천적이든 후천적이든 교사는 무엇보다도 하나의 인간이어야 한다는 견해에는 아무도 이의를 제기할 수 없을 것이다. 다만 "인간"이 무엇을 의미하느냐에 대한 견해는 사람마다 조금씩 달라질 수 있다. 콤즈 등(A. W. Combs, et al.)은 훌륭한 교사란 무엇보다도 한 사람의 인간일 것을 강조하면서 개성이 뚜렷한 인간을 지적했다. 그들은 창조적이고 생각하는 사람, 복잡한 문제를 다루는데 세련되고 신뢰할 만한 도구로써 그들 자신을 활용할 줄 아는 사람이라고 설명했다. 또 다른 말로는 긍정적 자아관의 소유자이며 자율적이고 자아지향적이고 책임성이 있는 사람, 다른 사람의 입장을 이해할 수 있는 감수성의 소유자가 곧 인간다운 인간이라는 것이다.

이처럼 교사가 교사이기 이전에 먼저 인간일 것을 강조하는 것은 교사가 인간을 만드는 직업인이기 때문이며, 나아가 인간을 만드는 일(인간형성 작용)에는 특별한 기술도 필요하지만 교사가 학생들에게 표본 인간(model)으로서의 구실을 하게 되기 때문이다. 학생들은 교사가 애써 가르치고자 하지 않으며 경우에 따라서는 본받지 말았으면 하는 것조차도 교사를 통하여 배우게 되는 것이다.

그러면 구체적으로 어떤 성향적 특성이 교사에게 요구되는가? 콤즈 등이 이미 밝혔듯이 좋은 교사는 무엇보다도 먼저 하나의 인간일 것이 요구되나 그 특성은 제각기 다른 말하자면 철저히 개성적인 것이 오히려 하나의 특징이다.

2) 유형적 접근

이 접근법에서는 어떤 유형의 교사가 보다 효율적인 수업을 하는가에 관심을 갖는다. 즉 학생들의 학습효과를 높이고 실력을 향상시키는 데는 어떤 수업방법을 주로 사용하는 교사가 좋은가를 분류해 보려는 것이다.

이 접근법에서는 수업을 잘하는 교사가 좋은 교사며 그러한 교사에게는 공통적 특성을 발견할 수 있다고 주장한다. 이런 관점에서 수행된 연구 가운데 대표적인 것으로 세 가지가 있다.

앤더슨(Anderson)은 교실에서 학생들과 상호작용하는 가운데 나타나는 교사의 행동유형을 지배적 행동형과 통합적 행동형으로 대별하고 그 특징을 각각 다음과 같이 요약했다.

(1) 지배적 상호작용의 특징

① 교사가 아동들이 해야 할 구체적 활동이나 행동을 결정짓는 일
② 직접적인 거절
③ 자리 정해 주기, 자리 바꾸어 주기
④ 연기, 지연시키는 것
⑤ 인정하지 않고 비난하고 방해하기
⑥ 경고, 위협 또는 조건이 붙은 약속
⑦ 주의를 환기시키는 것 등

(2) 통합적 상호작용의 특징

① 인정, 보상, 상, 호의
② 개인차를 받아들이는 것
③ 활동에의 참여, 권장
④ 아동이 표시한 흥미나 활동에 관한 질문이나 진술
⑤ 구성 : 고도의 종합적 행동
⑥ 아동과의 공동활동에의 참여
⑦ 동정
⑧ 허가 : 아동의 요구에 대한 교사의 허락

이 두 가지 상호작용 유형 가운데서 종합적인 교사유형이 바람직한 유형이라고 지적하고 있다.

레빈 등(Lewin, Lippitt & White, et al.)은 '실험적으로 조성한 사회적 분위기에서의 「공격적 행동의 유형」(Patterns of Aggerssive Behavior in Experimentally Created Social Climate)이라는 논문에서 10세 아동을 세 집단으로 나누고 각각 전제적 방법, 민주적 방법, 자유방임적 방법으로 지도한 결과에 따라 나타나는 아동들의 행동 변화 상황을 관찰한 결과 가장 좋은 결과를 얻은 것이 민주적 지도방식이라고 주장했다.

이 실험에서 사용했던 민주적 지도방식의 특징은 다음과 같다.

① 지도자의 격려와 도움 속의 집단토론과 결정에 의한 정책이다.
② 앞으로의 활동이 처음 토론시에 정해지고, 대체적인 활동단계가 확립되며, 선택의 여지가 있는 몇 가지 방법이 제시된다.
③ 구성원들은 그들이 원하는 어느 누구와도 일할 수 있으며, 과제의 분담은 집단에 의하여 결정된다.
④ 지도자의 칭찬과 비판은 '객관적'이며, 사실에 근거를 두고 행해지는 것이며, 일을 많이 하는 것보다는 정신적으로 구성원이 되고자 한다.

프랜더스(Flanders)는 수업 중 교사의 언어에 의한 아동과의 상호작용을 분석하고 그 결과 교사의 발언형태가 지시적인 경우보다 비지시적인 경우가 보다 효과적이라고 결론을 내렸다.

프랜더스에 따르면 비지시적 발언유형의 특징은 다음과 같다.

① **느낌을 받아들임** : 공포가 없는 상태에서 학생들의 느낌을 받아들이고 명백히 한다. 느낌은 긍정적일 수도 있고 부정적일 수도 있다. 예언이나 회상의 느낌도 포함된다.

② **칭찬 혹은 권장** : 학생 행동을 칭찬하거나 권장하는 것, 다른 학생을 희생시키는 일이 없는 긴장을 풀기 위한 농담, 고개를 끄덕끄덕하면서 "으음", "계속해" 하는 따위의 행위도 포함된다.

③ **학생의 생각을 받아들이거나 이를 이용하는 것** : 학생이 말한 생각을 명백히 하거나 도와 주거나 발전시키는 것이다.

④ **질문** : 학생이 답변할 것을 기대하는 내용이나 절차에 대한 질문이다.

수업시간 중에 나타나는 교사의 행동유형에 따라서 교사의 자질을 분류하고자 하는 유형적 접근방식에 따르면 통합적이고 민주적이며 비지시적인 언어를 사용하는 교사가 좋은 교사라고 할 수 있다.

그러나 유형적 접근은 교사의 행동유형을 너무 단순화했고 그러한 행동유형이 반드시 모든 수업장면에서 똑같이 효과적이라고 판정하기는 곤란하다. 따라서 마지막 접근방법인 기능적 접근방법이 등장했다.

3) 기능적 접근

기능적 접근은 훌륭한 교사의 자질요건을 설명함에 있어서 교과목의 특징, 학습자의 특징, 수업현장의 구조적 · 과정적 특징에 따라서 학습효과에 미치는 교사의 행동이 달라져야 한다는 가정에서 출발한다. 말하자면 훌륭한 초등학교 교사와 훌륭한 중학교 교사는 그 자질요건이 서로 다를 수 있으며, 훌륭한 수학교사와 훌륭한 영어교사는 서로 그 자질요건이 달라질 수 있다는 것이다. 기능적 접근방식이 가장 합리적이긴 하나 아직 그 해답은 구체적으로 제시되지 못하고 있다. 다만 가장 일반적인 용어로 표현한다면 모든 상황에서 적절히 교수방법을 바꾸어 가면서 가장 효과적인 교육을 할 수 있는 융통성과 창의성을 지닌 교사가 좋은 교사라고 할 수 있다. 말을 바꾸면 기능적 접근방식으로 좋은 교사의 자질 요건을 제시하라면 '창의성이 높은 교사'라고 규정할 수 있을 것이다.

2. 교사의 역할

교사의 역할에 관하여 반드시 그 견해가 일정한 것은 아니다.

김종철은 학급사회에 있어서의 교사의 역할을 학급 경영자로서의 교사, 학습 지도자로서의 교사, 생활 지도자로서의 교사의 세 가지를 들어 말하였고, 박준희 등은 교사의 역할을 학생 성장 촉진의 역할과 중개역할로 크게 두 가지로 나누고 각각 두 가지씩의 역할로 나누어 전자를 ① 학습자의 지도자, ② 생활의 상담자 및 지도자로, 그리고 후자는 문화의 중개자와 지역사회의 연계자 등 네 가지로 나누었다.

또 장진호는 교사로서의 직업적 역할을 인간형성자, 유의한 지식과 학문을 전달하는 자, 예술가, 그리고 학습자 등 네 가지로 분류하였다. 한편 미국의 리들(Redle) 등은 교사의 심리적 역할이라 하여 ① 사회대표자로서의 교사, ② 판단자로서의 교사, ③ 지식 자원으로서의 교사, ④ 학과정에서의 조력자, ⑤ 심판자로서의 교사, ⑥ 훈육자로서의 교사, ⑦ 학생의 동일시(idintification) 대상으로서의 교사, ⑧ 불안 제거자로서의 교사, ⑨ 자아 옹호자로서의 교사, ⑩ 집단 지도자로서의 교사, ⑪ 부모 대용자로서의 교사, ⑫ 직업감정의 표적으로서의 교사, ⑬ 친우로서의 교사, ⑭ 애정 대상자로서의 교사 등으로 분류하고 있다. 리들 등이 분류한 교사의 심리적 역할의 자세한 설명을 따로 하기로 하고 위의 여러 연구를 종합하여 교사의 일반적 역할로 첫째, 교육과정적 측면, 둘째, 학급 경영자적 측면, 셋째, 학교와 지역사회의 연계자적 측면, 넷째, 직장인적 측면의 네 가지로 정리하여 설명한 한 연구를 살펴보면 다음과 같다(김봉수, 1993).

1) 교육과정적 측면에서의 교사의 역할

(1) 교육목적 수립자로서의 역할

교육목적을 수립하는 일은 학교의 교육과정(process of education)에서는 첫 번째 단계에 속하는 일이다. 교육목적이 확인 진술되지 않고는 교육과정(curriculum)도 구성할 수 없으므로 교사는 무엇보다도 먼저 교육목적의 수립자여야 한다. 교육목적을 수립해야 할 교사는 먼저 교육목적의 자원인 국가사회와 지역사회의 특징, 이념, 습성, 성격, 문제, 요구 등과 학동들의 성장 · 발달의 심리적인 제 특성, 능력, 과거의 학습경험, 동기, 흥미, 요구 등에 기초하여 국가사회의 교육목적을 비롯하여 지역사회의 교육목적, 학교의 교육목적, 학년의 교육목적, 단원의 지도목표, 현 단원학습을 위해서 필요한 최소한의 전 학습경험의 성취수준, 본시 학습지도의 주안점이 어떤 것인가를 확인하여야 하고 또 확인된 교육목적을 진술기준에 맞게 진술할 수 있어야 한다. 따라서 교사에게는 교육목적과 목표의 확인자로서의 역할과 그 진술자로서의 역할이 있는 것이다.

(2) 교육과정 구성자로서의 역할

교육목적과 목표가 확인 진술되었으면 그 목적과 목표를 달성하기에 적합한 교육내용을 그 선정의 제원칙인 지식의 조직 분야에 있어서의 중요성의 원칙, 생존의 원칙, 유용성의 원칙, 흥미의 원칙, 사회발전의 원칙, 타당성의 원칙, 만족의 원칙, 가능성의 원칙, 동목적 다경험의 원칙, 동경험 다목적의 원칙 등을 적용하여 선정하고, 또 선정된 교육내용을 그 조직상의 제원리인 계속성, 계열성, 통합성 및 기본적 기능의 발전이라는 것을 지켜 교육내용을 조직해야 한다.

따라서 교사에게는 교육내용 선정자로서의 역할과 교육내용 조직자로서의 역할이 있는 것이다.

(3) 수업자로서의 역할

교육과정이 구성되었으면 그 중 수업을 해야 할 부분에 대하여는 수업방법과 절차를 교수-학습의 원리인 목적의 원리, 통합의 원리, 심적 질서의 원리 등에 맞게 수업 자료를 정비하고 학습의 기회를 제공하며 학습 집단을 조직하고 학습 동기를 유발 지속시키며 적합한 수업형태를 택하고 학습상황을 마련하며 성공적 반응을 유발 강화하는 등의 제반 계획을 마련하고 계획대로 실제로 수업을 진행시키되, 계획에서 중요하게 고려된 제반 원리의 계속적인 재확인과 상황의 변화에 따라 사전계획의 창의적 수정을 가하면서 아동·학생의 학습효과를 극대화시키도록 수업을 진행해 나가야 한다.

그러므로 이와 같이 되자면 교사로서는 수업의 계획자로서의 역할과 수업의 전개자로서의 역할이 있는 것이다.

(4) 생활지도자로서의 역할

교사가 아동이나 학생을 지도하는 영역을 크게 나누면 하나는 교과학습 지도 분야고 다른 하나는 생활지도 분야의 2대영역으로 생각된다. 생활지도라 함은 학동들로 하여금 그가 직면하게 되는 제반 문제들을 스스로 해결해 나감으로써 자기 자신과 환경에 대하여 보다 만족스러운 적응을 할 수 있도록 하기 위하여 지도하고 도와 주는 것을 의미한다.

다시 말하면 생활지도는 아동이나 학생으로 하여금 자조의 정신을 발휘하여 자력으로 자기 스스로가 문제를 해결해 나갈 수 있도록 만들기 위한 지도와 조언 및 봉사적 활동을 말하는 것이다. 그러므로 교사는 아동·학생들에게 그들이 일상생활 과정에서 직면하는 개인적 문제, 사회적 문제, 교육과정의 문제, 또는 직업적인 문제 등을 자력으로 해결해 나갈 수 있도록 조회나 종례, home room 등의 활동을 통한 준거지도와 개별적으로 지도·조언하는 상담활동(counseling activity)을 해야 한다. 따라서 교사에게는 준거생활지도자로서 또는 개별상담자로서의 역할이 있는 것이다.

(5) 교육평가자로서의 역할

학습지도건 생활지도건 간에 교사가 아동이나 학생에게 특정한 교육내용을 특정한 방법과 절차에 의하여 특정한 목표에 도달시키자는 일이 전시가 되는 것이다. 결국 지도를 교사가 교육가설를 실행에 옮겨 본 곳이므로 실행 후에는 반드시 그 교육가설이 맞았는지의 여부를 검증해 보고 예상대로의 성과가 나타나지 않았다면, 교육의 전 과정, 즉 목적, 내용, 계획, 방법 등에서 어느 곳에 어떠한 잘못이나 결함이 있었는가를 발견하여 개선해 나가도록 해야 한다. 또한 교사의 그러한 노력이 교육의 진보와 개선을 가져올 수 있으며, 아동이나 학생들에게 보다 효율성 높은 지도에 도움이 될 것이다. 교사의 그러한 노력에는 교과학습 성과만이 아니라 행동 및 인성의 평가라는 두 가지 영역에서 평가를 실시해야 한다.

따라서 그와 같은 평가를 해야 할 교사는 교과 학습 성과의 평가자로서의 역할과 행동 및 인성을 평가하는 역할이 있는 것이다.

2) 학급경영자적 측면에서의 교사의 역할

학교교육은 학급을 단위로 하고 있기 때문에 교사의 역할이 학급 경영자로서의 역할은 학교교육에서 차지하는 비중이 매우 크다.

학급경영이라는 말은 학급사회의 공동목표를 합리적으로 달성하기 위하여 필요한 제반 조건의 정비를 의미한다.

그러므로 교사가 구체적으로 학급경영 활동을 수행함에 있어서는 학급의 기본적인 활동방침과 실천목표의 결정을 비롯하여 학급의 인적 조직과 관리를 하며 학급에 관련한 제반 물적 환경의 정비와 관리, 학급의 교육계획에 관한 시간표를 정비하여 학급의 제반 책무를 정비하고 관리하고, 학급 어린이나 학생들에 관한 연구 및 조사활동 등을 해야 한다. 그리하여 교사는 그와 같은 활동을 통하여 학급의 제반 조건을 정비해 나가면서 학급이라는 집단을 이끌어 나가고 지도해 나가야 한다.

따라서 교사가 그와 같은 활동을 수행하기 위해서는 학급의 교육목표 수립자로서의 역할과 학급의 교육목표 달성을 위한 조건의 정비자로서의 역할, 그리고 학급집단의 지도자로서의 역할 등을 필수로 한다.

3) 학교와 지역사회의 연계자적 측면에서의 역할

학교는 지역사회 내에 설치된 기관으로서, 동시에 지역사회를 구성하는 요소의 하나이므로 학교교육의 목적이나 교육내용은 필연적으로 그 지역사회의 실정 속에서 많은 시사를 받게 되며, 또 그 지역사회가 안고 있는 교육적 요구에 부합되게 되어야 한다. 또 학교는 보다 살기 좋은 지역사회의 생활개선과 그 개발을 위하여 지역사회 건설자를 육성해 내야 한다. 사람은 누구나 그가 살고 있는 가장 가까운 생활권이 지역사회며 따라서 지역사회를 무대로 하여 생활하고 있기 때문에, 학교는 지역 사회의 자원이나 자료를 생활에 잘 활용하고, 그 지역사회에서 부닥치는 문제를 원만하게 해결해 나갈 수 있는 생활인을 육성해 내야 한다.

뿐만 아니라 학교는 그 자체가 능동적인 입장에서 지역사회 발전에 앞장서서 봉사와 공헌에 힘써야 하며, 동시에 학교가 지역사회로부터의 원조나 협력을 얻기 위하여 지역 사회인들과의 밀접한 관계를 맺고 그들의 활동에 협력하며 지역사회가 안고 있는 문제해결에 연구적으로 협력하여 학교를 지역사회의 사회교육과 레크리에이션의 센터로서 개방되어 주민들이 활발히 이에 참여하고 이용할 수 있게 하여야 할 것이다.

그리고 학교가 지역사회로부터 협력과 원조를 얻으려면 학교교육에 대한 지역사회인의 이해가 깊어야만 한다. 그러므로 학교는 학교가 정한 교육목적이나 방침과 교육계획 등에 대하여 지역 사회인들이 충분히 이해될 수 있도록 하는 방책을 강구해야 한다.

이와 같은 일련의 일들을 합리적으로 하기 위하여 교사는 반드시 지역사회의 실태를 조사하여 그 지역사회가 안고 있는 자원 · 자료와 또는 문제가 무엇인가를 파악하기 위하여 노력해야 하며 그러한 자원이나 자료를 생활에 직접 활용할 수 있게 하는 동시에 문제해결을 위하여 지역사회 내에서 여러 가지 측면으로 봉사하여야 한다.

4) 직장인적 측면에서의 역할

학교란 인간을 교육하기 위한 전문적 도장인 동시에 이에 종사하고 있는 교사에게는 교육전문직으로서 그들에게는 학교가 곧 직장인 것이다.

사회에는 여러 가지 직업이 있는 바 어느 직장이나 그 직장 나름의 특유한 목적이 있는 것처럼, 학교란 직장도 그 특유의 교육목적 달성이란 목적을 가지고 있는 것이다. 교사는 자기가 종사하고 있는 학교라는 직장이 가지고 있는 교육목적 달성을 보다 효율적으로 실현하기 위하여 자발적으로 협력하면서 일을 수행해 나가야 한다. 어떠한 직장에서나 원만하게 유지되어야 할 성질의 것이 인간관계이며 직장의 인간관계의 양(良) · 부(否) 바로 그 직장의 목적이 쉽게 달성되느냐 그렇지 못하느냐를 결정하는 가장 큰 요소인 것이다.

학교에서 한 교사를 중심으로 한 학교의 교원조직을 살펴보면, 상사인 교장, 교감, 선배교사, 주임교사 등이 있고 동급의 교사가 있으며 또한, 하급자인 후배교사가 있다. 교사는 상사에게는 예절을 잘 지키며, 하급자에게는 관용, 공평, 친절한 마음과 태도로 대해 주어야 한다. 그렇게 하여야 그 직장이 화기애애한 분위기가 조정될 수 있고 애착심도 생기며 상호 신뢰감을 가지고 능률적인 직장이 될 수 있는 것이다.

따라서 직장인으로서의 교사는 상사에 대한 좋은 협력자와 보필자로서의 역할과, 동료 사이에서 좋은 벗으로서의 역할과 하급자에 대한 선도자로서의 역할이 있는 것이다.

제 4 절 교직의 윤리

1. 교직윤리의 성격

일반적으로 전문직에는 그 직에 종사하는 전문인의 행동기준으로 반드시 윤리문제가 포함되고 있다. 따라서 교직자에게도 그 전문직적 성격을 유지 · 발전시키고 교직의 권익과 그 사회적 지위의 확보와 아울러 그 신장을 위하여 반드시 윤리문제가 요구된다.

그런데 교사직이 수행하는 교육의 본질로 보아 교사들의 교권을 신장시키기 위하여 그들의 사회 · 경제적 지위를 확보하고 또는 지적인 수월성을 지녀야 함도 모두 중요한 것이겠지만 이러한 것보다도 더 중요한 것이 '교사의 윤리'라고 생각된다. 그 이유는 교사의 본직을 사람을 가르친다는 일이며, 가르친다는 일은 비단 지적 · 기술적 측면 뿐만이 아니라 사회 · 도덕적 측면까지도 포함되어야 하기 때문이다. 어느 의미로 보면, 지적 · 기술적 측면도 사회 · 도덕의 올바른 인식과 적응을 위하여 가치가 있는 것이 아니냐고 말할 수 있다. 이와 같은 점으로 보면 교사에게서 윤리와 도덕을 빼버린다면 그는 이미 교사가 아니라고 볼 수도 있다.

이는 마치 종교가에서 윤리나 도덕의 개념을 뺄 수 없는 것과도 같은 것이다. 이와 같은 관점에서 교직의 윤리가 얼마나 중요한가를 생각하게 하는 것이다.

여기서 교직윤리의 내용을 살펴보기에 앞서 확실히 밝혀 두어야 할 것은 교직윤리가 무엇이며 또 그 대상은 누구인가 하는 문제이다.

무릇 사람은 사람으로서 지녀야 할 사람의 윤리가 있고, 직업은 직업대로 그 나름의 직업윤리가 있어야 하며, 교사에게는 교직자로서 지켜야 할 특수한 윤리규범이 있는 것이다. 따라서 교직윤리는 교사의 자질이나 태도에 대한 일반원리가 아니고 교육자가 교사로서 실천해야 할 구체적인 행동의 실천사항인 것이다. 따라서 이와 같은 교직윤리는 그 내용을 일정한 형식으로 적절하게 서술한 것이며 이것을 말하여 〈교원윤리강령〉 또는 〈교원의 신조〉라고 표현하기도 한다.

우리나라에서는 1958년 9월 19일 대한교육연합회 대의원회가 제정한 〈교원윤리강령〉이 있고, 1945년 10월 9일 한국문화협회가 제정한 〈사도강령〉, 그리고 1960년 11월 26일 대한교육연합회가 채택한 〈교육행정가 신조〉가 있으며, 다시 1982년 5월 15일 스승의 날에 선포한 〈사도헌장〉과 〈사도강령〉 등이 있다.

이와 같은 교사의 윤리적인 행동규범을 마련한 실천 사항은 교사 개인에서 보나 국가 · 사회에서 보나 매우 합당하고 정정당당한 내용인데 비하여 교직자들의 실천 정도는 반드시 만족할 만한 실정은 되지 못하고 있다.

그러면 교직자들이 자기들의 교직윤리에 대하여 무감각하게 되었는가에 관하여 김영돈은 ① 교직윤리에 대한 교직자의 공감이 부족한 점, ② 교직윤리가 가장 미약한 위치에 있는 학급교사만을 대상으로 하고 있는 듯한 인상이 짙다는 점 등 두 가지를 지적하고 있다.

첫째, 교직윤리에 대한 교직자의 공감의 부족과 교직윤리의 당위성이나 그 존재 가치를 부인하는 교사는 없다. 다만 교직윤리의 내용을 강령이나 신조로 제정하는데 이의가 있으며 또한 교직윤리의 내용이 교육자의 총체적인 의견을 충분히 집약시키지 못하였다는 이유에서 교사들의 공감을 얻지 못하고 있다는 것이다.

다시 말하면 교원윤리강령을 제정하는 과정에서 일선교사들의 의견을 광범위하게 듣지 못하였기 때문에 특히 젊은 교사들에게 공감을 줄만한 적절한 것이 되지 못하였고, 또한 시대적 감각에도 뒤진 점이 있다는 것이다.

둘째, 교직윤리가 가장 미약한 위치에 있는 학급교사만을 대상으로 하고 있는 듯한 인상, 이것은 교직윤리를 지켜야 할 사람이 누구냐의 문제이다. 교직윤리를 준수하고 실천해야 할 사람은 학급교사만이 아니다. 각급 학교의 모든 교원과 교육행정기관, 교육연구기관, 학교에 근무하는 사무직원, 그리고 각급 사립교육기관에 근무하는 교직원을 전부 포함하여 그 대상으로 보는 것이 타당한 견해라고 본다.

이와 같은 이유에서 아무리 훌륭한 교직윤리강령이 마련되고, 또 학자들이 아무리 좋은 교원윤리에 대한 심오한 이론을 전개한다 해도 그것은 실효성이 있을 수 없다.

그러므로 교직윤리는 교직에 종사하는 모든 인사들이 깊이 인식하고, 그 필요성을 인식하여 상 · 하가 다 함께 일치단결하여 대화의 기회를 가지고 교직윤리에 대한 진지한 논의와 검토를 거듭하여 참된 교직자들의 생활지침, 행동지침이 될 수 있도록 만들어 실천하도록 해야 한다(김영돈, 1974).

2. 교직윤리의 확립

1) 교직자 자신의 윤리

자신의 인격을 갖추고 나서 비로소 남을 다스릴 수 있다는 '수기치인'의 원리는 교사직에서도 그대로 적용될 수 있는 원리이다. 교직인은 국민의 사표일 뿐만 아니라 자라나는 청소년들을 민주국가의 주인공답게 길러 내야 할 막중한 책임을 지고 있는 것이다. 그러므로 교직자는 학생을 가르치기에 앞서 먼저 자신이 다음과 같은 윤리적 기준을 갖추어야 할 것이다.

(1) 원만한 인격의 수양(원만한 인생관)

교사는 감수성이 강한 미성년자 청소년 학생들에게 양심의 등불을 켜주는 사람이다. 그러므로 교사들은 교직자가 되기 전에 먼저 참된 인간이 되어야 한다. 참된 사람이란 슬기로운 지혜와 풍부한 감정, 굳은 의지가 원만하게 조화된 인격을 말한다. 아무리 지혜롭고 능력이 훌륭한 사람이라고 해도 그 인간성이 성실하지 못하고 편협되거나 모가 나는 사람은 청소년을 가르칠 스승이 되기에는 적합치가 못하다.

교육은 결코 문화의 유산이나 기술을 전달 또는 습득시키는 일로 끝나는 것이 아니고, 국가와 민족의 번영과 발전에 헌신적으로 기여하고 봉사할 수 있는 참된 일꾼을 길러 내는 일이다. 만일 교직자가 지식의 전달이나 기술을 가르치는 데만 능숙하고 원만하고 성실한 인격의 형식면에 소홀하게 하여 자라나는 청소년들로 하여금 이기적이고 반사회적인 인간으로 길러 낸다면 그러한 교직자는 커다란 과오를 범하는 일에 지나지 않는다.

(2) 민주신념의 확립(민주적 생활관)

민주주의는 인류가 찾아낸 인생철학(view of life)인 동시에 생활방식(way of life)이기도 하다. 올바른 민주적 인생관의 소유자라면 그의 생활방식은 자연히 민주적으로 되게 마련이다. 민주주의는 인격을 존중하는 철학이기 때문에 서로가 개성을 존중하는 동시에 '너'와 '나'의 협동을 가장 소중하게 생각한다.

(3) 애국 애족하는 마음 가짐(투철한 국가관)

일반적으로 학문에는 국경이 없다고 하지만 학자에게는 국적이 있다. 나라와 겨레의 고마움과 소중함은 외국에 나가서 비로소 더욱 깊이 깨달을 수 있다. 우리나라는 지정학적으로 불리한 조건에도 불구하고 오랜 역사 속에 어려운 국난을 극복해 오면서 나라의 자주권과 겨레의 생존권을 유지해 왔으며 찬란한 민족의 고유문화와 전통을 계승 발전시켜 왔다.

그러므로 교사직에 있는 사람들은 먼저 자기가 민족사관을 올바르게 갖고 다음에 학생들의 애국 애족하는 마음과 그 열의를 불러일으켜 주어야 한다.

특히 강조할 점은 자유에는 책임이 따르고 권리에는 의무가 따른다는 것을 깊이 깨닫도록 해야 한다. 제2세 국민인 청소년들로 하여금 나라와 겨레를 위하여 자기들이 할 일이 무엇인가를 올바로 깊이 깨달을 수 있도록 일깨워 주는 일이야말로 교육자가 해야 할 사명이다.

(4) 교직적 사명의 자각

교사의 인격이 원만한 인생관, 민주적인 생활관 그리고 투철한 국가관이 확립되고 그 위에 건전한 교육관을 간직한다면 문자 그대로 이상적인 교직자가 될 수 있을 것이다.

교직자 사명은 곧 국민교육의 발전이요, 나아가 국가발전 그것이다.

덴마크의 그룬트비히(Grundvig)는 국민고등학교 운동을 일으키고, 교육자들이 이에 호응하여 철저한 애국교육을 함으로써 황막한 황무지에서 오늘의 낙원을 건설한 것은 그 좋은 본보기가 되고 있다. 이와 같은 선례로 미루어 보아 교직자의 힘이 얼마나 위대한 것인가를 알 수 있다.

(5) 높은 교양과 고상한 취미

교사는 국민에게는 사표로서 귀감이며 학생의 거울이다. 교직자에 대한 사회적 기대는 매우 큰 것이다. 그러므로 그들은 스스로의 원만한 인격을 갖추어 품위와 언행이 고상하고 단정해야 한다. 언어가 야비하고 거칠거나, 행동이 조잡하고 경망스러워 무게가 없거나 또는 사회현상에 대한 판단이 올바르지 못하면 그 사람은 타인이 볼 때 그 인격은 의심을 받게 될 것이다.

(6) 건전한 심신의 단련

참으로 심신의 건강이야말로 인생 행복의 원천인 동시에 교직자가 갖추어야 할 자질 중에서 중요한 자리를 차지하는 요건이다. 만일 교사가 심신이 건강하지 못하면 24시간 직업(24 hours job)이라고까지 말하는 고된 교직임무를 수행할 수는 없는 일이다.

교직자가 심신의 허약으로 인하여 결근이 빈번하거나 휴직을 하게 된다면 학생들이 입는 피해는 막대한 것이 된다. 특히 결핵성 질환이 있는 교사는 휴직을 하거나 그 직에서 물러나야 한다. 신체가 허약한 사람은 정신면에서도 허약해져 생기가 없게 마련이다. 이렇게 되면 명랑해야 할 학교분위기를 우울하게 만들게 되고 생기 발랄한 학생들에게 좋은 영향을 주지 못하게 된다. 또한 신경질이 심한 사람이나 변태적인 사람은 교직자로서는 부적당한 사람이라는 것은 두말할 것도 없다.

(7) 전공 교과목에 대한 실력

가르치는 위치에선 교사는 열을 알고 그 중 하나나 둘 만을 선택해서 가르쳐야 하며 학생들의 자율적 학습을 성공적으로 도와 주어야 한다. 그러므로 학습자 한 사람 한 사람의 개성과 능력에 따라 가르쳐야 할 정도와 가르치는 요령, 즉 방법이 달라져야 한다.

또 교사는 학생들 자신이 그들이 가지고 있는 기득 지식을 활용하여 문제를 스스로가 해결할 수 있는 능력을 길러 나가도록 학습의 기초를 닦아 주고 학습의 구조에 따라 핵심적인 면만을 정확하게 가르쳐야 한다. 그리고 학습자로부터 나오는 의문을 풀어 주고 지식욕을 만족시켜 주어야 한다. 학생을 지도하는 교사가 참이 아닌 지식이나 그릇된 판단 또는 정보를 주는 일이 생긴다면 그것은 큰 죄악이 되는 것이다. 학생들은 실력 있는 교사에게서 훌륭한 학습지도를 받느냐 못 받느냐에 따라 학생의 실력 성장에는 큰 차이가 나게 되는 것이다. 따라서 교사들은 부단한 현직연수 생활에서 자기의 담당분야 또는 전공분야에 대한 실력을 쌓아야만 할 것이다.

(8) 왕성한 개척 정신

인류 역사상 빛나는 문명을 이룩한 민족은 하나 같이 자연과 외적으로부터 가해지는 도전에 대하여 용감하게 응전하여 난관을 극복하였다는 것이다.

우리 나라는 현재 국토의 양단과 빈번한 공산 침략의 시련 속에서 온 국민이 힘을 합하여 조국 근대화와 국토통일을 위하여 힘찬 전진을 하고 있다. 교직자는 이러한 막중하고도 숭고한 과업 수행에 마땅히 선봉이 되어야 할 것이다.

그런데 교직자가 만일 보수적이고 개혁을 주저하며 현상유지에만 급급한다면 참된 교사의 자세가 못되는 일이 아닐 수 없다.

(9) 정치적 중립성의 견지

대체로 사람들은 정치활동에 애착과 관심을 가진다. 그것은 정치가 국민생활을 잘살게 하는 일과 가장 밀접한 관계가 있기 때문이다. 특히 민주정치에서는 린컨(Lincoln)이 '국민의 국민을 위한, 국민의 정치'라고 말한 바와 같이 국민에 의한 정부 개혁의 비판과 또 그 비판을 통한 정치 참여의 권리를 행사해야 된다. 그러므로 교직자도 일반 사회인에 앞서서 이 나라 정치풍토 개선을 위하여 항상 건설적 비판과 건의를 해야 한다. 그러나 교직자가 비판과 건의의 단계를 넘어서 어느 특정 정당이나 단체에 가입해서 편당 편파적 행동을 해서는 안 된다.

교직자는 이 나라 주인공이 될 제2세 국민을 길러내는 것이 그 본 임무이며, 학교는 사회적 공기로서 모든 부모의 자녀를 위탁받아 가르치고 키우는 곳이기 때문에 교직자는 정치적 중립성과 자주성을 견지하여 자라나는 청소년에게 올바른 정치적 식견을 넣어 주고 정당한 비판력, 올바른 판단력을 길러 주어야 한다.

(10) 원만한 가정생활

사람은 누구나 가족과 더불어 가정을 가지고 생활하게 마련이다. 가정은 정신적 · 신체적인 안식처인 동시에 그들을 보호해 주는 온상이기도 하다. 가정이야말로 사회 구성원의 기본 단위이며 사랑의 원천이기도 하다.

사람은 감정을 가진 생명체이기 때문에 불행한 가정생활은 곧 직장생활에까지 그 영향이 미치게 마련이다. 이러한 점은 가정생활이 불행하거나 안정되지 못한 비정상적인 교사는 대개 문제교사가 되게 마련이다. 그렇기 때문에 교사직에 종사하는 사람은 특히 원만한 가정생활이 요청되는 것이다.

2) 학생과의 윤리

교사가 학생을 지도함에 있어서 요구되는 윤리적 기준은 김영돈은 다음과 같이 설명하고 있다.

(1) 학생들의 인격 존중

사람은 누구나 다 천직의 인격을 지니고 이 세상에 태어났다. 교직자는 먼저 이러한 평범한 진리를 깨닫고 자라나는 학생 한 사람 한 사람에게 머리를 숙여야 한다. 그런데 일반 성인은 말할 것도 없고 교직자들마저도 청소년을 성인의 축소물인 양 생각하고 때로는 그들의 인격마저도 무시하는 사례가 없지 않다.

(2) 개인차의 존중

사람은 모두가 똑같지는 않다. 그들 사이에는 지적 · 신체적 · 정의적 면의 발달이 서로 다르며 그 결과에서 개인차가 생기게 마련이다. 그리고 이러한 개인차가 결국 개성을 형성하게도 되는 것이다. 또 그러기 때문에 이 사회에는 수많은 사람이 있지만 각각 제나름대로의 인격을 지니고 성향이 다르다. 또 그 결과는 사회 그 자체가 개성이 다른 사람으로 구성되는 것이다. 더욱이 민주사회에서는 개성이 다른 사람들과 함께 협동생활을 영위해 가는 사회기 때문에 민주교육에서는 더욱 학생들의 개성을 존중하게 마련이다.

그러나 오늘의 학교는 대량교육을 함으로써 학생들의 개성이 무시되기 쉬운 조건에 놓여 있다. 그러나 교사들은 그러한 어려운 조건이나 환경 속에서도 학생의 개인차를 충분히 고려하여 개인차에 알맞는 지도에 힘써야 할 것이다.

(3) 학생에 대한 공평한 지도

교사는 어느 한 사람만을 가르치는 사람이 아니다. 그러므로 어떤 특정한 학생에게만 편애하는 식의 지도는 교직자로서 가장 금물에 속하는 일이다. 학생을 공평하게 대하지 않고 사랑하지 않으면 그 학급사회나 집단에는 반목과 대립과 갈등이 생기게 마련이다. 물론 교사도 인간이기 때문에 자칫하면 성적이 좋은 학생, 용모가 단정한 학생에게 보다 많은 관심을 가지게 되기 쉽다. 그러나 이런 때 교사는 자신에게 교사라는 교육적 양심에 채찍질을 하여 어떠한 편견 · 편애에 빠지지 않도록 해야 한다.

(4) 학생들의 비밀 엄수

학생들은 그들의 성장과정에서 그들 나름대로의 비밀을 어느 정도는 가지게 마련이다. 학생들이 담임교사나 상담교사를 믿는다면 친구들이나 부모에게도 알리지 않는 비밀을 털어놓고 상담하게도 된다. 이런 때에 교사는 학생의 고민을 깊이 살피고 비밀을 지켜 주면서 문제해결을 도와 주어야 한다. 만일 학생이 교사를 믿고 털어놓은 자신의 비밀을 고의가 아니더라도 교사가 다른 사람에게 공개한다면 학생은 그 교사를 믿지 못하게 되어 실망하거나 경우에 따라서는 반발 내지는 돌이킬 수 없는 사태가 벌어질 염려까지 있다. 따라서 교사는 학생을 믿고 또 학생은 교사를 믿도록 교사와 학생간에 인간관계를 평소부터 부드럽게 만드는 것이 중요한 일이다.

(5) 체벌의 금지와 학생의 사기 앙양

오늘날 민주정신에 의하여 학생에 대한 체벌은 원칙적으로 금지되고 있다. 그럼에도 불구하고 일선 학교 교육현장에서는 각종의 체벌이 자행되어 경우에 따라서는 물의를 일으키고 사회적인 비난을 받는다거나 심지어는 법적인 문제까지 생기는 경우가 있다.

교사가 학생을 지도하다 보면 교사도 인간이기에 본의 아니게 체벌을 가하게 되는 경우가 있게 된다. 옛날에는 군사부일체라고 해서 학생들이 스승을 진심으로 존경했고 스승은 어버이를 대신하여 매(체벌)를 할 수 있었으며 또 학생을 가르치는 스승으로부터의 매질은 당연한 일로 여기기도 하였다.

그러나 오늘과 같은 대량교육에서는 옛날과는 달리 스승(교사)의 권위가 그다지 높지도 못하고 또 행동이 거치른 학생도 많아졌다. 이러한 데에서 교사는 신경질적이고 감정화되어 그것이 폭발하여 매질을 하는 경우가 많아졌다. 아직도 전제적 교육방식이 완전히 없어지지 못하고 있는 상태에서 체벌의 습성이 남아 있는 경향이 없지 않다. 물론 체벌도 학생을 위해서 또는 학생을 진실로 사랑하고 있기 때문에 가하는 경우도 없는 것은 아니다. 그러나 체벌을 당하는 학생 측에서 보면 겉으로는 반성도 하고 순종하는 것 같은 태도를 취하겠지만 마음 한 구석에는 반항 의식이 잠재하게 마련이다.

(6) 솔선수범

감수성이 강한 어린이일수록 모방성이 강하다. 어린이는 교사의 행동방식을 그대로 따르기가 일쑤이다. '윗물이 맑아야 아랫물이 맑다'는 격언은 교사의 솔선수범의 중요성을 단적으로 대표하는 말이기도 하다. 교사는 매사에 있어서 학생들과 동거 동락하면서도 그들보다는 높은 차원에서 항상 앞서가야 하고 학생들을 이끌어 나가야 한다. 교사의 인격이 훌륭하여 언행이 일치하면 학생은 자연히 교사를 믿고 존경하게 된다. 교사는 명령이나 강요 보다도 교사 자신이 솔선수범하는 것이 최상의 교육방법이 될 것이다.

3) 교직자 상호간의 윤리

(1) 교장과 교사의 민주적 인간관계

단일학교의 최고 지위자는 학교장이다. "교장은 교무를 통할하고 소속 직원을 감독하며 학생을 교육한다. ……교사는 교장의 명을 받아 학생을 교육한다."고 교육법에서 이들의 직무를 정해 놓고 있다. 여기에서 교장과 교사의 관계는 행정적으로 상사와 부하의 위치에 서게 되어 있다. 그러나 법에서 그렇게 관계를 설정해 놓았다고 해서 교장이 교사에게 상위 직위의 권위만을 내세우는 교장에 대해서 교사는 반항하거나 가면을 쓰고 그의 비위만 맞추게 되며 참된 복종이나 협조가 이루어지지 못하게 된다.

또 그렇다고 교직원을 통솔하지 못하는 방임형의 교장도 바람직하지 못한 그러한 무책임한 상사에게는 교사가 존경하지도 않는다. 교장은 어디까지나 교장으로서의 지도성(leadership)을 발휘하여 교사를 심복시켜야 할 것이다. 그러자면 교장들은 교사들을 대하되 인격으로 대하고 그들 인격을 존중하며 도와주어 사기를 드높여 주어야 한다. 그리고 교장은 교사에게 사적 충성을 요구하지 말 것이며, 공과 사를 엄격히 구별하고 공평무사한 의연한 자세로 교사에게 임해야 한다.

(2) 교직원 상호간의 화합

옛부터 '가화만사성'이라는 격언이 있듯이 직장에서도 가정이나 마찬가지로 그 직장인 상호간의 화합이 이루어져야 협심단결이 되고 서로 협조가 잘 이루어지는 것이다. 한 학교에는 많은 교사가 함께 모여 직장 가족이 형성된다. 이때 직장 구성원인 교사 한 사람 한 사람은 각각 개성이 다를 뿐만 아니라 연령도 다르고 교육경력, 출신학교 또는 출신지역이 다르다. 이러한 이유에서 인간관계의 형성이 다양하게 되는 경우가 많고 또 그러한 것은 필연적인 것으로 보아야 할 것이다. 그러나 학교를 단위로 서로가 직장 가족의 일원이라는 동일성을 가지고 화합해야 하며 어떠한 소집단성에서 나오는 타 집단에 대한 배타적 · 거부적 · 비타협적 색채가 게재되어서는 안 된다.

(3) 교사와 서무직원 간의 관계

학교교육을 잘하자면 학교경영이 잘 되어야 하며, 그 중에서도 관리행정이 원할하게 되어야 한다. 대부분의 관리행정은 서무직원이 임하게 됨으로써 서무직원과 교사직의 협조 단결은 대단히 중요한 일이다.

학교경영에 있어 모든 행정 집행은 학생들의 보다 나은 성장을 도모하기 위한 것이다. 따라서 행정 사무를 담당하고 있는 서무직원은 교사들의 교육활동을 뒷받침해 주는 업무를 공정하고도 신속하게 수행해 주어야 한다. 생각하기에 따라서는 서무직원은 교사를 위하여 있다고 할 수도 있고 따라서 서무직보다 교사직이 우선이요 우위에 선다고도 볼 수 있다. 그러나 다 같이 학생교육을 위해서 그 존재가치에는 아무런 차이도 없는 것이며 따라서 인격적으로 동등한 위치에 있는 것이다.

그러므로 교사직의 입장에서 조금이라도 서무직을 열등시하거나 소홀하게 생각해서는 안 된다. 오히려 그들의 업무를 고맙게 여기고 의욕을 북돋아 주도록 해야 하며 그렇게 함으로써 교사와 서무 사이에 원만한 인간관계가 유지될 수 있다.

(4) 교육행정가와 교사 간의 민주적 인간관계

교육행정가는 교육목적을 달성하기 위하여 정책을 수립하고, 행정 사무를 수행하는 사람이다. 그러므로 행정 담당자는 교육성과를 효율적으로 올리기 위하여 교사들을 뒷받침해 주고 도와 주는 책임이 있는 사람이다.

일반적으로 교육행정가는 교사보다는 상위직에서 일을 하는 사람들이다. 그렇다고 그들이 권위만을 가지고 교사들에게 대한다면 교사들은 결코 그들을 존경하지도 않고 내심에서는 반항심마저 생겨 그들의 감독을 고의로 피하려고 애쓰게 된다. 결국 양자 사이에는 거리가 생기게 되는 것이다. 따라서 교육행정가는 민주적 자세로 권위만을 내세우지 말 것이며, 아집을 버리고 대국적 견지에서 교사들의 자주성과 그들의 직책을 존중하고 인격을 존중하는 가운데 지도 협조를 해 나가야 할 것이다.

4) 교직자와 가정 · 사회 간의 윤리

교직자는 각 가정의 귀중한 자녀들을 맡아서 그들을 교육하는 데에 부모와 함께 책임을 진다. 그러면서 한편으로는 교사 자신도 지역사회 주민의 한 사람으로서 지역사회 인사들과 우호적인 인간관계를 맺는 동시에 지역사회 발전에 협조해 나가야 한다.

(1) 학부모와의 관계

학교는 학부모로부터 위탁받은 자녀들을 올바르게 교육하는데 최대의 노력을 해야 한다. 한편 학부모들을 학교의 교육방침을 이해하고 학교와 교사를 믿고 교사가 학생 교육에 전심할 수 있도록 협조해 주어야 한다.

그러나 오늘날 학교 실정을 보면 교사와 학부모와의 사이에는 반드시 원만한 실정만은 아니다. 이것은 학부모 측의 책임이 많다는 점을 깨달아야 한다. 교직자가 그의 직위를 이용하여 일반 학부모에게 권위로서 대하는 일이 많기 때문이다. 뿐만 아니라 우리 나라 교육풍토가 안고 있는 문제에서도 그 영향이 큰 것이라 하겠다.

(2) 시민들과의 관계

학교는 지역사회 속에 위치하고 있음으로써 자연히 지역사회와는 밀접한 관계가 있으며 또 그곳을 떠나서 존재하지도 못한다. 마찬가지로 교사도 지역사회 안에서 살고 있으며 시민의 한 사람으로 존재한다 함은 다른 일반시민과 다를 바가 없다. 그런데도 교직자는 학교라는 울타리 속에서 사회와 유리되어 사회적 외래인(sociological stranger)이 되기 쉽다. 그러나 학교교육 목적은 지역사회, 나아가서는 일반사회의 긴밀한 협조가 있어야 효율적으로 이루어질 수 있다는 점에서 교직자들은 지역사회 시민과 자주 접촉할 기회를 만들어 그들과 화합해야 하며 또 그렇게 함으로써 사회로부터 협조를 얻어 낼 수가 있다.

5) 직무 수행상의 윤리

교직자가 자기의 임무를 수행하기에 앞서 사회적 대우를 요구하거나 물질적 보수가 적다고 불평을 해서는 안 된다. 아무리 교직관이 변하여 오늘의 교사가 하나의 직업인으로 보게끔 되었어도 교직이 갖는 전문성과 일반직에 비하여 본 특수성 때문에 영리를 목적으로 하는 직은 아니다. 그러므로 교직자는 금전적인 욕심이나 사회적 명예를 떠나서 먼저 자신의 책임을 다하는 것이 교직자가 취해야 할 본연의 자세이다.

3. 교사의 윤리

대학교육연합회가 1982년 5월 15일 스승의 날에 선포한 사도헌장과 사도강령, 헨리 반 다이크의 무명교사 예찬사, 그리고 오천석(1972)의 스승에서 인용한 교사의 기도를 음미해 봄으로써 교사로서의 자세를 다짐해 보기로 하자.

1) 사도헌장

오늘의 교육은 개인의 성장과 사회의 발전과 내일의 국운을 좌우한다. 우리는 국민교육의 수임자로서 존경받는 스승이요, 신뢰받는 선도자임을 자각한다. 이에 긍지와 사명을 새로이 명심하고 스승의 길을 밝힌다.

- 우리는 제자를 사랑하고 개성을 존중하며, 한 마음 한 뜻으로 명랑한 학풍을 조성한다.
- 우리는 폭넓은 교양과 부단한 연찬으로 교직의 전문성을 높여 국민의 사표가 된다.
- 우리는 원대하고 치밀한 교육계획의 수립과 성실한 실천으로 맡은 바 책임을 완수한다.
- 우리는 서로 협동하여 교육의 자주혁신과 교육자의 지위향상에 적극 노력한다.
- 우리는 가정교육 · 사회교육과의 유대를 강화하여 복지국가 건설에 공헌한다.

2) 사도강령

민주국가의 주인은 국민이므로 나라의 주인을 주인답게 길러 내는 교육이 가장 중대한 국가적 과업이다.

우리는 겨레가 오랜 역사와 찬란한 문화를 계승 · 발전시키며 선진 제국과 어깨를 나란히 하여 인류복지 증진에 주도적으로 기여하려면, 무엇보다도 문화 국민으로서의 의식개혁과 미래사회에 대비한 창의적이고 자주적인 인간육성에 힘을 기울여야 한다. 그러기 위하여 우리 교육자는 국가발전과 민족중흥의 선도자로서의 사명과 긍지를 지니고, 교육을 통하여 국민 각자의 능력을 최대한으로 계발하여, 개인의 자아실현과 국력의 신장, 그리고 민족의 번영에 열과 성을 다하여야 한다.

또한 교육자의 품성과 언행이 학생의 성장 · 발달을 좌우할 뿐만 아니라 국민윤리 재건이 된다는 사실을 명심하고 사랑과 봉사, 정직과 성실, 청렴과 품위, 준법과 질서에 바탕을 둔 사도확립에 우리 스스로 헌신하여야 한다.

이러한 우리의 뜻은 교직에 종사하는 모든 교육자가 공동체의식을 가지고 노력하여야만 이루어질 수 있다는 것을 인식하고, 사도헌장 제정에 때 맞추어 우리의 행동지표인 현행 교원윤리 강령을 사도강령으로 개정하고 이를 실천함으로써 국민의 사표가 될 것을 다짐한다.

〈스승과 제자〉

스승의 주된 임무는 제자로 하여금 고유한 인격과 자주성을 가지고 국가 사회에 봉사할 수 있는 유능한 국민을 육성하는 데 있다. 그러므로

1. 우리는 제자를 사랑하고 그 인격을 존중한다.
2. 우리는 제자의 심신발달이나 가정의 환경에 따라 차별을 두지 아니하고 공정하게 지도한다.
3. 우리는 제자의 개성을 존중하며, 그들의 개인차와 욕구에 맞도록 지도한다.
4. 우리는 제자에게 직업의 존귀함을 깨닫게 하고, 그들의 능력에 알맞는 직업을 선택하도록 지도한다.
5. 우리는 제자 스스로가 원대한 이상을 세우고, 그 실현을 위하여 정진하도록 사도동행한다.

〈스승의 자질〉

스승은 스승다와야 하며, 제자의 거울이 되고 국민의 사표가 되어야 한다.
그러므로,

1. 우리는 확고한 교직관과 긍지를 가지고 교직에 종사한다.
2. 우리는 언행이 건전하고 생활이 청렴하여 제자와 사회의 존경을 받도록 한다.
3. 우리는 단란한 가정을 이룩하고, 국법을 준수하여 사회의 모범이 된다.
4. 우리는 학부모의 경제적·사회적 지위를 이용하지 아니하며, 또 이에 좌우되지 아니한다.
5. 우리는 자기향상을 위하여 전문적인 지식과 전문화된 기술을 계속 연마하는데 주력한다.

〈스승의 책임〉

스승은 제자교육에 열과 성을 다하여 맡은 바 책임을 다하여야 한다. 그러므로

1. 우리는 사회의 일원으로서 모든 책임과 의무를 다한다.
2. 우리는 교재연구와 교육자료 개발에 만전을 기하여 수업에 최선을 다한다.
3. 우리는 생활지도의 중요성을 인식하여 제자들이 올바른 사람이 될 수 있도록 지도에 철저를 기한다.
4. 우리는 교육의 성과를 공정하게 평가하고, 이를 교육에 충분히 활용한다.
5. 우리는 제자와 성인들을 위한 정규교과 외 활동에 적극 참여한다.

〈교육자와 단체〉

교육자는 그 지위의 향상과 복지의 증진을 위하여 교직단체를 조직하고 적극 참여함으로써 단결된 힘을 발휘할 수 있다. 그러므로,

1. 우리는 교직단체의 활동을 통하여 교육자의 처우와 근무조건의 개선을 꾸준히 추진한다.
2. 우리는 교직단체의 활동을 통하여 교육자의 자질향상과 교권의 확립에 박차를 가한다.
3. 우리는 편당적·편파적 활동에 참가하지 아니하고, 교육을 그 방편으로 삼지 아니한다.
4. 교직단체는 국가의 주요 교육정책의 결정에 참여하여, 교육자의 여망과 주장을 충분히 반영시킨다.
5. 교직단체는 교육의 혁신과 국가의 발전을 위하여 다른 직능단체나 사회단체와 연대 협동한다.

〈스승과 사회〉

스승은 제자의 성장·발달을 돕기 위하여 학부모와 협력하며, 학교와 사회와의 상호작용의 원동력이 되고, 국가 발전의 선도자가 된다. 그러므로

1. 우리는 학교의 방침과 제자의 발달 상황을 가정에 알리고, 학부모의 정당한 의견을 학교교육에 반영시킨다.
2. 우리는 사회의 실정을 정확하게 파악하고, 지역사회의 생활과 문화향상을 위하여 봉사한다.
3. 우리는 사회의 요구를 교육계획에 반영하여, 학교의 교육활동을 사회에 널리 알린다.
4. 우리는 국민의 평생교육을 위하여 광범위하게 협조하고 그 핵심이 된다.
5. 우리는 확고한 국가관과 건전한 가치관을 가지고 국민의식 개혁에 솔선수범하며, 국가 발전의 선도자가 된다.

3) 무명교사 예찬사

나는 무명 교사를 예찬하는 노래를 부르노라.
전투를 이기는 것은 위대한 장군이로되,
전쟁에서 승리를 가져오는 것은 무명의 병사로다.
새로운 교육제도를 만드는 것은 이름 높은 교육자이로되,
젊은이를 올바르게 이끄는 것은 무명의 교사로다.
그가 사는 곳은 어두운 그늘, 가난을 당하되 달게 받도다.
그를 위하여 부는 나팔 없고, 그를 태우고자 기다리는 황금마차 없으며,
금빛 찬란한 훈장이 그 가슴을 장식하지 않도다.
묵묵히 어둠의 전선을 지키는 그이,
무지와 우매의 참호를 향하여 돌진하는 그이이니,
날마다 쉴 줄도 모르고 청년의 원수인 악의 세력을 정복하고자 싸우며,
잠자고 있는 정기를 일깨우도다.
게으른 자에게 생기를 불어 넣어 주고,
하고자 하는 자를 고무하며,
방황하는 자에게 안정을 주도다.
학문의 즐거움을 가르침에서 옮겨 주며,
지극히도 값있는 정신적 보물을 젊은이들과 더불어 나누도다.
그가 켜는 수많은 촛불, 그 빛은 후일에 그에게 되돌아와
그를 기쁘게 하노니,
이것이야 말로 그가 받는 보상이로다.
지식은 서책에서 배울 수 있으되,
지식을 사랑하는 마음은, 오직 따뜻한 인간적 접촉으로써만,
얻을 수 있는 것이로다.
공화국을 두루 살피되, 무명의 교사보다 찬사를 받아 마땅할
사람이 어디 있으랴.
민주사회의 귀족적 반열에 오를 자, 그 밖에 누구일 것인고,
'자신의 임금이요. 인류의 종복인저!'

4) 교사의 기도

주여, 저로 하여금 교사의 길을 가게 하여 주심을 감사하옵니다.

저에게 이 세상의 하고 많은 일 가운데서, 교사의 임무를 택하는 지혜를 주심에 대하여 감사하옵니다. 언제나 햇빛 없는 그늘에서 묵묵히 어린이의 존귀한 영을 기르는 역사(역사)에 참여할 수 있는 기회를 주신데 대하여 감사하옵니다.

주여, 저는 이 일이 저에게 찬란한 영예나 높은 권좌나 뭇사람의 찬사나 물질적 풍요를 가져오지 않을 것을 잘 알고 있사옵니다.

이 길이 극히도 험난하고 지루하게도 단조로우며 뼈에 사무치게도 외로운 것임을 잘 알고 있사옵니다. 제가 차지하는 사회적 지위를 천시하면서도 제가 완전하기를 기대하는 것은 지나친 것임을 잘 알고 있사옵니다. 때로는 찢어지게 가난한 낙도에서, 때로는 다 찌그러진 몇 개의 단간 초가밖에 없는 산촌에서 무지와 싸워야 하는 노역임을 잘 알고 있사옵니다.

그럼에도 불구하고 이 길을 선택한 의지와 용기를 저에게 베풀어 주신 주의 은총을 감사하옵니다. 이 길만이 사람의 올바른 마음을 키우고 우리 사회와 나라를 번영으로 이끌며 인류를 구원할 수 있는 것임을 깨닫게 한 주의 천혜(天惠)를 감사하옵니다.

주여, 그러나 저는 저에게 맡겨진 이 거룩하고도 어려운 과업을 수행하기에는 너무도 무력하고 부족하며 어리석습니다. 갈 길을 찾지 못하여 어둠 속에서 방황할 때, 저에게 광명을 주시어 바른 행로를 보게 하여 주시고 폭풍우 속에서 저의 신념이 흔들릴 때, 저에게 저의 사명에 대한 굳은 믿음을 주시어 좌절됨이 없게 하여 주시옵소서!

힘에 지쳐 넘어질 때 저를 붙들어 일으켜 주시고, 스며드는 외로움에 몸부림칠 때, 저의 따뜻한 벗이 되어 주시며, 휘몰아치는 슬픔에 흐느낄 때 눈물을 씻어 주시옵소서. 세속의 영화와 물질의 매력이 저를 유혹할 때, 저에게 이를 능히 물리칠 수 있는 용기를 주시고, 제가 하고 있는 일에 의혹을 느낄 때 이를 극복할 수 있는 총명과 예지를 주시옵소서!

주여, 저로 하여금 어린이에게 군림하는 폭군이 되지 않게 하시고, 자라나는 생명을 돌보아 주는 어진 원정(園丁)이 되게 인도하여 주옵소서. 제가 맡고 있는 교실이 사랑과 이해의 향기로 가득차게 하여 주시고, 이로부터 채찍과 꾸짖음의 공포를 영원히 추방하여 주옵소서. 모른다고 꾸짖는 대신에 동정으로써 일깨워 주고, 뒤떨어진다고 억지로 잡아 끄는 대신에 따뜻한 손으로 제 걸음을 걷게 하여 주시옵소서. 길을 잘못 간다고 책벌(責罰)을 주기에 앞서 관용으로써 바른 길을 가르쳐 주고, 저항한다고 응징하기에 앞서 애정으로써 뉘우칠 기회를 주도록 도와 주시옵소서!

주여, 저로 하여금 혹사자(酷使자)가 되지 않게 하여 주시고 언제나 봉사자가 되게 하여 주시옵소서. 저로 하여금 젊은이의 천부적 가능성을 십분 발휘할 수 있는 기회와 풍토를 마련해 주는 협조자가 되게 하여 주시고, 억압이나 위협으로 자라 오르려는 싹을 짓밟는 포학자가 되지 않게 하여 주시옵소서.

저로 하여금 모든 어린이를 언제나 신성한 인격으로 대하게 하여 주시고 그들에게도 그들이 살 권리를 가지고 있는 생활과 세계가 있음을 잊지 않게 하여 주시옵소서!

그들은 성인의 축소판도 아니며, 그의 완성물도 아니고, 저의 명령에 맹종하여야 하는 꼭두각시도 아님을 항상 기억하고 있게 하여 주옵소서!

주여, 저로 하여금 교사라 하여 어린이의 인격과 자유와 원리를 유린할 수 있는 특권이 있는 것으로 착각하지 않게 하여 주시고, 교사의 자리를 이용하여 어린이를 저의 목적을 달성하기 위한 수단으로 쓰지 않게 하여 주시며, 저의 의견을 무리하게 부과하는 대상물로 삼지 않게 하여 주시옵소서. 교사의 임무는 어디까지나 어린이의 올바른 성장을 돕는 협력자요 동반자임을 잊지 않게 하여 주시고, 그의 올바른 성장이 곧 저의 영광임을 기억하게 하여 주시옵소서!

주여, 저로 하여금 현재 제가 지키고 있는 어린이들이야 말로 장차 우리 나라의 기둥이요, 우리 민족의 계승자임을 거듭 깨닫게 하여 주시고, 그럼으로써 저는 그들을 아끼고 소중히 하며 그들을 도와 올바르게 키워야 할 막중한 책무가 저에게 있음을 의식하게 하여 주시옵소서. 저로 하여금 오늘 제가 하고 있는 일이 장차 어린이들의 생활과 행복을 좌우하고, 우리나라와 겨레의 운명을 결정하는 중대한 요인이 될 것임을 마음 속에 깊이깊이 간직하게 하여 주시옵소서!

주여, 저에게 힘과 용기를 주시어 십자가를 능히 질 수 있게 하여 주시고 저를 도우시어 긍지를 느낄 수 있는 스승이 되게 하여 주시옵소서!

참고 문헌

강승규 외(1993). 교육의 역사와 철학. 서울 : 동문사.

고벽진 외(2005). 교육사 및 교육철학. 경기 : 교육과학사.

곽영우 외(1993). 교육행정 및 교육경영. 서울 : 과학과 예술.

교육부(2000). 평생교육백서.

권낙원 외(2011). 교육과정. 서울 : 동문사.

권성호(1990). 교육공학원론. 파주 : 양서원.

권이종 외(1998). 신교육사회학. 경기 : 교육과학사.

권이종(2001). 현대사회와 평생교육. 경기 : 교육과학사.

길형석 · 손충기(1994). 교육과정과 교육평가. 서울 : 동문사.

김경식(1997). 교육사 · 철학신론. 경기 : 교육과학사.

김기태 · 이시용(1997). 교육사 · 철학. 서울 : 형설출판사.

김대현 · 김석우(1996). 교육과정 및 교육평가. 서울 : 학지사.

김동환 외(1997). 교육학의 이해. 서울 : 상조사.

김명한 외(1996). 신간교육행정 및 경영. 서울 : 형설출판사.

김병성(1994). 교육과 사회. 서울 : 학지사.

김병성(1996). 교육연구방법론. 서울 : 학지사.

김봉수(1993). 초등교사론. 서울 : 형설출판사.

김순택 외(1983). 현대수업이론. 경기 : 교육과학사.

김승옥 외(2011). 유아교사를 위한 컴퓨터 활용교육. 파주 : 양서원.

김신일(2005). 교육사회학. 경기 : 교육과학사.
김언주(1996). 신교육심리학. 서울 : 문음사.
김언주 외(2010). 인간동기의 이해와 적용. 서울 : 도서출판 신정.
김영돈(1974). "교직윤리". 교원의 제문제. 한국교육학회.
김영우 외(1995). 최신한국교육사. 경기 : 교육과학사.
김용선 · 강만철(1987). 교육과정과 교육평가. 서울 : 동문사.
김윤태 외(1984). 교사와 교직사회. 서울 : 배영사.
김재복 외 4인(1995). 새로쓴 교육학의 이해. 서울 : 삼경사.
김재은(1983). 교육심리사회 연구방법. 경기 : 교육과학사.
김정규(1996). 교육과정 및 교육평가. 서울 : 형설출판사.
김정환(1984). 교육학개론 - 교육의 본질과 과제 -. 서울 : 박영사.
김정환(1989). 교육철학. 서울 : 박영사.
김정환 · 강선보(1998). 교육철학. 서울 : 박영사.
김종서 외(1997). 교육과정과 교육평가. 경기 : 교육과학사.
김종서 외(1997). 최신교육학개론. 경기 : 교육과학사.
김종서(1980). 교육연구의 방법. 서울 : 배영사.
김종서 · 이영덕 · 정원식(1989). 최신 교육학개론. 경기 : 교육과학사.
김종서 외(2009). 교육학개론. 경기 : 교육과학사
김종철 외(1994). 최신교사론. 경기 : 교육과학사.
김종철 외(1995). 교육행정의 이론과 실제. 경기 : 교육과학사.
김종철(1994). 교육행정학신강. 서울 : 배영사.
김준권 · 강태훈(1996). 실기교육방법론. 파주 : 양서원.
김지영 외(2012). 유아교육개론. 서울 : 도서출판 신정.
김창걸(2005). 교육행정 및 교육경영. 서울 : 형설출판사.
김충기(1990). 생활지도와 상담. 경기 : 교육과학사.
김태호 이난(2011). 교육심리학. 서울 : 태영출판사.
김학수(1984). 현대교육 - 학습이론. 경기 : 교육과학사.
김호권 외(1978). 현대교육평가론. 서울 : 교육출판사.
김호권 · 이돈희 · 이홍우(1988). 현대교육과정론. 서울 : 교육출판사.
김혜경(2011). 유아교사를 위한 교직의 이해. 서울 : 창지사.
김희수 외(2011). 실기교사양성을 위한 실기교육방법론. 서울 : 도서출판 신정.
김희수(2010). 교육심리학. 서울 : 도서출판 신정.
나일주 편저(1999). 웹기반교육. 경기 : 교육과학사.
남궁용권(1992). 교육학개론. 서울 : 학문사.
남정걸(1986). 교육행정과 학교경영. 서울 : 세영사.

남정걸(2006). 교육행정 및 교육경영. 경기 : 교육과학사.

노희선(2012). 쉽게풀어쓴 교육학 개론. 파주 : 양서원.

민영순(1982). 교육심리학. 서울 : 문음사.

박도순 외(1994). 신교육학개론. 서울 : 문음사.

박도순(1992). 교육연구방법론. 서울 : 문음사.

박도순 · 변영계(1987). 교육과정과 교육평가. 서울 : 문음사.

박성수(1986). 생활지도. 파주 : 정민사.

박성익 외(2005). 교육방법의 교육공학적 이해. 경기 : 교육과학사.

박성익(1988). 컴퓨터 교육. 경기 : 교육과학사.

박숙희 외(1997). 교육방법 및 교육공학. 서울 : 학지사.

박아청(1990). 아이덴티티의 세계. 경기 : 교육과학사.

박용치(1989). 현대사회과학방법론. 서울 : 고려원.

박용헌(1968). 학교환경의 사회적 연구. 서울 : 배영사.

박용헌(1980). 학교와 지역사회. 서울 : 교육출판사.

박영진 · 장성화(2012). 최신교육학의 이해. 서울 : 동문사.

박의수 외(1995). 교육의 역사와 철학. 서울 : 동문사.

배호순(2000). 수행평가의 이론적 기초. 서울 : 학지사.

백순근(1999). 수행평가의 이론과 실제. 서울 : 원미사.

백영균 외(1997). 인터넷과 교육. 파주 : 양서원.

백영균 외(2003). 교육방법 및 교육공학. 서울 : 학지사.

백영균(1998). 멀티미디어의 설계. 파주 : 양서원.

변영계(1996). 교육방법 및 교육공학. 서울 : 학지사.

서울대학교 교육연구소 편(1994). 교육학용어사전. 서울 : 도서출판 하우.

성래운(1975). 선생님께. 서울 : 배영사.

손인수 · 정재철(1967). 서양교육사. 서울 : 교육출판사.

손충기(2011). 교육과정. 서울 : 태영출판사.

송미섭 외(1991). 교육행정 및 교육경영론. 서울 : 형설출판사.

송인섭(2012). 현장적용을 위한 자기주도학습. 서울 : 학지사.

신용일(1995). 교육학개론신강. 서울 : 동문사.

신재한(2011). 교육방법 및 공학. 서울 : 태영출판사.

신재흡(2012). 교육방법 및 교육공학의 이론과실제. 서울 : 동문사.

신철순(1997). 교육행정 및 경영. 경기 : 교육과학사.

심진구(1997). 초등교사론. 경기 : 교육과학사.

여광응 외(1997). 교사를 위한 교육심리학. 파주 : 양서원.

안영진(2012). 교육학개론. 서울 : 창지사.

오천균(1993). 교육학개론. 서울 : 재동문화사.
오천균 외(2010). 교육철학 및 교육사. 서울 : 태영출판사.
오천석(1981). 스승. 서울 : 배영사.
오천석(1983). 교육철학신강. 서울 : 교육연구사.
옥장흠 외(2001). 실기교육론. 경기 : 교육과학사.
윤정일 외(1999). 교육행정학원론. 서울 : 학지사.
윤종건 외(1994). 교사론. 파주 : 정민사.
윤팔중(1980). 인간중심 교육과정이론. 경기 : 교육과학사.
윤팔중(1985). 교육과정 및 교육평가. 서울 : 문음사.
이경숙(2012). 생활지도와 상담. 서울 : 동문사.
이경섭(1973). 현대교육과정론. 서울 : 형설출판사.
이달석(1997). 교육심리학. 서울 : 학지사.
이돈희(1981). 교육철학개론. 서울 : 박영사.
이민정(2012). 영유아교수매체교육. 고양 : 공동체.
이병환 외(2012). 교육행정 및 교육경영 서울 : 태양출판사.
이상기 외(2002). 교육행정 및 교육경영. 서울 : 형설출판사.
이성진(1991). 교육심리학서설. 경기 : 교육과학사.
이성호(1985). 교육과정과 교육평가. 파주 : 양서원.
이상현 외(2010). 실기교육방법론. 파주 : 양서원.
이영덕 외(1978). 교육과정과 학습지도. 서울 : 서울대학교 출판부.
이영덕(1977). 교육의 과정. 서울 : 배영사.
이영덕 · 정원식(1982). 생활지도의 원리와 실제. 서울 : 교육과학사.
이재창(1998). 생활지도. 서울 : 문음사.
이지연(2011). 유아교사를 위한 교육심리학. 파주 : 양서원.
이정빈(1995). 교육학의 이론적 기초. 서울 : 학문사.
이칭찬(1996). 교사론. 서울 : 동문사.
이칭찬 외(2010). 교육학개론.
이태연(2012). 심리학의 이해. 서울 : 도서출판 신정.
이형행 외(1999). 교육행정론. 파주 : 양서원.
이형행(1983). 교육행정 : 이론적 접근. 서울 : 문음사.
이형행(1995). 교육학개론. 파주 : 양서원.
이형행(2011). 교육학개론. 파주 : 양서원.
이홍우 역(1973). 교육의 과정. 서울 : 배영사.
이화여자대학교 교육공학과(2006). 21세기 교육방법 및 교육공학. 경기 : 교육과학사.
위영희 외(2012). 영유아교수법. 서울 : 창지사.

유승우 외(2011). 교육방법 및 교육공학. 파주 : 양서원.

임규혁(1996). 교육심리학. 서울 : 학지사.

임창재(1991). 교육학개론. 서울 : 형설출판사.

장대운(1995). 현대교육학개론. 경기 : 교육과학사.

장선철 외(2010). 교육심리학 서울 : 태영출판사.

장상호 역(1980). 인간주의 교육. 서울 : 박영사.

장상호(1983). 교육과학의 좌표. 신용국 외. 한국 교육학의 성장과 과제. 서울 : 한국정신문화원.

장택현(2006). 교육행정 및 교육경영. 경기 : 교육과학사.

전남련(2011). 영유아 교수학습방법. 서울 : 도서출판 신정.

정범모(1986). 교육과 교육학. 서울 : 배영사.

정영수 외(1998). 교사와 교육. 서울 : 문음사.

정원식 외(1978). 현대교육심리학. 서울 : 교육출판사.

정인석(1991). 신교육학개론. 서울 : 교육출판사.

정인성 · 나일주(1992). 최신교수설계이론. 경기 : 교육과학사.

정진환(1994). 교육제도론. 파주 : 정민사.

정찬주 외(1997). 교육철학 및 교육사. 서울 : 양서원.

정호표(1993). 교육학개론. 경기 : 교육과학사.

조영일(2006). 교육학개론. 경기 : 교육과학사.

조용진 외(1994). 신교육학개론. 파주 : 정민사.

주삼환 역(1986). 장학론 : 선택적 장학체제. 서울 : 문음사.

진위교 외(1983). 현대수업의 원리. 파주 : 정민사.

진위교 외(1988). 교육방법 · 교육공학. 파주 : 정민사.

차갑부(2004). 평생교육의 이해. 서울 : 학지사.

차경수 외(1955). 교육사회학의 이해. 파주 : 양서원.

차석기. 교육사·교육철학. 서울 : 집문당. 1986.

최운실(1998). 신교육사회학탐구. 경기 : 교육과학사.

한국교육개발원(2003). 주요국의 평생교육체제분석. 수탁연구 CR, 2003-47.

한국교육학회(1996). 고등학교 인간과 교육. 서울 : 도서출판 문음사.

한국교육행정학회(1995). 교육제도. 서울 : 한국교육행정학회.

한기언(1975). 교육의 역사 · 철학적 기초. 서울 : 실학사.

한동일(1980). 서양교육사. 서울 : 정익사.

한준상(1996). 신교육사회학. 서울 : 학지사.

한공우 외(1996). 최신교육학개론. 서울 : 동문사.

한공우(1995). 교육학개론. 서울 : 동문사.

한공우(1995). 교육행정 및 교육경영. 서울 : 동문사.
함종규(1964). 교육학개론. 서울 : 재동문화사.
함종규(1976). 교육과정. 서울 : 형설출판사.
허운나(1997). 교육방법 및 교육공학. 경기 : 교육과학사.
허창범(2012). 교육심리학. 서울 : 태영출판사.
홍기철(2012). 교육방법 및 교육공학. 고양 : 공동체.
홍순강 · 손경환(1993). 교육학개론. 서울 : 형설출판사.
황응연 · 윤희준(1983). 현대생활지도. 경기 : 교육과학사.
황정규(1992). 학교학습과 교육평가. 경기 : 교육과학사.
황정규(1995). 인간의 지능. 서울 : 민음사.
황종건 역(1964). 힘으로서의 교육. 서울 : 배영사.
황해익(2011). 유아교육과 멀티미디어. 파주 : 양서원.

Ausubel, D. P.(1977). The Facilitation of Meaningful Verbal Learning in the Classroom. Educational Psychologist, 12.
Bartelett, E. C.(1932). Remembering : A Study in Experimental and Social Psychology. New York : Macmillan.
Bloom, B. S.(1956). Taxonomy of Educational Objectives. Handbook Ⅰ : Cognitive Domain. N.Y. : David Mckay Co., Inc.
Bower, G. H. and Hilgardm, E. R.(1981). Theories of Learning. Englewood Cliffs. New Jersey : Prentice-Hall.
Boyd, W. & King, E. J.(1975). The History of Western Education. London, Adam & Charles Black.
Brolin, D. E.(1995). Career Education, New Jersey : Prentice-Hall. Inc.
Broudy, H. S.(1955). Building a Philosophy of Education. N.Y. : Prentice-Hall.
Brown, F. J.(1961). Educational Sociology. N.J. : Prentice-Hall.
Bruner, J. S.(1960). The Process of Education. Cambridge : Harvard University Press.
Bruner, J. S.(1960). The Process of Education. N.Y. : Vintage Books.
Corey, S. M.(1971). The Nature of Instruction. In M. D. Merrill(Eds.). Instruction Design : Readings. Englewood Cliffs, N.J. : Prentica-Hall.
Cornoy, M.(1974). Education as Cultural Imperialism. New York : David Mckay.
Crow, A & Crow, L. D.(1953). Educational Psychology. New Jersey : Littlefield, Adams.
Dave, R. H.(ed.)(1976). Foundations of Lifelong Education. Oxford : UNESCO Institute for Education.

Dewey, J.(1956). The Child and the Curriculum. University of Chicago Press.

Dinkmeyer, D.(1964). Conceptual Foundation of Counseling. The School Counselor Vol. Ⅱ.

Faure, E.(ed.)(1972). Learning to be. Paris : UNESCO.

Gage, N. L.(1964). Theories of Teaching. In E. R. Hilgard(Ed.). Theories of Learning and Instruction. Chicago : The University of Chicago Press.

Gagné, R. M. and Briggs, L. J.(1992). Principles of Instructional Design. N.Y. : Holt, Rinehart & Winston.

Gagné, R. M.(1970). The Conditions of Learning(2nd ed.). N.Y. : Holt, Rinehart and Winston, Inc.

Gates, A. I., et al. Educational Psychology. New York : Macmillan Co.

Glaser, R.(1963). Psychology and Instructional Technology, R. Glaser ed., Training Research and Education(Pittsburgh : University of Pittsburgh Press.)

Goodlad, J. I.(1996). Directions of Curriculum Change. NEA Journal, Dec.

Grinder, R. E.(1989). Educational Psychology : The Master Science. In M. C. Wittrock & F. Farley(Eds). The Furture of Educational Psychology.

Gronlund, N. E.(1976). Measurement and Evaluation in Teaching(3rd ed). N.Y. : Macmillan. Publishing Co.

Guthrie, E. R.(1950). The Psychology of Learning. New York. : John Wiley & Sons.

Hopkins, L. T.(1934). Curriculum : Principles and Practice. N.Y. : Sandborn Co.

Horton, P. B., & Hunt, C. L.(1976). Sociology. 4th ed. New. York : McGraw-Hill, Inc.

Hurlock, E. B.(1953). Developmental Psychology. New York : McGraw-Hill Book Co.

Jordan, A. M.(1942). Educational Psychology(4th eds.). Englwood Cliffs. New Jersey : Prentice-Hall.

Kneller, G. F.(1971). Introduction to the Philosophy of Education(2nd ed.). N.Y. : John Wiley & Sons.

Lieberman, M.(1958). Education as a Profession. N.J. : Prentice-Hall.

Mayer, C. B.(1981). The Promise of Cognitive Psychology. San Francisco Publisher S. Inc.

Meyer. A. E.(1965). An Educational History of Education.

Mussen, P. H., Conger, J. J., & Kugan, J.(1979). Child Development an Personality. New York : Harper & Row.

Ornstein, A. C.(1981). An Introducation to the Foundation of Education. Boston, Houghton-Mifflin.

Phenix, P. H.(1958). Philosophy of Education. N.Y. : Holt, Rinehart and Winston Co.

Remmers, H. H. and Gage, N. L.(1955). Educational Measurement and Evaluation. N. Y. : Harper and Brothers.

Scriven, M.(1980). The logic of evaluation. California : Edge Press.

Skinner, B. F.(1958). Essentials of Educational Psychology. New York : Prentice-Hall, Inc.

Smith, S.(1979). Ideas of the Great Educators. N.Y. : Barnes & Noble.

Stufflebeam, D. L., et al.(1971). Educational Evaluation and Decision-Making. Itasca, Ⅲ : Peacock.

Thorndike, E. L.(1913). Educational Psychology. In the Psychology of Learning(Vol. 2). New York : Teachers College, Columbia University.

Trow, W. C.(1970). Educational Psychology. Houghton Mifflin Co.

Van Scotter, R. D., R. J. Kraft, and J. D. Hass(1979). Foundations of Education. Englewood Cliffs. N.J. : Prentice-Hall Inc.

Warren, H. C.(1943). Dictionary of Psychology. Boston : Houghton Mifflin Co.

Wittrock, M. C.(1978). The Cognitive Movement in Instruction. Educational Psychologist, 13.

Woolfork, A. E.(1990). Educational Psychology. Englwood Cliffs. New Jersey : Prentice-Hall.

Wortman, C. B. & Loftus, E. F.(1981). Psychology. New York : Alfred A. Knopf, Inc.

찾아 보기

내용

인명

〈국내〉

〈국외〉

저자 소개

✍ 김준권

교육학 박사(교육심리 전공)

현재, 신성대학 유아교육과 부교수

✍ 정경은

교육학 석사(교육심리와 상담심리 전공)

현재, 안산대학교 강사

새로운 **교육학개론**

초판발행 2013년 3월 10일
재판발행 2014년 2월 15일

저 자 김준권 · 정경은
발행인 김현태
발행처 **태영출판사**

주 소 (152-705) 서울 구로구 구로동 104-10 동남오피스텔 201호
전 화 02 · 839-3757, 839-3752
팩 스 02 · 837-3754
등 록 2005년 5월 30일 제12-421호
http://www.taeyeongbook.co.kr
E-mail tys2005@hanmail.net
ISBN 978-89-6302-112-6 93370
정 가 18,000원

* 잘못 만들어진 책은 교환해 드립니다.